Katharina Klett

Die patentrechtliche Erschöpfungslehre in der Lizenzvertragsgestaltung – ein deutsch-US-amerikanischer Rechtsvergleich aktueller Entwicklungen

TUDpress

Schriften zur Rechtsangleichung
Hg. von Michael Becker, Wolfgang Lüke, Franz Merli,
Justus Meyer und Hans-Heinrich Trute
Bd. 19

Katharina Klett

Die patentrechtliche Erschöpfungslehre in der Lizenzvertragsgestaltung

Ein deutsch-US-amerikanischer Rechtsvergleich aktueller Entwicklungen

TUDpress

Bei der vorliegenden Publikation handelt es sich um eine von der Juristischen Fakultät der Humboldt Universität zu Berlin angenommene Dissertation.

Bibliografische Information der Deutschen Nationalbibliothek
Die Deutsche Nationalbibliothek verzeichnet diese Publikation in der Deutschen Nationalbibliografie; detaillierte bibliografische Daten sind im Internet über http://dnb.d-nb.de abrufbar.

Bibliographic information published by the Deutsche Nationalbibliothek
The Deutsche Nationalbibliothek lists this publication in the Deutsche Nationalbibliografie; detailed bibliographic data are available in the Internet at http://dnb.d-nb.de.

ISBN 978-3-95908-106-1

Verlag der Wissenschaften GmbH
Strehlener Straße 22/24
01069 Dresden
Tel.: +49 (0351) 47 21 463
www.thelem.de/tudpress

TUDpress ist ein Imprint von Thelem.

Printed in Germany.

Meiner Familie

VORWORT

Die vorliegende Arbeit wurde im Wintersemester 2015/2016 von der Juristischen Fakultät der Humboldt Universität zu Berlin als Dissertation angenommen. Der Stand der relevanten Rechtsprechung und Literatur ist bis zum 31.01.2016 berücksichtigt. Für die Drucklegung wurden die nach Einreichung der Dissertation im Februar bzw. Mai 2017 ergangenen Entscheidungen des Federal Circuit und des U.S. Supreme Courts zu zentralen Fragen der Erschöpfungslehre in einem Annex zu dieser Arbeit besprochen.

Danken möchte ich meinem Doktorvater Prof. Dr. Theo Bodewig, LL.M. für die Betreuung der Arbeit. Herrn Prof. Dr. Axel Metzger, LL.M. danke ich für die Übernahme des Zweitgutachtens. Besonders herzlich danke ich Prof. Dr. Michael Becker, LL.M. für die Aufnahme meiner Arbeit in die Schriftenreihe „Schriften zur Rechtsangleichung“.

Daneben gilt mein Dank der Kanzlei Noerr LLP und allen Kollegen und Kolleginnen, die mich bei der berufsbegleitenden Erstellung dieser Arbeit unterstützt und mir die erforderlichen Freiräume eingeräumt haben.

Bei Anett, Claudia, Diana, Igor, Susanne und Uwe bedanke ich mich herzlich für den privaten Beistand, die anregenden Gespräche, die Gesellschaft während der unzähligen Stunden in der Bibliothek und nicht zuletzt für das Korrekturlesen der Arbeit.

Ein ganz besonderer Dank gilt Michael. Ohne seine unermüdliche, aufopfernde und verständnisvolle Unterstützung, Motivation und Geduld wäre diese Arbeit nicht entstanden.

Schließlich Danke ich meinen Eltern und meinem Bruder für die liebevolle Unterstützung und Förderung während meines bisherigen Lebensweges. Ihr Stolz war Antrieb und Motivation zugleich.

Dresden, im April 2018 Katharina Klett

Inhaltsverzeichnis

Erstes Kapitel: Einleitung

»The greatest invention was the invention of the method of invention.«

Alfred North Whitehead

A. Wirtschaftliche Aspekte

Das geistige Eigentum (Intellectual Property) spielt bei der Entwicklung von Unternehmensstrategien eine immer stärkere Rolle. Nicht nur die Anzahl der jährlichen Patentanmeldungen, sondern auch der Anteil der Unternehmensumsätze, der aus geistigen Assets generiert wird, wachsen stetig. Dabei dienen die Schutzrechte bei weitem nicht mehr nur dem Schutz von Forschungsinvestitionen. Sie sind zugleich ein Instrument der strategischen Unternehmensführung.[1] Teil dieser strategischen Unternehmensführung ist neben der eigenen Generierung geistigen Eigentums durch Forschung und Entwicklung der Erwerb von Schutzrechtspositionen, für die zum Teil beträchtliche Summen gezahlt werden. So hat ein Konsortium aus sechs Technologienunternehmen, darunter Apple, Microsoft und Sony, für US-Dollar 4,5 Mrd. 6.000 Patente bzw. Patentanmeldungen des insolventen kanadischen Telekom-Ausrüsters Nortel Networks gekauft. Diese Nortel-Patente schützen wichtige Technologien in den Bereichen Mobilfunk, WLAN, Internetsuche und Online-Netzwerke.[2] Die Einsatzmög-

---

1 Dies geht aus der im »Auftrag des Bundesministeriums für Wirtschaft und Technologie durch das Fraunhofer-Institut für System und Innovationsforschung, unterstützt durch das Fachgebiet Innovationsökonomie der Technischen Universität Berlin sowie KMU Forschung Austria, im Laufe des Jahres 2008 erstellten Studie »Die volkswirtschaftliche Bedeutung geistigen Eigentums und dessen Schutzes mit Fokus auf den Mittelstand« hervor, abrufbar unter http://www.bmwi.de/Dateien/Patentserver/-PDF/volkswirtschaftliche-bedeutung-geistigen-eigentumsendbericht,property=pdf,bereich=bmwi2012,-sprache=de,rwb=true.pdf, zuletzt abgerufen am 20.01.2016.

2 Frankfurter Allgemeine Zeitung online, »Apple und Microsoft kaufen Nortel-Patentschatz« v. 07.01.2011, abrufbar unter: http://www.faz.net/aktuell/wirtschaft/unternehmen/telekommunikations-technik-apple-und-microsoft-kaufen-nortel-patentschatz-12277.html, zuletzt abgerufen am 20.01.2016.

lichkeiten des so generierten geistigen Eigentums sind vielfältig und reichen von der Regelung des Marktzugangs über die Blockade von Wettbewerben bis zum Faustpfand bei Unternehmensakquisitionen oder Kreuzlizenzvereinbarungen.[3]

Welche Bedeutung Schutzrechte mittlerweile im Unternehmensalltag erlangt haben, zeigen beispielsweise die geführten Auseinandersetzungen im Telekommunikationsbereich. Als Apple das neue iPhone 5 im Jahr 2012 auf dem Markt einführte, ging es zum einem darum, dem Markt eine neue Smartphone-Generation zu präsentieren und zum anderen es möglichst als Waffe gegen den koreanischen Konkurrenten Samsung einzusetzen.[4] Bei den unzähligen Prozessen, die die Konkurrenten weltweit führen, handelt es sich um eine der bedeutendsten wirtschaftlichen Auseinandersetzungen der Gegenwart. In einem in Kalifornien geführten Prozess fordert Apple beispielsweise US-Dollar 2,5 Mrd. von Samsung. Dabei veranschlagte Apple für die rechtmäßige Nutzung seines geistigen Eigentums US-Dollar 24 pro Gerät.[5]

Für viele Unternehmen gehören aber nicht mehr nur die eigene Nutzung geistigen Eigentums oder die Generierung von Schadenersatz in Verletzungsprozessen zum Alltag. Eine immer größere Rolle spielt die Lizenzierung. Die Fraunhofer-Gesellschaft erwirtschaftet beispielsweise aus der Lizenzierung ihrer mp3-Patente jährlichen einen hohen zweistelligen Millionenbetrag.[6] Hinzu kommt, dass selbst große Unternehmen häufig nicht in der Lage sind, die insbesondere für komplexe Produkte nötige Technologie allein weiterzuentwickeln. Der Austausch von Technologien wird daher zunehmend zu einer Grundvoraussetzung für ein erfolgreiches Bestehen im Wettbewerb und zeigt die wirtschaftliche Bedeutung von Innovationen.[7]

Die Verwertung eigener Schutzrechte durch Lizenzierung verlangt jedoch eine Auseinandersetzung mit den rechtlichen Bedingungen und möglichen Schranken dieser Verwertungsform. Soll die lizenzierte Technologie oder zumin-

3 *Lamping,* Patentschutz und Marktmacht, 2010, S. 3.

4 Meldung »Waffenstillstand« in Die Zeit v. 13.09.2012, online abrufbar unter: http://www.zeit.de/2012/38/Patentkrieg-Apple-Samsung-Waffenstillstand; zuletzt abgerufen am 20.01.2016.

5 Redaktion beck-aktuell, »Apple will 24 Dollar pro Gerät für alle Patent- und Design-Rechte«, 25.07.2012, abrufbar unter: http://beckonline.beck.de/Default.aspx?vpath=bibdata\reddok\becklink\1021550.-htm&pos=2&hlwords=apple%C3%90kalifornien%C3%90+apple+%C3%90+kalifornien+#xhlhit, zuletzt abgerufen am: 20.01.2016.

6 Frauenhofer Institut für integrierte Schaltung, MP3 – Forschung, Entwicklung und Vermarktung in Deutschland, S. 3 abrufbar unter: http://www.mp3-geschichte.de/content/dam/mp3geschichte/-de/documents/mp3_Broschuere_A4_16S_Low.pdf, zuletzt abgerufen am 20.01.2016.

7 *Osterrieth,* Patentrecht, 2015, Rn. 311.

dest ein Teil davon auch im eigenen Unternehmen weiterhin genutzt werden, ist ein zentraler Bestandteil der lizenzvertraglichen Regelungen die Reichweite der Lizenzierung. Um sich keine eigene Konkurrenz zu schaffen ist das lizenzierende Unternehmen daran interessiert, die Verwertungsmöglichkeiten des Lizenznehmers klar von den eigenen abzugrenzen.

B. Rechtliche Aspekte

Gewerbliche Schutzrechte und das Urheberrecht gewähren dem Rechteinhaber eine bestimmte Andere ausschließende Rechtsposition. Der Patentinhaber hat beispielsweise das alleinige Recht, die patentierte Erfindung im Rahmen des geltenden Rechts herzustellen, anzubieten, in Verkehr zu bringen, zu gebrauchen oder zu diesen Zwecken einzuführen oder zu besitzen (§ 9 PatG). Der Patentinhaber hat damit ein Verbotsrecht inne, mit dem er Dritte von der Benutzung der geschützten Erfindung ausschließen kann. Diese dem jeweiligen Rechteinhaber eingeräumte Monopolstellung findet jedoch ihre Grenze in dem in Rechtsprechung und Schrifttum feststehenden Erschöpfungsgrundsatz, der den gesamten Gewerblichen Rechtsschutz und das Urheberrecht prägt.[8] Dennoch sind die gesetzlichen Regelungen der Erschöpfungslehre, sofern es welche gibt, in den einzelnen Sonderrechten unterschiedlich ausgestaltet. Auch in Rechtsprechung und Literatur lassen sich die Gemeinsamkeiten bei der Anwendung der Erschöpfungslehre auf die verschiedenen Schutzrechte nicht immer erkennen.[9]

Ganz allgemein besagt der Grundsatz der Erschöpfung, dass die ausschließlichen Rechte hinsichtlich eines Produkts oder Werkexemplars dann verbraucht (erschöpft oder konsumiert) sind, wenn das die Schutzrechte inkorporierende Produkt durch den jeweiligen Rechteinhaber oder mit seiner Zustimmung in den Verkehr gebracht wurde.[10] Trotz dieser simplen Formel, ist die Erschöpfungslehre keine einfache Doktrin.[11]

Die zur Erschöpfung führende Zustimmung zum Inverkehrbringen wird der Rechteinhaber Dritten regelmäßig in der Form von Lizenzverträgen einräumen. Die vertragliche Ausgestaltung der eingeräumten Lizenzen nimmt hier eine zentrale Rolle ein. Dabei lässt sich die Tendenz ausmachen, dass die

8 *Keukenschrijver* in: *Busse/Keukenschrijver,* Patentgesetz, 2013, § 9 PatG, Rn. 142.

9 *Ensthaler* in: *Fitzner/Lutz/Bodewig,* Patentrechtskommentar, 2012, § 9 PatG, Rn. 83.

10 *Leßmann,* GRUR 2000, 741.

11 *Osborne,* J. Marshall Rev. Intell. Prop. L. [i] 2007, [i]-295, 245: »*Patent exhaustion has never been considered a straightforward doctrine,despite its apparently simple doctrinal basis...*«

Rechteinhaber im Rahmen der vertraglichen Abreden versuchen, den weiteren Warenfluss ihrer geschützten Produkte und damit die Benutzungshandlungen der Erwerber zu kontrollieren.

Die dem Lizenznehmer eingeräumten Befugnisse werden daher so eng wie möglich gefasst. Überschreitet der Lizenznehmer die ihm eingeräumten Nutzungsbefugnisse, muss er damit rechnen, vom Rechteinhaber nicht nur wegen der Verletzung vertraglicher Pflichten, sondern auch wegen einer Schutzrechtsverletzung in Anspruch genommen zu werden.

Der wegen Schutzrechtsverletzung in Anspruch genommene Lizenznehmer wird sich in diesen Fällen mit der Erschöpfung der Rechte verteidigen.[12] Dringt der Lizenznehmer mit diesem Einwand durch, kann der jeweilige Rechteinhaber den Warenfluss seiner Produkte nicht weiter kontrollieren. Bei der Beurteilung der Frage, ob und in welchem Umfang die Schutzrechte tatsächlich erschöpft sind, steht somit das Interesse des Schutzrechtsinhabers an einer möglichst weitgehenden Verwertung seines Schutzrechts, dem Interesse des Erwerbers, ohne jedwede Beschränkung über die erworbenen Produkte verfügen zu können, gegenüber.

Das rechtswissenschaftliche Schrifttum, die Rechtsprechung und der Gesetzgeber sind aufgrund immer neuer technischer Entwicklungen und dem Aufkommen neuer Vertriebswege gehalten, die bisher entwickelten Rechtsgrundsätze diesem technischen Fortschritt unter Berücksichtigung der Interessen aller Beteiligten anzupassen. Beispielhaft erwähnt sei hier der Vertrieb von Computerprogrammen durch Download im Internet. Auch der Vertrieb von Chips im Telekommunikationsbereich, wobei patentrechtlichen Schutz oftmals nicht nur der Chip genießt, sondern zugleich ein den Chip enthaltendes Endgerät sowie die Arbeitsweise des Chips, werfen immer wieder neue rechtliche Fragen auf.[13]

C. Gang der Untersuchung

Gegenstand der Arbeit ist die Untersuchung der Wechselwirkung von Erschöpfungslehre und Lizenzvertragsgestaltung unter Berücksichtigung neuer technischer Entwicklungen. Im Fokus steht die Frage, ob und in welchem Umfang die Wirkung der Erschöpfungslehre durch vertragliche Bestimmungen eingeschränkt oder gar ausgeschlossen werden kann. Ausgangspunkt sind die unterschiedlichen Arten der eingeräumten Befugnisse. Von Bedeutung sind nicht nur die von der deutschen Rechtsprechung und Literatur entwickelten Grundsätze.

---

12 *Chisum,* Chisum on patents, 1997, § 19.01.

13 *Osborne,* Santa Clara Computer & High Tech. L.J. 2003, 643, 646.

Aufgrund des zunehmenden Einflusses des US-amerikanischen Rechts auf die Kautelarpraxis gilt es auch, die von der US-amerikanischen Rechtsordnung aufgestellten Grundsätze zu analysieren.

Technische Entwicklungen haben dazu geführt, dass die Grundsätze und Reichweite der Erschöpfung im Rahmen der Lizenzvertragsgestaltung hinterfragt werden. In einem ersten Schritt sind jedoch zunächst die den Schutzrechtsinhabern eingeräumten Befugnisse sowie die allgemeinen Grundsätze der Erschöpfungslehre und deren Entstehungsgeschichte darzustellen.

Da die für die vertragliche Beschränkung der Erschöpfungslehre relevanten Bestimmungen Gegenstand in Lizenzverträgen sind, ist auch eine Auseinandersetzung mit dem Lizenzvertragsrecht hinsichtlich der Rechtsnatur von Lizenz und Lizenzvertrag geboten. Schließlich gilt es, die Auswirkungen der Grundsätze der Erschöpfungslehre auf die Lizenzvertragsgestaltung darzustellen, wobei der Blick auf bestimmte Ausgestaltungen der Befugnisse des Lizenznehmers gerichtet wird.

Obwohl die der Untersuchung zugrunde liegenden Prinzipien auch auf andere Formen des geistigen Eigentums Anwendung finden, wie im Marken- und dem Urheberrecht[14], wird sich die vorliegende Untersuchung mit dem Transfer von Technologie und innovationsbezogenen Fragestellungen auseinandersetzen, die sich typischerweise eher im Zusammenhang mit Patenten stellen, als sie üblicherweise bei der Unterscheidung von Produkten hinsichtlich der Markenrechte auftreten. Für das Auffinden interessengerechter Lösungen des Patentrechts und im Hinblick auf einheitliche Entwicklungen im Bereich des geistigen Eigentums ist es jedoch erforderlich, auch auf die Entwicklungen im Marken- und Urheberrecht einzugehen.

14 *UsedSoft GmbH v. Oracle International Corp.*, Urt. v. 03. 07. 2012, Az.: C-128/11.

Zweites Kapitel: Befugnisse des Patentinhabers

A. Benutzungsbefugnisse des Patentinhabers nach deutschem Recht

Das Patent ist ein subjektives Recht, das dem Schutz des Art. 14 GG unterstellt ist.[15] Die Befugnisse, die der Patentinhaber aus diesem Recht ableiten kann, sind durch das GPatG, welches am 1. Januar 1981 in Kraft getreten ist, nunmehr in § 9 PatG kodifiziert. Das Patent gewährt dem Inhaber einerseits ein alleiniges Benutzungsrecht (§ 9 Satz 1 PatG) und andererseits ein Verbotsrecht, mit dem er Dritte von der Benutzung seiner Erfindung ausschließen kann. Dem Patentinhaber wird demnach eine ausschließliche Rechtsposition eingeräumt. Die Reichweite des Benutzungsrechts bestimmt sich nach dem Gegenstand des Patents. Gegenstand eines Patents ist zunächst eine neue, auf einer erfinderischen Tätigkeit beruhende, gewerblich anwendbare Lehre zum technischen Handeln.[16]

Der Umfang der dem Patentinhaber zustehenden Benutzungsbefugnisse bestimmt sich nach dem geschützten Erfindungsgegenstand. Dieser Umfang begrenzt zugleich die Handlungen, die der Patentinhaber einem Dritten verbieten und im Umkehrschluss auch gestatten kann. Zu unterscheiden sind daher die Benutzungsbefugnisse, die dem Patentinhaber an einem geschützten Erzeugnis, einem geschützten Verfahren oder an einem mit einem patentgeschützten Verfahren hergestelltem Erzeugnis zustehen.

I. Benutzungshandlungen bei Erzeugnissen

Gemäß § 9 Satz 1 Nr. 1 PatG ist es allein dem Patentinhaber vorbehalten, das patentgeschützte Erzeugnis herzustellen, anzubieten, in Verkehr zu bringen, zu gebrauchen oder zu den genannten Zwecken zu besitzen und einzuführen. Im Folgenden werden die einzelnen Benutzungshandlungen kurz dargestellt.

15 *Scharen* in: *Benkard,* Patentgesetz, 2015, § 9 PatG, Rn. 4; *Kraßer/Bernhardt,* Patentrecht, 2009, S. 2; *Melullis* in: *Benkard,* EPÜ, 2012, EPÜ Art. 52, Rn. 25; *Kühnen* in: *Schulte/Kühnen,* Patentgesetz mit Europäischem Patentübereinkommen, 2008, § 6 PatG, Rn. 8.

16 *Kraßer/Bernhardt,* Patentrecht, 2009, S. 3.

1. Herstellen

Das Herstellen umfasst die Schaffung eines Erzeugnisses mit den im Patentanspruch festgelegten erfindungsgemäßen Merkmalen.[17] Ein Herstellen liegt bereits dann vor, wenn der Gegenstand alle wesentlichen Merkmale der geschützten Erfindung aufweist und nur noch nebensächliche Zutaten hinzuzufügen sind, um den Gegenstand zu vollenden.[18] Das Herstellen umfasst damit die Schaffung des Erzeugnisses von Beginn an und nicht erst deren Vollendung.[19]

Gleichgültig ist, auf welche Weise das Erzeugnis hergestellt wird oder zu welchem Zweck. Auch ist nicht erforderlich, dass das geschützte Erzeugnis später in patentverletzender Weise benutzt wird.[20]

2. Anbieten

Unter Anbieten ist jede Handlung zu verstehen, die nach ihrem objektiven Erklärungswert den Gegenstand der Nachfrage in äußerlich wahrnehmbarer Form zum Erwerb der Verfügungsgewalt bereitstellt.[21] Nicht erforderlich ist, dass sich das Anbieten an die Öffentlichkeit richtet oder ein bindendes Vertragsangebot beinhaltet.[22] Das Anbieten stellt eine eigenständige Benutzungshandlung dar und ist nicht als bloße Vorbereitungshandlung zum Inverkehrbringen, Gebrauchen, Besitzen oder Einführen zu verstehen. Regelmäßig ist das Anbieten eines geschützten Gegenstandes für den Rechteinhaber mit ähnlich schweren Gefahren verbunden wie die anderen in § 9 Satz 2 PatG aufgeführten Benutzungsarten.[23] Zwar ist das Anbieten anders als das Inverkehrbringen noch nicht mit Umsatzverlusten verbunden, aber es dient bei wirtschaftlicher Betrachtungsweise der Vorbereitung solcher Umsätze. Potenzielle Interessenten werden auf die Existenz eines Konkurrenten aufmerksam gemacht. Allein

---

17 *Kraßer/Bernhardt,* Patentrecht, 2009, S. 752.

18 *Keukenschrijver* in: *Busse/Keukenschrijver,* Patentgesetz, 2013, § 9 PatG, Rn. 62 m. w. N.

19 *Kühnen* in: *Schulte/Kühnen,* Patentgesetz mit Europäischem Patentübereinkommen, 2008, § 9 PatG, Rn. 46.

20 BGH Urt. v. 17.11. 1978, GRUR 1979, 149 – *Schießbolzen.*

21 BGH Urt. v. 18.12.1969, GRUR 1970, 358, 360 – *Heißläuferdetektor,* BGH Urt. v. 16.05.2006, GRUR 2006, 927 – *Kunststoffbügel.*

22 *Kraßer/Bernhardt,* Patentrecht, 2009, S. 763.

23 LG Düsseldorf, Urt. v. 05.06.2001, InstGE 1, 19, 21ff. – *Antihistamine*; OLG Düsseldorf, Beschl. v. 02.10.2003, GRUR 2004, 417, 419 – *Cholesterinspiegelsenker.*

dadurch kann der Markt gestört oder verwirrt werden.[24] Bereits durch das Anbieten ist zu befürchten, dass der Anbietende Umsatzgeschäfte mit den geschützten Erzeugnissen an sich zieht, nämlich bei Abnehmern, die – etwa wegen des zu erwartenden günstigeren Abgabepreises – bereit sind, mit dem Bezug des angebotenen Gegenstandes bis zum Ablauf des Schutzrechts zu warten.[25] Aufgrund dieses weiten Schutzzweckes ist der Begriff des »Anbietens« i. S. d. § 9 Satz 2 Nr. 1 PatG nicht mit dem bürgerlich-rechtlichen Begriff des »Antrags« im Sinne der §§ 145 ff. BGB gleichzusetzen. Vielmehr erfasst der patentrechtliche Tatbestand des Anbietens auch Vertragsanbahnungsmaßnahmen im Vorfeld des Vertragsschlusses, wie zum Beispiel Werbemaßnahmen, die über Bezugsquellen informieren, oder andere Maßnahmen, die lediglich als *invitatio ad offerendum* zu qualifizieren sind.[26]

Daher ist es für den Tatbestand des Anbietens auch unerheblich, ob der Anbieter das angebotene Erzeugnis selbst herstellt oder von einem Dritten herstellen lässt.[27] Das angebotene Erzeugnis braucht nicht einmal vorhanden zu sein[28], unmittelbar verkehrsfähig oder im Inland vorrätig.[29]

Erforderlich ist jedoch, dass der beworbene Gegenstand technisch derart gekennzeichnet ist, dass dessen erfindungsgemäße Beschaffenheit eindeutig festgelegt ist.[30] Bei der Bestimmung des Bezugs zum erfindungsgemäßen Zustand sind auch außerhalb des eigentlichen Angebots liegende Umstände zu berücksichtigen.[31]

3. Inverkehrbringen

Unter Inverkehrbringen ist jede Handlung zu verstehen, die einem Dritten die tatsächliche Verfügungsgewalt zur Benutzung des Erzeugnisses verschafft.[32]

24 BGH Urt. v. 29. 03. 1960, GRUR 1960, 423, 426 – *Kreuzbodenventilsäcke*; RG GRUR 1938, 971, 972 – *Abwärmedampfkessel.*

25 OLG Düsseldorf, Beschl. v. 02. 10. 2003, GRUR 2004, 417, 419 – *Cholesterinspiegelsenker.*

26 *Schricker,* GRUR Int. 2004, 786, 788 m. w. N.

27 *Scharen* in: *Benkard,* Patentgesetz, 2015, § 9 PatG, Rn. 40.

28 BGH Urt. v. 29. 03. 1960, GRUR 1960, 423, 425 – *Kreuzbodenventilsäcke*; BGH Urt. v. 28. 05. 1968, GRUR 1969, 35, 36 – *Europareise.*

29 *Schricker,* GRUR Int. 2004, 786, 787.

30 *Kraßer/Bernhardt,* Patentrecht, 2009, S. 764.

31 BGH Urt. v. 15. 03. 2005, GRUR 2005, 665 – *Radschützer*; BGH Urt. v. 05. 12. 2006, GRUR 2007, 221 – *Simvastatin.*

32 RG Urt. v. 25. 10. 1911, RGZ 77, 248, 249; LG Düsseldorf Urt. v. 07. 05. 1998, Mitt. 1999, 271 – *Lenkrolle.*

Ausreichend ist die Aushändigung und Überlassung eines funktionsfähigen Musters des patentverletzenden Erzeugnisses an einen Dritten zur Absatzwerbung. Ohne Belang ist das Vorliegen der rechtlichen Verfügungsmacht. Auf die Übertragung des Eigentums kommt es daher nicht an.[33] Erforderlich ist jedoch eine Veräußerungshandlung des Veräußerers. Nicht ausreichend für ein Inverkehrbringen ist die Erwerbshandlung des Erwerbers.[34] Entscheidend für den Tatbestand des Inverkehrbringens ist demnach, dass das geschützte Erzeugnis zum Gegenstand des Handelsverkehrs im Rahmen eines Umsatz- und Veräußerungsgeschäftes wird.

4. Gebrauchen

Unter dem Gebrauch eines patentgeschützten Gegenstandes ist seine im weitesten Sinne bestimmungsgemäße Verwendung zu verstehen.[35] Auf die im Patent angegebenen Verwendungsarten ist die Wirkung des Patents nicht beschränkt. Umfasst sind auch die Verwendungsarten, die für das geschützte Erzeugnis zum Zeitpunkt des Schutzes nicht bekannt gewesen sind und die auch der Erfinder nicht gesehen hat.[36]

5. Einfuhr und Besitz

Die Benutzungshandlungen Einfuhr und Besitz sind nur patentverletzend, wenn sie dazu dienen, die Verwirklichung eines der anderen Benutzungstatbestände zu ermöglichen.[37]

Wird die tatsächliche Verfügungsgewalt über vom Ausland hereingebrachte Erzeugnisse im Inland erlangt, ist der Tatbestand der Einfuhr verwirklicht.[38] Die Benutzungshandlung des Besitzens verlangt dagegen, dass die tatsächliche Sachherrschaft über die geschützten Erzeugnisse erlangt wird.[39]

---

33 *Mes,* Patentgesetz, Gebrauchsmustergesetz, 2014, § 9 PatG, Rn. 46; *Scharen* in: *Benkard,* Patentgesetz, 2015, § 9 PatG, Rn. 44 jeweils m. w. N.

34 BGH Urt. v. 24.03.1987, GRUR 1987, 626, 627 – *Rundfunkübertragungssystem.*

35 *Kühnen,* Handbuch der Patentverletzung, 2014, Rn. 223.

36 *Kraßer/Bernhardt,* Patentrecht, 2009, S. 766.

37 *Kühnen,* Handbuch der Patentverletzung, 2014, Rn. 224.

38 *Scharen* in: *Benkard,* Patentgesetz, 2015, § 9 PatG, Rn. 47.

39 *Keukenschrijver* in: *Busse/Keukenschrijver,* Patentgesetz, 2013, § 9 PatG, Rn. 82.

II. Benutzungshandlungen bei Verfahren

§ 9 Satz 2 Nr. 2 PatG verbietet das Anwenden und Anbieten eines patentierten Verfahrens. Die übrigen in § 9 Satz 1 Nr. 1 PatG genannten Handlungen, insbesondere das Inverkehrbringen eines Verfahrens, sind – entsprechend dem Wortlaut der Norm – keine dem Patentinhaber vorbehaltenen und Dritten untersagten unmittelbaren Benutzungshandlungen.[40]

1. Anwenden

Der Gegenstand eines Verfahrenspatents wird angewendet, wenn die im Patentanspruch vorgesehenen Maßnahmen ausgeführt werden, das heißt, dass die wesentlichen Verfahrensschritte, die den verfahrensgemäßen Erfolg herbeiführen, verwirklicht sind.[41] Ein Verfahrenspatent wird auch dann angewendet, wenn die zur Ausübung des Verfahrens erforderlichen Mittel benutzt werden.[42] Handlungen, die zeitlich vor der Benutzungshandlung liegen, sind keine Anwendung des Verfahrens, wie beispielsweise die sinnfällige Herrichtung einer Vorrichtung zur Ausübung des patentgeschützten Verfahrens,[43] das Anbieten oder die Lieferung einer zur Ausführung des Verfahrens bestimmten Vorrichtung oder dafür notwendige Hilfsmittel.[44]

2. Anbieten

Umstritten ist die Frage, wann ein geschütztes Verfahren angeboten wird. Einigkeit besteht insoweit, dass die bloße Beschreibung des Verfahrens kein Anbieten im Sinne des § 9 Satz 2 Nr. 2 PatG darstellt. Nach einer Auffassung liegt ein Anbieten des geschützten Verfahrens nur dann vor, wenn der Anbietende in Aussicht stellt, dass das Verfahren durch ihn selbst oder zumindest auf seine Veranlassung angewendet würde.[45] Eine andere Auffassung sieht dagegen ein

---

40 *Scharen* in: *Benkard,* Patentgesetz, 2015, § 9 PatG, Rn. 49.

41 *Kühnen* in: *Schulte/Kühnen,* Patentgesetz mit Europäischem Patentübereinkommen, 2008, § 9 PatG, Rn. 68.

42 *Kühnen,* Handbuch der Patentverletzung, 2014, Rn. 229.

43 BGH Urt. v. 05.07.2005, GRUR 2005, 845 – *Abgasreinigungsvorrichtung.*

44 *Kühnen,* Handbuch der Patentverletzung, 2014, Rn. 230.

45 *Keukenschrijver* in: *Busse/Keukenschrijver,* Patentgesetz, 2013, § 9 PatG, Rn. 94; *Kraßer/Bernhardt,* Patentrecht, 2009, 770 f.

Anbieten in der Mitteilung der Bereitschaft, die notwendige Zustimmung und Kenntnis zur Durchführung des Verfahrens zu erteilen.[46]

III. Benutzungshandlungen bei einem durch ein patentgeschütztes Verfahren hergestellten Erzeugnis

Hinsichtlich eines Erzeugnisses, das unmittelbar durch ein geschütztes Verfahren hergestellt ist, stehen dem Inhaber des Verfahrenspatents die gleichen Benutzungshandlungen zu wie bei einem Erzeugnis, das selbst Gegenstand eines Patents ist (§ 9 Satz 2 Nr. 3 PatG). Dem Patentinhaber ist damit vorbehalten, das Erzeugnis anzubieten, in Verkehr zu bringen, zu gebrauchen, einzuführen oder zu besitzen. Die Herstellungshandlung selbst ist naturgemäß in diesem Katalog (in Abweichung zu § 9 Satz 2 Nr. 1 PatG) nicht enthalten.[47] Für die Anwendung der vorstehenden Begriffe kann auf die Ausführungen zu den Benutzungshandlungen bei Erzeugnissen verwiesen werden.

Der Schutz von Verfahrenserzeugnissen wird durch die in § 139 Abs. 3 PatG normierte Beweiserleichterung zu Gunsten des Patentinhabers flankiert. Ist Gegenstand des Patentes ein Verfahren zur Herstellung eines neues Erzeugnisses, wird bei einem von einem Dritten hergestellten Erzeugnis davon ausgegangen, dass es nach dem geschützten Verfahren hergestellt wurde, sofern der Dritte nicht das Gegenteil beweist. Unerheblich ist zudem, wo das Verfahrenserzeugnis hergestellt wurde.[48]

B. Verbietungsbefugnisse des Patentinhabers nach amerikanischem Recht

Anders als im deutschen Recht ist der Schutz immaterieller Vermögensgegenstände ausdrücklich in der US-amerikanischen Verfassung verankert. Schon die Verfassung aus dem Jahr 1789 ermächtigte den Kongress in Art. 1, § 8 Abs. 8

> *»to promote the Progress of Science and useful Arts by securing for limited Times Authors and Inventors the exclusive Right to their respective Writings and Discoveries.«*

46 *Scharen in: Benkard,* Patentgesetz, 2015, § 9 PatG, Rn. 52, *Kühnen* in: *Schulte/Kühnen,* Patentgesetz mit Europäischem Patentübereinkommen, 2008, § 9 PatG, Rn. 70; OLG Düsseldorf, Urt. v. 14. 01. 2009 – I 2 U 10/08.

47 *Mes,* Patentgesetz, Gebrauchsmustergesetz, 2014, § 9 PatG, Rn. 63.

48 *Bodewig,* VPP-Rundbrief 2005, 1.

Die Befugnisse des Patentinhabers sind in 35 U.S.C. § 154 (a)(1) kodifiziert. Gemäß § 154 (a)(1) Patent Act steht dem Patentinhaber das Recht zu:

»[...] to exclude others from making, using, offering for sale, or selling the invention throughout the United States or importing the invention into the United States, and, if the invention is a process, of the right to exclude others from using, offering for sale or selling throughout the United States, or importing into the United States, products made by that process, referring to the specification for the particulars thereof.«

Das US-amerikanische Recht räumt damit dem Patentinhaber das Recht ein, andere von der Nutzung der Erfindung auszuschließen. Ein positives Benutzungsrecht ist mit der Erteilung eines Patents – anderes als im deutschen Recht – nicht verbunden.[49]

Frühere Kodifikationen wiesen dem durch das Patent eingeräumtem Monopolrecht hingegen auch einen positiven Gehalt zu. In den Gesetzen aus den Jahren 1790 und 1793 wurde das Patent als

»exclusive right and liberty of making, constructing, using and vending to others to be used«

definiert.[50] Das Patentgesetz 1836 verkürzte die Definition und beschrieb das Patent als

»exclusive right and liberty of making, using, and vending to others to be used.«[51]

Im Jahr 1870 wurde das Patent schließlich als

»exclusive right to make, use, and vend« definiert.[52]

49 *Mueller,* An introduction to patent law, 2003, S. 14; *Halpern/Seymore/Port,* Fundamentals of United States intellectual property law, 2012, S. 216; *Pohlman,* Patentverletzung und Klageansprüche im amerikanischen Recht, 1999, S. 39; *Haemmerli,* Colum. J.L. & Art. 2006, 1, 20; *Chisum,* Chisum on patents, 1997, § 16.02 [1].

50 Act of Apr. 10, 1790, ch. 7, § 1, 1 Stat. 109; Act of Feb. 21, 1793, ch. 11, § 1, 1 Stat. 318.

51 Act of July 4, 1836, ch. 357, § 5, 5 Stat. 117.

52 Act of July 8, 1870, ch. 230, § 22, 16 Stat. 198. Vgl. Revised Statutes § 4884.

Der U.S. Supreme Court stellte jedoch – entgegen dem vom Gesetzgeber gewählten Wortlaut – fest, dass das Patent seinem Inhaber allein die Befugnis einräume Andere von der Nutzung der geschützten Technologie auszuschließen.[53]

Diesem Verständnis schloss sich der Kongress 1952 schließlich an, indem er in 35 U.S.C. § 154 klarstellte, dass das Patent seinem Inhaber das Recht gewährt

> *»to exclude others from making, using, or selling the invention.«*

Die Verletzungshandlungen haben in 35 U.S.C. § 271 zudem eine separate Kodifizierung erhalten. Die unmittelbare Patentverletzung ist im ersten Absatz dabei wie folgt geregelt:

> *»§ 271 Infringement of Patent*
>
> *(a) Except as otherwise provided in this title, whoever without authority makes, uses, offers to sell, or sells any patented invention, within the United States or imports into the United States any patented invention during the term of the patent therefore, infringes the patent.«*

Jeweils selbständige Verletzungshandlungen[54] sind demnach die Herstellung, Benutzung (einschließlich patentgeschützter Verfahren) sowie der Verkauf und das Angebot zum Verkauf patentierter Erfindungen. Diese Begriffe haben durch die Rechtsprechung eine weite Auslegung erfahren.[55]

Der Schutz von Erzeugnissen, die durch ein patentgeschütztes Verfahren hergestellt werden, ist seit dem Jahr 1994 in 35 U.S.C § 271 (g) geregelt.[56] Dem-

---

53 So beispielsweise in *Motion Picture Patents Co. v. Universal Film Mfg. Co.*, 243 U.S. 502, 510 (1917): *»only effect of patent is to restrain others from manufacturing, using, or selling that which he has invented.«*

54 *Roche Products, Inc. v. Bolar Pharmaceutical Co.*, 733 F.2d 858, 221 USPQ 937 (Fed. Cir. 1984); *Whittemore v. Cutter*, 29 F. Cas. 1120 (.C.D. Mass. 1813).

55 *Pohlman*, Patentverletzung und Klageansprüche im amerikanischen Recht, 1999, S. 40.

56 § 271 (g) Patent Act: *»Whoever without authority imports into the United States or sells or uses within the United States a product which is made by a process patented in the United States shall be liable as an infringer, if the importation, sale, or use of the product occurs during the term of such process patent. In an action for infringement of a process patent, no remedy may be granted for infringement on account of the noncommercial use or retail sale of a product unless there is no adequate remedy under this title for infringement on account of the importation or other use or sale of that product.«*

nach sind die Nutzung und der Verkauf solcher Produkte ebenfalls zunächst dem Ausschließlichkeitsrecht des Patentinhabers unterstellt.

I. Verbietungsbefugnisse bei Erzeugnissen

§ 35 U. S. C. § 271 weist dem Patentinhaber zunächst die Verbietungsbefugnisse zu, die ihm hinsichtlich eines geschützten Erzeugnisses zustehen, nämlich die Herstellung (*»make«*), die Verwendung *(»use«)*, die Veräußerung *(»sell«)* und das Anbieten *(»offer to sell«)*.

1. »*Make*«

Der Begriff *»making... the invention«*, der sowohl Gegenstand des 35 U. S. C. § 154 als auch des 35 U. S. C. § 271 (a) ist, erfasst die Konstruktion der Erfindung.[57] Unerheblich ist dabei, ob das Erzeugnis vom Hersteller für uneingeschränkt gebrauchsfähig gehalten wird oder für eine Verwendung mit weiteren Teilen ausgestattet werden muss.[58] Gleichgültig ist, ob das Erzeugnis für den Verkauf im Inland oder im Ausland bestimmt[59] ist oder tatsächlich genutzt wird.[60]

Der U.S. Supreme Court geht ferner davon aus, dass eine Herstellung i. S. d. 35 U.S.C § 271 (a) nur dann vorliegt, wenn die Erfindung insgesamt und nicht nur in Teilen hergestellt wird. Eine patentverletzende Herstellung lehnte das Gericht daher für den Fall ab, dass nur die Einzelteile in den USA hergestellt werden, um sie an ausländische Kunden zu versenden, obwohl die im Ausland ansässigen Kunden beabsichtigten, die gelieferten Einzelteile zu einer erfindungsgemäßen Vorrichtung zusammenzubauen.[61]

Der Federal Circuit hat hingegen eine patentverletzende Herstellung angenommen, obwohl das patentgeschützte Erzeugnis nicht in Gänze hergestellt wur-

---

57 *Bauer & Cie v. O'Donnell*, 229 U.S. 1, 10 (1913): *«[t]he right to make can scarcely be made plainer by definition, and embraces the construction of the thing invented.«*

58 *Hughes Aircraft Co. v. United States*, 717 F.2d 1351 (Fed. Cir. 1983).

59 *Railroad Dynamics. Inc. v. A. Stucki Co.*, 727 F.2d 1506, 1515 (Fed. Cir. 1984).

60 *Whittemore v. Cutter, 29 F. Cas. 1120, 1121 (C. C. D. Mass. 1813); Chisum,* Chisum on patents, 1997, § 16.02 [3] [a].

61 *Deepsouth Packing Co. v. Laitram Corp.*, 406 U.S. 518, 173 USPQ 769 (1972), unter Verweis auf die Rechtsprechung zu Kombinationspatenten, nach der eine Patentverletzung nur bei der Herstellung der gesamten Vorrichtung und nicht bereits bei der Herstellung von deren Einzelteilen bejaht werden kann.

de.[62] Vielmehr fertigte die Beklagte nur einzelne Komponenten der geschützten Vorrichtung und testete diese in unterschiedlichen Fertigungsstufen auf ihre Funktionsfähigkeit. Zu keinem Zeitpunkt wurde die Vorrichtung jedoch vollständig zusammengebaut. Die gefertigten Einzelteile lieferte die Beklagte an ihre Kundin, mit der Maßgabe, dass die Einzelteile der Vorrichtung erst mit Ablauf der Schutzdauer des Patents zusammengebaut werden. Den Unterschied zu der *Deepsouth* Entscheidung des U.S. Supreme Court sah der Federal Circuit darin, dass der Anwendungsbereich dieser Entscheidung auf die extraterritoriale Wirkung des US-amerikanischen Patentrechts beschränkt sei.[63] Darüber hinaus wäre es andernfalls jedem Dritten möglich, Einzelteile der geschützten Vorrichtung noch während der Patentlaufzeit herzustellen und zu testen. Ein Ergebnis, was insbesondere bei Produkten mit langen Vorbereitungsphasen nicht hinnehmbar sei.[64]

In einer im Jahr 2001 ergangenen Entscheidung stellte der Federal Circuit unter Verweis auf die *Deepsouth* Entscheidung des U.S. Supreme Courts jedoch fest, dass die bloße Herstellung von Einzelteilen einer geschützten Vorrichtung und deren Lieferung an einen in Ausland ansässigen Kunden keine Patentverletzung gemäß U. S. C. 35 § 271 (a) darstelle.[65] Das Gericht bejahte gleichwohl eine Patentverletzung unter Berufung auf U. S. C. 35 § 271 (f).[66] Eine Norm,

---

62 *Paper Converting Machine Co. v. Magna-Graphics Corp.*, 745 F.2d 11, 19–20, 233 USPQ 591, 597 (Fed. Cir. 1984).

63 *Paper Converting Machine Co. v. Magna-Graphics Corp.*, 745 F.2d 11, 19–20, 233 USPQ 591, 597 (Fed. Cir. 1984).

64 *Paper Converting Machine Co. v. Magna-Graphics Corp.*, 745 F.2d 11, 19–20, 233 USPQ 591, 597 (Fed. Cir. 1984).

65 *Waymark Corp. v. Porta Systems Copr.*, 245 F.3d 1364, 58 USPQ2d 1456 (fed. Cir. 2001).

66 *Waymark Corp. v. Porta Systems Copr.*, 245 F.3d 1364, 58 USPQ2d 1456 (fed. Cir. 2001); nach 35 U. S. C. 271 (f) Patent Act begeht eine Patentverletzung: »*(1) Whoever without authority supplies or causes to be supplied in or from the United States all or a substantial portion of the components of a patented invention, where such components are uncombined in whole or in part, in such manner as to actively induce the combination of such components outside of the United States in a manner that would infringe the patent if such combination occurred within the United States, shall be liable as an infringer. (2) Whoever without authority supplies or causes to be supplied in or from the United States any component of a patented invention that is especially made or especially adapted for use in the invention and not a staple article or commodity of commerce suitable for substantial non infringing use, where such component is uncombined in whole or in part, knowing that such component is so made or adapted and intending that such component will be combined outside of the United States in a manner that would infringe the patent if such combination occurred within the United States, shall be liable as an infringer.*«

die der Kongress im Jahr 1984 als Reaktion auf die *Deepsouth* Entscheidung des U.S. Supreme Courts erlassen hatte.[67]

2. »*Use*«

Die US-amerikanische Rechtsprechung hat sich mit dem Begriff »*using the invention*« nicht häufig beschäftigt.[68] Allerdings lässt sich gleichwohl eine weite Auslegung dieser Handlungsalternative ausmachen. Erfasst wird jedes Inbetriebnehmen einer geschützten Erfindung.[69] Wie in der deutschen Rechtsprechung wird verlangt, dass es sich um eine bestimmungsgemäße Verwendung der Erfindung handelt. Erforderlich ist jedoch nicht, dass die Erfindung in einer im Patent beschriebenen Art und Weise verwendet wird.[70]

Darüber hinaus wurde als eine Benutzung im Sinne von 35 U. S. C. § 271 (a) der Einsatz zu Versuchszwecken[71] oder die Lagerung patentierter Erzeugnisse für eine spätere Verwendung angenommen.[72]

3. »*Sell*« and »*Offer to Sell*«

Die Handlungsalternative des »*sell*« bzw. »*offer to sell*« setzt wie im deutschen Patentgesetz voraus, dass das geschützte Erzeugnis Gegenstand eines Veräußerungsgeschäftes ist. Unter einem »*sale*« wird nach der US-amerikanischen Rechtsauffassung gemeinhin ein Vertrag zwischen zwei Parteien auf Übertragung von Rechten und Besitz an einem bestimmten Gegenstand gegen Zahlung

67 Vgl. hierzu: *Chisum,* Chisum on patents, 1997, § 16 [16.02] [3] [b].

68 *Chisum,* Chisum on patents, 1997, § 16.02 [4] [b].

69 *Bauer & Cie. v. O'Donnell,* 229 U.S. 1, 33 (1913): »*The right to use is a comprehensive term and embraces within its meaning the right to put into service any given invention*«; bestätigt durch *NTP, Inc. v. Research in Motion, Ltd.,* 418 F.3d 1282. 1319 (Fed. Cir. 2005).

70 In der Entscheidung *Hughes Aircraft Co. v. United States,* 717 F.2d 1351 (Fed. Cir. 1983) führte der Court of Appeals for the Federal Circuit aus: »*...all uses that rely on the teachings of a patent constitute infringement*« siehe auch Bauer & Cie. v. O'Donnell, 229 U.S. 1, 33 (1913).

71 *Cohen v. United States,* 487 F.2d 525, 179 USPQ 859 (Ct. Cl. 1973), vgl. zum später eingeführten Versuchsprivileg Sechstes Kapitel C.IX.

72 *Olsson v. United States,* 25 F. Supp. 495 (Ct. CL. 1938), die Besonderheit des Falls lag jedoch darin, dass die USA Waffen zu Verteidigungszwecken angeschafft und gelagert hat. Aufgrund dieses Verteidigungszwecks bejahte das Gericht eine patentverletzende Nutzung. Eine Entscheidung, die gleichwohl nicht verallgemeinerungsfähig ist.

eines bestimmten Preises verstanden.[73] Dabei muss das geschützte Erzeugnis tatsächlich geliefert oder installiert werden. Werden nur Teile einer Gesamtvorrichtung geliefert, reicht dies nicht aus, um den Verletzungstatbestand *»sell«* zu erfüllen.[74]

Mit Wirkung zum 1. Januar 1996 wurde 35 U.S.C. § 271 (a) im Zuge der Uruguay Runde um den Verletzungstatbestand des *»offering for sale«* ergänzt, um das US-amerikanische Patentrecht in Einklang mit Art. 28 TRIPS zu bringen.[75] Der in diesem Zusammenhang ebenfalls eingeführte 35 U.S.C. § 271 (i) verlangt, dass ein patentverletzendes *»offer to sell«* nur vorliegt, wenn die Veräußerung des geschützten Erzeugnis noch während der Schutzfrist des Patents vollzogen wird. Zweck dieser Erweiterung des Patentschutzes ist, auch nach US-amerikanischer Rechtsauffassung zu verhindern, dass auf dem Markt das Interesse an patentverletzenden Erzeugnissen zum Nachteil des jeweiligen Patentinhabers geweckt wird.[76] Das Vorliegen des Tatbestandes ist entgegen der deutschen Rechtsauffassung anhand der Grundsätze des Vertragsrechts zu bestimmen.[77] Ein *»offer to sell«* im patentrechtlichen Kontext liegt daher in der

> *»manifestation of willingness to enter into a bargain, so made as to justify another person in understanding that his assent to that bargain is invited and will conclude it.«*[78]

Ferner muss durch die streitgegenständliche Maßnahme das patentverletzende Produkt beschrieben und zugleich der für dieses Produkt zu zahlende Preis angegeben werden.[79] Werbemaßnahmen ohne die Angabe von Preisen stellen kein patentverletzendes Angebot dar.[80] Liegen diese beiden Voraussetzungen vor, ist es jedoch unerheblich, wenn der vermeintliche Patentverletzer in seiner

73 *Chisum,* Chisum on patents, 1997, § 16.02 [5] [b].

74 Ausführlicher hierzu: *Pohlman,* Patentverletzung und Klageansprüche im amerikanischen Recht, 1999, S. 48 f. m. w. N.

75 *Chisum,* Chisum on patents, 1997, § 16.02. [5] [g].

76 *3D Systems, Inc. v. Aarotech Laboratories, Inc.,* 160 F.3d at 1379, 48 USPQ2d at 1777 (Fed. Cir. 1998).

77 *Rotec Indus., Inc. v. Mitsubishi Corp.,* 215 F.3d 1246, 1256 (Fed. Cir. 2000).

78 *Rotec Indus., Inc. v. Mitsubishi Corp.,* 215 F.3d 1246, 1257 (Fed. Cir. 2000).

79 *MEMC Elec. Materials, Inc. v. Mitsubishi Materials Silicon Corp.,* 420 F.3d 1369, 1376 (Fed. Cir. 2005); *Hollyanne Corp. v. TFT, Inc.,* 199 F.3d 1304, 1308–09 (Fed. Cir. 1999); *3D Systems, Inc. v. Aarotech Laboratories, Inc.,* 160 F.3d at 1379, 48 USPQ2d at 1777 (Fed.Cir. 1998).

80 *MEMC Elec. Materials, Inc. v. Mitsubishi Materials Silicon Corp.,* 420 F.3d 1369, 1376 (Fed. Cir. 2005).

Werbemaßnahme darauf hinweist, dass es sich nicht um ein verbindliches Angebot handelt, sondern der jeweilige Interessent gehalten ist, ein entsprechendes Angebot abzugeben.[81] Ein patentverletzendes Angebot liegt dagegen dann nicht vor, wenn das patentverletzende Erzeugnis, welches Gegenstand des Angebotes ist, nicht auch innerhalb der USA veräußert wird, sondern für den ausländischen Markt bestimmt ist.[82]

II. Verbietungsbefugnisse bei Verfahren

Ist Gegenstand der geschützten Technologie ein Verfahren, ist der Patentinhaber nach 35 U. S. C. § 271 (g) berechtigt, einem Dritten die Nutzung des Verfahrens zu untersagen. Eine die Verbietungsbefugnisse des Patentinhabers auslösende Nutzung eines geschützten Verfahrens liegt vor, wenn alle operativen Schritte des geschützten Verfahrens ausgeführt werden.[83] In der Umsetzung eines von mehreren Verfahrensschritten liegt dagegen keine Verletzung des Verfahrenspatents.[84]

Umstritten ist in diesem Zusammenhang in der US-amerikanischen Rechtsprechung, ob eine Patentverletzung vorliegt, wenn die einzelnen Schritte des geschützten Verfahrens von unterschiedlichen Personen oder in verschiedenen Unternehmensteilen ausgeführt werden. Nachdem die unteren Instanzen hierzu unterschiedliche Positionen eingenommen haben,[85] entschied der Federal Circuit im Jahr 2007 schließlich, dass eine unmittelbare Patentverletzung in derartigen Fällen nur dann in Betracht kommen kann, wenn der vermeintliche

81 *3DSys., Inc. v, Aarotech Labs., Inc.*, 160 F.3d 1373, 1379, 48 USPQ2d 1773 (Fed. Cir. 1998).

82 *Quality Tubing, Inc. v. Precision Tube Holdings Corp.*, 75 F.Supp.2d 613, 1999 U.S. Dist. (S.D. Tex. 1999); *Rotec Indus., Inc. v. Mitsubishi Corp.*, 215 F.3d 1246, 1255 (Fed. Cir. 2000).

83 *Chisum*, Chisum on patents, 1997, 16.02 [6] mit Verweis auf *Joy Technologies, Inc. v. Flakt, Inc.*, 6 F.3d 770, 775, (Fed. Cir. 1993): »*A method claim is directly infringed only by one practicing the patented method.*«

84 *Monsanto Co. v. Syngenta Seeds, Inc.*, 503 F.3d 1352, 1360 (Fed. Cir. 2007): »*infringement of a multi-step method claim cannot lie by the performance of a single step after issuance of the patent when the initial steps were performed prior to issuance.*«

85 Eine Patentverletzung verneinte der Ninth Circuit in *Mobil Oil Corp. v. Filtrol Corp.*, 501 F.2d 282, 182 (9th Cir. 1974). Der Southern New York District Court ging hingegen in *Metal Film Co. v. Metlon Corp.* davon aus, dass eine Patentverletzung auch dann vorliege, wenn ein gebräuchlicher Verfahrensschritt von einem Zulieferer ausgeführt wird (*Metal Film Co. v. Metlon Corp.*, 316 F. Supp. 96, 167 USPQ 267 (S.D. N.Y. 1970).

Patentverletzer Einfluss, etwa in Form eines Direktions- oder Kontrollrechts, auf den die weiteren Verfahrensschritte ausführenden Dritten hat.[86]

III. Verbietungsbefugnisse bei Verfahrenserzeugnissen

Mit dem Process Patent Amendments Act aus dem Jahr 1988 erweiterte der US-amerikanische Kongress den Katalog der patentrechtlichen Verbietungsbefugnisse um das Recht, anderen die Nutzung, Veräußerung oder den Import von Erzeugnissen zu untersagen, die unmittelbar durch ein geschütztes Verfahren hergestellt wurden (35 U. S. C. 271 (g)).[87] Der Schutz von Verfahrenserzeugnissen setzt voraus, dass es sich um ein in den USA patentgeschütztes Verfahren handelt. Bisher hat die Rechtsprechung nur Herstellungsverfahren im Anwendungsbereich des 35 U. S. C. 271 (g) zugelassen.[88]

Bei der Ausgestaltung der Norm hat der US-amerikanische Gesetzgeber sich ausdrücklich gegen die Verwendung des Begriffs des unmittelbaren Verfahrenserzeugnisses entschieden, um eine zu enge Auslegung des Begriffs »unmittelbar« zu vermeiden.[89] Um dieses generelle Verbot der Einfuhr, des Verkaufes etc. gleichwohl einzuschränken, hat sich der US-amerikanische Gesetzgeber für die Aufnahme einer Ausnahmeregelung in 35 U. S. C. 271 (g) Satz 3 entschieden.[90] Auf den Schutz des Verfahrenserzeugnisses kann sich der Patentinhaber demnach nicht mehr berufen, wenn es an einem Zusammenhang zwischen Verfahren und Erzeugnis fehlt. Der zwischen Verfahren und Erzeugnis erforderliche Zusammenhang ist nicht mehr gegeben, wenn (i) das Erzeugnis durch nachfolgende Verfahrensschritte wesentlich verändert wird, oder (ii) ein nur noch unwesentlicher Bestandteil eines anderen Produktes wird.[91] Eine Frage, die jedoch eine Einzelfallbetrachtung des jeweils angerufenen Gerichts erfordert und in der US-amerikanischen Rechtsprechung bisweilen unterschiedlich

86 *BMC Resources, Inc. v. Paymentech,* L.P., 498 F.3d 1373 (Fed. Cir. 2007).

87 Vgl. 35 U. S. C. §§ 154, 271(g); *Bodewig,* VPP-Rundbrief 2005, 1; *Bodewig,* in: Einsele, 50 Jahre VPP, Einige vergleichende Bemerkungen zum Schutz von Verfahrenserzeugnissen in den USA und Deutschland, 2005, 452, S. 453.

88 *Bodewig,* VPP-Rundbrief 2005, 1, 3 mit Verweis auf *Bayer AG* v. *Housey Pharms., Inc.*, 169 F. Supp. 2d328, 330.

89 *Bodewig,* in: Einsele, 50 Jahre VPP, Einige vergleichende Bemerkungen zum Schutz von Verfahrenserzeugnissen in den USA und Deutschland, 2005, 452, S. 455.

90 *Bodewig,* in: Einsele, 50 Jahre VPP, Einige vergleichende Bemerkungen zum Schutz von Verfahrenserzeugnissen in den USA und Deutschland, 2005, 452, S. 456.

91 Vgl. 35 U. S. C. §§ 154, 271(g); *Bodewig,* VPP-Rundbrief 2005, 1, 2.

interpretiert wurde.[92] Hinsichtlich der vom Gesetzgeber eingeführten verbotenen Handlungsalternativen lassen sich jedoch in Bezug auf ihre begriffliche Ausfüllung keine Unterschiede zu den obigen Ausführungen erkennen.

Auch der US-amerikanische Gesetzgeber hat für die Verwendung des Verfahrenspatents zur Herstellung des Erzeugnisses eine Vermutungsregel zu Gunsten des Patentinhabers aufgestellt (35 U. S. C. § 295).[93] Allerdings greift die Vermutung nur, wenn der Patentinhaber zwei Voraussetzungen erfüllt: (i) Der Patentinhaber muss nachweisen, dass für die Herstellung des Erzeugnisses unter Anwendung des Verfahrens eine gewisse Wahrscheinlichkeit besteht. Dabei muss er auch Gründe darlegen, dass andere Herstellungsverfahren mit erheblicher Wahrscheinlichkeit nicht in Frage kommen. (ii) Außerdem muss der Patentinhaber seine Versuche nachweisen, die er unternommen hat, um in Erfahrung zu bringen, ob das Erzeugnis tatsächlich mit dem geschützten Verfahren hergestellt wurde und, dass diese Versuche erfolglos blieben. Sind diese Voraussetzungen erfüllt, muss der vermeintliche Verletzer nachweisen, dass das Erzeugnis nicht unter Anwendung des geschützten Verfahrens hergestellt wurde.[94]

92 *Chisum,* Chisum on patents, 1997, § 16.02 [6] [d] [iv] [B].

93 *Bodewig,* in: Einsele, 50 Jahre VPP, Einige vergleichende Bemerkungen zum Schutz von Verfahrenserzeugnissen in den USA und Deutschland, 2005, 452, S. 460.

94 *Bodewig,* VPP-Rundbrief 2005, 1, 4.

Drittes Kapitel: Die Entwicklung und Ratio der Erschöpfungslehre

Die Lehre der Erschöpfung der Rechte ist ein für das gesamte Immaterialgüterrecht geltender Rechtsgrundsatz, der sich in den verschiedenen Rechtsordnungen durchgesetzt hat. Gleichwohl unterscheidet sich die Anwendung des Rechtsgrundsatzes der Erschöpfungslehre innerhalb der verschiedenen Rechtsordnungen und auch innerhalb einer Rechtsordnung hinsichtlich der verschiedenen Schutzrechte bzw. im Hinblick auf die Anwendung im Urheberrecht.[95]

A. Die Erschöpfungslehre in der deutschen Rechtsentwicklung

Die dem Patentinhaber aufgrund des Patents eingeräumten – und oben dargestellten –Ausschließlichkeitsrechte sind nicht schrankenlos. Neben der zeitlichen Begrenzung des Schutzes auf 20 Jahre (§ 16 Abs. 1 Satz 1 PatG), ist eine weitere wesentliche Schranke der eingeräumten Rechtsposition der Grundsatz der Erschöpfung. Die Erschöpfungslehre ist bis heute im deutschen Patentrecht, mit Ausnahme der Regelung in § 9 b PatG für biologisches Material sowie dem Landwirtprivileg in § 9 c PatG, nicht kodifiziert. Entwickelt wurde der Grundsatz der Erschöpfung durch deutsches Gewohnheitsrecht und Rechtsfortbildung bereits im 19. Jahrhundert. Der BGH und die Instanzgerichte haben die Erschöpfungslehre stetig weiterentwickelt.

I. Historische Entwicklung

Das RG wendete den Begriff der »Erschöpfung« in einem für den Gewerblichen Rechtsschutz relevanten Kontext erstmalig in seiner Entscheidung *Kölnisch Wasser* aus dem Jahr 1902 an.[96] Mit dieser und weiteren, wenig später ergangenen Entscheidungen setzte das RG den Grundstein der Erschöpfungslehre.

95 *Ensthaler* in: *Fitzner/Lutz/Bodewig*, Patentrechtskommentar, 2012, § 9 PatG, Rn. 83.

96 RGZ 50, 229 – *Kölnisch Wasser.*

1. Die Rechtsprechung des Reichsgerichts

Gegenstand der Entscheidung *Kölnisch Wasser* war eine warenzeichenrechtliche Auseinandersetzung, in der sich der Warenzeicheninhaber gegen den Verkauf von mit seinem Warenzeichen gekennzeichneten Produkten unterhalb des Ladenpreises wehrte. Das RG war hier der Auffassung, dass dem Warenzeicheninhaber zwar ein ausschließliches Recht zustehe, das Zeichen anzubringen und so gekennzeichnete Ware in Verkehr zu setzen. Nach dem Inverkehrsetzen rechtmäßig gekennzeichneter Ware durch den Warenzeicheninhaber selbst oder einem hierzu ermächtigtem Dritten sei die Wirkung des Warenzeichens jedoch erschöpft.[97] Das RG betonte, dass dem Warenzeicheninhaber weder ein Verkaufsmonopol noch ein Schutz bezüglich der Verträge mit weiteren Vertriebspartnern zustehe.[98]

Wenig später entschied das RG einen weiteren Fall zum Warenzeichenrecht. Der Beklagte kaufte in Frankreich mit einem geschützten Warenzeichen gekennzeichnete Produkte auf und importierte sie nach Deutschland, wohl wissend, dass sich die französischen Händler gegenüber dem Warenzeicheninhaber verpflichtet hatten, entsprechend gekennzeichnete Produkte nicht nach Deutschland zu exportieren.[99] Unter Berufung auf die *Kölnisch Wasser* Entscheidung führte das RG aus, dass das deutsche Warenzeichenrecht sich mit dem rechtmäßigen Inverkehrbringen der Produkte in Frankreich erschöpft habe.[100]

Bereits einen Monat nach der Kölnisch Wasser Entscheidung hatte sich das RG mit ähnlichen Fragen in einem patentrechtlichen Kontext auseinanderzusetzen.[101] Die Beklagte hatte hier ein von der Klägerin durch ein Verfahrenspatent hergestelltes Erzeugnis aus dem patentfreien Ausland erheblich günstiger bezogen. Die Klägerin hatte zuvor diese Erzeugnisse an ausländische Unternehmen mit der Maßgabe veräußert, dass die Erzeugnisse nicht nach Deutschland reimportiert werden dürfen. In der gegen ihren Willen erfolgten Wiedereinfuhr des von ihr ausgeführten Produkts, sah die Klägerin eine Verletzung ihrer Rechte aus dem Patent. Dem folgte das RG jedoch nicht.

Das RG sah die Wirkung des Patents im vorliegenden Fall darin, dass im Inland nur der Patentinhaber oder von ihm ermächtigte Personen das Erzeugnis nach dem geschützten Verfahren herstellen und in Verkehr bringen dürfen.

---

97 RG Urt. v. 28.02.1902, RGZ 50, 229, 230 – *Kölnisch Wasser.*

98 RG Urt. v. 28.02.1902, RGZ 50, 229, 231 – *Kölnisch Wasser.*

99 RG Urt. v. 02.05.1902, RGZ 51, 263, 265 – *Mariani.*

100 RG Urt. v. 02.05.1902, RGZ 51, 263, 265 – *Mariani.*

101 RG Urt. v. 26.03.1902, RGZ 51, 139 – *Guajakol-Karbonate.*

Damit sei die Wirkung des Patents aber auch erschöpft. Hat der Patentinhaber sein Produkt hergestellt und in Verkehr gebracht, so hat er die Vorteile genossen, welche ihm das Patent gewährt, und damit sein Recht konsumiert.[102]

Das Patent räume dem Patentinhaber nicht die Befugnis ein, Bedingungen festzulegen, unteren denen der Verkehr mit seinen Produkten stattfinden soll. Das RG schließt zwar nicht aus, dass der Patentinhaber seinem Abnehmer derartige Bedingungen auferlegen könne, allerdings ergibt sich dieses Recht nicht aus der Ausschließlichkeit seines Patentrechts, sondern aus der allgemeinen Vertragsfreiheit.[103] Das Ausschließlichkeitsrecht ermächtige den Patentinhaber nämlich nicht, die Art des Verkehrs seines Produktes nach Belieben zu bestimmen und zu kontrollieren. Daraus leitet das RG ab, dass die Verletzung der vom Patentinhaber auferlegten vertraglichen Bedingungen nur dazu führen könne, dass etwaige daraus resultierende Rechte gegenüber der vertragsbrüchigen Partei geltend gemacht werden. Die vom Patentinhaber in Verkehr gebrachte Ware sei hingegen frei von patentrechtlichen Beschränkungen.[104]

Im Jahr 1906 hatte sich das RG schließlich auch mit der Reichweite des Vertriebsrechts eines Urhebers auseinanderzusetzen. Der Kläger, Urheber und Verleger eines Kursbuches, unternahm den Versuch, einem Berliner Warenhaus verbieten zu lassen, Exemplare seines Kursbuches unter dem Ladenpreis zu verkaufen.[105] Die Beklagte hatte die Bücher zuvor von Händlern erworben, denen der Kläger diese Werkexemplare selbst geliefert hatte. Das RG war der Auffassung, dass die dem Urheber zustehenden Rechtspositionen nicht so weit reichen, dass ohne eine Erlaubnis des Rechteinhabers nicht über solche Werkexemplare verfügt werden könne, die der Rechteinhaber in Ausübung seiner Rechte selbst in den Verkehr gebracht hat.[106] Vielmehr seien mit dem Absatz des Werkes an das Publikum die Rechte erschöpft.

Das Reichsgericht hatte sich in all diesen Fällen mit dem Vertriebs- oder Verbreitungsrecht geschützter Waren auseinanderzusetzen. In Frage stand dabei stets, ob das Verbreitungsrecht dem jeweiligen Rechteinhaber ein Instrument an die Hand gibt, mit welchem er den Handel kontrollieren und Bedingungen für den Weiterverkauf festsetzen kann. Die Antwort des RG: Nein.

---

102 RG Urt. v. 26.03.1902, RGZ 51, 139, 140 – *Guajakol-Karbonate.*

103 RG Urt. v. 26.03.1902, RGZ 51, 139, 140 – *Guajakol-Karbonate.*

104 RG Urt. v. 26.03.1902, RGZ 51, 139, 141 – *Guajakol-Karbonate.*

105 RG Urt. v. 16.06.1906, RGZ 63, 394, 395 – *Koenigs Kursbuch.*

106 RG Urt. v. 16.06.1906, RGZ 63, 394, 397 – *Koenigs Kursbuch.*

2. Das Schrifttum

Auch das Schrifttum setzte sich bereits mit Inkrafttreten des Patentgesetzes mit der Frage auseinander, ob die dem Patentinhaber eingeräumte Rechtsposition so weit reichen kann, dass der Patentinhaber durch die Vorgabe von Bedingungen den Vertrieb geschützter Erzeugnisse kontrollieren kann. In der Literatur wurde zunächst die Theorie der stillschweigenden Lizenzerteilung entwickelt. Die Vertreter dieser Auffassungen gingen davon aus, dass der Patentinhaber mit der Veräußerung dem zukünftigen Eigentümer auch den Gebrauch des Erzeugnisses gestattet.[107] Nach dieser Auffassung konnte der Patentinhaber allerdings dann den Vertrieb seiner in Verkehr gebrachten Erzeugnisse kontrollieren, wenn er sich das Vertriebsrecht ausdrücklich ganz oder teilweise vorbehalten hatte.[108]

Dem begegnete die von *Kohler* entwickelte Lehre vom Zusammenhang der Benutzungsarten. Nach Kohler sollte bereits die rechtmäßige Herstellung einer geschützten Vorrichtung deren Patentfreiheit zur Folge haben. Demnach war der Patentinhaber allein berechtigt, dass patentierte Produkt herzustellen und zu veräußern. Der Weiterverkauf und die Nutzung des patentierten Gegenstandes sollten seinem Einflussbereich jedoch entzogen sein.[109] *Kohler* ging davon aus, dass Benutzung und Verbreitung eine Fortsetzung der in der Herstellung des Erzeugnisses liegenden Ausübung des Patents sind.

Entgegen *Kohler* stellte das RG in seiner Guajakol-Karbonat Entscheidung auf das Inverkehrbringen des patentierten Produkts ab. Das Schrifttum schloss sich – einschließlich Kohlers – der Auffassung des RG an.[110] Auch der BGH und die Untergerichte bestätigten in ständiger Rechtsprechung diese Grundsätze der Erschöpfungslehre.[111]

107 *Kohler,* Deutsches Patentrecht, 1984, Neudr. d. Aug. Mannheim 1878, S. 160.

108 *Kohler,* Deutsches Patentrecht, 1984, Neudr. d. Aug. Mannheim 1878, S. 101.

109 *Kohler,* Deutsches Patentrecht systematisch bearbeitet unter vergleichender Berücksichtigung des französischen Patentrechts, 1878, S. 452–459.

110 *Joos,* Die Erschöpfungslehre im Urheberrecht, 1991, S. 29.

111 BGH Urt. v. 12.06.1951, BGHZ 2, 261, 267 f. – *Tauchpumpensatz*; BGH Urt. v. 21.11.1958, GRUR 1959, 232, 233 – *Förderrinne*; BGH Urt. v. 29.02.1968, GRUR 1968, 195, 196 – *Voran*; BGH Urt. v. 08.03.1973, GRUR 1973, 518, 520 – *Spielautomat*; BGH Urt. v. 10.10.1974, GRUR 1975, 206, 207 – *Kunststoffschaumbahnen*; BGH Urt. v. 03.06.1976, GRUR 1976, 579, 582 – *Tylosin*; BGH Urt. v. 24.09.1979, GRUR 1980, 38, 39 – *Fullplastverfahren*; BGH Urt. v. 26.09.1996, GRUR 1997, 116 – *Prospekthalter*; BGH Urt. v. 16.09.1997 GRUR 1998, 130 – *Handhabungsgerät*; BGH Urt. v. 14.12.1999, GRUR 2000, 299 – *Karate*; BGH Urt. v. 14.11.2000, GRUR 2001, 223 – *Bodenwaschanlage*.

II. Rechtfertigung der Erschöpfungslehre

Die vom RG[112] und zunächst auch vom BGH[113] für die Rechtfertigung der Erschöpfungslehre herangezogene Eigentumstheorie wird weit überwiegend als ungeeignet angesehen, um die Erschöpfung zu begründen.[114] Ausgangspunkt dieser Auffassung ist, dass das Sacheigentum an dem geschützten Werk bzw. Erzeugnis das Verbreitungsrecht des Schutzrechtsinhabers begrenze.[115]

Ihre Rechtfertigung findet die Erschöpfungslehre nunmehr einerseits darin, allzu starke Beeinträchtigungen des Handelsverkehrs mit patentieren Wirtschaftsgütern zu vermeiden (Verkehrssicherungstheorie).[116] Andererseits soll das dem Pateninhaber eingeräumte Ausschließlichkeitsrecht nur so weit reichen, wie es erforderlich ist, um eine dem Marktwert der Erfindung repräsentierende Gegenleistung zu erlangen (Belohnungstheorie).[117] Eine befriedigende Rechtfertigung der Erschöpfungslehre wird häufig nur in der Kombination beider Theorien gesehen.[118]

Die Verkehrssicherungstheorie begründet die Erschöpfung mit dem Bedürfnis nach einem freien Handel mit immaterialgüterrechtlich geschützten Erzeugnissen. Das Immaterialgüterrecht will dem jeweiligen Rechteinhaber keine dauerhafte, ausschließliche Befugnis zum Handel mit rechtmäßig in Verkehr gebrachten geschützten Waren einräumen.[119] Im Interesse eines freien Warenverkehrs darf die weitere Verbreitung und Verwendung eines mit Zustimmung des jeweiligen Rechteinhabers in Verkehr gebrachten geschützten Erzeugnisses nicht in unzumutbarer Weise behindert werden.[120] Die Erschöpfungslehre gleicht damit den Umstand aus, dass Immaterialgüterrechte nicht gutgläubig erworben werden können, indem die Interessen des Schutzrechtsinhabers mit

---

112 RG Urt. v. 16.06.1906, RGZ 63, 394, 398 – *Koenigs Kursbuch.*

113 BGH Urt. v. 12.02.1952, BGHZ 5, 116, 120 – *Parkstraße 13.*

114 In jüngster Zeit zieht Berger jedoch die Eigentumstheorie wieder heran und stellt sie dem Eigentumsmodell des BGB gegenüber *Berger,* AcP 2001 (201), 411, 449.

115 *Berger,* AcP 2001 (201), 411, 418.

116 *Scharen* in: *Benkard,* Patentgesetz, 2015, § 9 PatG, Rn 18.

117 *Strohm,* Wettbewerbsbeschränkungen in Patentlizenzverträgen nach amerikanischem und deutschem Recht, 1971, S. 137; *Leßmann,* GRUR 2000, 741, 744.

118 Vgl. hierzu *Koppe,* Die urheberrechtliche Erschöpfung, 2004, S. 88.

119 *Joos,* Die Erschöpfungslehre im Urheberrecht, 1991, S. 53.

120 *Reimer,* GRUR Int. 1972, 221, 222 u. 227.

dem Interesse der Allgemeinheit an der Verkehrsfähigkeit geschützter Produkte gegeneinander abgewogen werden.[121]

Nach der Belohnungstheorie soll der Erfinder als Ausgleich für die Bereicherung des Stands der Technik eine Gegenleistung erhalten,[122] wie beispielsweise eine finanzielle Belohnung oder einen anderen geldwerten oder ideellen Vorteil. Eigentumsähnliche Rechte an der Erfindung sollen dem Patentinhaber hingegen nicht gewährt werden.[123] Realisiert werden soll diese Form der Belohnung, indem dem Erfinder für eine bestimmte Zeit das ausschließliche Recht eingeräumt wird, die Erfindung wirtschaftlich zu verwerten.[124] Dabei soll der Schutzrechtsinhaber nur einmal einen wirtschaftlichen Nutzen aus dem Inverkehrbringen des geschützten Gegenstandes ziehen können. Hat der Schutzrechtsinhaber einmal die Möglichkeit gehabt, aus der Verwertung des geschützten Gegenstandes Gewinn zu erzielen, sei dem Belohnungsgedanken hinreichend Rechnung getragen.[125] Mithin wird dem Schutzrechtsinhaber durch die Einräumung eines Ausschließlichkeitsrechts die Chance eingeräumt, am Markt frei von Nachahmern den geschützten Gegenstand bzw. die geschützte Ware zu verwerten.[126] Eine bestimmte Gegenleistung kann und soll dem Schutzrechtsinhaber dagegen nicht garantiert werden. Hat der Schutzrechtsinhaber den geschützten Gegenstand bzw. die geschützte Ware in den Verkehr gebracht, hat er die Chance, eine Entlohnung für seine geistige Leistung zu erhalten, genutzt und seine Rechte verbraucht. Mit dem ersten Inverkehrbringen patentierter Erzeugnisse habe der Patentinhaber regelmäßig die ihm durch die Ausschließlichkeitsrechte eingeräumten Vorteile genossen. Für eine darüber hinausgehende weitere Vergütung seiner erfinderischen Leistung durch die Beteiligung an nachfolgenden Vertriebsakten wird kein anerkennenswertes Bedürfnis gesehen.[127]

121 *Ensthaler/Wege,* Management geistigen Eigentums: Die unternehmerische Gestaltung des Technologieverwertungsrechts, 2013, S. 59.

122 BGH Beschl. v. 12.02.1987, GRUR 1987, 231, 232, 233 – *Tollwutvirus*; BGH Urt. v. 11.07.1995, GRUR 1996, 109, 114 – *Klinische Versuche I*; BGH Urt. v. 14.12.1999, GRUR 2000, 299 – *Karate.*

123 *Osterrieth,* Patentrecht, 2015, Rn. 16; *Kraßer/Bernhardt,* Patentrecht, 2009, S. 37.

124 *Kraßer/Bernhardt,* Patentrecht, 2009, S. 37.

125 *Blachian,* Die Lehre von der Erschöpfung des Verbreitungsrechts im Urheberrecht, 1964, S. 57 f.; *Selmayr,* Die Erschöpfungstheorie im Urheberrecht und die patentrechtliche Lehre vom Zusammenhang der Benutzungsarten, 1961, S. 129–132; *Bodewig,* GRUR Int. 2015, 626, 628.

126 *Bodewig,* GRUR Int. 2015, 626, 628.

127 *Kraßer/Bernhardt,* Patentrecht, 2009, S. 795; RG Urt. v. 16.06.1906, RGZ 63, 394; 398; BGH Urt. v. 24.09.1979, GRUR 1980, 18, 39 – *Fullplastverfahren*; BGH Urt. v. 14.11.2000,

Dieser – von der Belohnungstheorie befürwortete – Verbrauch der Rechte ist jedoch Ausfluss des Bedürfnisses, den ungehinderten Weitervertrieb von Waren, die die Schutzrechte inkorporieren, sicherzustellen.[128] Eine extensive Ausgestaltung der Befugnisse des Schutzrechtsinhabers, die ihn grundsätzlich noch besser an der Verwertung seiner geistigen Leistung beteiligen würde, hätte nämlich eine unerwünschte Beeinträchtigung des Handels zur Folge.[129] Nicht nur die Verkehrsfähigkeit geschützter Waren, sondern auch die Rechtssicherheit im Hinblick auf mögliche Beschränkungen des Weitervertriebes wären beeinträchtigt.[130] Erst diese Überlegungen liefern die Begründung dafür, dass mit dem ersten Inverkehrbringen die dem Schutzrechtsinhaber eingeräumten Ausschließlichkeitsrechte ihre Funktion erfüllt haben.[131] Eine über das erste Inverkehrbringen hinausgehende Beteiligung des Schutzrechtsinhabers an der wirtschaftlichen Verwertung seiner geistigen Leistung ist im Hinblick auf die damit verbundenen Folgen für den Warenverkehr nicht mehr angemessen.

Folglich hat der Patentinhaber für die Bereicherung des Stands der Technik immer dann eine angemessen Gegenleistung erhalten, wenn er die Chance hatte, den geschützten Gegenstand bzw. die geschützte Ware erstmalig und ohne Beeinträchtigung von dritter Seite in Verkehr zu bringen und damit zu verwerten. Diese Chance wird dem Patentinhaber durch die Gewährung von Ausschließlichkeitsrechten eingeräumt. Die damit verbundene Beschränkung des freien Warenverkehrs und Handels wird hingenommen. Sobald der Rechteinhaber die Verwertungschance durch das erste Inverkehrbringen des geschützten Gegenstandes genutzt hat, überwiegt der Schutz der Rechtssicherheit und des freien Warenverkehrs. Der Patentinhaber hat seine Ausschließlichkeitsrechte mit der Chance einer unbeeinträchtigten ersten Vermarktung verbraucht und eine angemessene Gegenleistung für seine geistige Leistung erhalten.

III. Voraussetzung der Erschöpfung nach deutschem Recht

Voraussetzung für den Eintritt der patentrechtlichen Erschöpfung ist, dass ein geschützter Gegenstand durch den Patentinhaber oder mit dessen Zustimmung

GRUR 2001, 223 – *Bodenwaschanlage.*

128 *Bodewig,* GRUR Int. 2015, 626, 628.

129 *Joos,* Die Erschöpfungslehre im Urheberrecht, 1991, S. 76.

130 *Bodewig,* GRUR Int. 2015, 626, 628.

131 *Joos,* Die Erschöpfungslehre im Urheberrecht, 1991, S. 67.

in Verkehr gebracht wird.[132] Es ist daher zu klären, wann der geschützte Gegenstand tatsächlich in Verkehr gebracht wird und wann eine die Erschöpfung auslösende Zustimmung des Patentinhabers vorliegt.

1. Inverkehrbringen

Die tatbestandlichen Voraussetzungen des Inverkehrbringens im Rahmen der Erschöpfung werden in Rechtsprechung und Literatur regelmäßig anhand des Tatbestands des Inverkehrbringens des § 9 Satz 2 Nr. 1 PatG und der damit verbundenen Verletzung des Ausschließlichkeitsrechts des Patentinhabers ausgelegt.[133] Beide Tatbestände setzen wortgleich voraus, dass jemand den geschützten Gegenstand in den Verkehr gebracht hat. Fraglich ist jedoch, ob auf Grund der unterschiedlichen Zielsetzung beider Tatbestände an den Akt des Inverkehrbringens unterschiedliche Anforderungen zu stellen sind.

Die Rechtsprechung lässt auch für das die Erschöpfung begründende Inverkehrbringen ausreichen, dass der Patentinhaber den geschützten Gegenstand einem Dritten zu eigenem oder fremden Gebrauch überlassen hat.[134] Unerheblich ist hingegen, dass der Patentinhaber bei der Überlassung des geschützten Gegenstandes einem Dritten dabei zugleich das Eigentum überträgt.[135] Vielmehr reicht es aus, wenn der geschützte Gegenstand zu Anschauungs- und Testzwecken geliefert wird, ohne eine Pflicht den Gegenstand später an den Hersteller zurückzugeben.[136] Der wirtschaftliche Wert wird in diesen Fällen durch die Nutzung zu Werbezwecken verwirklicht. Die Verschaffung des Besitzes, etwa durch Leihe und Übergabe ist ausreichend und zugleich Voraussetzung, um ein patentiertes Erzeugnis in Verkehr zu setzen.[137]

---

132 *Kühnen* in: *Schulte/Kühnen*, Patentgesetz mit Europäischem Patentübereinkommen, 2008, § 9 PatG, Rn. 19

133 *Scharen* in: *Benkard*, Patentgesetz, 2015, § 9 PatG, Rn. 17; *Kraßer/Bernhardt*, Patentrecht, 2009, S. 795; *Bukow* in: *Haedicke u. a.*, Handbuch des Patentrechts, 2012, S. 865.

134 RG Urt. v. 01.11.1933, RGZ 142, 168, 169; BGH Urt. v. 15.02.2007, GRUR 2007, 882 – *Parfümtester*; *Benkard*, EPÜ, 2012, § 15 PatG, Rn. 17; *Kühnen*, Handbuch der Patentverletzung, 2014, Rn. 1790.

135 RG Urt. v. 01.11.1933, RGZ 142, 168, 169; BGH Urt. v. 15.02.2007, GRUR 2007, 882 – *Parfümtester*; *Benkard*, EPÜ, 2012, § 15 PatG, Rn. 17.

136 BGH Urt. v. 15.02.2007, GRUR 2007, 882, 883 – *Parfümtester;* OLG Hamburg Urt. v. 21.04.2004, GRUR-RR 2004, 355.

137 *Scharen* in: *Benkard*, Patentgesetz, 2015, § 9 PatG, Rn. 44.

Gegen diese Auslegung des Begriffs des Inverkehrbringens als Tatbestandsvoraussetzung der Erschöpfung wird vom Schrifttum eingewendet, dass der Patentinhaber durch die bloße zeitweilige Gebrauchsüberlassung keine hinreichende Gelegenheit gehabt habe, um den Marktwert der Erfindung zu realisieren.[138] Regelungszweck der Erschöpfungslehre sei es, festzulegen, welche Handlungen des Rechteinhabers es rechtfertigen, dass seine Rechte als »konsumiert« angesehen werden können. § 9 Satz. 2 Nr. 1 PatG bestimmt dagegen, welche Handlungen dem Rechteinhaber ein Vorgehen gegen einen sich potentiell rechtswidrig verhaltenden Dritten ermöglichen.[139]

Den Interessen des Rechteinhabers könne daher nur dann Rechnung getragen werden, wenn die Tatbestandsvoraussetzungen des Inverkehrbringens jeweils in Abhängigkeit des konkreten Anwendungsbereichs definiert werden. So könne der Ausschließlichkeitsposition des Rechteinhabers nur hinreichend Rechnung getragen werden, wenn die für den Eintritt der Erschöpfung notwendige Handlungsintensität des Rechteinhabers eher hoch angesetzt wird. Dagegen sei die erforderliche Handlungsintensität des potentiellen Rechtsverletzers eher niedrig anzusetzen.[140]

Demnach wäre die Leihe oder Verpachtung des geschützten Erzeugnisses durch einen hierzu nicht befugten Dritten als ein Inverkehrbringen im Sinne des § 9 Satz 2 Nr. 1 PatG anzusehen, so dass der Schutzrechtsinhaber hiergegen vorgehen könnte. Bei der Frage, ob das Recht des Patentinhabers schon erschöpft sei, weil der Schutzrechtsinhaber das geschützte Erzeugnis an einen Dritten verliehen hat, wäre dagegen ein tatbestandliches Inverkehrbringen nach der in der Literatur vertretenen Auffassung nicht anzunehmen.

Die Erschöpfungslehre hat jedoch nicht nur den Zweck, dem Schutzrechtsinhaber für die Bereicherung des Stands der Technik zu entlohnen, vielmehr soll sie auch die Belange der Schutzrechtsinhaber mit denen des freien Warenverkehrs in Einklang bringen.[141] Dem Schutzrechtsinhaber steht danach das ausschließliche Recht zu, das erste Inverkehrbringen der geschützten Ware zu kontrollieren.[142] Dadurch wird dem Schutzrechtsinhaber die Möglichkeit eingeräumt, den wirtschaftlichen Wert des geschützten Gegenstandes zu realisieren. Gewährleistet wird dies, indem dem Patentinhaber das ausschließliche Recht verliehen wird, das fragliche Erzeugnis als Erster in den Verkehr zu brin-

---

138 *Kraßer/Bernhardt,* Patentrecht, 2009, S. 795; *Kohler,* Handbuch des deutschen Patentrechts in rechtsvergleichender Darstellung, 1900, S. 456; *Reimer,* GRUR Int. 1972, 221, 227.

139 *Bayreuther, WRP 2000, 349, 353.*

140 *Bayreuther, WRP 2000, 349, 354.*

141 EuGH Urt. v. 11. 07. 1996, verb. Rs. C–427/93, C–429/93 u. C–436/93, NJW 1997, 1627.

142 EuGH Urt. v. 18. 10. 2005, GRUR 2006, 146 – *Class International/Colgate-Palmolive.*

gen.[143] Dem Patentinhaber wird somit ermöglicht, einen Ausgleich für seine Erfindertätigkeit zu erhalten.[144] Überträgt der Patentinhaber die Sachherrschaft über den geschützten Gegenstand auf einen Dritten, realisiert er dessen wirtschaftlichen Wert.[145] Ein zur Erschöpfung führendes Inverkehrbringen liegt demnach bereits dann vor, wenn der Schutzrechtsinhaber den geschützten Gegenstand einem Dritten zum Gebrauch überlässt, ohne ihm dabei zugleich das Eigentum zu verschaffen.

Indem der Patentinhaber den geschützten Gegensand im Wege der Vermietung, Verpachtung oder des Leasings einem Dritten überlässt, realisiert der Patentinhaber ebenfalls den wirtschaftlichen Wert des geschützten Gegenstandes, auch wenn er das Eigentum daran nicht überträgt. So erhält er in diesen Fällen häufig einen Miet- oder Pachtzins bzw. Leasinggebühren. Überlässt der Patentinhaber den geschützten Gegenstand unentgeltlich, beispielsweise zu Testzwecken, liegt der wirtschaftliche Wert in der Überlassung zu Werbezwecken in der Hoffnung auf einen späteren Geschäftsabschluss.[146] Der Schutzrechtsinhaber hat sich jedoch in allen Fällen aus freien Stücken der Möglichkeit begeben, den weiteren Vertrieb der Ware zu kontrollieren. Er hat die Ware zum Gegenstand des Handelsverkehrs gemacht.[147]

Nicht zur Erschöpfung führen hingegen unternehmensinterne Warenbewegungen, beispielsweise zwischen verschiedenen Betrieben des Rechteinhabers oder innerhalb eines Konzernverbundes. Ein Inverkehrbringen liegt hier nicht vor,[148] da die Erzeugnisse in diesen Fällen nicht zum Gegenstand des freien Handelsverkehrs werden.[149]

---

143 *Bodewig*, GRUR Int. 2015, 626, 628.

144 EuGH Urt. v. 09.07.1985, GRUR Int. 1985, 822, 824 – *Pharmon.*

145 EuGH Urt. v. 30. 11. 2004, GRUR 2005, 507 – *Peak Holding AB/Axolin Elinor AB.*

146 *Benkard*, Patentgesetz, 2015, § 9 PatG, Rn. 44.

147 BGH Urt. v. 15.02.2007, GRUR 2007, 882 – *Parfümtester.*

148 BGH Urt. v. 15.02.2007, GRUR 2007, 882, 883 – *Parfümtester*; BGH Urt. v. 27.04.2006, GRUR 2006, 863 – *ex works*; EuGH Urt. v. 30.11.2004, GRUR 2005, 507 – *Peak Holding/Axolin-Elinor.*

149 *Kraßer/Bernhardt*, Patentrecht, 2009, S. 795.

2. Inverkehrbringen im Inland bzw. im Gebiet der EU/EWR

Patentrechtliche Befugnisse werden nur dann konsumiert, wenn das patentierte Erzeugnis im Inland in Verkehr gebracht wird.[150] Zur Begründung wird angeführt, dass das Patent in seiner Natur lokal auf das Gebiet des Staates, der es erteilt hat, beschränkt sei. In jedem Staat, in welchem dem Patentinhaber für seine Erfindung ein Patent erteilt wurde, steht ihm ein selbständiges Ausschließlichkeitsrecht zu, welches an den Grenzen des jeweiligen Staates endet.[151] Jeder Erteilungsstaat gewährt dem Patentinhaber für die Offenbarung seiner Erfindung einen selbständigen und unabhängigen Anspruch auf Belohnung.[152]

Der Einfluss des gemeinschaftlichen Grundsatzes der Warenverkehrsfreiheit hat jedoch dazu geführt, dass sich die patentrechtlichen Befugnisse nicht nur durch das Inverkehrbringen des geschützten Gegenstandes im Inland erschöpfen, sondern auch, wenn der Gegenstand in einem Mitgliedstaat der Europäischen Gemeinschaft in Verkehr gebracht wird. Die Erschöpfungswirkung ergibt sich in diesem Fall aus dem freien Waren- und Dienstleistungsverkehr in der Gemeinschaft, wonach gemäß Art. 34 und Art. 56 Vertrag über die Arbeitsweise der Europäischen Union in der Fassung der Bekanntmachung vom 9. Mai 2008 (ABl. Nr. C 115 S. 47) zuletzt geändert durch Art. 2 ÄndBeschl. 2012/419/EU vom 11. Juli 2012 (ABl. Nr. L 204 S. 131) (»AEUV«) mengenmäßige Einfuhrbeschränkungen sowie alle Maßnahmen gleicher Wirkung verboten sind (zuvor Art. 28, 49 EG-Vertrag). Erlaubt sind gemäß Art. 36 Satz 2 AEUV nur solche Einfuhrverbote oder -beschränkungen zwischen Mitgliedstaaten, die zum Schutz des gewerblichen und kommerziellen Eigentums gerechtfertigt sind (vormals Art. 30 EG-Vertrag). Darunter fallen nach der Rechtsprechung des EuGH allerdings nur die Einfuhrverbote und -beschränkungen, die den spezifischen Gegenstand dieses Eigentums betreffen. Im Patentrecht liegt dieser Gegenstand darin, dass der Pateninhaber zum Ausgleich für seine Erfindertätigkeit zum einen das ausschließliche Recht erlangt, seine Erfindung zu verwerten und zum anderen das Recht, sich gegen jegliche Zuwiderhandlung zur Wehr zu setzen.[153]

---

150 RG Urt. v. 26.03.1902, RGZ 51, 139 – *Guajakol-Karbonate*; BGH Urt. v. 29.02.1968, GRUR 1968, 195 – *Voran.*

151 BGH Urt. v. 03.06.1976, GRUR 1976, 579, 582 – *Tylosin.*

152 BGH Urt. v. 29.02.1968, GRUR 1968, 195 – *Voran.*

153 EuGH Urt. v. 31.10.1974, GRUR Int. 1974, 454, – *Centrafarm*; EuGH Urt. 14.07.1981, GRUR 1982, 47, 48 – *Merck/Stephar*; EuGH Urt. v. 09.07.1985, GRUR Int. 1985, 823, 824 –

Wird das erfindungsgemäße Erzeugnis in einem Mitgliedstaat durch den Patentinhaber selbst oder mit seiner Zustimmung in Verkehr gebracht, ist dieser spezifische Gegenstand des Patents jedoch nicht betroffen. Ein auf eine Patentverletzung gestütztes Einfuhrverbot ist daher nicht nach Art. 36 Satz 2 AEUV gerechtfertigt. Ein anderes Verständnis würde die nationalen Märkte abriegeln; den Handel der Mitgliedstaaten beschränken.[154] Eine derartige Beschränkung wäre jedoch nicht notwendig, um dem Patentinhaber die aus den Parallelpatenten fließenden Ausschließlichkeitsrechte in ihrer Substanz zu erhalten.[155] Dieser Rechtsprechung hat sich auch der BGH angeschlossen.[156]

Obwohl das Prinzip der nationalen bzw. regionalen Erschöpfung weltweit anerkannt ist,[157] wird von Teilen des rechtswissenschaftlichen Schrifttums in der Einführung der internationalen Erschöpfung ein handelspolitisches Instrument gesehen, welches insbesondere Entwicklungsländern die Versorgung der Bevölkerung mit erheblich günstigeren Medikamenten ermöglichen würde.[158] Die stetig steigenden Kosten des Gesundheitswesens führen nunmehr selbst in Industrieländern zu einer Diskussion von Parallelimporten patentgeschützter pharmazeutischer Produkte.[159]

Das Prinzip der internationalen Erschöpfung besagt, dass bereits das Inverkehrbringen eines geschützten Produkts durch den Schutzrechtsinhaber oder mit seiner Zustimmung in einem beliebigen sonstigen Staat die weltweite Erschöpfung gewerblicher Schutzrechte bewirkt.[160]

Diesem Prinzip der internationalen Erschöpfung gefolgt ist das Obergericht Tokyo in einem Urteil aus dem Jahre 1995. Es sah in der Einfuhr patentrechtlich geschützter Waren, die der Patentinhaber im Ausfuhrland in Verkehr gebracht hat, keine Verletzung des parallelen ausschließlichen Benutzungsrechts in Japan.[161] Verhindert werden könne nach der Auffassung des japanischen

Pharmon; EuGH Urt. v. 05.12.1996, GRUR Int. 1997, 250 – *Merck II*; EuGH Urt. v. 09.07.1997, GRUR Int. 1997, 911, 912 – *Generics/Smith Kline.*

154 *Keukenschrijver* in: *Busse/Keukenschrijver,* Patentgesetz, 2013, § 9 PatG, Rn. 162.

155 EuGH Urt. v. 31.10.1974, GRUR Int. 1974, 454, – *Centrafarm*; EuGH Urt. 14.07.1981, GRUR 1982, 47, 48 – *Merck/Stephar.*

156 BGH Urt. v. 14.12.1999, GRUR 2000, 299, 300 – *Karate.*

157 *Jehoram,* GRUR Int. 1996, 280, S. 281.

158 *Kraack,* TRIPs oder Patentschutz weltweit, 2006, S. 45; *Heath,* GRUR Int. 1996, 1169, 1180; *Beier,* GRUR Int. 1996, 1, 3ff.; *Hermann,* EuZW 2002, 37, 40f.; *Wasserman Rajec,* Berkeley Tech. L.J. 2014, 317.

159 *Thomas,* Fordham Intell. Prop. Media & Ent. L.J. 2013, 525, 454.

160 *Loewenheim,* GRUR Int. 1996, 307, S. 317.

161 OG Tokyo, GRUR Int. 1995, 417 – *Kraftfahrzeugfelgen II.*

Obersten Gerichtshofs eine Paralleleinfuhr patentgeschützter Waren allerdings dann, wenn auf den Waren ein eindeutiger Hinweis auf das Einfuhrverbot angebracht wird.[162]

Dass das Inverkehrbringen eines patentgeschützten Produkts zur Erschöpfung der Patentrechte führt, wenn es erstmalig im Ausland in Verkehr gebracht wurde, entschied auch das Handelsgericht Zürich auf der Grundlage von Art. 8 des schweizerischen Patentgesetzes in einem Urteil vom 23. November 1998.[163] Das ebenfalls mit dieser Frage befasste Schweizerische Bundesgericht hob die Entscheidung des Handelsgericht Zürich mit der Begründung auf, dass die traditionelle schweizerische Auffassung von der nationalen Erschöpfung für das Patentrecht ausgehe.[164] Mit der am 1. Juli 2009 in Kraft getretenen Änderung des schweizerischen Patentgesetzes normierte schließlich der Schweizer Gesetzgeber die nationale bzw. regionale Erschöpfung für das Patentrecht.[165]

Die Frage der Anwendung einer internationalen Erschöpfung wird regelmäßig im Zusammenhang mit dem TRIPS und GATT diskutiert. Bereits zu den Verhandlungen des TRIPS war heftig umstritten, ob der Grundsatz der internationalen Erschöpfung etabliert werden sollte, was die Entwicklungsländern forderten und die Industrieländern ablehnten.[166] Im Ergebnis blieb diese Frage offen.

Die Diskussion um den Grundsatz der internationalen Erschöpfung ist daher von der Auslegung der einschlägigen Bestimmungen dieser Abkommen geprägt.[167] Während ein Teil des rechtswissenschaftlichen Schrifttums dem TRIPS eine Verankerung der internationalen Erschöpfung entnimmt,[168] sieht eine andere Ansicht im TRIPS die national-regionale Ansicht niedergelegt.[169] Eine vermittelnde Ansicht steht schließlich auf dem Standpunkt, die Staaten können grundsätzlich frei zwischen dem Prinzip der nationalen-regionalen

---

162 Jap. OGH, GRUR Int. 1998, 168, 169 f. – *Kraftfahrzeugfelgen III.*

163 HG Zürich, GRUR Int. 1999, 555 ff. ff. – *Kodak.*

164 BGE 126 III 129, GRUR Int. 2000, 639 – *Kodak II.*

165 Art. 9a II. 1. Schw. PatG: »*Hat der Patentinhaber eine patentgeschützte Ware im Inland oder im Europäischen Wirtschaftsraum in Verkehr gebracht oder ihrem Inverkehrbringen im Inland oder im Europäischen Wirtschaftsraum zugestimmt, so darf diese Ware gewerbsmässig eingeführt und im Inland gewerbsmässig gebraucht oder weiterveräussert werden.*«

166 *Emmerich,* JuS 2000, 612, 613.

167 *Kraack,* TRIPs oder Patentschutz weltweit, 2006, S. 57 ff.

168 *Godt,* Eigentum an Information, 2007, S. 411; *Hermann,* EuZW 2002, 37, 41.

169 *Kraack,* TRIPs oder Patentschutz weltweit, 2006, S. 80.

Erschöpfung und der internationalen Erschöpfung wählen.[170] Aufgrund der Vielzahl ihrer Vertreter kann diese Ansicht als herrschend bezeichnet werden, zumal sie durch eine auf der in Doha (Katar) veranstalteten Ministerkonferenz am 14. November 2001 verabschiedeten Erklärung der WTO bestätigt wurde.[171]

Eine Verpflichtung zur Übernahme der internationalen Erschöpfung kann aus dem TRIPs daher kaum mehr hergeleitet werden. Im deutschen Patentrecht ist, wie bereits dargelegt, die Anwendung einer national-regionalen Erschöpfung anerkennt. Die Änderungen des Patentgesetzes haben bisher zu keiner anderen Beurteilung Anlass gegeben. Vielmehr ist mit Inkrafttreten des Gesetzes über den Schutz von Marken und sonstigen Kennzeichen vom 25.10.1994 (MarkenG) der im Warenzeichenrecht vertretene Grundsatz der internationalen Erschöpfung aufgegeben worden. Die Einführung der national-regionalen markenrechtlichen Erschöpfung ist das Ergebnis der Umsetzung der Ersten Richtlinie des Rates vom 21.12.1988 zur Angleichung der Rechtsvorschriften der Mitgliedstaaten über die Marken (89/104/EWG, ABl. EG Nr. L 40/1 v. 11.2.1989 – Markenrechtsrichtlinie). Der EuGH sieht in der internationalen Erschöpfung ferner einen Verstoß gegen Art. 7 Abs.1 der Markenrechtsrichtlinie.[172] Obschon sich der spezifische Gegenstand einer Marke von dem spezifischen Gegenstand eines Patents unterscheidet, spricht die Anwendung des Prinzips der national-regionalen Erschöpfung im Markenrecht gegen einen Wechsel zur internationalen Erschöpfung im Patentrecht.[173]

3. Durch den Patentinhaber oder mit seiner Zustimmung

Weitere Voraussetzung der Erschöpfung ist, dass die geschützten Erzeugnisse mit dem Willen des Patentinhabers in Verkehr gebracht werden. Erschöpfung tritt demnach dann nicht ein, wenn dem Patentinhaber das Recht genommen wird, zu bestimmen, wann und wie das geschützte Erzeugnis in den Verkehr gelangen soll. In diesen Fällen behält der Patentinhaber sein Verbotsrecht gegenüber Dritten.[174]

---

170 *Pacón,* GRUR Int. 1995, 875, 878; *Beier,* GRUR Int. 1996, 1, 9; *Kramer,* Patentschutz und Zugang zu Medikamenten, 2007, S. 114; *Straus,* GRUR Int. 1996, 179, 193 f.

171 *Straus/Katzenberger,* Parallelimporte, https://www.ige.ch/fileadmin/user_upload/Juristische_Infos/d/j100a02d.pdf, zuletzt abgerufen am 05.08.2014. S. 39–40 m. w. N.

172 EuGH Urt. v. 16.07.1998, GRUR Int. 1998, 695, 697 – *Silhouette*; EuGH Urt. v. 01.07.1999, GRUR Int. 1999, 870 – *Sabega.*

173 BGH Urt. v. 14.12.1999, GRUR 2000, 299, 300 – *Karate.*

174 *Ensthaler* in: *Fitzner/Lutz/Bodewig,* Patentrechtskommentar, 2012, § 9 PatG, Rn. 74.

Einer Zustimmung des Patentinhabers bedarf es dann, wenn die Erzeugnisse nicht durch den Patentinhaber selbst, sondern durch einen Dritten in Verkehr gebracht werden. Nicht eindeutig definiert sind indes bislang die rechtlichen Anforderungen, die an eine solche Zustimmung zu stellen sind.[175] Der BGH ist der Ansicht, dass es sich bei der die Erschöpfung auslösenden Zustimmung um eine Willensäußerung handelt, durch die das befugte Inverkehrbringen der Ware möglich wird.[176] Die Zustimmung des Berechtigten zum Inverkehrbringen eines geschützten Gegenstandes kann entweder im Voraus (als Einwilligung) oder auch im Nachhinein (als Genehmigung) erteilt werden.[177] Die herrschende Meinung im Schrifttum geht davon aus, dass eine Zustimmung, die regelmäßig in der Erteilung einer entsprechenden Lizenz liegen wird,[178] die Erschöpfung der Patentrechte bewirkt. Nicht ausreichend ist dagegen die bloße Duldung des Inverkehrbringens durch den Patentinhaber.

Andererseits ist nicht erforderlich, dass der Patentinhaber einem Inverkehrbringen der geschützten Erzeugnisse ausdrücklich zustimmt. Vielmehr kann eine stillschweigende Zustimmung genügen, sofern das Verhalten des Patentinhabers den sicheren Schluss zulässt, dass er mit dem Inverkehrbringen einverstanden ist.[179] Dieses Einverständnis kann sich auch nachträglich ergeben, wenn das Verhalten des Pateninhabers als eine Genehmigung des zunächst unbefugten Inverkehrbringens verstanden werden kann. Zum Ausdruck bringt der Patentinhaber seine nachträgliche Genehmigung beispielsweise, wenn er sich den durch das unbefugte Inverkehrbringen verursachten Schaden ersetzen lässt oder die Bereicherung abschöpft.[180]

Von einer Zustimmung des Rechteinhabers kann allerdings nicht ausgegangen werden, wenn die Erzeugnisse mit dem Hinweis »Demonstration« oder »Unverkäuflich« versehen sind. Ein solcher Hinweis lässt den eindeutigen Willen des Rechteinhabers erkennen, dass das Erzeugnis nicht in den Verkehr gebracht werden soll. Auf das Vorliegen einer Zustimmung des Rechteinhabers zu einem Inverkehrbringen kann in diesen Fällen nicht geschlossen werden.[181]

---

175 *Pitz* in: *Fitzner/Lutz/Bodewig*, Patentrechtskommentar, 2012, § 139 PatG, Rn. 210.

176 BGH Beschl. v. 11.05.2000, GRUR Int. 2000, 927, 929 – *stüssy*.

177 So fürs Urheberrecht BGH Urt. v. 14. 05. 2009, GRUR 2009, 856, 863 – *Tripp-Trapp-Stuhl*.

178 *Kraßer/Bernhardt*, Patentrecht, 2009, S. 796.

179 *Scharen* in: *Benkard*, Patentgesetz, 2015, § 9 PatG, Rn. 23.

180 LG München Urt. v. 17.04.1997, Mitt. 1998, 262.

181 EuGH Urt. v. 03.06.2010, GRUR Int. 2010, 713, 716 – *Coty*.

IV. Umfang der Erschöpfung

Die Wirkung der Erschöpfung erstreckt sich immer nur auf den konkreten mit Billigung des Patentinhabers in Verkehr gebrachten Gegenstand.[182] Erschöpfung kann daher nur dann eintreten, wenn der gesamte patentgeschützte Gegenstand mit Zustimmung des Patentinhabers in den Verkehr gebracht wird. Insofern stellt der BGH darauf ab, ob die Zustimmung des Patentinhabers auch dem Schutzumfang des Patents entspricht.[183] Indem die patentrechtliche Erschöpfung an den konkreten Akt des Inverkehrbringens anknüpft, ist sie zugleich streng objektbezogen.[184]

V. Reichweite der Erschöpfung

Die Erschöpfung der Befugnisse des Patentinhabers durch das Inverkehrbringen patentgeschützter Erzeugnisse räumt dem Erwerber die Möglichkeit ein, das Erzeugnis anzubieten, in Verkehr zu bringen, zu gebrauchen, einzuführen und zu besitzen. Der Gebrauch umfasst dabei das Recht, die üblichen Maßnahmen zur Inbetriebnahme, zum Inbetriebhalten, zur Wartung bzw. Pflege sowie zur Ausbesserung des geschützten Gegenstandes zu ergreifen.[185] Diese Instandsetzungsmaßnahmen patentierter Erzeugnisse werden jedoch nur dann von der Reichweite der Erschöpfung umfasst, wenn es sich um Maßnahmen des bestimmungsgemäßen Gebrauchs handelt. Ein solcher bestimmungsgemäßer Gebrauch liegt dann nicht mehr vor, wenn die jeweilige Instandsetzungsmaßnahme als eine Neuherstellung zu qualifizieren ist. Das Recht, patentierte Erzeugnisse herzustellen, bleibt in jedem Fall dem Patentinhaber vorbehalten. Die Wirkung der Erschöpfung erstreckt sich gerade nicht auf das Recht, den geschützten Gegenstand herzustellen.[186]

---

182 *Kühnen,* Handbuch der Patentverletzung, 2014, Rn. 1781; BGH Urt. v. 21.08.2012, GRUR 2012, 1230 – *MPEG-2-Viedeosignalcodierung.*

183 BGH Urt. v. 26.09.1996, GRUR 1997, 116, 117 – *Prospekthalter*; LG Düsseldorf Urt. v. 13.02.2007, 4a O 124/05.

184 *Hoppe-Jänisch,* Mitt. 2013, 51, 53; *Kühnen,* Handbuch der Patentverletzung, 2014, Rn. 1781; *Lindenmaier,* GRUR 1952, 294, 294.

185 BGH Urt. v. 21.11.1958, GRUR 1959, 232, 234 – *Förderrinne*; BGH Urt. v. 08.03.1973, GRUR 1973, 518, 520 – *Spielautomat II.*

186 *Scharen* in: *Benkard,* Patentgesetz, 2015, § 9 PatG, Rn. 24.

1. Instandhaltung versus Neuherstellung

Mit der Frage der Zulässigkeit von Reparaturvorgängen und der damit verbundenen Abgrenzung vom zulässigem bestimmungsgemäßen Gebrauch gegenüber unzulässiger Neuherstellung hatten sich Rechtsprechung und Literatur bereits seit den Tagen des Reichsgerichts auseinanderzusetzen.[187] Die jüngste Rechtsprechung des BGH beurteilt diese Frage einzelfallabhängig. Maßgeblich für die Abgrenzung des (zulässigen) bestimmungsgemäßen Gebrauchs von einer (unzulässigen) Neuherstellung ist, ob die getroffenen Maßnahmen noch die Identität des in den Verkehr gebrachten geschützten Erzeugnisses wahren oder der Schaffung eines neuen erfindungsgemäßen Erzeugnisses gleichkommen.[188] Um diese Frage beurteilen zu können, nimmt der BGH eine die Eigenart des patentgeschützten Erzeugnisses berücksichtigende Abwägung der sich gegenüberstehenden schutzwürdigen Interessen vor. Es hängt daher vom Einzelfall ab, ob das Interesse des Patentinhabers an der wirtschaftlichen Verwertung seiner Erfindung das Interesse des Abnehmers an einem ungehinderten Gebrauch des in Verkehr gebrachten konkreten erfindungsgemäßen Erzeugnisses überwiegt.[189] Bei der vorzunehmenden Interessenabwägung kann jedoch nicht berücksichtigt werden, dass der wirtschaftliche Schwerpunkt im regelmäßigen Austausch eines Ersatzteils liegt. Der Austausch wäre nur dann schutzwürdig, wenn die technische Wirkung der Erfindung gerade in diesem Verschleißteil in Erscheinung treten würde.[190]

Da sich die Erschöpfung nicht auf das Herstellungsrecht geschützter Gegenstände erstreckt, ist es Dritten ebenfalls nicht gestattet, aus gebrauchten, nicht mehr funktionsfähigen Gegenständen, die vom Patentinhaber selbst oder von einem Dritten mit Zustimmung des Patentinhabers in den Verkehr gebracht worden sind, erhalten gebliebene Teile zu entnehmen und wieder zu einem funktionsfähigen Gegenstand zusammenzubauen.[191] Ausgenommen von der

---

187 *Kowal-Wolk/Schuster*, in: Straus/Beier, Aktuelle Herausforderungen des geistigen Eigentums, Patentverletzung in Reparatur-, Ersatzteil und Altteilgeschäft – Eine Bestandsaufnahme, 1996, S. 88.

188 BGH Urt. v. 04.05.2004, GRUR 2004, 758, 762 – *Flügelradzähler;* BGH Urt. v. 27.02.2007, GRUR 2007, 769, 772 – *Pipettensystem*; BGH Urt. v. 03.05.2006, GRUR 2006, 837, 838 – *Laufkranz.*

189 BGH Urt. v. 27.02.2007, GRUR 2007, 769, 772 – *Pipettensystem.*

190 LG Düsseldorf Urt. v. 16.08.2012, Mitt. 2013, 74, 78.

191 BGH Urt. v. 21.11.1958, GRUR 1959, 232, 234 – *Förderrinne;* OLG Düsseldorf Urt. v. 7.01.1956, GRUR 1957, 599, 600 – *Rebuild-Pumpen.*

Erschöpfungswirkung sind ferner Umbaumaßnahmen, die den funktionsfähigen Gegenstand wieder einer wirtschaftlichen Verwertung zuführen, sofern durch den Umbau die geschützte Erfindung erneut, wenn auch in äquivalenter Form, verwirklicht wird.[192] Mit einer solchen Umbaumaßnahme wird die vom Patentinhaber in Verkehr gebrachte Ausführungsform des patentierten Gegenstandes in eine andere umgestaltet und damit in das Herstellungsrecht des Patentinhabers eingegriffen.[193]

2. Zwangslizenzen

Die Reichweite der Erschöpfung wird schließlich auch im Zusammenhang mit Zwangslizenzen diskutiert. Die Erteilung einer Zwangslizenz kann sich zum einen aus einer gerichtlichen Anordnung ergeben, wenn das im öffentlichen Interesse, beispielsweise aus technischen, wirtschaftlichen, sozialpolitischen oder medizinischen Gründen, geboten ist (§ 24 PatG).[194] Zum anderen können kartellrechtliche Vorschriften (z. B. Art. 102 AEUV (vormals: Art. 82 EG-Vertrag), §§ 19, 20 GWB oder Art. 101 AEUV (vormals: Art. 81 EG-Vertrag) eine Zwangslizenz begründen (so genannter kartellrechtlicher Zwangslizenzeinwand).[195]

Während bei einer Zwangslizenz im öffentlichen Interesse (§ 24 PatG) eine rechtskräftige Anordnung durch das BPatG erforderlich ist, bedarf die sich beispielsweise aus Art. 102 AEUV ergebende kartellrechtliche Lizenzverpflichtung keiner ausdrücklichen Erteilung, vorausgesetzt der Patentinhaber missbraucht durch die Lizenzverweigerung seine marktbeherrschende Stellung.[196]

Der kartellrechtliche Zwangslizenzeinwand ist insbesondere dann relevant, wenn die patentierte Technologie zum Standard geworden ist und Produkte am Markt nur noch abgesetzt werden können, wenn sie mit dem Standard kompatibel sind.[197] Technologische Standards können ganz unterschiedlich entstehen: (i) durch Festsetzung des Staates oder Erklärung privater Vereinigungen (*de jure Standards), (ii)* oder indem sich eine bestimmte Technologie am Markt gegenüber Konkurrenzprodukten faktisch durchsetzt *(de facto Standard).*[198]

192 BGH Urt. v. 08.03.1973, GRUR 1973, 518, 520 – *Spielautomat II.*

193 BGH Urt. v. 08.03.1973, GRUR 1973, 518, 520 – *Spielautomat II.*

194 *Hacker* in: *Busse/Keukenschrijver,* Patentgesetz, 2013, § 24 PatG, Rn. 11 u. 34.

195 *Kühnen,* Handbuch der Patentverletzung, 2014, Rn. 1638.

196 *Bodewig,* GRUR Int. 2015, 626, 629.

197 *Heinemann,* GRUR 2015, 855, 856.

198 *Bodewig,* GRUR Int. 2015, 626, 627.

Werden Standards durch private Organisationen (»Standard Setting Organisation« (SSO)) festgelegt, können Unternehmen Mitglied der SSO werden, die in den betroffenen Bereichen der Technologie arbeiten und forschen, oder die an der Nutzung des zu entwickelnden Standards interessiert sind. Ein Mitgliedszwang besteht nicht. In Arbeitsgruppen für verschiedene Teilbereiche der Technologie werden die Standards ausgearbeitet. Die verschiedenen Teilergebnisse werden von der SSO auf Kompatibilität untereinander geprüft und als Standards definiert. Von den Mitgliedern werden der SSO diejenigen Schutzrechte mitgeteilt, die ihrer Meinung nach Bestandteil des zu entwickelnden Standards werden könnten. Ferner sichern die Mitglieder der SSO vertraglich zu, dass sie, sofern alle oder einzelne ihrer Schutzrechte Bestandteil des Standards werden, diese Schutzrechte Dritten zu FRAND-Bedingungen[199] (»fair, reasonable and non-discriminatory«) zu lizenzieren. [200]

Wurde eine Zwangslizenz im öffentlichen Interesse angeordnet oder liegen die Voraussetzungen des kartellrechtlichen Zwangslizenzeinwandes vor, ist der Patentinhaber gehindert, dem Benutzer die Verwendung der patentgeschützten Leere zu untersagen.[201] Werden geschützte Produkte aufgrund einer Zwangslizenz in den Verkehr gebracht, soll nach der überwiegend vertretenen Auffassung in der Rechtslehre und der Rechtsprechung die Erschöpfung der patentrechtlichen Befugnisse jedoch nicht eintreten.[202]

Explizit abgelehnt hat der EuGH den Eintritt der Erschöpfung bei nationalen Zwangslizenzen, die im öffentlichen Interesse angeordnet wurden. In der im Jahr 1985 erlassenen *Pharmon-Entscheidung* führte der EuGH aus, dass bei der Erteilung einer Zwangslizenz durch die zuständigen Behörden eines Mitgliedstaats an einen Dritten es an einer die Erschöpfung bewirkenden Zustimmung des Patentinhabers fehle. Durch die Anordnung einer Zwangslizenz werde dem

199 Die Ausgestaltung der einzelnen Lizenzbedingungen bereitet in der Praxis häufig Schwierigkeiten und führt zur Rechtsunsicherheit. In der rechtswissenschaftlichen Literatur werden zahlreiche Kriterienkataloge zur Konkretisierung der drei FRAND-Bedingungen genannt und diskutiert (vgl. *Friedl/Ann,* GRUR 2014, 948,). In der Rechtssache *Huawei Technologies Co. Ltd./ ZTE Corp., ZTE Deutschland GmbH* hat der EuGH zudem jüngst eine Art Roadmap zum Umgang mit FRAND-Erklärungen entwickelt (Urt. v. 16. 7. 2015, GRUR 2015, 764).

200 *Bodewig,* GRUR Int. 2015, 626, 627.

201 *Kühnen,* Handbuch der Patentverletzung, 2014, Rn. 1676.

202 *Heinemann,* Immaterialgüterschutz in der Wettbewerbsordnung: eine grundlagenorientierte Untersuchung zum Kartellrecht des geistigen Eigentums, 2002, S. 499; *Koikkara,* Der Patentschutz und das Institut der Zwangslizenz in der Europäischen Union, 2010, S. 34; *Koikkara,* Der Patentschutz und das Institut der Zwangslizenz in der Europäischen Union, 2010, S. 34

Patentinhaber nämlich sein Recht genommen, frei über die Bedingungen zu entscheiden, unter denen er sein Erzeugnis in den Verkehr bringen möchte.[203]

Gegenstand der *Pharmon-Entscheidung* war die Frage einer EU-weiten Erschöpfung des Patentrechtes und nicht die nationale Erschöpfung im Land der Zwangslizenz.[204] Ferner verstieß der Zwangslizenznehmer mit der direkten Lieferung der unter der Zwangslizenz hergestellten Arzneimittel an einen Abnehmer in einem anderen Mitgliedsstaat gegen die sachlichen und räumlichen Beschränkungen des Lizenzvertrags.[205] Der Absatz der Arzneimittel war somit nicht mehr vom Umfang der angeordneten Zwangslizenz umfasst. Zudem handelt es sich bei der Anordnung einer Zwangslizenz um einen hoheitlichen und territorial auf das jeweilige Hoheitsgebiet beschränkten Akt. Würde das Inverkehrbringen von unter einer Zwangslizenz hergestellter Produkte in einem anderen Mitgliedsstaat die Erschöpfung patentrechtlicher Befugnisse bewirken, würde dies zu einem »Export« der Zwangslizenz führen, obwohl in diesem Mitgliedstaat keine (eine Zwangslizenz rechtfertigende) Notlage besteht. Eine nationale Zwangslizenz kann aus diesen Gründen daher allenfalls zu einer nationalen und nicht zu einer EU-weiten Erschöpfung patentrechtlicher Befugnisse führen.[206]

Ebenso wird eine kartellrechtliche Zwangslizenz von einer nationalen Behörde oder einem nationalen Gericht festgestellt, sofern sich die zugrundeliegende Marktstörung aufgrund der marktbeherrschenden Stellung des Patentinhabers rein national auswirkt. Die Erschöpfung kann daher auch im Rahmen des kartellrechtlichen Zwangslizenzeinwandes mit den bereits oben dargelegten Argumenten allenfalls eine nationale Wirkung entfalten.

Von der geografischen Reichweite einer Zwangslizenz, basierend auf deren inhaltlicher Ausgestaltung, ist jedoch die Frage zu trennen, ob eine Zwangslizenz überhaupt geeignet sein kann, die Wirkung der Erschöpfung auszulösen. Zentraler Anknüpfungspunkt der Erschöpfung ist, dass der Patentinhaber dem Inverkehrbringen der geschützten Waren zugestimmt hat. Sowohl bei einer staatlich angeordneten Zwangslizenz als auch bei einer kartellrechtlichen Zwangslizenz fehlt es jedoch an dieser Zustimmung des Patentinhabers. Es wird daher in der rechtswissenschaftlichen Literatur diskutiert, ob es tatsächlich für die Erschöpfung im Zusammenhang mit Zwangslizenzen einer Zustimmung

---

203 EuGH Urt. v. 09.07.1985, GRUR Int. 1985, 822 – *Pharmon*, ebenso BGH Urt. v. 13.03.2003, GRUR 2003, 507, 511 – *Enalapril*.

204 *Bodewig*, GRUR Int. 2015, 626, 630.

205 Vgl. zu den Beschränkungen in Lizenzverträgen Fünftes Kapitel.

206 *Bodewig*, GRUR Int. 2015, 626, 630; *Wolff*, Zwangslizenzen im Immaterialgüterrecht, 2005, S. 167.

des Patentinhaber bedarfs bzw. welche Anforderungen an diese Zustimmung zu stellen sind.[207]

Soweit es Zwangslizenzen aufgrund einer FRAND-Erklärung des Patentinhabers betrifft, wird dafür plädiert, in der Einbringung des Patents in den Standard das die Erschöpfung auslösende Moment zu sehen.[208] Die Voraussetzung der Objektbezogenheit[209] der Erschöpfungslehre soll dabei durch eine Gleichstellung der in den Verkehr gebrachten Sache mit der Ausführung des Standards erreicht werden. Verwertungshandlung sei das Einbringen in den Standard, womit der Patentinhaber seine Autonomie ausübe.[210] Daher soll bereits mit der Einbringung in den Standard die Erschöpfung eintreten. Der wirtschaftliche Lohn des Patentinhabers läge in der Aufnahme seines Patents in den Standard.[211] Auf das Erfordernis der Zustimmung im Rahmen der Erschöpfungslehre werde damit in Fällen der FRAND-Erklärung nicht verzichtet. Die an die Zustimmung gestellten Anforderungen werden vielmehr abgeschwächt.[212]

Allerdings verlangt auch dieser Lösungsansatz eine Mitwirkung des Patentinhabers und erfasst nicht die übrigen Fälle der Erteilung von Zwangslizenzen. Es wird daher in Teilen des rechtwissenschaftlichen Schrifttums gefordert, dass für die Erschöpfung ausreichen muss, dass die unter der staatlich angeordneten Zwangslizenz hergestellten Produkte im Rahmen der Zwangslizenz rechtmäßig in Verkehr gebracht wurden.[213] Entscheidend für den Eintritt der Erschöpfung sei mithin die Zweckerreichung der Zwangslizenz. Nur so könne die Versorgung der Bevölkerung mit den aufgrund der Zwangslizenz hergestellten Produkten gewährleistet werden. Allein die Herstellung der Produkte sei nämlich nicht ausreichend, um die Versorgung der Bevölkerung sicherzustellen. Hierfür wird es regelmäßig des Vertriebes durch Dritte bedürfen, denen eine entsprechende Zwangslizenz jedoch nicht zusteht. Die Erteilung einer Unterlizenz durch den Zwangslizenznehmer kommt ebenfalls nicht in Betracht.[214] Die Beantragung

---

207 *Bodewig,* GRUR Int. 2015, 626, 630 ff.; *Hauck,* WRP 2013, 1446, 1452; *Hilty/Slowinsk,* GRUR Int. 2015, 781.

208 *Hilty/Slowinsk,* GRUR Int. 2015, 781, 1452.

209 Vgl. A.IV.

210 *Ullrich* in: *Leistner,* Europäische Perspektiven des geistigen Eigentums, 2010, S. 14, 91; *Hauck,* WRP 2013, 1446, 1452.

211 *Hauck,* WRP 2013, 1446, 1452.

212 *Bodewig,* GRUR Int. 2015, 626, 631.

213 *Kraßer/Bernhardt,* Patentrecht, 2009, S. 796; *Bodewig,* GRUR Int. 2015, 626, 631.

214 *Rogge/Kober-Dehm* in: *Benkard,* Patentgesetz, 2015, § 24 PatG, Rn. 39; mit Verweis auf RGZ 86, 436, 439.

eigener Zwangslizenzen durch die Vertriebspartner und eine entsprechende Entscheidung des BPatG wäre unpraktikabel.[215] Eine hinreichende Versorgung der Bevölkerung und ein funktionsfähiger Wettbewerb können vielmehr nur erreicht werden, wenn das erste rechtmäßige Inverkehrbringen unter einer Zwangslizenz zur Erschöpfung der patentrechtlichen Befugnisse führt.

Ausgehend von diesen Überlegungen soll auch bei einer kartellrechtlichen Zwangslizenz aufgrund eines *de facto Standards* Erschöpfung eintreten. Wie bei einer auf einem de jure Standard basierenden Zwangslizenz soll der Missbrauch einer marktbeherrschenden Stellung verhindert und ein funktionsfähiger Wettbewerb gesichert werden. Allein mit der Gewährung einer Zwangslizenz lässt sich dieses Ziel jedoch nicht erreichen. Es muss darüber hinaus sichergestellt werden, dass die von der Zwangslizenz betroffenen Waren über die gesamte Produktions- und Absatzkette den Endabnehmer erreichen. Gewährleistet werden kann dies aber nur, wenn die von der Zwangslizenz betroffenen Waren nach dem ersten rechtmäßigen Inverkehrbringen, das heißt innerhalb der von der Zwangslizenz gesetzten Grenzen, ungestört ihren Weg durch die Wirtschaftsstufen nehmen können.[216]

---

215 *Bodewig,* GRUR Int. 2015, 626, 631; *Wolff,* Zwangslizenzen im Immaterialgüterrecht, 2005, S. 167.

216 *Bodewig,* GRUR Int. 2015, 626, 634.

B. Die Erschöpfungslehre in der US-amerikanischen Rechtsentwicklung

Die Erschöpfungslehre, die in der US-amerikanischen Rechtsordnung auch als *»first sale doctrine«*[217] bezeichnet wird, hat eine noch längere Tradition als in der deutschen Rechtsprechung. Ihre Ursprünge reichen bis in die Mitte des 19. Jahrhunderts zurück. Eine Kodifikation hat die Erschöpfungslehre jedoch bisher weder im US-amerikanischen Patentrecht noch im Markenrecht erfahren. Lediglich das Urheberrecht bestimmt in Sec. 109 (a), dass

> *»Notwithstanding the provisions of section 106 (3), the owner of a particular copy or phonorecord lawfully made under this title, or any person authorized by such owner, is entitled, without the authority of the copyright owner, to sell or otherwise dispose of the possession of that copy or phonorecord.«*

Trotz der langen Tradition der Erschöpfungslehre im Common Law und der zahlreichen Entscheidungen, die auf eben dieser Doktrin basieren, ist die rechtstheoretische Begründung der Erschöpfungslehre noch nicht umfassend aufgearbeitet.[218]

I. Historische Entwicklung

Bereits vor der erstmaligen ausdrücklichen Anerkennung des Erschöpfungsgrundsatzes im Jahr 1873 in dem Fall *Adams v. Burke* entschied der U.S. Supreme Court, dass der Erwerb eines patentierten Erzeugnisses während der ursprünglichen Laufzeit des Patents auch nach der – nach damaligen Recht möglichen Verlängerung des Patentschutzes – weiterhin zur Nutzung des geschützten Erzeugnisses berechtige.[219] In der Sache *Bloomer v. Mc Queen* stellte der U.S. Supreme Court im Jahr 1852 fest, dass eine vom Patentinhaber dem

217 *LG Electronics, Inc. v. Bizcom Electronics,* Inc., 453 F.3d 1364, 1369 (Fed. Cir. 2006).

218 *Katz,* BYU L. Rev. 2014, 484, 55; *Dufresne,* Berkeley Tech. L.J. 2009, 11, 13; *Robinson,* U. Chi. L. Rev. (Fall) 2004, 1449, 1449.

219 *Wilson v. Rousseau,* 45 U.S. (4 How.) 646 (1846); *Bloomer v. McQuewan,* 55 U.S. (14 How.) 539 (1852); *Bloomer v. Millinger,* 68 U.S. (1 Wall.) 340 (1864).

Erwerber des geschützten Erzeugnisses auferlegte Beschränkung in der Gestalt, dass die geschützten Erzeugnisse nach der den Patentschutz überschreitenden Frist nicht genutzt werden dürfen, eine Ausweitung des Patentschutzes sei, die eine gesetzliche Legitimation erfordere. Der U.S. Supreme Court betonte dabei:

> »*When the machine passes to the hands of the purchaser it passes outside of it, and is no longer under protection of the act of Congress.*«[220]

Ausdrücklich anerkannt hat der U.S. Supreme Court den Erschöpfungsgrundsatz im Jahr 1873 in der Entscheidung *Adams v. Burke.* Gegenstand der Entscheidung war eine territorial beschränkte Übertragung des Patents. Der Beklagte erwarb von einem Unternehmen in Boston, welchem der Patentinhaber das Patent für das Stadtgebiet Boston übertragen hatte, patentierte Sargdeckel. Zum Einsatz kamen die Sargdeckel jedoch bei Beerdigungen außerhalb Bostons. Der Rechtsnachfolger des ursprünglichen Patentinhabers sah durch das Verhalten des Bestattungsunternehmens seine Rechte aus dem Patent verletzt. Eine Auffassung, die der U.S. Supreme Court jedoch nicht teilte.[221] Vielmehr sah der U.S. Supreme Court keinen Raum für eine Beschränkung des Nutzungsrechts nach dem Verkauf der patentierten Sargdeckel. Schließlich sei der Patentinhaber nur einmalig berechtigt, eine Entlohnung für seine patentgeschützten Produkte zu verlangen.[222] Im Rahmen dieser Entscheidung betonte der U.S. Supreme Court noch, dass sich die von ihm getroffene rechtliche Beurteilung ausschließlich auf das Benutzungsrecht der geschützten Produkte beziehe.[223]

Wenig später – im Jahr 1885 – hatte der U.S. Supreme Court die Gelegenheit, zum Verkaufsrecht Stellung zu nehmen. Gegenstand der Entscheidung war die Veräußerung einer Wagenladung patentgeschützter Wandbettgestelle. Die Rechte hinsichtlich der Bettgestelle für den Bundestaat Massachusetts standen der Antragsgegnerin zu. Die Antragsgegnerin erwarb die Bettgestelle von der Patentinhaberin im Bundestaat Michigan, um sie im Bundestaat Massachusetts weiter zu veräußern, was schließlich in Boston geschah. In diesem Gebiet standen jedoch der Antragstellerin die Patentrechte zu. Fraglich war in diesem Zusammenhang zum einen, ob der Erwerb patentgeschützter Erzeugnisse vom Patentinhaber den Erwerber dazu berechtigt, die Erzeugnisse im gesamten Staatsgebiet der USA zu nutzen und ggf. weiter zu veräußern, auch

220 *Bloomer v. McQuewan,* 55 U.S. 539, 549 (1852).

221 *Adams v. Burke,* 84 U.S. (17 Wall.) 453 (1873).

222 *Adams v. Burke,* 84 U.S. (17 Wall.) 456, 457 (1873).

223 *Adams v. Burke,* 84 U.S. (17 Wall.) 457 (1873).

wenn der Patentinhaber die Nutzungsrechte territorial aufgespaltenen hatte.[224] Eine Frage, die der Circuit Court des Bundesstaates Massachusetts zunächst verneinte. Zum anderen war zu klären, ob eine Unterscheidung zwischen dem Recht zur Benutzung des geschützten Erzeugnisses und dem Recht zu Weiterveräußerung geboten sei.

Unter Verweis auf die Entscheidungen *Bloomer v. McQuewan* und *Adams v. Burke* führte der U.S Supreme Court aus:

> »*one who buys patented articles of manufacture from one authorized to sell them becomes possessed of an absolute property in such articles, unrestricted in time and place.*«[225]

Ob der Patentinhaber sich seine Rechte durch besondere vertragliche Bestimmungen sichern kann, ließ der U.S. Supreme Court offen, da dies nicht Gegenstand des hiesigen Verfahrens war. Er betonte jedoch, dass es offensichtlich sei, dass eine solche Frage Gegenstand des Vertragsrecht und nicht des Patentrechts sei.[226]

Im Jahr 1908 hatte sich der U.S. Supreme Court auch mit der Reichweite urheberrechtlicher Befugnisse auseinanderzusetzen. Der Verleger des Romans »The Castaway« von Hallie Ermine Rives versah die gedruckten Exemplare des Werkes mit dem Hinweis, dass der Verkauf eines Exemplars für den Preis von unter einem Dollar nicht gestattet ist und jeder Verstoß eine Urheberechtsverletzung darstelle. Ein Discount-Warenhaus verkaufte gleichwohl von einem Händler erworbene Exemplare des Romans für 89 Cent und wurde daraufhin vom Verleger des Romans wegen der Verletzung seiner Urheberrechte verklagt.[227] Der U.S. Supreme Court wies die Klage mit der Begründung ab, der Verleger könne aus dem ihm zustehenden Vertriebsrecht – hinsichtlich des Romans – nicht das Recht herleiten, die Rechte eines zukünftigen Erwerbers zu beschränken. Die Möglichkeit, den weiteren Vertrieb geschützter Werkexemplare zu kontrollieren, überschreite die dem Urheber gesetzlich eingeräumten Befugnisse.[228]

224 *Keeler v. Standard Folding Bed.* Co., 157 U.S. 659, 660 (1895).

225 *Keeler v. Standard Folding Bed.* Co., 157 U.S. 659, 662 (1895).

226 *Keeler v. Standard Folding Bed.* Co., 157 U.S. 659, 666 (1895).

227 *Bobbsv. Merrill,* 210 U.S. 340 (1908).

228 *Bobbs v. Merrill,* 210 U.S. 340, 351 (1908).

Diesen Entscheidungen lässt sich mithin entnehmen, dass sich das Patentrecht mit dem Inverkehrbringen (durch den Patentinhaber selber oder mit seiner Zustimmung) eines geschützten Erzeugnisses erschöpft.[229]

II. Rechtfertigung der Erschöpfung

Die Rechtfertigung des Erschöpfungsgrundsatzes findet sich bereits in der Entscheidung *Adams v. Burke.* So stellt der U.S. Supreme Court in dieser Entscheidung darauf ab, dass der Patentinhaber für die Veräußerung der geschützten Ware eine Gegenleistung erhalten hat.[230] Diese Begründung brachte der U.S. Supreme Court schließlich in der Entscheidung *United States v. Masonite Corp.* zum Ausdruck, indem er die widerstreitenden Interessen abwog: Das Interesse des Erfinders, für seine Leistungen eine entsprechende Entlohnung zu erlangen auf der einen Seite und die Rechte sowie das Wohl der Allgemeinheit auf der anderen Seite.[231] Davon ausgehend entwickelte das Gericht den *Masonite Test.*[232] Entscheidend sei demnach, ob der Patentinhaber durch die Veräußerung des geschützten Artikels eine angemessene Gegenleistung für die Nutzung dieses Artikels erhalten hat.[233]

Birdwell greift diesen Gedanken auf und sieht die Rechtfertigung des Erschöpfungsgrundsatzes zugleich in dem Zweck des Patentschutzes. Gewährt wird dem Patentinhaber ein Monopolrecht, um einen Anreiz für Innovation und technischen Fortschritt zu schaffen. Mit der Ausübung dieses Rechts – also der Erlangung einer Entlohnung für den Erfindungsgedanken – soll dieses Monopolrecht enden.[234]

Ferner verweist er darauf, dass es für Erwerber patentgeschützter Erzeugnisse eine große Unsicherheit bedeuten würde, wenn sie mögliche Patentverletzungsklagen aufgrund weitreichender Kontrollbefugnisse des Patentinhabers fürchten müssten.[235] Damit findet auch in der U.S.-amerikanischen Rechtsprechung

229 *Bodewig,* GRUR Int. 2000, 597, 607; *Osborne,* J. Marshall Rev. Intell. Prop. L. [i] 2007, [i]–295, 249.

230 *Adams v. Burke,* 84 U.S. (17 Wall.) 453 (1873), ebenso *Wasserman Rajec,* Berkeley Tech. L.J. 2014, 317, 342; *Rothchild,* Santa Clara L. Rev. 2011, 1187, 1189.

231 *United States v. Masonite Corp,* 316 U.S. 265, 278 (1942).

232 *Dufresne,* Berkeley Tech. L.J. 2009, 11, 14.

233 *United States v. Masonite Corp,* 316 U.S. 265, 278 (1942).

234 *Birdwell,* J. Pat. Off. Soc'y 1978, 203, 216; ebenso *Diacovo,* U. Miami Ent. & Sports L. Rev. 1994, 57, 61.

235 *Birdwell,* J. Pat. Off. Soc'y 1978, 203, 216.

und Rechtslehre der Belohnungsgedanke[236] und das Verkehrsschutzinteresse[237] seinen Niederschlag bei der Rechtfertigung der Erschöpfungslehre.

Gleichwohl will eine Gegenansicht die Erschöpfungslehre allein damit begründen, dass eine doppelte Vergütung des Patentinhabers verhindert werden müsse. Ein Ansatz, der – wie noch zu zeigen sein wird – eine weitreichendere Anerkennung erschöpfungshindernder vertraglicher Absprachen ermöglichen würde.

Nicht zuletzt bestätigt der Erschöpfungsgrundsatz den generellen Vorbehalt der US-amerikanischen Rechtsordnung gegenüber der Bestellung von Nutzungsrechten, so genannten *»servitudes«*, insbesondere im Zusammenhang mit beweglichen Sachen.[238]

III. Voraussetzungen der Erschöpfung

1. *Authorized sale*

Voraussetzung für den Eintritt der Erschöpfung ist nach US-amerikanischer Rechtsauffassung ein sogenannter *authorized sale*. Die bisher in diesem Zusammenhang ergangenen Entscheidungen hatten immer die Veräußerung geschützter Erzeugnisse zum Gegenstand.[239] Daher liegt der Schluss nahe, dass ein die Erschöpfung auslösender *authorized sale* nur dann vorliegt, wenn das geschützte Erzeugnis im Rahmen eines Veräußerungsgeschäfts erstmalig in den Verkehr gelangt. Zurückgeführt wird diese Rechtsauffassung auf den Wortlaut des ersten Patentgesetzes von 1790, welches dem Patentinhaber das ausschließliche Recht einräumte, patentgeschützte Erzeugnisse zu verkaufen *(»right to sell«* bzw. *»right to vend«)* und nicht etwa ein Vertriebsrecht. Es scheint daher verfehlt,

---

236 *Bodewig*, GRUR Int. 2000, 597, 607; in der Entscheidung *Cyrix Corp. v. Intel Corp.*, 846 F. Supp. 522 (E.D. Tex. 1994) führt beispielsweise der District Court, E.D. Texas ausdrücklich aus: *»The purpose of the patent exhaustion doctrine, e.g. preventing patentees from extracting double recoveries for an invention.«*

237 *Schweyer*, Die rechtliche Bewertung des Reverse Engineering in Deutschland und den USA, 2012, S. 251.

238 *Katz*, BYU L. Rev. 2014, 484, 64; *Rinehart*, Harv. J. L. & Tech. 2009, 483, 492 m.w.N.; *Porcelli*, GRUR Int. 2013, 27, 27; *Dufresne*, Berkeley Tech. L.J. 2009, 11, 14; *Winston*, George Mason Law Review 2006, 93, 103.

239 Vgl. beispielsweise: *Bloomer v. Millinger*, 68 U.S. (1 Wall.) 340 (1864); *Adams v. Burke*, 84 U.S. (17 Wall.) 453 (1873); *Keeler v. Standard Folding-Bed Co.*, 157 U.S. 659 (1895).

anzunehmen, dass diese Rechte bereits mit einem weniger – einem bloßem Inverkehrbringen – enden sollen.[240]

Im Jahr 2013 setzte sich der Federal Circuit erstmalig mit der Frage auseinander, ob die Erschöpfung auch dann eintritt, wenn das geschützte Erzeugnis unentgeltlich weitergegeben wird. Das Gericht sah in der Unentgeltlichkeit der Transaktion keinen den Eintritt der Erschöpfung hindernden Umstand. Die Erschöpfungslehre finde immer dann Anwendung, wenn die Eigentumsrechte an dem geschützten Erzeugnis rechtmäßig auf einen Erwerber übertragen werden, unabhängig davon, ob es sich bei der Transaktion um eine Veräußerung oder eine unentgeltliche Weitergabe handle.[241] Eine Auffassung, die das Gericht damit begründete, dass der Patentinhaber die Gelegenheit hatte, bei der Übertragung der Eigentumsrechte eine Gegenleistung zu verlangen. Entscheidet er sich für eine unentgeltliche Weitergabe des geschützten Erzeugnisses in der Hoffnung, zu einem späteren Zeitpunkt davon zu profitieren, könne er sich später nicht, aufgrund der Frustration dieser Erwartungen, auf seine patentrechtlichen Befugnisse berufen.[242] Demnach setzt ein *authorized sale* kein Veräußerungsgeschäft voraus. Gleichwohl bedarf es der Übertragung der Eigentumsrechte an dem geschützten Erzeugnis.

Wie im deutschen Recht reicht das bloße Inverkehrbringen nicht aus, sondern es muss zugleich die Zustimmung des Rechteinhabers vorliegen. So betont der U.S. Supreme Court in seinen Entscheidungen wiederholt, dass die Erschöpfung der Patentrechte einen *»authorized sale«* verlangen.[243] Unerheblich ist jedoch, ob dieser erste *»authorized sale«* durch den Patentinhaber selbst oder seinen Lizenznehmer vollzogen wird.[244]

Ferner wird die Erschöpfung der patentrechtlichen Befugnisse auch durch die Veräußerung eines geschützten Erzeugnisses ausgelöst, wenn die geschützten Erzeugnisse unter einem *convenant not to sue* veräußert werden.[245] Ein *convenant not to sue* wird dabei einer nicht-exklusiven Lizenz gleichgestellt. Eine

240 *Schweyer,* Die rechtliche Bewertung des Reverse Engineering in Deutschland und den USA, 2012, S. 252.

241 *LifeScan Scotland, Ltd. v. Shasta Technologies, LLC,* Case No. 13–1271 (Fed.Cir., Nov. 4, 2013).

242 *LifeScan Scotland, Ltd. v. Shasta Technologies, LLC,* Case No. 13–1271 (Fed.Cir., Nov. 4, 2013).

243 Zuletzt in *Quanta Computer Inc., v. LG Electronics, Inc.,* 553 U.S. 617, 621 (2008): *»For over 150 years this Court applied the doctrine of patent exhaustion to limit the patent rights that survive the initial authorized sale of a patented item.«*

244 *Intel Corp. v. ULS. Corp.,* 995 F.2d 1566, 1568, 27 USPQ2d 1136, 1138 (Fed. Cir. 1993).

245 *TransCore, LP v. Electronic Transaction Consultants Corp.,* 563 F.3d 1271 (Fed. Cir. 2009).

Lizenz ist ebenfalls nur ein Versprechen des Patentinhabers bei Verwendung der geschützten Technologie keine Ansprüche wegen einer Patentverletzungsklage geltend zu machen.[246] Daher kann sowohl die Erteilung einer exklusiven Lizenz als auch jede andere Vereinbarung eine Veräußerung als einen *authorized sale* qualifizieren, der zum Verbrauch der patentrechtlichen Befugnisse führt, sofern dieser zum Ausdruck bringt, dass der Patentinhaber auf seine Ausschließlichkeitsrechte verzichtet.[247]

Der Federal Circuit geht sogar noch einen Schritt weiter und erstreckt die Wirkungen der Erschöpfung auf ein Patent, das zum Zeitpunkt des Abschlusses des *covenant not to sue* noch gar nicht erteilt worden war.[248] Dass der Federal Circuit die Zustimmung des Patentinhabers zur Verwendung der geschützten Technologie auf ein noch nicht erteiltes Patent erstreckte, was nicht ausdrücklich Gegenstand der Parteiabsprache war, lag in der Besonderheit des konkreten Falls begründet. Das später erteilte Patent wies einen weiteren Schutzbereich auf, als die Patente, die Gegenstand des *covenant not to sue* waren. Die Verwendung der geschützten technischen Lehre des späteren Patents war unstreitig für die Herstellung der Produkte notwendig. Der Federal Circuit sah es daher – unter dem Gesichtspunkt einer implied license – als billig *(»legal estoppel«)* an, dass die auf die veräußerten Produkte gerichteten Patentansprüche ebenfalls verbraucht waren. Andernfalls wäre die Annahme der Erschöpfung hinsichtlich der übrigen Patente gegenstandslos.[249]

2. Nationale versus internationale Erschöpfung

Die Rechtsprechung in den USA hatte sich bisher nur verhältnismäßig wenig mit der Frage der nationalen oder internationalen patentrechtlichen Erschöpfung zu beschäftigen.[250] Eine höchstrichterliche Entscheidung, ob das Prinzip der internationalen Erschöpfung im US-amerikanischen Patenrecht gilt oder nicht, ist bisher nicht ergangen.[251] In diesem Zusammenhang wird jedoch häufig eine Entscheidung des Federal Circuit als Präzedenzfall herangezogen.[252]

246 Siehe zum Begriff der Lizenz Viertes Kapitel B.I.1 und zur Rechtsnatur der Viertes Kapitel B.I.4.

247 *TR Labs Patent Litig.*,2014 U.S. Dist. LEXIS 95186,2014 WL 3501050 (D. N. J.July 14, 2014), *TransCore,* LP *v. Elec. Transaction Consultants Corp.*, 563 F.3d 1271, 1275 (Fed. Cir. 2009).

248 *TransCore,* LP *v. Elec. Transaction Consultants Corp.*, 563 F.3d 1271, 1279 (Fed. Cir. 2009).

249 *TransCore,* LP *v. Elec. Transaction Consultants Corp.*, 563 F.3d 1271, 1279 (Fed. Cir. 2009).

250 *Chisum, Chisum on patents,* 1997, § 16.03 [2] [[a] [iv] und § 16.05 [3].

251 *Kaltner, GRUR Int.* 2013, 680, 682.

252 *Jazz Photo Corp. v. Int'l Trade Comm'n,* 264 F.3d 1094, 1110, 1111 (Fed. Cir. 2001).

In dieser Entscheidung führte der Federal Circuit aus, dass die Veräußerung eines patentierten Produkts durch den Patentinhaber außerhalb der USA nicht zur Erschöpfung der dem Patentinhaber aus dem US-amerikanischen Patent zustehenden Rechte führt. Gestützt hat der Federal Circuit diese Auffassung auf eine Entscheidung des U.S. Supreme Courts in Sachen *Boesch v. Graff.* Eine Entscheidung, der jedoch kein die internationale Erschöpfung betreffender Sachverhalt zugrunde lag.[253] In diesem Fall bejahte der U.S. Supreme Court eine Patentverletzung durch die Einfuhr von patentgeschützten Produkten, die in Deutschland rechtmäßig hergestellt wurden. Die Herstellung der patentgeschützten Produkte in Deutschland war jedoch nur rechtmäßig, weil sich *Boesch* auf ein Vorbenutzungsrecht berufen konnte und nicht etwa, weil der Patentinhaber der Herstellung zugestimmt hatte.[254]

In einer weiteren Entscheidung begründete der Federal Circuit die Anwendung der nationalen Erschöpfung damit, dass das US-amerikanische Patentsystem keine extraterritoriale Wirkung entfalte.[255]

Im Übrigen lässt sich in der US-amerikanischen Rechtsprechung folgende Differenzierung ausmachen: Das Prinzip der nationalen Erschöpfung gilt dann, wenn der Rechteinhaber in den USA und dem Land der Erstveräußerung nicht identisch sind. Sind die Rechteinhaber hingegen identisch, greift die internationale Erschöpfung, es sei denn, die Erstveräußerung unterlag Beschränkungen.[256] Aufgrund dieser Beschränkungsmöglichkeit seitens des Patentinhabers ist davon auszugehen, dass das Prinzip der nationalen Erschöpfung im US-amerikanischen Patentrecht überwiegt, auch wenn theoretisch ebenso die internationale Erschöpfung Anwendung finden könne.[257]

Für das Prinzip der nationalen Erschöpfung wird auch in der US-amerikanischen Rechtslehre der Nutzen geografischer Preisunterschiede ins Feld geführt. Die nationale Erschöpfung ermögliche es Patentinhabern, die Preise für geschützte Erzeugnisse der jeweiligen Kaufkraft oder Nachfrage der Länder anzupassen.[258] Die internationale Erschöpfung könnte dagegen Patentinhaber

253 *Boesch v. Graff,* 133 U.S. 697 (1890).

254 *Boesch v. Graff,* 133 U.S. 697 (1890).

255 *Fuji Photo Film Co. Ltd., v. Jazz Photo Corp.* 394 F.3d at 1368 (Fed. Circ. 2005).

256 *Holiday v. Mattheson,* 24 F. 185 (C.C. D. N. Y. 1885); *Curtiss Aeroplane & Motor Corp. v. United Aircraft,* 266 F. 71 (2d Cir. N. Y. 1920); *Dickerson v. Matheson,* 57 F. 524 at 527 (2d Cir. 1893); *Chisum,* Chisum on patents, 1997, § 16.03 [2] [a] [iv].

257 *Bodewig,* GRUR Int. 2000, 597, 610; *Straus/Katzenberger,* Parallelimporte, https://www.ige.ch/-fileadmin/user_upload/Juristische_Infos/d/j100a02d.pdf, zuletzt abgerufen am 05.08.2014. S. 25; *Wasserman Rajec,* Berkeley Tech. L.J. 2014, 317, 319.

258 *Katz,* BYU L. Rev. 2014, 484, 76.

entweder dazu veranlassen, ihre Produkte nur in einkommensstarken Ländern anzubieten oder einen weltweit einheitlichen Preis festzulegen, den in entwicklungsschwachen Ländern nur wenige aufbringen könnten.[259]

Dem folgend setzt sich die US-amerikanische Regierung bei der Verhandlung internationaler Handelsabkommen regelmäßig für das Prinzip der nationalen Erschöpfung ein. Etwa während der Uruguay Runde 1994, deren Fokus unter anderem auf dem Schutz des geistigen Eigentums lag.[260] Auch im Rahmen der Verhandlungen zur Transpazifischen Partnerschaft verlangte der US-amerikanische Handelsvertreter, dass die Mitgliedsstaaten des Handelsabkommens das Prinzip der internationalen Erschöpfung nicht anerkennen.[261]

Neuen Anlass für die Diskussion um das Prinzip der internationalen Erschöpfung im Patentrecht gibt die in einem urheberrechtlichen Kontext ergangene Entscheidung *Kirtsaeng v. Wiley* des U.S. Supreme Courts.[262] Die Gelegenheit, sich auch zur Frage der internationalen Erschöpfung im Patenrecht zu äußern, hat der U.S. Supreme Court nicht ergriffen. Die Anhörung von Fällen unter anderem mit dieser Fragestellung hat der U.S. Supreme Court in den Jahren 2002 und 2013 abgelehnt.[263]

a. *Kirtsaeng v. Wiley*

In der am 19.03.2013 erlassenen Entscheidung setzte sich der U.S. Supreme Court eingehend mit der Frage der internationalen Erschöpfung im Urheberrecht auseinander. Der Entscheidung lag folgender Sachverhalt zu Grunde:

Kirtsaeng, ein thailändischer Staatsbürger, studierte Mathematik an der Cornell University. Während seines Studiums ließ er sich aus Thailand Exemplare

---

259 *Wasserman Rajec,* Berkeley Tech. L.J. 2014, 317, 320.

260 *Barsuglia,* Parallelimporte und der Pharmamarkt: eine wohlfahrtsökonomische Analyse unter besonderer Berücksichtigung der Schweiz, 2007, S. 33.

261 Trans-Pacific Partnership art. QQ.A.12 (Entwurf Aug. 30, 2013), verfügbar unter: https://wikileaks.org/tpp/; siehe auch *Flynn/Baker/Kaminski u. a.,* Am. U. Int'l L. Rev. 2012, 105, 130f.

262 *Wasserman Rajec,* Berkeley Tech. L.J. 2014, 317; *Cartiglia/Bergmar,* Tennessee Bar Journal 2013, 14, 17; *Kaltner,* GRUR Int. 2013, 680, 682; *Anga,* BYU Int'l L. & Mgmt. Rev. 2014, 53, 59; *Thomas,* Fordham Intell. Prop. Media & Ent. L.J. 2013, 525, 546 sah bereits vor Erlass der Entscheidung erhebliche Auswirkungen für das Patentrecht; *Chisum,* Chisum on patents, 1997, § 16.05 [3] [a] [iii] a.E. sowie § 16.03 [2] [a] [iv].

263 *Jazz Photo Corp. v. Int'l Trade Comm'n,* 536 U.S. 950 (2002), denying cert. to 264 F.3d 1094 (Fed. Cir. 2001); *Ninestar Tech. Co. v. Int'l Trade Comm'n,* 133 S. Ct. 1656 (2013), denying cert. to 667 F.3d 1373 (Fed. Cir. 2012).

von englischen Sprachbüchern, die Freunde und Familie für ihn in Thailand günstiger erwarben, in die USA schicken. Die Werkexemplare wurden von einem englischen Tochterunternehmen der Klägerin im Ausland hergestellt und mit dem Hinweise vertrieben, dass sie nicht in die USA eingeführt werden dürfen. Die Exemplare verkaufte Kirtsaeng in den USA schließlich mit Gewinn weiter. Der Verleger dieser Bücher, John Wiley & Sons, sah dadurch sein Vertriebsrecht an den urheberrechtlich geschützten Werken aus 17 U. S. C. § 106 (3) verletzt. Kirtsaeng hingegen berief sich auf die *first sale doctrine,* schließlich seien die Werkexemplare rechtmäßig hergestellt worden.[264]

Der U.S. Supreme Court hatte sich deswegen mit der Frage auseinanderzusetzen, ob der in 17 U. S. C. § 109(a) [265] normierte Erschöpfungsrundsatz auch auf Werkexemplare Anwendung findet, die im Ausland hergestellt wurden. Entscheidend war dabei die Auslegung des Begriffs *»lawfully made under this title«*. Während unterinstanzliche Gerichtsentscheidungen noch davon ausgingen, dass rechtmäßig hergestellt i. S. v. 17 U. S. C. § 109(a) gleichbedeutend sei mit hergestellt in den USA,[266] schlug der U.S. Supreme Court einen anderen Weg ein. Nach Auffassung des U.S. Supreme Court lässt sich dem Gesetzestext *»lawfully made under this title«* eine geografisch einschränkende Bedeutung nicht entnehmen. Vielmehr finde der Erschöpfungsgrundsatz auch auf urheberrechtlich geschützte Werkexemplare Anwendung, die rechtmäßig, das heißt, mit Zustimmung des Urheberrechtsinhabers im Ausland hergestellt wurden. Beabsichtigt ein Käufer eines solchen im Ausland rechtmäßig erworbenen Werkexemplars, dieses in die USA einzuführen und dort zu veräußern, bedarf er nicht der Zustimmung des Urheberrechtsinhabers.[267] Dieses Verständnis stützt der U.S. Supreme Court im Wesentlichen auf vier Argumente:

(i) Dem Wortlaut von 17 U. S. C. § 109(a) könne kein Hinweis auf eine geografische Einschränkung entnommen werden.[268]

(ii) Eine nicht geografische Auslegung von 17 U. S. C. § 109(a) ergibt sich ferner aus der Abschaffung der *»manufacturing clause«*. Nach dieser Bestimmung war

---

264 *Kirtsaeng v. John Wiley & Sons, Inc.*, 133 S. Ct. 1351 (2013); 185 L. Ed. 2d 392.

265 § 109 (a): *»Notwithstanding the provisions of section 106 (3), the owner of a particular copy or phonorecord lawfully made under this title, or any person authorized by such owner, is entitled, without the authority of the copyright owner, to sell or otherwise dispose of the possession of that copy or phonorecord.«*

266 *Omega S.A. v. Costco Wholesale Corp., 541 F.3d 982 (9*th Cir. 2008).

267 *Kirtsaeng v. John Wiley & Sons, Inc.*, 133 S. Ct. 1351, (2013).

268 *Kirtsaeng v. John Wiley & Sons, Inc.*, 133 S. Ct. 1351, 1358 (3013).

der Import von außerhalb der USA gedruckten Vervielfältigungsstücken in die USA beschränkt. Damit sollten im Ausland hergestellte Vervielfältigungsstücke mit inländischen gleichgestellt werden. Ein Ziel, was durch eine geografische Auslegung der *first sale doctrine* konterkariert würde. Sofern die Formulierung »*lawfully made under this title*« an anderer Stelle im Urheberrecht verwendet wird, erfährt sie ebenfalls eine nicht geografische Auslegung.[269]

(iii) Gestützt wird dieses Verständnis zudem dadurch, dass 17 U. S. C. § 109(a) der Kodifikation der gewohnheitsrechtlich anerkannten *first sale doctrine* diente. Ein Grundsatz, der keine geografische Unterscheidung kannte.[270]

(iv) Schließlich würde eine geografisch einschränkende Auslegung der Förderung grundlegender Zwecke des Urheberrechts entgegenstehen, wie insbesondere der Förderung des Fortschritts in Wissenschaft und angewandter Kunst, U.S. Const. Art. I, § 8, cl. 8. Eine geografische Beschränkung der urheberrechtlichen *first sale doctrine* würde schließlich zu erheblichen Schwierigkeiten in der Praxis führen[271]

b. *Kirtsaeng v. Wiley* und die patentrechtliche nationale Erschöpfung

Ausgangspunkt der Entscheidung *Kirtsaeng v. Wiley* ist zunächst die Auslegung des Gesetzeswortlauts und die Historie der Gesetzgebung.[272] Ein Ansatz der wenig Parallelen zu der patentrechtlichen Erschöpfung hat.[273] Allerdings beschreibt der U.S. Supreme Court in seinen Ausführungen eine »common law« *first sale doctrine*[274] und beschränkt damit den Anwendungsbereich nicht explizit auf das Urheberrecht.

Darüber hinaus ist die Überlegung des U.S. Supreme Court, dass die nationale Erschöpfung den Zwecken des verfassungsrechtlich verankerten Zwecks der Förderung der Wissenschaft zuwiderlaufen würde, für das Patentrecht ebenso relevant. Schließlich überwiege – so das Gericht – das Interesse an einem freien Wettbewerb und der Weiterveräußerung geschützter Waren, das Interesse der Rechteinhaber an der Segmentierung der Märkte. Ein Ansatz, der ohne weiteres

---

269 *Kirtsaeng v. John Wiley & Sons, Inc.*, 133 S. Ct. 1351, 1361 (2013).

270 *Kirtsaeng v. John Wiley & Sons, Inc.*, 133 S. Ct. 1351, 1364 (2013).

271 *Kirtsaeng v. John Wiley & Sons, Inc.* 133 S. Ct. 1351, 1366 (2013).

272 *Kaltner*, GRUR Int. 2013, 680, 682.

273 *Anga*, BYU Int'l L. & Mgmt. Rev. 2014, 53, 59.

274 *Chisum*, Chisum on patents, 1997, [2] [a] [iv].

auch im Patentrecht diskutiert wird, wenngleich in den unteren Instanzen die Abwägung der Interessen anders ausgefallen ist.

Ebenso ist der Verweis des U.S. Supreme Courts auf die im Common Law verankerte Ablehnung von Beschränkungen der Veräußerung beweglicher Sachen genereller Natur und auf das Patentrecht übertragbar.[275] Ferner findet sich in dieser Entscheidung die Feststellung, dass der Erschöpfungsgrundsatz im Einklang mit dem Zweck des Wettbewerbsrechts steht, den Wohlstand der Konsumenten durch Wettbewerb zu fördern.[276] Schließlich konnte der U.S. Supreme Court dem Urheberrecht kein generelles Prinzip entnehmen, aus dem sich das Recht zur Festlegung unterschiedlicher Preise durch die Inhaber des Urheberrechts ergibt. Ob er ein solches dem Patentrecht entnehmen können wird, erscheint fraglich.

Aufgrund der Überlegungen des U.S. Supreme Courts liegt es nahe, nunmehr auch im US-amerikanischen Patentrecht von einer internationalen Erschöpfung auszugehen. Andernfalls würden die aufgestellten Grundsätze immer dann leer laufen, wenn Waren nicht nur durch das Urheberrecht, sondern auch durch Patente geschützt sind. Ein Umstand, der insbesondere im IT Bereich nicht selten anzutreffen ist. Letztlich spricht auch die einheitliche Anwendung der *first sale doctrine* bzw. des Erschöpfungsgrundsatzes für eine Übertragung des vom U.S. Supreme Court für das Urheberrecht herangezogenen Prinzips der internationalen Erschöpfung auf das Patentrecht.[277]

IV. Umfang der Erschöpfung

Die Wirkung der Erschöpfung erstreckt sich nach US-amerikanischer Rechtsauffassung immer nur auf den konkret in Verkehr gebrachten Gegenstand.[278] Allerdings stellte der U.S. Supreme Court bereits in einer Entscheidung aus dem Jahr 1942 fest, dass für den Eintritt der Erschöpfung nicht erforderlich sei, dass der in Verkehr gebrachte Artikel alle Merkmale des Patents umfasst.[279] Vielmehr kann schon das Inverkehrbringen – unter patentrechtlichen Gesichtspunkten – unvollständiger Artikel, den Verbrauch patentrechtlicher Befugnisse bewirken.[280] Für den Eintritt der Erschöpfung reicht es aus, dass der in Verkehr

275 *Wasserman Rajec, Berkeley Tech. L.J.* 2014, 317, 361.

276 *Wasserman Rajec, Berkeley Tech. L.J.* 2014, 317, 360.

277 *Kaltner, GRUR Int.* 2013, 680, 682.

278 *Bowman v. Monsanto Co.* 133 S. Ct. 1761 (2013).

279 *United States v. Univis Lens Co.*, 316 U.S. 241, 250 f. (1942).

280 Siehe hierzu Sechstes Kapitel C.V.1.b.

gebrachte Artikel, die wesentlichen Merkmale des Patents verkörpert. Ferner muss er dazu bestimmt sein, vom Käufer entsprechend der geschützten technischen Lehre des Patents fertiggestellt zu werden.[281]

V. Reichweite der Erschöpfung

Die Erschöpfung bewirkt, dass der Erwerber geschützter Erzeugnisse diese anbieten, weiterveräußern und gebrauchen kann. Insbesondere im Hinblick auf das Recht, das erworbene Erzeugnis zu gebrauchen, stellt sich die Frage, welche Maßnahmen von der Reichweite der Erschöpfung erfasst werden.

1. Instandsetzung versus Neuherstellung

Das Recht, die geschützten Erzeugnisse zu gebrauchen, umfasst auch das Recht, die Gebrauchsfähigkeit durch Vornahme notwendiger Reparaturen aufrechtzuerhalten.[282] Wie im deutschen Recht werden diese Instandsetzungsmaßnahmen von der Reichweite der Erschöpfung nicht umfasst, wenn sie einer Neuherstellung gleichkommen.

Die US-amerikanische *»repair and reconstruction«* Dichotomie beschäftigt die Rechtsprechung seit Jahrzehnten.[283] Um diese Begriffe voneinander abzugrenzen, stellt der U.S. Supreme Court unter anderem auf die Lebensdauer des geschützten Erzeugnisses ab.[284] Daneben prüft er, ob sich die Identität des Erzeugnisses verändert hat.[285] Das rechtswissenschaftliche Schrifttum kritisiert in diesem Zusammenhang, dass es der Rechtsprechung bisher nicht gelungen sei, belastbare Kriterien für die Abgrenzung von zulässiger Instandsetzung und unrechtmäßiger Neuherstellung herauszuarbeiten.[286] Sofern jedoch die getrof-

---

281 *United States v. Univis Lens Company,* 316 U.S. 252 (1942).

282 *Husky Injection Molding Sys. v. R&D Tool & Eng'g Co.,* 291 F.3d 780, 784f. (Fed. Cir. 2002).

283 *Janis,* Md. L. Rev. 1999, 423, 425, eine Darstellung der Gerichtsentscheidungen findet sich bei *Mohri,* Maintenance, replacement and recycling – patentees' rights in the aftermarkets, 2010, S. 80ff.

284 *Aro Mfg. Co. V. Convertible Top Replacement Co.,* 365 U.S. 335 U.S. 366 (1961).

285 Ausführlich hierzu *Janis,* Md. L. Rev. 1999, 423, und *Mohri,* Maintenance, replacement and recycling – patentees' rights in the aftermarkets, 2010, S. 80ff.

286 *Mohri,* Maintenance, replacement and recycling – patentees' rights in the aftermarkets, 2010, S. 96ff.; *Janis,* Md. L. Rev. 1999, 423, 426; ebenso die Ausführungen des Federal Circuit

fenen Maßnahmen als eine Neuherstellung zu qualifizieren sind, findet die Erschöpfungslehre keine Anwendung.

2. Sich selbstreproduzierende Technologie

Als eine von der Reichweite der patentrechtlichen Erschöpfung ausgeschlossene Neuherstellung qualifizierte der U.S. Supreme Court jüngst den Anbau sich selbstreproduzierender Pflanzensamen.[287]

Gegenstand der Entscheidung war das gegen das Herbizid Roundup resistente und patentierte Sojabohnen-Saatgut von *Monsanto*, welches *Bowman* zu Beginn jeder Pflanzensaison von *Monsanto* erwarb. *Monsanto* hatte *Bowman* in dem geschlossenen Lizenzvertrag explizit untersagt, aus den geernteten Sojabohnen Saatgut für eine erneute Aussaat zurückzubehalten. Gleichzeitig kaufte *Bowman* bei einem Getreidehändler, der u. a. mit Monsanto-Saatgut arbeitete, günstigere, zum Verbrauch gedachte Sojabohnen und säte diese aus, so dass nur patentierte Sojabohnen erhalten blieben. Die geernteten Sojabohnen nutzte *Bowman* für eine weitere Aussaat in der späteren Pflanzsaison.[288]

Monsanto nahm *Bowman* daher wegen der Verletzung seines Patents in Anspruch. Bowman berief sich auf die Erschöpfung der patentrechtlichen Befugnisse. Ein Einwand, dem der U.S. Supreme Court jedoch nicht zum Erfolg verhalf. Der U.S. Supreme Court sah in der Vorgehensweise von *Bowman* die Herstellung neuer Kopien des patentierten Erzeugnisses. Die auf die autori-

in *Mallinckrodt, Inc. v. Medipart, Inc.* 976 F. 2d 700, 709 (Fed. Cir. 1992): *Although the rule is straightforward its implementation is less so, for it is not always clear where the boundary lies: how much ‚repair' is fair before the device is deemed reconstructed.«*

287 Im Gegensatz dazu hat der deutsche Gesetzgeber in Umsetzung der Richtlinie über den rechtlichen Schutz biotechnologischer Erfindungen vom 21. Januar 2005 mit Wirkung zum 28. Feburar 2005 § 9 c PatG eingefügt, der die in der *Monsanto* Entscheidung angegriffenen Handlungen explizit den Verbietungsrechten des Patentinhabers entzieht. § 9 c Abs. 1 PatG lautet: *»Wird pflanzliches Vermehrungsmaterial durch den Patentinhaber oder mit dessen Zustimmung durch einen Dritten an einen Landwirt zum Zweck des landwirtschaftlichen Anbaus in Verkehr gebracht, so darf dieser entgegen den §§ 9, 9 a und 9 b Satz 2 sein Erntegut für die generative oder vegetative Vermehrung durch ihn selbst im eigenen Betrieb verwenden. Für Bedingungen und Ausmaß dieser Befugnis gelten Artikel 14 der Verordnung (EG) Nr. 2100/94 in seiner jeweils geltenden Fassung sowie die auf dessen Grundlage erlassenen Durchführungsbestimmungen entsprechend. Soweit sich daraus Ansprüche des Patentinhabers ergeben, sind diese entsprechend den auf Grund Artikel 14 Abs. 3 der Verordnung (EG) Nr. 2100/94 erlassenen Durchführungsbestimmungen geltend zu machen.«*

288 *Bowman v. Monsanto Co.*, 133 S. Ct. 1761, 1766 (2013).

sierte Veräußerung folgende Neuherstellung eines patentierten Erzeugnisses ist jedoch dem Patentinhaber vorbehalten und fällt nicht unter den Anwendungsbereich der Erschöpfungslehre. Die Erschöpfung erstrecke sich jeweils nur auf das konkret veräußerte Erzeugnis.[289]

Wäre das Kopieren, so der U.S. Supreme Court, ein von der Erschöpfung erfasstes Nutzen patentierter Technologie, würde der Wert einer Erfindung mit der ersten Veräußerung eines die Erfindung verkörpernden Erzeugnisses stark zurückgehen. Das dem Patentinhaber gewährte Monopolrecht würde dann nur eine Transaktion überdauern und nicht die vom Gesetzgeber gewährten 20 Jahre, mit der Folge, dass die Entwicklung neuer Technologien weniger reizvoll ist, als vom Kongress bezweckt.[290]

Aufgrund der Komplexität sich selbstreproduzierender Technologie betonte der U.S. Supreme Court jedoch, dass die Ausführungen sich zunächst auf den konkret entschiedenen Sachverhalt beschränken. Eine weitergehende Anwendung bleibe einer Einzelfallbetrachtung vorbehalten.[291] Eine analoge Anwendung wird sicher dann nicht in Betracht kommen, wenn das »Kopieren« dem Einflussbereich des Erwerbers entzogen ist oder einen zwar notwendigen, aber nebensächlichen Schritt darstellt.

289 *Bowman v. Monsanto Co.*, 133 S. Ct. 1761, 1767 (2013).

290 *Bowman v. Monsanto Co.*, 133 S. Ct. 1761, 1768 (2013).

291 *Bowman v. Monsanto Co.*, 133 S. Ct. 1761, 1769 (2013).

Viertes Kapitel: Lizenz und Lizenzvertragsrecht

Die bisherigen Ausführungen haben gezeigt, dass die dem Patentinhaber durch die Erteilung des Patents eingeräumte Monopolstellung nicht grenzenlos gewährt wird. Mit dem Inverkehrbringen der geschützten Erzeugnisse erschöpfen sich die Rechte des Patentinhabers sowohl nach deutschem als auch nach US-amerikanischem Recht, sofern der Patentinhaber das Erzeugnis selbst oder ein Dritter mit seiner Zustimmung in den Verkehr gebracht hat. Da dem Dritten diese Zustimmung regelmäßig im Rahmen eines Lizenzvertrags erteilt wird, setzt sich der folgende Teil der Arbeit mit dem Lizenzvertragsrecht auseinander.

A. Lizenz und Lizenzvertrag nach deutschem Recht

Die rechtliche Behandlung von Lizenzverträgen vollzieht sich nach wie vor auf rechtlich ungesichertem Terrain.[292] Zwar sind Lizenzverträge bereits vor Inkrafttreten des BGB üblich gewesen, dennoch hat sich der Gesetzgeber bisher keiner schuldrechtlichen Regelung dieses Vertragstyps angenommen.[293] Vereinzelte Normen der Sonderschutzgesetze bestätigen lediglich die Zulässigkeit der Lizenzerteilung.[294] Rechtsnatur und Inhalt der Lizenzverträge bieten daher nach wie vor Anlass für Rechtsstreitigkeiten.[295]

Bei der Verwendung des Begriffs Lizenzvertrag ist zu beachten, dass sich dahinter zwei verschiedene rechtsgeschäftliche Sachverhalte verbergen. Zum einen wird bei der Verwendung des Begriffs Lizenzvertrag die Gesamtheit der von den Vertragspartnern vereinbarten Bestimmungen verstanden. Andererseits ist damit auch die Vereinbarung gemeint, die unmittelbar darauf gerichtet ist,

292 *Pleister/Wündisch,* ZIP 2012, 1792, 1797.

293 *Bartenbach,* Die Patentlizenz als negative Lizenz, 2002, S. 85.

294 *McGuire,* GRUR Int. 2012, 657, 657.

295 Vgl. statt vieler *McGuire,* Die Lizenz, 2012; *Kraßer/Bernhardt,* Patentrecht, 2009, S. 937; *Bartenbach,* Die Patentlizenz als negative Lizenz, 2002, S. 85 jeweils m.w.N.

einem Dritten die Benutzung des Schutzrechts einzuräumen, ohne die eine Benutzung des Schutzrechts eine Patentverletzung darstellen würde.[296]

Abzugrenzen ist die Lizenz ferner von der Übertragung der Rechte an einer Erfindung, die durch formlosen Abtretungsvertrag gemäß §§ 413, 398 BGB vollzogen wird.[297] Im Folgenden ist daher Gegenstand und Rechtnatur der Lizenz sowie die Rechtsnatur des Lizenzvertrags zu untersuchen.

I. Die Lizenz

Der Begriff der Lizenz, dessen Ursprung im lateinischen *›licet‹ ›es ist erlaubt‹* liegt, hat sich im Recht des geistigen Eigentums nicht nur auf nationaler, sondern auch auf europäischer und internationaler Ebene durchgesetzt. Das Gemeinschaftsrecht beinhaltet beispielsweise Regelungen über Lizenzen in den Verordnungen zu den Gemeinschaftsschutzrechten. Regelungen zu Lizenzen finden sich etwa in Art. 32 der Verordnung (EG) Nr. 6/2002 des Rates vom 12. 12. 2001 über das Gemeinschaftsgeschmacksmuster oder in Art. 22 der Verordnung (EG) Nr. 207/2009 des Rates vom 26. 02. 2009 über die Gemeinschaftsmarke.

Darüber hinaus findet der Begriff Lizenz Verwendung in den Bestimmungen der Gruppenfreistellungsverordnung[298] und deren Leitlinien, die die Voraussetzungen für die Vereinbarkeit von Lizenzvereinbarungen mit dem europäischen Wettbewerbsrecht festlegen.

Auf internationaler Ebene bestätigt das TRIPS-Übereinkommen für den Bereich der Patente in Art. 28 Abs. 2 das Recht des Patentinhabers

»das Patent rechtsgeschäftlich zu übertragen und Lizenzverträge abzuschließen.«

Auch das deutsche PatG und das deutsche MarkenG verwenden den Begriff der Lizenz. Das deutsche UrhG spricht dagegen von der »Einräumung von Nutzungsrechten« und erwähnt den Begriff der Lizenz nur vereinzelt. Verwendung findet der Begriff beispielsweise im Rahmen des § 32 a Abs. 2 S. 1

296 *Lichtenstein,* NJW 1965, 1839, 1839; *Bartenbach/Bartenbach,* Patentlizenz- und Know-how-Vertrag, 2013, Rn. 68 f.; *Hauck* in: *Fitzner/Lutz/Bodewig,* Patentrechtskommentar, 2012, § 15 PatG, Rn. 35.

297 *Götting/Hubmann,* Gewerblicher Rechtsschutz, 2014, § 26 Rn. 2.

298 Verordnung (EU) Nr. 316/2014 der Kommission vom 21. 03. 2014 über die Anwendung von Art. 101 Abs. 3 des Vertrags über die Arbeitsweise der Europäischen Union auf Gruppen von Technologietransfer-Vereinbarungen, vom 21. 03. 2014, ABl. Nr. L 93 S. 17.

a.E. UrhG hinsichtlich der vertraglichen Beziehung bei »Lizenzketten« oder in § 42 a UrhG, der Zwangslizenz für Tonträgerhersteller.

In den Gesetzestext des deutschen Patentrechts wurde der Lizenzbegriff mit Inkrafttreten des § 15 Abs. 2 PatG am 01. 01. 1981 aufgenommen. Indem § 15 Abs. 2 PatG bestimmt, dass das Recht auf das Patent, der Anspruch auf Erteilung des Patents und das Recht aus dem Patent ganz oder teilweise Gegenstand von ausschließlichen oder nicht ausschließlichen Lizenzen sein können, hat der Gesetzgeber jedoch nur den bis dahin anerkannten Rechtszustand geregelt.[299] Parallele Bestimmungen finden sich in § 22 Abs. 2 GebrMG, § 31 GeschMG und § 11 Abs. 2 HalbLSchG sowie in § 30 MarkenG.

Eine Legaldefinition des Begriffs der Lizenz lässt sich keiner gesetzlichen Normen entnehmen, zumal die verwendete Terminologie nicht einheitlich ist. In § 24 PatG heißt es beispielsweise,

> *»[d]ie nicht ausschließliche Befugnis zur gewerblichen Benutzung einer Erfindung wird durch das Patentgericht im Einzelfall nach Maßgabe der nachfolgenden Vorschriften erteilt (Zwangslizenz)...«*

§ 23 Abs. 1 PatG spricht dagegen von der *»Gestattung der Benutzung«* und im Markenrecht ist die Rede von einer *»Benutzung mit Zustimmung des Inhabers«* (§§ 24 Abs. 1, 26 Abs. 2 MarkenG). Eine einheitliche Beurteilung der Rechtsnatur der Lizenz lässt sich daraus nur schwerlich ableiten. Somit ist die Bestimmung von Inhalt und Rechtscharakter der Lizenz, trotz vereinzelter gesetzlicher Regelungen, nach wie vor Rechtswissenschaft und Rechtsprechung überlassen.

1. Begriff der Lizenz

Bereits mit der Einführung des Patentgesetzes im Jahr 1877 setzte sich die Rechtswissenschaft und die Rechtsprechung mit dem Rechtsinstitut der Lizenz und der Frage, was sich hinter dem Begriff »Lizenz« verbirgt, auseinander. Ausgangspunkt der Kontroverse zum Inhalt der in Form der Lizenz erteilten Erlaubnis zur Nutzung eines Immaterialgutes war im ausgehenden 19. Jahrhundert die Patentlizenz. Die wirtschaftliche Bedeutung des Patentrechts übertraf zum damaligen Zeitpunkt die des Urheberrechts. Auch der Markenlizenz kam aufgrund der Bindung des Warenzeichens an den Geschäftsbetrieb nur eine

299 *Hacker* in: *Busse/Keukenschrijver,* Patentgesetz, 2013, § 15 PatG, Rn. 51.

untergeordnete Rolle zu. Damit nahm die Patentlizenz eine Schlüsselposition bei der Entwicklung des Lizenzvertragsrechts ein.[300]

In der jüngeren Rechtsprechung spielen dagegen bei grundlegenden Fragen – wie etwa dem Schicksal einer Unterlizenz bei Wegfall der Hauptlizenz – eher Lizenzen an urheberrechtlich geschützten Werken eine Rolle.[301]

Die bisher in Rechtsprechung und Literatur geführte Auseinandersetzung mit dem Begriff der Lizenz hat gezeigt, dass die Lizenz entweder als bloßer Verzicht des Patentinhabers auf seine Ausschließungsbefugnis oder als positives Nutzungsrecht verstanden werden kann. Die Unterscheidung zwischen der Einordnung als negativer Verzicht oder positives Nutzungsrecht hat erheblichen Einfluss auf die sich daraus abzuleitenden Pflichten der Vertragsparteien.

a. Die Theorie der negativen Patentlizenz

Unmittelbar nach der Einführung des Patentgesetztes sah die Patentrechtslehre in der Lizenz einen Verzicht des Patentinhabers auf seine ihm zum damaligen Zeitpunkt gemäß § 4 PatG (1877) eingeräumten Ausschließlichkeitsrechte. In einer seiner ersten Entscheidungen zu dieser Frage führte das RG aus:

> *»Der Lizenzträger erlangt weder eine zur Ausübung der Erfindung hinausgehende Einwirkung auf dieses Gut noch irgend einen einem quasi-dinglichen Rechte entsprechenden Besitz, noch ein eigenes Schutzrecht gegen dritte Personen […].«*[302]

Die Entwicklung der Theorie von der negativen Lizenz lag aufgrund des Wortlautes des § 4 PatG (1877) nahe.[303] So war das Patent als bloße Abwehrbefugnis des Schutzrechtsinhabers konzipiert. Entgegen der heute vertretenen Auffassung war zu Beginn des kodifizieren Patentrechts die eigene Nutzungsbefugnis des Patentinhabers nicht Inhalt des Patentrechts. Vielmehr sollte sich die Nutzungsbefugnis des Patentinhabers aus der Gewerbefreiheit ergeben.[304]

Nach der Theorie der negativen Lizenz beschränken sich die Rechte des Lizenznehmers auf einen Anspruch gegenüber dem Lizenzgeber, nicht wegen

300 *Pahlow,* Lizenz und Lizenzvertrag im Recht des Geistigen Eigentums, 2006, S. 45.

301 BGH Urt. v. 26.03.2009, GRUR 2009, 946 – *Reifen Progressiv*; BGH Urt. v. 19.07.2012, GRUR 2012, 916 – *M2Trade.*

302 RG Urt. v. 17.12.1886, RGZ 17, 53, 54 – *Cellulose-Gewinnung.*

303 *Hilty,* Lizenzvertragsrecht, 2002, S. 7.

304 *McGuire,* Die Lizenz, 2012, S. 39.

einer Schutzrechtsverletzung angegriffen zu werden.[305] Eine gesicherte Rechtsposition erhielt der Lizenznehmer – wie sich den Ausführungen des RG entnehmen lässt – hingegen nicht.

Hinsichtlich der rechtlichen Konstruktion der negativen Lizenz wird einerseits auf einen antizipierten Erlass gemäß § 397 Abs. 1 BGB,[306] andererseits auf einen Verzicht hinsichtlich der prozessualen Geltendmachung der bestehenden Abwehransprüche (*»pactum de non petendo«)* zurückgegriffen.[307] Schließlich wird die negative Lizenz als eine Verzichtsvereinbarung eingeordnet, in der ein materieller Verzicht des Lizenzgebers auf seine materiellen Ansprüche läge.[308] Anhand der dargestellten unterschiedlichen Möglichkeiten der rechtlichen Konstruktion einer negativen Lizenz wird allerdings deutlich, dass es sich nicht bloß um eine »faktische Duldung« handeln kann, vielmehr bedarf es einer vereinbarten Duldungspflicht.[309] Zusammenfassend kann die negative Lizenz daher als vertraglicher Verzicht des Patentinhabers auf die Geltendmachung der ihm gesetzlich eingeräumten Verbietungsrechte gegenüber dem an der Verwertung des Patentgegenstandes interessierten Lizenznehmers verstanden werden.[310]

In der heutigen patentrechtlichen Literatur wird die negative Lizenz zum Teil als eine Frühform der Lizenz betrachtet.[311] Die überwiegende Ansicht des rechtswissenschaftlichen Schrifttums lehnt die Einordnung der negativen Lizenz als Lizenz i. S. d. § 15 Abs. 2 PatG und der parallelen Vorschrift in § 22 GebrMG jedoch ab.[312] Die Theorie der negativen Lizenz wird als nicht interessengerecht angesehen. Schließlich könne der Lizenznehmer aus der bloßen

---

305 *Lüdecke/Fischer,* Lizenzverträge, 1957, S. 358; *Bartenbach/Bartenbach,* Patentlizenz- und Know-how-Vertrag, 2013, Rn. 75; *Pahlow,* Lizenz und Lizenzvertrag im Recht des Geistigen Eigentums, 2006, S. 250 mw.N.

306 *Seetzen,* Der Verzicht im Immaterialgüterrecht, 1969, S. 30ff.

307 *Hacker* in: *Ströbele,* Markengesetz, 2015, § 30 MarkenG, Rn. 5; *Kraßer/Bernhardt,* Patentrecht, 2009, S. 30.

308 *Pahlow,* Lizenz und Lizenzvertrag im Recht des Geistigen Eigentums, 2006, S. 252.

309 *Pahlow,* Lizenz und Lizenzvertrag im Recht des Geistigen Eigentums, 2006, S. 251; *Arruda,* Erschöpfungsgrundsatz und Lizenzvertrag, 2011, S. 38.

310 *Bartenbach,* Die Patentlizenz als negative Lizenz, 2002, S. 23.

311 *Pahlow,* Lizenz und Lizenzvertrag im Recht des Geistigen Eigentums, 2006, S. 250

312 *Mes,* Patentgesetz, Gebrauchsmustergesetz, 2014, § 15 PatG, Rn. 25; *Hackerer* in: *Busse/Keukenschrijver,* Patentgesetz, 2013, § 15 PatG, Rn. 51; *Ullmann/Deichfuß* in: *Benkard,* Patentgesetz, 2015, § 15 PatG, Rn. 56, 61; *Kraßer/Bernhardt,* Patentrecht, 2009, S. 930; *McGuire,* Die Lizenz, 2012, S. 84.

Duldungspflicht keinerlei Schutz seiner Rechtsposition erwarten.[313] Er kann sich weder gegen die Einräumung weiterer Lizenzen durch den Schutzrechtsinhaber noch gegen die Aufgabe des Schutzrechts zur Wehr setzen. Der wirtschaftlichen Funktion der Lizenz entspräche es nicht, in einer Lizenz lediglich das Wissen des Lizenznehmers zu sehen, er werde nicht wegen einer Schutzrechtsverletzung angegriffen.[314] Ferner wird der Theorie der negativen Lizenz entgegengehalten, dass die Benutzungshandlungen ihren patentverletzenden Charakter behalten.[315]

Trotz dieser Kritikpunkte wird im Schrifttum erneut für die Anerkennung der negativen Lizenz als Lizenz im Rechtsinne plädiert.[316] Insbesondere *B. Bartenbach* spricht sich dafür aus, dass auch negative Lizenzen Lizenzen im Sinne des § 15 Abs. 2 PatG seien und daher am in § 15 Abs. 3 PatG normierten Sukzessionsschutz teilhaben. Zur Begründung verweist sie auf die Übernahme der Bestimmung aus dem Gemeinschaftspatentübereinkommen. Für das Europäische Patentrecht sei in Rechtsprechung und Gesetzgebung anerkannt, dass das Patent dem Patentinhaber lediglich ein Verbotsrecht einräume.[317] Dies entziehe jedoch der Einordnung der Lizenz als positives Benutzungsrecht die Grundlage. Daher fordert *B. Bartenbach* zumindest die europarechtskonforme Auslegung des § 15 Abs. 2 PatG, so dass auch der reine Verzicht auf Verbietungsrechte als eine Lizenz im Rechtssinne einzustufen sei.[318]

---

313 *Haedicke,* Rechtskauf und Rechtsmängelhaftung, 2003, S. 84; *Kraßer/Schmid,* GRUR Int. 1982, 324, 328; *Lichtenstein,* NJW 1965, 1839, S. 1840.

314 *McGuire,* Die Lizenz, 2012, S. 83.

315 *Kraßer/Bernhardt,* Patentrecht, 2009, S. 930.

316 *Völp,* GRUR 1983, 45, 48; *Bartenbach,* Die Patentlizenz als negative Lizenz, 2002, zusammenfassend S. 257.

317 Für die Rechtsprechung verweist *B. Bartenbach auf die Krebsmaus/Harvard II Entscheidung des EPA v. 03. 10. 1990, GRUR Int. 1990, 978, 980 ff.; für die Gesetzgebung auf Erwägungsgrund 14 der EG-Richtlinie 98/44EG des Europäischen Parlaments vom 06. 07. 1998 über den rechtlichen Schutz biotechnologischer Erfindungen ABl. EPA 1999, 101: »Ein Patent berechtigt seinen Inhaber nicht, die Erfindung anzuwenden, sondern verleiht ihm lediglich das Recht, Dritten deren Verwertung zu industriellen und gewerblichen Zwecken zu untersagen. Infolgedessen kann das Patentrecht die nationalen, europäischen oder internationalen Rechtsvorschriften zur Festlegung von Beschränkungen oder Verboten oder zur Kontrolle der Forschung und der Anwendung oder Vermarktung ihrer Ergebnisse weder ersetzen noch überflüssig machen, insbesondere was die Erfordernisse der Volksgesundheit, der Sicherheit, des Umweltschutzes, des Tierschutzes, der Erhaltung der genetischen Vielfalt und die Beachtung bestimmter ethischer Normen betrifft.«*

318 *Bartenbach,* Die Patentlizenz als negative Lizenz, 2002, S. 73.

Ferner beruft sie sich auf die Entstehungsgeschichte des § 15 Abs. 2 PatG. § 15 Abs. 2 PatG sollte lediglich die bereits von Literatur und Rechtsprechung aufgestellten Grundsätze für die Vergabe von Lizenzen durch den Patentinhaber kodifizieren.[319] Die Rechtsprechung erkannte zum damaligen Zeitpunkt jedoch an, dass sich die Vergabe einer positiven Lizenz im Verzicht auf die patentrechtlichen Abwehrbefugnisse erschöpfen könne. Schließlich hebt sie hervor, dass sich auch der BGH in seiner bisher zu dieser Frage ergangenen Rechtsprechung nicht klar gegen die Einordnung der negativen Lizenz als Lizenz im Rechtssinne ausgesprochen habe.[320]

Der Auffassung von *B. Bartenbach folgend* sehen weitere Stimme in der Literatur die negative Lizenz als eine mögliche Gestaltungsform der Lizenz an. Der von B. Bartenbach aufgezeigten praktischen Relevanz[321] der Einordnung der negativen Lizenz als Lizenz i. S. v. § 15 Abs. 2 PatG wird hingegen nicht gefolgt.[322]

b. Die Theorie von der positiven Benutzungsbefugnis im Patentrecht

Mit dem technischen Fortschritt im ausgehenden 19. Jahrhundert erlangte der Austausch von Technologie in Form von Lizenzverträgen zunehmend an Bedeutung. Es mehrten sich daher in der rechtswissenschaftlichen Literatur Stimmen, die eine Stärkung der Position des Lizenznehmers forderten.[323] Die Einordnung der Lizenz als bloßen Verzicht des Patentinhabers auf die Geltendmachung seiner Verbietungsrechte wurde als nicht ausreichend angesehen, um auch den Interessen des Lizenznehmers hinreichend Rechnung zu tragen.[324]

Kritisiert wurde und wird insbesondere, dass der Lizenznehmer nach der Theorie der negativen Lizenz keine hinreichend sichere Verwertungsposition

---

319 Amtl. Begr. Zum GpatG in BT-Drucks. 8/2087, S. 25, Blatt 1979, 276, 280.

320 *Bartenbach*, Mitt. 2002, 503, 504 sowie *Bartenbach*, Die Patentlizenz als negative Lizenz, 2002, S.65ff. und S. 72 mit Verweis auf: BGH Urt. v. 23.03.1982, GRUR 1982, 411, 412 – *Verankerungsteil*; BGH Urt. v. 25.01.1983, GRUR 1983, 237, 239 – *Brückenlegepanzer*; BGH Urt. v. 14.12.1999, GRUR 2000, 299 – *Karate*.

321 *Bartenbach*, Die Patentlizenz als negative Lizenz, 2002, S. 103ff.

322 *Arruda*, Erschöpfungsgrundsatz und Lizenzvertrag, 2011, S. 39; *Pahlow*, Lizenz und Lizenzvertrag im Recht des Geistigen Eigentums, 2006, S. 254.

323 *Pahlow*, Lizenz und Lizenzvertrag im Recht des Geistigen Eigentums, 2006, S. 54.

324 *Kohler*, Handbuch des deutschen Patentrechts in rechtsvergleichender Darstellung, 1900, S. 509; *Isay*, Patentgesetz und Gesetz betreffend den Schutz von Gebrauchsmustern, 1903, S. 361.

erhalte.[325] Der Lizenznehmer habe nicht nur ein Interesse daran, das Schutzrecht zu nutzen, sondern er wolle auch an der Monopolstellung des Schutzrechtsinhabers teilhaben. Dieser Zweck ist jedoch nur dann erreichbar, wenn der Lizenzgeber zur Aufrechterhaltung der Schutzrechtsposition verpflichtet ist. Mit der Einordnung der Lizenz als bloßen Verzicht auf die Ausschließungsbefugnisse des Patentinhabers könne eine solche Pflicht nicht erklärt werden. Vielmehr müsse in der Lizenz nicht nur ein Verzicht auf das Ausschließlichkeitsrecht, sondern auch ein positives Nutzungsrecht gesehen werden.[326]

In weiteren Entscheidungen näherte sich das RG der im überwiegenden Schrifttum vertretenen Auffassung langsam an und bestätigte die Vereinbarung eines positiven Benutzungsrechts für die ausschließliche Lizenz zumindest als eine Möglichkeit der rechtlichen Einordnung der Lizenz; neben der Vereinbarung eines bloßen Verzichts auf das Verbietungsrecht.[327] Begünstigt wurde der mit diesem Urteil eingeläutete Wandel in der rechtlichen Charakterisierung der Lizenz nicht zuletzt aufgrund der Änderung des § 4 PatG (1877) durch das PatG 1891. Im Zuge der Gesetzesänderung wurde das Patent nicht mehr nur als ein dem Patentinhaber eingeräumtes Verbotsrecht konzipiert, sondern das Patent sollte dem Patentinhaber zugleich ein positives Benutzungsrecht vermitteln. Mit Urteil vom 18. August 1937 erkannte das RG die Theorie vom positiven Benutzungsrecht schließlich auch für die einfache Lizenz an:

> *»Was die Einräumung der einfachen Lizenz an den Schutzrechten angeht, erschöpft sich ihre rechtliche Beurteilung [...] nicht in dem bloßen [...] Verzicht auf die in dem Schutzrechten fließende Verbietungsmacht. Sie ist vielmehr darauf gerichtet [...] ein positives Benutzungsrecht zu verschaffen [...]«*[328]

Dieser Einschätzung folgte der BGH, indem er sowohl die ausschließliche als auch die einfache Lizenz als ein positives Benutzungsrecht qualifizierte.[329]

---

325 *Pahlow,* Lizenz und Lizenzvertrag im Recht des Geistigen Eigentums, 2006, S. 252.

326 *McGuire,* Die Lizenz, 2012, S. 48 m. w. N.

327 RG Urt. v. 16. 01. 1904, RGZ 57, 38, 39 f. – *Bernardo'sches Verfahren,* hier führte das RG zunächst aus, dass ein Lizenzvertag sich in dem Verzicht auf das Untersagungsrecht erschöpfen könne. In der überwiegenden Zahl werde jedoch das wirtschaftliche Interesse des Lizenznehmer in der Einräumung eines positiven Rechts liegen; entsprechend RG Urt. v. 01. 03. 1911, RGZ 75, 400, 402 f – *Secours-Entscheidung* und RG Urt. v. 05. 05. 1911, RGZ 76, 235 ff.

328 RG Urt. v. 18. 08. 1937, RGZ 155, 306, 313 – *Funkverband.*

329 BGH Urt. v. 30. 10. 1962, GRUR 1963, 563 – *Aufhängevorrichtung;* BGH Urt. v. 29. 04. 1965, GRUR 1965, 591, 595 – *Wellplatten;* BGH Urt. v. 25. 10. 1966, GRUR 1976, 378 – *Schweizbolzen;* BGH Urt. v. 25. 01. 1983, GRUR 1983, 237 – *Brückenlegepanzer.*

Die aktuelle Kommentarliteratur geht ebenfalls davon aus, dass die Einräumung eines positiven Benutzungsrechts einen notwendigen Begriffsinhalt des Lizenzrechts darstellt. Mithin kann festgehalten werden, dass in der heutigen Rechtswissenschaft eine Lizenz überwiegend als Erlaubnis definiert wird, die technische Lehre in einer gesetzlich dem Patentinhaber vorbehaltenen Weise zu benutzen.[330]

Für die Einordnung der Lizenz als positives Benutzungsrecht wird angeführt, dass andernfalls der allgemein anerkannte Erschöpfungsgrundsatz dogmatisch nicht begründbar sei. Nur wenn es sich bei der Lizenz um ein positives Benutzungsrecht handelt, verliere die Benutzung der geschützten Erfindung durch den Lizenznehmer ihren patentverletzenden Charakter. Würde sich die Wirkung der Lizenz in einem Verzicht auf die patentrechtlichen Verbietungsrechte beschränken, würde das Inverkehrbringen patentgeschützter Erzeugnisse durch den Lizenznehmer nicht zur Gemeinfreiheit dieser Erzeugnisse führen. Der Schutzrechtsinhaber wäre in diesem Fall nicht gehindert, eine Verletzung seiner Rechte gegenüber Dritten geltend zu machen.[331] Ferner werde durch die Erfassung der Lizenz als positives Nutzungsrecht eine ausreichende Gewährleistungshaftung des Lizenzgebers begründet und so die Rechtsstellung des Lizenznehmers gestärkt.[332]

c. Der Begriff der Lizenz im Markenrecht

In der markenrechtlichen Literatur spielt die Theorie der negativen Lizenz keine Rolle, so wird in der Lizenz einhellig ein positives Nutzungsrecht gesehen.[333] Der Begriff der negativen Lizenz wird – mit Verweis auf die patentrechtliche Literatur – sogar als problematisch bezeichnet. So können auch aufgrund der Vereinbarung einer so genannten negativen Lizenz Benutzungshandlungen

330 So zum Beispiel: *Hacker* in: *Busse/Keukenschrijver,* Patentgesetz, 2013, § 15 PatG, Rn. 51; *Kraßer/Bernhardt,* Patentrecht, 2009, S. 930; *Kühnen* in: *Schulte/Kühnen*, Patentgesetz mit Europäischem Patentübereinkommen, 2008, § 15 PatG, Rn. 30; *Ullmann/Deichfuß* in: *Benkard,* Patentgesetz, 2015, § 15 PatG, Rn. 60; *Mes,* Patentgesetz, Gebrauchsmustergesetz, 2014, § 15 PatG, Rn. 33.

331 *Kraßer,* GRUR Int. 1983, 537, 542.

332 *Groß,* Der Lizenzvertrag, 2015, Rn. 13.

333 *Fezer*, Markenrecht, 2009, § 30 MarkenG, Rn. 6; *Hacker* in: *Ströbele,* Markengesetz, 2015, § 30 MarkenG, Rn.5.

vorgenommen und somit ein positives Tun entfaltet werden.[334] Lediglich klarstellend wird darauf verwiesen, dass die Negativlizenz nicht als Lizenz i. S. v. § 30 Abs. 5 MarkenG qualifiziert werden könne. Dem Verzicht des Markeninhabers, gegen einen Dritten wegen der Benutzung der Marke nicht vorzugehen, komme lediglich im Rahmen von Abgrenzungsvereinbarungen Bedeutung zu.[335] Im Ergebnis ist damit im Markenrecht die positive Befugnis zur Nutzung der durch das Markenrecht geschützten Bezeichnung ein konstitutives Merkmal der Markenlizenz.[336]

d. Der Begriff der Lizenz im Urheberrecht

Im rechtswissenschaftlichen Schrifttum und der Rechtsprechung zur Lizenz an urheberrechtlich geschützten Werken ist anerkannt, dass es sich bei der Lizenz um ein positives Nutzungsrecht handelt.[337] Umstritten ist lediglich die Frage, ob zwischen dem überwiegend im Urhebergesetz verwendeten Begriff des Nutzungsrechts ein nur terminologischer oder auch inhaltlicher Unterschied zum Begriff der Lizenz zu sehen ist. In der Rechtswissenschaft lässt sich zunehmend die Bemühung ausmachen, eine übergreifende Lizenzlehre des Rechts des geistigen Eigentums zu entwickeln.[338] Eine inhaltliche Trennung des Begriffs Nutzungsrecht im Urheberrecht im Vergleich zur Verwendung des Begriffs Lizenz im Bereich des Gewerblichen Rechtsschutzes ist schon aus historischen Gründen nicht erforderlich. Ferner sind in allen Bereichen Gemeinsamkeiten bei den Grundlagen und der Ausgestaltung von Lizenz und Lizenzvertrag erkennbar.[339] Wird die Marken- und Patentlizenz als eine Benutzungsbefugnis an dem absoluten Recht der Marke bzw. des Patents angesehen, stimmt dies inhaltlich mit dem urheberrechtlichen Nutzungsrecht überein.[340] Die Herausbildung eines

---

334 *Engels,* Die Rechtsnatur der Markenlizenz unter der Geltung des Markengesetzes 1995, S. 73 f.

335 *Hacker* in: *Ströbele,* Markengesetz, 2015, § 30 MarkenG, Rn. 5.

336 *McGuire,* Die Lizenz, 2012, S. 59.

337 *Loewenheim/Becker,* Handbuch des Urheberrechts, 2010, S. 379; *Wandtke/Grunert* in: *Block/Wandtke,* Praxiskommentar zum Urheberrecht, 2014, § 31, Rn. 32; *Schulze* in: *Dreier/Schulze,* Urheberrechtsgesetz, 2013, § 37 UrhG, Rn. 2.

338 Vgl. beispielsweise *McGuire,* Die Lizenz, 2012.

339 *Pahlow,* Lizenz und Lizenzvertrag im Recht des Geistigen Eigentums, 2006, S. 180.

340 *Pahlow,* Lizenz und Lizenzvertrag im Recht des Geistigen Eigentums, 2006, S. 190; *McGuire,* Die Lizenz, 2012, S. 84.

einheitlichen Lizenzbegriffs ist daher ausdrücklich zu begrüßen und zweckdienlich für die einheitliche Weiterentwicklung des Lizenzvertragsrechts.

e. Stellungnahme

Übereinstimmend mit der herrschenden Lehre ist die Patentlizenz – wie Lizenzen an anderen Immaterialgütern – als ein positives Benutzungsrecht zu qualifizieren. Die negative Lizenz, im Sinne eines reinen Verzichts auf die aus dem Patent resultierenden Nutzungsrechte, ist keine Lizenz im Rechtssinne.

Sofern für die Einordnung der negativen Lizenz als Lizenz im Rechtssinne das Argument vorgetragen wird, dass das europäische Patent ausschließlich als Verbotsrecht konzipiert und daher kein Raum für die Lehre des positiven Benutzungsrechts des Lizenznehmers sei, kann dem nicht gefolgt werden. Zunächst ist festzuhalten, dass Art. 64 Abs. 1 EPÜ, der an die Grundbestimmung des Art. 2 Abs. 2 EPÜ anknüpft, bestimmt, dass das europäische Patent seinem Inhaber dieselben Rechte gewährt, die ihm ein in diesem Staat national erteiltes Patent gewähren würde. Diese Rechte umfassen jedoch nach deutschem Recht sowohl das positive Benutzungsrecht des Patentinhabers als auch das Recht, Dritten die Benutzung der Erfindung zu verbieten.[341]

Ferner kann aus den Erwägungsgründen der Richtlinie des Europäischen Parlaments vom 6. Juli 1998 über den rechtlichen Schutz biotechnologischer Erfindungen nicht zwingend geschlossen werden, dass das europäische Patent nur als ein Verbotsrecht ausgestaltet sei. Insofern Erwägungsgrund 14 der Richtlinie ausführt, dass ein Patent seinem Inhaber nicht berechtigt, die Erfindung anzuwenden, sondern ihm lediglich das Recht verleiht, Dritten deren Verwertung zu industriellen und gewerblichen Zwecken zu untersagen, soll damit klargestellt werden, dass der Patentinhaber seine Erfindung nur unter Beachtung der Rechtsordnung einsetzen darf. Das Patent stellt den Patentinhaber folglich weder von den öffentlich-rechtlichen Voraussetzungen für die Benutzung der Erfindung, noch von Verpflichtungen gegenüber Dritten frei.[342] Ebenso ist auch die ein positives Benutzungsrecht verneinende Entscheidungspraxis des EPA zu verstehen. Es wäre verfehlt, darin die grundlegende Ablehnung zu sehen, dass das Patent seinem Inhaber zugleich ein positives Benutzungsrecht einräumt.

Schließlich hat der EuGH in seinen Entscheidungen wiederholt betont, dass der spezifische Gegenstand des Patents dadurch gekennzeichnet sei, dass der Inhaber zum Ausgleich für seine schöpferische Erfindertätigkeit das aus-

341 *Jestaedt* in: *Benkard,* EPÜ, 2012, Art. 64 EPÜ, Rn. 2.

342 *Keukenschrijver* in: *Busse/Keukenschrijver,* Patentgesetz, 2013, § 9 PatG, Rn. 14 m. w. N.

schließliche Recht erlangt, die Erfindung entweder selbst oder im Wege der Lizenzvergabe an Dritte zu verwerten. Ferner erlangt er das Recht, sich gegen jegliche Zuwiderhandlung zur Wehr zu setzen.[343] Es erscheint daher zweifelhaft, dass sich die Wirkung eines europäischen Patents tatsächlich auf eine reine Verbotsbefugnis beschränkt.

Sofern dafür plädiert wird, dass nur die Anerkennung der negativen Lizenz als Lizenz im Rechtssinne dem Bedürfnis der Praxis gerecht werde, kann auch dem nur eingeschränkt gefolgt werden. Richtig ist insoweit, dass durchaus Fallkonstellationen denkbar sind, in denen der Lizenznehmer nicht auf weitere Unterstützungshandlungen des Rechteinhabers angewiesen ist und die Teilhabe an dem Monopolrecht nicht im Vordergrund steht. Etwa dann, wenn der Lizenznehmer in Folge einer streitigen Auseinandersetzung schlicht sicherstellen möchte, dass er bei dem Vertrieb seiner Produkte – die von der patentgemäßen Lehre Gebrauch machen – zukünftig nicht wegen Patentverletzung in Anspruch genommen wird. Bei solchen Absprachen geht es den Vertragsparteien regelmäßig darum, die Übernahme weiterer Vertragspflichten zu vermeiden. Die Beschränkung des Nutzungsrechts ist hingegen kein Regelungsgegenstand. Art und Umfang weiterer Vertragspflichten, wie insbesondere Fragen der Gewährleistung, unterstehen jedoch ohnehin der Privatautonomie und sind grundsätzlich dispositiv. Die Qualifizierung der Lizenz als positives Benutzungsrecht muss daher nicht notwendigerweise die Übernahme eines umfassenden Pflichtenprogramms nach sich ziehen. Vielmehr können sich die vertraglichen Pflichten des Lizenzgebers darauf beschränken, seine Abwehrbefugnisse rechtlich nicht durchzusetzen. Aber auch im Rahmen solcher Vereinbarungen wird die negative Komponente einer Lizenz von einem positiven Benutzungsrecht flankiert. Würde der so genannten negativen Lizenz diese positive Komponente abgesprochen, können die Rechte an in den Verkehr gebrachter Erzeugnisse nicht erschöpfen.

Da die Parteien durch vertragliche Vereinbarungen die Übernahme weiterer Pflichten ausschließen können, bedarf es der vorgeschlagenen Konstruktion der negativen Lizenz nicht. Vielmehr liegt eine so genannte einfache Lizenz mit einem stark reduzierten Pflichtenprogramm der Vertragsparteien vor, die sich letztlich darauf beschränkt, dass der Lizenznehmer die geschützte technische Lehre nutzen darf.

343 EuGH Urt. v. 31.10.1974, GRUR Int. 1974, 454, – *Centrafarm*; EuGH Urt. v. 14.07.1981, GRUR 1982, 47, 48 – *Merck/Stephar*; EuGH Urt. v. 09.07.1985, GRUR Int. 1985, 823, 824 – *Pharmon*; EuGH Urt. v. 05.12.1996, GRUR Int. 1997, 250 – *Merck II*; EuGH Urt. v. 09.07.1997, GRUR Int. 1997, 911, 912 – *Generics/Smith Kline*.

2. Komplementärbegriffe ausschließliche Lizenz und nicht-ausschließliche Lizenz

Wie dargestellt, handelt es sich bei der Lizenz im Kern um eine positive Benutzungserlaubnis in Bezug auf ein fremdes Immaterialgüterrecht.[344] Die Ausgestaltung der Benutzungserlaubnis obliegt den Vertragsparteien. In Rechtsprechung und Rechtslehre hat sich daher die Kategorisierung der Lizenz nach dem Umfang der Benutzungserlaubnis etabliert. Unterschieden wird im gesamten Bereich des geistigen Eigentums grundsätzlich zwischen nicht-ausschließlichen/nicht-exklusiven (einfachen) und ausschließlichen/exklusiven Lizenzen,[345] die insoweit auch als Komplementärbegriffe verwendet werden.[346] Ihren Ursprung hat diese Differenzierung bereits in der Rechtsprechung des RG.

Wie unter Viertes Kapitel A.I.1.b. dargestellt, sah das RG zunächst nur in der ausschließlichen Lizenz die Einräumung einer positiven Benutzungsbefugnis zugunsten des Lizenznehmers. Erst zu einem späteren Zeitpunkt erstreckte das RG diese Charakterisierung der Lizenz auf die einfache Lizenz. Die Unterscheidung zwischen einfacher und ausschließlicher Lizenz ist seitdem fester Bestandteil in der rechtswissenschaftlichen Literatur und Rechtsprechung, die nunmehr in § 15 Abs. 2 PatG Eingang in den Gesetzestext gefunden hat.

Die Unterscheidung zwischen ausschließlicher und einfacher Lizenz hat sich nicht nur im deutschen Recht, sondern auch auf internationaler Ebene durchgesetzt. So finden sich beispielsweise in den Proposed Joint Recommendations Concerning Trademark Licenses der World Intellectual Property Organisation die Unterscheidung zwischen exklusiver und nicht-exklusiver Lizenz. Definiert werden beide Begriffe dabei wie folgt:

> *»exclusive license means a license which is only granted to one licensee, and excludes the holder from using the mark and from granting licenses to any other person.*
>
> *non-exclusive license means a license which does not exclude the holder from using the mark or from granting licenses to any other person.«*[347]

---

344 *McGuire,* Die Lizenz, 2012, S. 622.

345 *Götting/Hubmann*, Gewerblicher Rechtsschutz, 2014, § 26, Rn. 15.

346 *Haedicke,* ZGE 2011, 377, 385; *McGuire,* Die Lizenz, 2012, S. 109.

347 Assemblies of the Member States of the WIPO Thirty-Fifth Series of Meetings Geneva, September 25 to October 3, 2000 Proposed Joint Recommendation concerning Trademark Licenses, abrufbar unter http://www.wipo.int/edocs/mdocs/govbody/en/a_35/a_35_10.pdf; zuletzt abgerufen am 22. 01. 2016.

Wie sich noch zeigen wird, werden auch im deutschen Immaterialgüterrecht ausschließliche und einfache Lizenz anhand des Umfangs des eingeräumten Benutzungsrechts definiert.

Allerdings schlägt die Differenzierung zwischen ausschließlicher und einfacher Lizenz nicht nur auf den Umfang der eingeräumten Befugnisse durch, sondern auch auf die kontrovers diskutierte Frage zur Rechtsnatur der Lizenz.

3. Befugnisse des ausschließlichen Lizenznehmers

Das Wesen der ausschließlichen Lizenz besteht grundsätzlich darin, dass allein der Lizenznehmer zur Verwertung des Immaterialgutes – wie beispielsweise der Erfindung – berechtigt ist, wodurch ihm eine exklusive Nutzungsberechtigung eingeräumt wird.[348] Diese Nutzungsberechtigung ermöglicht es dem ausschließlichen Lizenznehmer jedoch nicht nur, den erfindungsgemäßen Gegenstand im vereinbarten Umfang zu nutzen, sondern räumt ihm zudem ein gegen jedermann wirkendes Ausschlussrecht ein. Die ausschließliche Lizenz kann zudem – sofern sie unbeschränkt erteilt wird – so umfassend sein, dass selbst dem Patentinhaber keinerlei eigenes Benutzungsrecht mehr bleibt, sondern nur das formale Patentrecht.[349]

Verbleibt dem Patentinhaber dagegen noch ein eigenes Nutzungsrecht, handelt es sich um eine so genannte Alleinlizenz, die nach der überwiegenden Auffassung einen Unterfall der ausschließlichen Lizenz darstellt.[350]

Durch die Einräumung einer ausschließlichen Lizenz können dem Lizenznehmer die aus dem Patent folgenden Nutzungsrechte umfassend und unbeschränkt eingeräumt werden. Sie können jedoch auch zeitlich oder sachlich beschränkt und nur hinsichtlich eines Teilgebietes der Patentbenutzung gewährt werden.[351] Bereits das RG definierte die ausschließliche Lizenz als Befugnis,

348 *Hauck* in: *Fitzner/Lutz/Bodewig,* Patentrechtskommentar, 2012, § 15 PatG, Rn. 39; *Ullmann/Deichfuß* in: *Benkard,* Patentgesetz, 2015, § 15 PatG, Rn. 95.

349 *Hacker* in: *Busse/Keukenschrijver,* Patentgesetz, 2013, § 15 PatG, Rn. 58 m. w. N.

350 Zum Patentecht: *Hacker* in: *Busse/Keukenschrijver,* Patentgesetz, 2013, § 15 PatG, Rn. 58; *Groß,* Der Lizenzvertrag, 2015, Rn. 381; *Bartenbach/Bartenbach,* Patentlizenz- und Know-how-Vertrag, 2013, Rn. 80; zum Markenrecht: *Bühling,* GRUR 1998, 196, Rn. 196; *Hacker* in: *Ströbele,* Markengesetz, 2015, § 30 MarkenG, Rn. 8; zum Urheberrecht: *Schricker* in: *Loewenheim/Dietz/Schricker,* Urheberrecht, 2010, § 31 UrhG, Rn. 5; *Rehbinder,* Urheberrecht, 2010, Rn. 559.

351 *Hacker* in: *Busse/Keukenschrijver,* Patentgesetz, 2013, § 15 PatG, Rn. 58 m. w. N.

»das Patent innerhalb eines sicher umgrenzten Bezirks, auf einem bestimmten Marktgebiet unter Ausschluss anderer Wettbewerber allein auszubeuten.«[352]

Somit kann der Patentinhaber mehrere ausschließliche Lizenzen an seinem Patent einräumen, wenn sich die ausschließlichen Lizenzen auf verschiedene Räume oder Benutzungshandlungen beziehen.[353] Die Einräumung einer unbeschränkten ausschließlichen Lizenz ist jedoch schon begrifflich nur gegenüber einem Lizenznehmer möglich.

In Bezug auf die Rechtsstellung des ausschließlichen Patentlizenznehmers ist anerkannt, dass dieser sämtliche Ansprüche, die aus dem lizenzierten Recht resultieren, selbst geltend machen kann. Etwas anderes gilt nur dann, wenn die Parteien davon abweichende vertragliche Abreden getroffen haben. Der ausschließliche Lizenznehmer ist somit befugt, gegen Patentverletzungen aus eigenem Recht gerichtlich vorzugehen, soweit sein Nutzungsrecht betroffen ist. [354] Eine eigene Klagebefugnis wird jedoch nicht nur dem Patentlizenznehmer zugesprochen, sondern auch dem ausschließlichen Lizenznehmer von Urheberrechten.[355] Dem ausschließlichen Markenlizenznehmer steht dagegen diese Befugnis nicht bereits aufgrund der Einräumung der ausschließlichen Lizenz zu. Gemäß § 30 Abs. 3 MarkenG kann der ausschließliche Lizenznehmer eine Klage wegen Verletzung des Markenrechts nur mit Zustimmung des Markeninhabers erheben.

Darüber hinaus ist der ausschließliche Patentlizenznehmer nach der herrschenden Auffassung berechtigt, ohne weitere Zustimmung des Patentinhabers Unterlizenzen[356] zu vergeben und die erlangte Rechtsposition auf Dritte zu übertragen. Etwas anderes gilt auch hier nur dann, wenn die Parteien das Recht zur Vergabe von Unterlizenzen und die Übertragung der Lizenz vertraglich aus-

352 RG Urt. v. 17.09.1913, RGZ 83, 93, 94f. – *Gummiabsätze.*

353 *Kühnen* in: *Schulte/Kühnen*, Patentgesetz mit Europäischem Patentübereinkommen, 2008, § 15 PatG, Rn. 33.

354 RG Urt. v. 17.09.1913, RGZ, 83, 93, 95; BGH Urt. v. 20.12.1994, GRUR 1995, 338, 340 – *Kleiderbügel*; *Reimer/Nastelski*, Patentgesetz und Gebrauchsmustergesetz, 1968, § 9 PatG, Rn. 6; *Kühnen* in: *Schulte/Kühnen*, Patentgesetz mit Europäischem Patentübereinkommen, 2008, § 15 PatG, Rn. 37; *Ullmann/Deichfuß* in: *Benkard*, Patentgesetz, 2015, § 15 PatG, Rn. 97.

355 *Loewenheim/Becker*, Handbuch des Urheberrechts, 2010, S. 2280; *v. Wolff* in: *Block/Wandtke*, Praxiskommentar zum Urheberrecht, 2014, § 97 UrhG, Rn. 9; *Dreier* in: *Dreier/Schulze*, Urheberrechtsgesetz, 2013, § 97 UrhG, Rn. 19.

356 RGZ 89, 81, 84; RGZ 142, 168, 170; BGH Urt. v. 7.11.1952, GRUR 1953, 114, 118 – *Reinigungsverfahren*; *Ullmann/Deichfuß* in: *Benkard*, Patentgesetz, 2015, § 15 PatG, Rn. 93; *Hacker* in: *Busse/Keukenschrijver*, Patentgesetz, 2013, § 15 PatG, Rn. 75; *Mes*, Patentgesetz, Gebrauchsmustergesetz, 2014, § 15 PatG, Rn. 42.

geschlossen haben. Bisweilen wird davon ausgegangen, dass die ausschließliche Lizenz insolvenzfest sei, da sie dem ausschließlichen Patentlizenznehmer zur Aussonderung in der Insolvenz des Lizenzgebers berechtige.[357]

4. Befugnisse des einfachen Lizenznehmers

Im Gegensatz zur ausschließlichen Lizenz gewährt die einfache Lizenz dem Lizenznehmer nach der herrschenden Auffassung lediglich einen schuldrechtlichen Anspruch auf Benutzung des Immaterialgutes, wie etwa der Erfindung. Eine Verbietungsbefugnis gegenüber Dritten steht dem einfachen Lizenznehmer dagegen nicht zu.[358]

Der Lizenzgeber als Schutzrechtsinhaber ist dem einfachen Lizenznehmer gegenüber verpflichtet, die Ausnutzung des Patents zu gestatten und es bei der fortdauernden Gestattung zu belassen. In § 31 Abs. 2 UrhG ist die einfache Lizenz als Berechtigung des Lizenznehmers,

> *»das Werk neben dem Urheber oder anderen Berechtigten auf die ihm erlaubte Art zu nutzen«,*

definiert. Der Lizenznehmer ist somit nicht davor geschützt, dass der Schutzrechtsinhaber weiteren Dritten die Nutzung des lizenzierten Rechts gestattet oder es selber nutzt.

Der einfache Lizenznehmer ist ferner nicht befugt, eigenständig Verletzungsansprüche geltend zu machen. Eine eigene Klagebefugnis wird dem einfachen Lizenznehmer damit abgesprochen.[359] Will er gegen einen vermeintlichen Verletzer selber vorgehen, benötigt er eine entsprechende Ermächtigung des Schutzrechtsinhabers. Auch wird ihm das Recht zur Vergabe von Unterlizenzen oder die Übertragung seiner Rechtsposition auf einen Dritten nur zugestanden, wenn der Schutzrechtsinhaber seine Einwilligung dazu erteilt.[360]

---

357 *Ullmann,* Mitt. 2008, 49, 52; *Pahlow,* WM 2008, 2041, 2044; *Ganter,* NZI 2011, 833, 834; *Ullmann/Deichfuß* in: *Benkard,* Patentgesetz, 2015, § 15 PatG, Rn. 92; *Hirte/Knof,* JZ 2011, 889, 891 f., *Wimmer,* ZIP 2012, 545, 549.

358 *Mes,* Patentgesetz, Gebrauchsmustergesetz, 2014, § 15 PatG, Rn. 43.

359 *Ullmann/Deichfuß* in: *Benkard,* Patentgesetz, 2015, § 15 PatG, Rn. 101; *Kraßer/Bernhardt,* Patentrecht, 2009, S. 932;

360 *Kraßer/Bernhardt,* Patentrecht, 2009, S. 933 f.

5. Weitere Systematisierung der Lizenzgewährung

Neben der seit langem etablierten Unterscheidung von ausschließlicher und einfacher Lizenz sind Teile des rechtswissenschaftlichen Schrifttums bemüht, die Lizenztypen weiter zu systematisieren. Ausgangspunkt für diese Systematisierung sind Wirkung und Qualität der eingeräumten Benutzungsberechtigung.[361]

Anlehnend an *Ohly*[362] hat *Pahlow* in diesem Zusammenhang die Stufenleiter der Lizenztypen entwickelt, mit der die Lizenztypen in einer Art Rangverhältnis geordnet werden, in Abhängigkeit der gewählten Möglichkeit der Lizenzgewährung. Auf der niedrigsten Stufe steht die negative Lizenz, die sich auf den Verzicht des Schutzrechtsinhabers beschränkt, von seinen Abwehrrechten Gebrauch zu machen. Auf der nächsten Stufe ordnet *Pahlow* die Lizenz ein, mit der ein obligatorisches »positives« Benutzungsrecht ohne Enthaltungspflicht des Lizenzgebers begründet wird (»einfache Lizenz«). Als nächstes folgt das obligatorische »positive« Benutzungsrecht mit Enthaltungspflicht des Lizenzgebers, also der Pflicht, die eigene Benutzung sowie die Vergabe weiterer Lizenzen zu unterlassen (»relative ausschließliche Lizenz«).[363] Auf der vierten Stufe ordnet *Pahlow* die Lizenz in Form der Bestellung eines quasidinglichen Nutzungsrechts ein. Die letzte Stufe der Lizenzgewährung sieht er in der Teilübertragung eines Benutzungsrechts.[364]

Arruda greift die von *Pahlow* entwickelte Stufenleiter auf[365] und ergänzt diese um eine weitere Stufe, indem er die Lizenzen, die ein »dingliches« Recht gewähren in drei und nicht wie *Pahlow* in zwei Stufen gliedert. Demnach unterscheidet er zwischen absoluten ausschließlichen Lizenzen, der Bestellung eines quasidinglichen Nutzungsrechts ähnlich einer Belastung und schließlich einem quasidinglichen Nutzungsrecht in Form der translativen Übertragung.[366]

Beide sehen in dieser Systematisierung drei Vorteile: (1) Das vorgeschlagene Modell erlaube eine klare Systematisierung der Lizenztypen und der unterschiedlichen Intensität der Benutzungsberechtigung. (2) Einen Erkenntnisgewinn hinsichtlich Inhalt und Konstruktion des zugrundeliegenden Lizenzvertrags. (3) Die Möglichkeit der Umdeutung nach § 140 BGB auf eine niedrigere

361 *Pahlow,* Lizenz und Lizenzvertrag im Recht des Geistigen Eigentums, 2006, S. 247 ff.; dem folgend *Arruda,* Erschöpfungsgrundsatz und Lizenzvertrag, 2011, S. 32 ff.

362 *Ohly,* »Volenti non fit iniuria« – die Einwilligung im Privatrecht, 2002, S. 141 ff.

363 *Pahlow,* Lizenz und Lizenzvertrag im Recht des Geistigen Eigentums, 2006, S. 248.

364 *Pahlow,* Lizenz und Lizenzvertrag im Recht des Geistigen Eigentums, 2006, S. 270 f.

365 *Arruda,* Erschöpfungsgrundsatz und Lizenzvertrag, 2011, S. 32.

366 *Arruda,* Erschöpfungsgrundsatz und Lizenzvertrag, 2011, S. 33.

Stufe der Rechtseinräumung für den Fall, dass die Voraussetzungen der jeweils höheren Stufe der Lizenzgewährung nicht erfüllt sind.[367]

Fraglich erscheint jedoch, ob es sich bei der hier vorgenommenen Systematisierung tatsächlich um selbständige Lizenzarten handelt, oder ob diese nicht ebenfalls hinreichend von der Unterscheidung zwischen ausschließlicher und nicht-ausschließlicher (einfacher) Lizenz erfasst werden können. Wie bereits unter Viertes Kapitel A.I.1.e dargestellt, wird die negative Lizenz – in Form des Verzichts auf die Geltendmachung von Abwehransprüchen – von einem positiven Benutzungsrecht flankiert. Lediglich ein mögliches weiteres mit der Einräumung des Benutzungsrechts verbundenes Pflichtenprogramm ist durch die vertragliche Gestaltung ausgeschlossen. Damit handelt es sich jedoch bei der negativen Lizenz um eine einfache Lizenz. Auch in der relativen ausschließlichen Lizenz kann keine eigene Lizenzart gesehen werden. Die Enthaltungspflicht des Lizenzgebers beruht ebenfalls auf einer vertraglichen Abrede zwischen den Parteien. Der Unterschied zur ausschließlichen Lizenz liegt lediglich darin, dass die Enthaltungspflicht nicht gegenüber Dritten wirkt. Der Lizenzgeber wird bei vertragswidrigem Verhalten ersatzpflichtig. Die vereinbarte Enthaltungspflicht stellt damit nur eine vertraglich vereinbarte Nebenpflicht und nicht eine abweichende Form der Lizenz dar. Bei der relativen ausschließlichen Lizenz handelt es sich daher ebenfalls um eine einfache Lizenz.[368]

Ein Erkenntnisgewinn aufgrund dieser weiteren Systematisierung zu Inhalt und Konstruktion des entsprechenden Lizenzvertrags scheint zudem zweifelhaft. Regelmäßig wird in Streitfällen erst durch Auslegung zu ermitteln sein, wie umfangreich das eingeräumte Benutzungsrecht sein sollte und welche Pflichten daraus abzuleiten sind. Eine Zuordnung in eine der entwickelten Stufen ist jedoch dann nicht mehr erforderlich, da im Rahmen der Auslegung Inhalt und Umfang der eingeräumten Benutzungsbefugnis bereits ermittelt wurden. Eine darauf folgende Einordnung in eine der fünf bzw. sechs Stufen wirkt gekünstelt.

Zweifelhaft erscheint, ob sich die Begrifflichkeiten in der Kautelarpraxis durchsetzen können, da ihnen im internationalen Vergleich kein Äquivalent gegenübersteht. Die angeführte Möglichkeit der Umdeutung der gewährten Lizenz in eine niedrigere Stufe, sofern sie im Einzelfall nicht gar wettbewerbswidrig ist, wird gleichwohl nicht in allen Fällen dem Parteiwillen entsprechen. Vielmehr müsste durch Auslegung des Parteiwillens ermittelt werden, ob beim Scheitern des ursprünglich Gewollten, tatsächlich ein Weniger als vereinbart gelten soll.

367 *Pahlow*, Lizenz und Lizenzvertrag im Recht des Geistigen Eigentums, 2006, S. 248; *Arruda*, Erschöpfungsgrundsatz und Lizenzvertrag, 2011, S. 34.

368 *McGuire*, Die Lizenz, 2012, S. 109.

Damit ist an der nicht nur im deutschen Recht, sondern auch auf internationaler Ebene etablierten Unterscheidung zwischen ausschließlicher und nicht-ausschließlicher (einfacher) Lizenz festzuhalten.

II. Die Rechtsnatur der (Patent)Lizenz

Ausgehend von dem im BGB vorgegeben Dualismus von Sachen- und Schuldrecht[369] kann es sich bei einer Lizenz entweder um ein dingliches oder um ein obligatorisches Recht handeln. Das sich aufgrund dieser Vorgabe zur Rechtsnatur der Lizenz herausgebildete Meinungsbild ist vielfältig.

Die verschiedenen Ansichten lassen sich in zwei Gruppen zusammenfassen. Nach einer Auffassung ist lediglich die ausschließliche Lizenz als ein dingliches Recht zu qualifizieren, während die einfache Lizenz ein obligatorisches Recht darstellt. Durch diese Differenzierung kann die Rechtsnatur der Lizenz nicht einheitlich beantwortet werden, sondern hängt von Inhalt und Umfang der gewährten Lizenz ab.

Die zweite Gruppe dagegen beurteilt die Rechtsnatur der Lizenz einheitlich und differenziert nicht nach dem Umfang der eingeräumten Benutzungsbefugnis. Allerdings unterscheiden sich die in der zweiten Gruppe vertretenen Auffassungen dahingehend, dass die Dinglichkeit der Lizenz entweder für alle Lizenzarten abgelehnt oder bejaht wird.[370]

Erschwert wird die Betrachtung der Rechtsnatur der Lizenz dadurch, dass die vertretenen Auffassungen nicht nur zwischen einfacher und ausschließlicher Lizenz differenzieren, sondern ebenso nach dem lizenzierten Immaterialgut.[371] Weiterhin lässt der Verlauf der zur Rechtsnatur der Lizenz geführten Kontroverse innerhalb der einzelnen Immaterialgüter immer wieder eine Verschiebung der vertretenen Auffassungen erkennen, wie die erneut zur Rechtsnatur der Patentlizenz geführte Diskussion verdeutlicht. Davon losgelöst ist ein Teil des rechtswissenschaftlichen Schrifttums bestrebt, die Rechtsnatur der Lizenz einheitlich und unabhängig vom zugrundeliegenden Immaterialgut zu qualifizieren.

Insbesondere die von den wirtschaftlichen Interessen des Lizenznehmers geprägte Diskussion zur Insolvenzfestigkeit der Lizenzen im Fall der Insolvenz des Lizenzgebers hat die Kontroverse zur Rechtsnatur der Lizenz, vor allem

369 *Hauck,* AcP 211 (2011), 626, 626.

370 So bereits *Böhme,* Die patentrechtliche Lizenz, 1919, S. 16, *McGuire,* Mitt. 2013, 207, 208

371 Zusammenfassend *Sosnitza,* in: *Schricker/Ohly,* Perspektiven des geistigen Eigentums und des Wettbewerbsrechts, Gedanken zur Rechtsnatur der ausschließlichen Lizenz, 2005, 183, 183.

um die Rechtsnatur der Patentlizenz, neu entfacht. So wird, um die Rechtsposition des Lizenznehmers in der Insolvenz des lizenzgebenden Patentinhabers zu schützen, wieder verstärkt für die Dinglichkeit der einfachen Patentlizenz gestritten.[372] Aus der Charakterisierung der Lizenz als dingliches Recht werden somit weitreichende Schlussfolgerungen zur Rechtsstellung des Lizenznehmers gezogen. Im Gegensatz dazu erstarkt die Auffassung, die sowohl die Einordnung der einfachen als auch der ausschließlichen (Patent-)Lizenz als dingliches Recht kritisiert.[373]

Das zur Frage der Rechtsnatur der Lizenz entstandene Meinungsbild wird im Folgenden anhand der Unterscheidung einfacher und ausschließlicher Patentlizenz skizziert und dem Meinungsstand im Urheber- und Markenrecht gegenüber gestellt. Da nach der hier vertretenen Auffassung die negative Lizenz als einfache Lizenz zu qualifizieren ist, sofern ihr ein positives Nutzungsrecht anhaftet, wird eine weitere Unterscheidung nicht vorgenommen. Ausgangspunkt der Darstellung ist jedoch zunächst eine kurze Betrachtung der grundsätzlichen Unterscheidungen zwischen dinglichen und obligatorischen Rechten.

1. Dingliche versus obligatorische Rechte

Die prägende Eigenschaft eines dinglichen Rechts wird üblicherweise in einer unmittelbaren Zuordnung zu einem bestimmten Gegenstand gesehen. Ein obligatorisches Recht hingegen schafft lediglich eine rechtliche Verbindung zwischen zwei Personen. Das Schuldrecht dient damit in erster Linie der dispositiven Ordnung der Rechtsbeziehungen der Parteien.[374]

Die im Sachenrecht verankerte Zuordnung des Vermögens zu einer Person, die so genannte Herrschaftsmacht, reicht indes nicht aus, um den Dinglichkeitsbegriff hinreichend zu bestimmen. Vielmehr müssen die Herrschaftsrechte absolut sein.[375] Davon ist dann auszugehen, wenn ein umfassender Klageschutz gegenüber jedem beliebigen Dritten gewährt wird, der den Inhaber des dingli-

372 *Haedicke,* ZGE 2011, 377, zusammenfassend 400 ff.; *Haedicke,* Mitt. 2012, 429, 433; *Pahlow,* Mitt. 2012, 249, 255.

373 *McGuire,* Mitt. 2013, 207, 215; *Krause,* Recht der Wirtschaft und der Arbeit in Europa, 2004, S. 320; *Sosnitza,* in: *Schricker/Ohly,* Perspektiven des geistigen Eigentums und des Wettbewerbsrechts, Gedanken zur Rechtsnatur der ausschließlichen Lizenz, 2005, 183, 183 ff.

374 *McGuire,* Mitt. 2013, 207, 210 m. w. N.

375 *Baur/Stürner,* Sachenrecht, 2009, § 2, Rn. 2.

chen Rechts vor Verfügungen des vormals Berechtigten oder des Vollrechtsinhabers schützt (Sukzessionsschutz) und die Rechtsposition insolvenzfest ist.[376]

Ein weiterer in der Rechtswissenschaft im Zusammenhang mit der Dinglichkeit eines Rechts diskutierter Aspekt ist die Frage, ob eine Rechtsposition aufgrund einer Verfügung gewährt wird. Da die Verfügung als ein Rechtsgeschäft zu verstehen sei, das eine absolute Rechtsposition begründet, ändert oder aufhebt, weise die Notwendigkeit einer Verfügung auf ein zentrales Merkmal eines dinglichen Rechts hin.[377]

2. Die dingliche Rechtsnatur der ausschließlichen Patentlizenz

Aus der Einordnung der ausschließlichen Lizenz als eine Form der konstitutiven Rechtsübertragung (siehe hierzu Viertes Kapitel A.III.1) wird gefolgert, dass die ausschließliche Lizenz eine dingliche[378] bzw. quasi-dingliche dem Sachenrecht angenäherte Wirkung entfaltet.[379] Der Versuch der (ausschließlichen) Lizenz eine quasi-dingliche Rechtsnatur beizumessen, hat ihren Ursprung bereits im 19. Jahrhundert. Mit der Charakterisierung der Lizenz als quasi-dingliches Recht sollte sichergestellt werden, dass der Lizenznehmer in der Lage ist, einem Erwerber des Patents die Rechte und Pflichten aus dem Lizenzvertrag entgegenhalten zu können.[380] Allerdings war und ist diese Einordnung der Lizenz als dinglich bzw. quasi-dingliches Recht von einer wirtschaftlichen Betrachtungsweise geprägt. So führte etwa *Breuer* als einer von vielen aus, dass die Rechtsnatur der Lizenz:

---

376 *Jakobs*, Festschrift für Werner Flume zum 70. Geburtstag: 12. Sept. 1978, S. 373f.

377 *Haedicke*, ZGE 2011, 377, 381 m.w.N.; *Hauck*, AcP 211 (2011), 626, 640; *Kraßer*, GRUR Int. 1973, 230, 232; BGH Urt. v. 29.04.2010, NJW 2010, 2731 – *Vorschaubilder*, wonach eine Verfügung notwendig sei, um überhaupt von einer »Dinglichkeit« sprechen zu können.

378 RG Urt. v. 16.01.1904, RGZ 57, 38, 40 – *Bendaros'sches Verfahren*; BGH Urt. v. 23.03.1982, GRUR 1982, 411, 412 – *Verankerungsteil*; *Kraßer/Bernhardt*, Patentrecht, 2009, S. 932; *Kühnen* in: *Schulte/Kühnen*, Patentgesetz mit Europäischem Patentübereinkommen, 2008, § 15 PatG, Rn. 33; *Osterrieth*, Patentrecht, 2015, Rn. 729.

379 RG Urt. v. 16.01.1904, RGZ 57, 38, 40 – *Bendaros'sches Verfahren*; BGH Urt. v. 23.03.1982, GRUR 1982, 411, 412 – *Verankerungsteil*; *Kraßer/Bernhardt*, Patentrecht, 2009, S. 932; *Kühnen* in: *Schulte/Kühnen*, Patentgesetz mit Europäischem Patentübereinkommen, 2008, § 15 PatG, Rn. 33; *Osterrieth*, Patentrecht, 2015, Rn. 729.

380 *Pahlow*, Lizenz und Lizenzvertrag im Recht des Geistigen Eigentums, 2006, S. 51.

»unter besonderer Würdigung des von den Parteien erstrebten wirtschaftlichen Zwecks ermittelt werden [muss].«[381]

Im Fokus stand folglich die Stärkung der Rechtsposition des ausschließlichen Lizenznehmers, durch Gewährung des Sukzessionsschutzes. Eine überzeugende dogmatische Begründung wurde dagegen vernachlässigt.[382]

Die Einordnung der ausschließlichen Lizenz als dingliches bzw. quasi-dingliches Recht stößt in der Literatur zunehmend auf Zweifel. [383] Begünstigt wird diese sich abzeichnende Wende bei der Beurteilung der Rechtsnatur der Lizenz durch eine Internationalisierung des Immaterialgüterrechts. Die meisten ausländischen Rechtsordnungen qualifizieren die Einräumung einer Lizenz als schuldrechtlich und nicht dinglich.[384]

Insbesondere *McGuire* wendet sich gegen die durch die herrschende Lehre und Rechtsprechung vorgenommene Einordnung der ausschließlichen Lizenz als dingliches Recht. Sie kritisiert an der bisher anerkannten dinglichen Ausprägung, dass die Lizenz keine unmittelbare Herrschaftsmacht am Schutzrecht vermittelt und auch im Übrigen nicht die ein dingliches Recht charakterisierenden Eigenschaften aufweist. Daher sei auch die ausschließliche Lizenz obligatorisch ausgestaltet. Da sich ihrer Meinung nach die Besonderheit der Lizenz gegenüber rein obligatorischen Rechten auf den Sukzessionsschutz beschränkt, schlägt sie vor, die Lizenz als verdinglichte Obligation einzuordnen.[385]

3. Die schuldrechtliche Rechtsnatur der einfachen Patentlizenz

Mit der Einführung des § 15 Abs. 2 PatG, der auch die Einräumung einfacher Lizenzen im Patentrecht vorsah, war in der patentrechtlichen Literatur die Auffassung verbreitet, die einfache Lizenz habe einen gleichermaßen quasidinglichen Charakter.[386] Geprägt war diese Auffassung vor allem von dem

381 *Breuer,* Die rechtliche Natur der Patentlizenz, 1912, S. 13.

382 *Pahlow,* Lizenz und Lizenzvertrag im Recht des Geistigen Eigentums, 2006, S. 74.

383 Zum Meinungsstand ausführlich *Pahlow,* Lizenz und Lizenzvertrag im Recht des Geistigen Eigentums, 2006, S. 338 ff.; *Chrocziel* in: *Krause,* Recht der Wirtschaft und der Arbeit in Europa, 2004, S. 308, 320; *McGuire,* Die Lizenz, 2012, zusammenfassend S. 476 ff.; *Sosnitza,* in: Schricker/Ohly, Perspektiven des geistigen Eigentums und des Wettbewerbsrechts, Gedanken zur Rechtsnatur der ausschließlichen Lizenz, 2005, 183, 195.

384 *Hilty,* Lizenzvertragsrecht, 2002, S. 112 ff; *Ullmann,* Mitt. 2008, 49, 52

385 *McGuire,* Die Lizenz, 2012, zusammenfassend S. 769 f.

386 *Forkel,* Gebundene Rechtsübertragungen, 1977, S. 78, 84 ff., 104.

Bestreben, die wirtschaftlichen Interessen des einfachen Lizenznehmers zu schützen. Erreicht werden könne dieses Ziel nur mit der Zuerkennung des Sukzessionsschutzes.

Den zur Dinglichkeit der einfachen Lizenz geführten Meinungsstreit hat der BGH im Jahr 1982 mit seiner Entscheidung *Verankerungsteil* beendet, indem er der einfachen Patentlizenz eine dingliche Wirkung und mithin den Sukzessionsschutz absprach.[387] Zur Begründung führte der BGH an, dass für den Fall der Einräumung eines positiven Nutzungsrechts weder eine dingliche Belastung noch eine teilweise Übertragung des Schutzrechts eingetreten sei. Der Patentinhaber wird durch die Benutzungserlaubnis nicht daran gehindert oder darin eingeschränkt, das Patent selbst umfassend zu benutzen oder weiteren Personen die Benutzung umfassend zu gestatten.[388] Die Ableitung des Sukzessionsschutzes zu Gunsten des einfachen Lizenznehmers durch eine analoge Anwendung von § 571 BGB a.F., § 33 UrhG oder Art. 40 Abs. 2 GPÜ lehnte der BGH ebenfalls ab.

Die Ablehnung der dinglichen Wirkung der einfachen Patentlizenz durch den BGH ist im Schrifttum zum Teil auf heftige Kritik gestoßen.[389] Dem BGH wurde vorgeworfen, er habe die typische Interessenlage nicht genügend analysiert.[390] Vielmehr würden die Interessen des einfachen Lizenznehmers eine Anerkennung der dinglichen Rechtsnatur der einfachen Lizenz geradezu gebieten. Der Lizenznehmer müsse darauf vertrauen können, dass er ein bestandskräftiges Benutzungsrecht erhalte, welches nicht durch weitere Rechtsgeschäfte des Patentinhabers gefährdet wird. Nur so habe der einfache Lizenznehmer die Möglichkeit, dass sich die von ihm getätigten Investitionen amortisieren. Beim Verlust der Lizenz, aufgrund Patentübertragung oder Erteilung einer ausschließlichen Lizenz, sei gar die Existenz des Unternehmens des einfachen Lizenznehmers betroffen.[391] Abhilfe könne nur mit der Anerkennung der dinglichen Wirkung der einfachen Patentlizenz geschaffen werden, woraus sich zugleich die Anerkennung des Sukzessionsschutzes zu Gunsten des einfachen Lizenznehmers ergäbe.[392] Eine Zuerkennung des Sukzessionsschutzes trotz schuldrechtlicher Einordnung der einfachen Lizenz, etwa aufgrund der gebotenen Interessenabwägung, überzeuge nicht. Die Fortgeltung der einfachen

---

387 BGH Urt. v. 23.03.1982, GRUR 1982, 411 – *Verankerungsteil.*

388 BGH Urt. v. 23.03.1982, GRUR 1982, 411 – *Verankerungsteil.*

389 *Völp,* GRUR 1983, 45, *Mager,* GRUR 1983, 51, *Forkel,* NJW 1983, 1764; *Klawitter,* MDR 1982, 895; *Körner,* Mitt. 1983, 230.

390 *Forkel,* NJW 1983, 1764, 176.

391 *Völp,* GRUR 1983, 45, 45.

392 *Völp,* GRUR 1983, 45, 47; *Hubmann,* Gewerblicher Rechtsschutz, 1988, S. 158 f.

Lizenz könne nur erreicht werden, wenn die Lizenz im Wege einer Verfügung über das Schutzrecht erteilt werde.[393]

Trotz der geübten Kritik hat sich im patentrechtlichen Schrifttum nach der BGH Entscheidung *Verankerungsteil* zunächst die schuldrechtliche Interpretation der einfachen Patentlizenz durchgesetzt.[394] Der Gesetzgeber sah sich eigens wegen dieser Entscheidung veranlasst, in § 15 Abs. 3 PatG auch dem einfachen Patentlizenznehmer den Sukzessionsschutz einzuräumen.

4. Aktuelle Entwicklungen zur Rechtsnatur der Patentlizenz

Im neueren Schrifttum verstärkt sich wieder die Tendenz, den dinglichen Charakter der einfachen Patentlizenz hervorzuheben.[395] Getrieben ist diese Auffassung von der kontrovers diskutierten Frage zur Insolvenzfestigkeit der Lizenz bei der Insolvenz des Lizenzgebers, die nach dem Inkrafttreten der InsO am 01. 01. 1999 aufkam. Bis zum Inkrafttreten der InsO war anerkannt, dass Lizenzverträge analog § 21 Abs. 1 KO wie Pacht- und Mietverträge mit Wirkung gegenüber der Konkursmasse fortbestehen. Diese Rechtslage wurde durch § 108 InsO geändert, der das Fortbestehen von Miet- und Pachtverhältnissen ausdrücklich auf unbewegliche Gegenstände beschränkt. Eine analoge Anwendung kommt im Hinblick auf den eindeutigen Gesetzeswortlaut und die eindeutigen Motive des Gesetzgebers nicht in Betracht.[396] Damit ist auf Lizenzverträge § 103 InsO anzuwenden.

a. Wahlrecht des Insolvenzverwalters

Gemäß § 103 InsO kann der Insolvenzverwalter anstelle des Schuldners wählen, ob er einen gegenseitigen zur Zeit der Eröffnung des Insolvenzverfahrens nicht bzw. noch nicht vollständig erfüllten Vertrag erfüllt, oder die Erfüllung ablehnen. Nach allgemeiner Auffassung wird der Lizenzvertag als ein solches

393 *Völp*, GRUR 1983, 45, 47.

394 *Ullmann/Deichfuß* in: *Benkard*, Patentgesetz, 2015, § 15 PatG, Rn. 99; *Kühnen* in: *Schulte/Kühnen*, Patentgesetz mit Europäischem Patentübereinkommen, 2008, § 15 PatG, Rn. 40; *Mes*, Patentgesetz, Gebrauchsmustergesetz, 2014, § 15 PatG, Rn. 43.

395 So im Markenrecht: *Ingerl*, Markengesetz, 2010, § 30 MarkenG, Rn. 13; im Patentrecht: *Haedicke*, ZGE 2011, 377, S. 402; *Haedicke*, Mitt. 2012, 429, S. 432; *Pahlow*, Mitt. 2012, 249, 251.

396 Für Viele: *Wallner*, NZI 2002, 70 f.; a.A *Fezer*, WRP 2004, 793, 809.

Dauerschuldverhältnis eingestuft.[397] Selbst wenn der im Schrifttum zum Teil geübten Kritik gefolgt würde, dass der Lizenzvertrag nicht pauschal vertragstypologisch als Dauerschuldverhältnis eingeordnet werden könne,[398] trifft dies dennoch in einer Vielzahl von Fällen zu. Der Versuch, der Anwendung von § 103 InsO durch eine ausdifferenzierte Charakterisierung des Lizenzvertrags auszuweichen, scheint daher wenig zielführend und auf Einzelfälle beschränkt. Auf die weit überwiegende Zahl der Lizenzverträge wird § 103 InsO anzuwenden sein, wodurch das Schicksal des Lizenzvertrags in den Händen des Insolvenzverwalters liegt.

Wählt der Insolvenzverwalter die Nichterfüllung des Lizenzvertrags, wurde zum Teil die Auffassung vertreten, dass in analoger Anwendung des § 9 VerlG der Lizenzvertrag erlösche und die Lizenz an den Lizenzgeber zurückfalle.[399] Allerdings hat der IX. Zivilsenat des BGH diese »Erlöschenstheorie« aufgegeben.[400] Die Erfüllungsablehnung durch den Insolvenzverwalter bewirkt daher nicht die Beendigung des gegenseitigen Lizenzvertrages. Ferner fällt die Lizenz

397 BGH Urt. v. 28.10.1955, GRUR 1956, 93, 95; BGH Urt. v. 13.12.1963, GRUR 1964, 326, 329 – *Subverleger*; BGH Urt. v. 25.02.1977, GRUR 1977, 551, 553 – *Textdichteranmeldung*; BGH Urt.v. 02.05.1991, GRUR 1992, 112, 114 – *pulp-wash*; *Bartenbach*, Mitt. 2003, 102, 104; *Haedicke*, GRUR 2004, 123, 125; *Pahlow*, WM 2008, 2041, 2043; *Ulmann/Deichfuß* in: *Benkard*, Patentgesetz, 2015, § 15 PatG Rn. 122; *Ingerl*, Markengesetz, 2010, § 30 MarkenG, Rn. 27; *Schricker* in: *Loewenheim/Dietz/Schricker*, Urheberrecht, 2010, § 31 UrhG, Rn. 15; *Witz*, in: Ullmann/Schilling/Grosch, Gewerbliche Schutzrechte und ihre Durchsetzung, Patentlizenzen in der Insolvenz des Lizenzgebers – eine Bestandsaufnahme, 2007, 393, 395.

398 *Heimberg*, Lizenzen und Lizenzverträge in der Insolvenz, 2011, S. 111; *Ullmann*, Mitt. 2008, 49, 51; ebenfalls differenzierend nach der konkreten vertraglichen Gestaltung LG München Urt. v. 09.02.2012, ZInsO 2012, 651; bestätigt durch OLG München Urt. v. 25.07.2013, ZInsO 2013, 1747, das darauf abstellt, *»ob ein schuldrechtlicher Vertrag, der eine (Verpflichtung zur) Lizenzeinräumung beinhaltet, bei Eröffnung des Insolvenzverfahrens bereits vollständig erfüllt war, so dass eine – der Zäsurwirkung der Insolvenzeröffnung unterfallende und folglich nicht mehr durchsetzbare – offene Forderung des Gläubigers nicht bestand und die Zuordnung des Benutzungsrechts zum Vermögen des Gläubigers bereits eingetreten war, oder ob die schuldrechtliche Verpflichtung noch nicht vollständig erfüllt, eine Forderung daher noch offen war.«*

399 *Eisenbeis* in: *Wimmer/Ahrens*, FK-InsO, 2013, § 113 InsO Rn. 102; LG Mannheim Urt. v. 27.06.2003, ZIP 2004, 576, 578; *Berger*, GRUR 2004, 20, 20; *Trips-Herbert*, ZRP 2007, 225, 225.

400 BGH Urt. v. 25.04.2002, NJW 2002, 2783; ausdrücklich in Bezug auf Lizenzverträge BGH Urt. v. 17.11.2005, ZIP 2006, 87, 90; *Kreft* in: *Kirchhof*, Münchener Kommentar zur Insolvenzordnung, 2008, § 103 InsO, Rn. 18; *Gottzmann*, Sukzessionsschutz im gewerblichen Rechtsschutz und Urheberrecht, 2008, S. 133.

nicht an den Lizenzgeber zurück. Eine materiell-rechtliche Umgestaltung des gegenseitigen Vertrags wird durch die Eröffnung des Insolvenzverfahrens gerade nicht herbeigeführt. Folge der Verfahrenseröffnung ist die Nichtdurchsetzbarkeit ausstehender Erfüllungsansprüche.[401] Der Lizenznehmer kann damit nicht mehr die Einräumung eines positiven Nutzungsrechts verlangen. Er ist auf die Geltendmachung von Schadenersatz wegen Nichterfüllung verwiesen.[402]

Mit dem Verlust des Nutzungsrechts verliert der Lizenznehmer zugleich die Möglichkeit, die von ihm getätigten Investitionen zu amortisieren.[403] Die Verwertungsform des Lizenzvertrags ist jedoch oft nur dann wirtschaftlich, wenn die Parteien darauf vertrauen können, dass der Lizenzvertrag nicht vorzeitig durch die Insolvenz des Lizenzgebers endet. Daher wird im rechtswissenschaftlichen Schrifttum nach Wegen gesucht, die Insolvenzfestigkeit der (einfachen) Lizenz zu begründen. Einer der diskutierten Lösungsansätze liegt in der Anerkennung eines Aussonderungsrechts zu Gunsten des Lizenznehmers gemäß § 47 InsO. Ein Lösungsansatz, der unmittelbar mit der umstrittenen Rechtsnatur der Lizenz verbunden ist.

b. Aussonderungsrecht gemäß § 47 InsO

Wie bereits bei der zum Sukzessionsschutz geführten Diskussion soll die Insolvenzfestigkeit der Lizenz aus der dinglichen Rechtsnatur der Patentlizenz abgeleitet werden.

Hintergrund ist, dass dingliche Rechte von der Insolvenzeröffnung nicht berührt werden, sondern dem Gläubiger gemäß § 47 InsO ein Aussonderungsrecht gewähren.[404] Handelt es sich bei Lizenzen mithin um dingliche Nutzungsrechte, suspendiert die Erfüllungsablehnung zwar die vertraglichen Erfüllungsansprüche, lässt aber das aus dem dinglichen Recht erwachsende

401 *Wallner,* NZI 2002, 70, 74; *Wiedemann,* Lizenzen und Lizenzverträge in der Insolvenz, 2006, Rn. 1151; *Pahlow,* WM 2008, 2041, 2043; *Ullmann,* Mitt. 2008, 49, 51; *Heimberg,* Lizenzen und Lizenzverträge in der Insolvenz, 2011, S. 123; *Kreft* in: *Kirchhof,* Münchener Kommentar zur Insolvenzordnung, 2008, § 103 InsO, Rn. 18.

402 *Pahlow,* WM 2008, 2041, 2044; *Chrocziel* in: *Krause,* Recht der Wirtschaft und der Arbeit in Europa, 2004, S. 307; *Wiedemann,* Lizenzen und Lizenzverträge in der Insolvenz, 2006, Rn. 1461; *Kreft* in: *Kirchhof,* Münchener Kommentar zur Insolvenzordnung, 2008, § 103 InsO, Rn. 22.

403 *McGuire,* GRUR Int. 2012, 657, 660.

404 *Wallner,* NZI 2002, 70, 77; *Forkel,* NJW 1983, 1764, 1764; *Ullmann,* Mitt. 2008, 49, 51.

Nutzungsrecht unberührt.[405] Dies setzt, wie bereits dargestellt, das Verständnis voraus, dass die Lizenz als Verfügung in Form der Abspaltung eines Teilrechts vom Vollrecht erteilt wird.[406] Die in diesem Zusammenhang geführte Diskussion wird von wirtschaftlichen Erwägungen dominiert, wie beispielsweise die Argumentation von *Wallner* zu urheberrechtlichen Nutzungsrechten zeigt. Seiner Auffassung nach müssen auch einfache (nicht-ausschließliche) Lizenzen gegenständlicher (dinglicher) Natur sein,

> *»da nur hierdurch ein hinreichender Insolvenzschutz der Nutzer gewährleistet wird.«*[407]

Eine hinreichende Grundlage für eine dogmatische Einordnung der Rechtsnatur der Lizenz bietet diese, vom Investitionsschutz des Lizenznehmers geprägte Argumentation, freilich nicht.

Das patentrechtliche Schrifttum versucht daher, die dingliche Rechtnatur der einfachen Lizenz aus den in jüngster Zeit ergangenen Entscheidungen des I. Zivilsenates des BGHs abzuleiten. Gegenstand der Entscheidungen war jeweils das Schicksal einer vom Lizenznehmer an einem urheberrechtlich geschützten Werk erteilten Unterlizenz beim Wegfall der Hauptlizenz.[408]

c. Die BGH Entscheidung Reifen Progressiv

Im Jahr 2009 hatte sich der BGH beispielsweise mit der Frage auseinanderzusetzen, ob der einfache Unterlizenznehmer einer Softwarelizenz eine Urheberrechtsverletzung begangen hat, weil er die Lizenz auch nach Rückruf der Hauptlizenz durch den Lizenzgeber gemäß § 41 UrhG weiter nutzte. Die Rechteinhaberin war der Auffassung, mit der Ausübung des Rückrufrechts nach § 41 UrhG sei die vom Lizenznehmer erteilte Unterlizenz erloschen.[409] Der

405 *Ullmann,* Mitt. 2008, 49, 52; *Bartenbach/Bartenbach,* Patentlizenz- und Know-how-Vertrag, 2013, Rn. 663; *Wiedemann,* Lizenzen und Lizenzverträge in der Insolvenz, 2006, Rn. 1466.

406 *Witz,* in: Ullmann/Schilling/Grosch, Gewerbliche Schutzrechte und ihre Durchsetzung, Patentlizenzen in der Insolvenz des Lizenzgebers – eine Bestandsaufnahme, 2007, 393, 398; *Wiedemann,* Lizenzen und Lizenzverträge in der Insolvenz, 2006, Rn. 1466.

407 *Wallner,* NZI 2002, 70, 79.

408 BGH Urt. v. 26.03.2009, GRUR 2009, 946 – *Reifen Progressiv*; BGH Urt. v. 19.07.2012, GRUR 2012, 914 – *Take Five*, BGH Urt. v. 19.07.2012, GRUR 2012, 916 – *M2Trade.*

409 BGH Urt. v. 26.03.2009, GRUR 2009, 946 – *Reifen Progressiv.*

BGH verneinte dagegen das Vorliegen einer Urheberrechtsverletzung. Zur Begründung führte er aus, ein einfaches Nutzungsrecht, welches sich von einem ausschließlichen Nutzungsrecht ableite, erlischt nicht, wenn das ausschließliche Nutzungsrecht aufgrund des Rückrufs gemäß § 41 UrhG wegfällt. Vielmehr habe das einfache Nutzungsrecht gleichermaßen dinglichen Charakter. Schließlich werde das Enkelrecht (Unterlizenz) ebenso durch Abspaltung vom Tochterrecht eingeräumt. Damit müsse das Nutzungsrecht nicht während der Dauer des Lizenzvertrags fortwährend in seinem Bestand vermittelt werden.[410]

d. Die BGH Entscheidung *Take Five*

In der Entscheidung *Take Five* verfolgte der BGH den in der Entscheidung Reifen Progressiv eingeschlagenen Weg weiter. Gegenstand der Entscheidung war nachstehender Sachverhalt:

Im Jahr 1960 hatte der Komponist Paul Desmond der Klägerin weltweite ausschließliche Nutzungsrechte an seiner Komposition Take Five gewährt. Für Europa hatte die Klägerin wiederum einer B-Music Company die Rechte an der Komposition eingeräumt, die ihrerseits der Beklagten Nutzungsrechte für Deutschland und Österreich erteilt hat. Die Klägerin und die B-Music Company beendeten später in gegenseitigem Einvernehmen den Hauptlizenzvertrag. Die Parteien vereinbarten, dass sich die Beendigung des Hauptlizenzvertrags auf eingeräumte Enkelrechte erstrecken soll.[411]

Die Klägerin, die der Auffassung war, dass mit der Beendigung des Hauptlizenzvertrags auch die Unterlizenz erloschen sei, verklagte die Unterlizenznehmerin wegen Urheberrechtsverletzung.

Der BGH entschied – unter Verweis auf die Entscheidung *Reifen* Progressiv – dem entgegen, dass die Unterlizenz nicht mit dem Erlöschen der Hauptlizenz weggefallen sei. Unter Berücksichtigung des Sukzessionsschutzes und unter Abwägung der typischerweise betroffenen Interessen des Hauptlizenzgebers und des Unterlizenznehmers sei es auch in Fällen, in denen der Hauptlizenznehmer dem Unterlizenznehmer ein ausschließliches Nutzungsrecht eingeräumt hat und die Hauptlizenz nicht aufgrund eines Rückrufs wegen Nichtausübung, sondern aus anderen Gründen erlischt, in aller Regel angemessen und interessengerecht, dass das Erlöschen der Hauptlizenz nicht zum Erlöschen der

410 BGH Urt. v. 26.03.2009, GRUR 2009, 946, 948 – *Reifen Progressiv.*

411 BGH Urt. v. 19.07.2012, GRUR 2012, 914 – *Take Five.*

Unterlizenz führt.[412] Der mit der Entscheidung befasste I. Zivilsenat verwies außerdem auf den für das Patentrecht zuständige X. Zivilsenat des BGHs, welcher auf Anfrage keine Bedenken gegen diese Beurteilung geäußert habe.[413]

e. Die BGH Entscheidung *M2Trade*

In der am selben Tag ergangenen Entscheidung *M2Trade* machte die Klägerin gegen den Beklagten, einen Insolvenzverwalter, Ansprüche wegen der Verletzung ihrer Rechte an Software geltend. Die Klägerin hatte der zwischenzeitlich insolventen M-GmbH eine Hauptlizenz erteilt, die wiederum einen Unterlizenzvertrag mit der M-eCom schloss, die schließlich die Schuldnerin lizenzierte. Die Hauptlizenz hatte die Klägerin bereits vor Eröffnung des Insolvenzverfahrens wegen Zahlungsverzuges gekündigt. Sie vertrat die Auffassung, dass mit der Kündigung des Hauptlizenzvertrags alle davon abgeleiteten Nutzungsrechte erloschen seien. Durch die Weiternutzung der Software sah sich die Klägerin daher in ihren Urheberrechten verletzt.[414]

Der BGH lehnte erneut das Vorliegen einer Urheberrechtsverletzung ab. Durch den Wegfall der Hauptlizenz sei nicht das Recht des Unterlizenznehmers zur Nutzung der Software erloschen. Vielmehr überwiege das vom Gesetz als schutzwürdig erachtete Interesse des Unterlizenznehmers an einem Fortbestand seines Rechts, selbst wenn das Interesse des Hauptlizenzgebers an einem Erlöschen dieses Rechts, in denen der Hauptlizenznehmer dem Unterlizenznehmer ein einfaches Nutzungsrecht gegen fortlaufende Zahlung von Lizenzgebühren eingeräumt hat, und die Hauptlizenz nicht aufgrund eines Rückrufs wegen Nichtausübung, sondern aus anderen Gründen – wie hier aufgrund einer wirksamen Kündigung des Hauptlizenzvertrags wegen Zahlungsverzugs – erlischt.[415]

f. Auswirkungen der BGH Rechtsprechung auf die Rechtsnatur der (einfachen) Lizenz

Mit den zitierten Entscheidungen hat der I. Zivilsenat des BGH die Rechtsposition des Unterlizenznehmers zweifelsfrei gestärkt. Er hat klar herausgestellt,

412 BGH Urt. v. 19.07.2012, GRUR 2012, 914, 915 – *Take Five.*

413 BGH Urt. v. 19.07.2012, GRUR 2012, 914, 915 – *Take Five.*

414 BGH Urt. v. 19.07.2012, GRUR 2012, 916 – *M2Trade.*

415 BGH Urt. v. 19.07.2012, GRUR 2012, 916, 918 – *M2Trade.*

dass es sowohl die Abwägung der typischer Weise betroffenen Interessen von Hauptlizenzgeber und Unterlizenznehmer als auch der Sukzessionsschutz gebieten, den Unterlizenznehmer gegen den Wegfall der Hauptlizenz zu sichern.

Ein Teil der rechtswissenschaftlichen Literatur möchte diesen Entscheidungen eine darüberhinausgehende Bedeutung für die Rechtsnatur einfacher Lizenzen entnehmen.[416] In den Entscheidungen *Take Five* und *M2 Trade* habe der BGH die dingliche Wirkung[417] einfacher und ausschließlicher Nutzungsrechte und damit zugleich deren Insolvenzfestigkeit bestätigt.[418] Aus dieser neueren Rechtsprechung des BGHs und dem auf alle Schutzrechte anwendbaren Sukzessionsschutz könne eine Verdinglichung nicht-ausschließlicher Patentlizenzen geschlossen werden, aus welcher sich sodann die Insolvenzfestigkeit einfacher Lizenzen ableiten lasse.[419]

5. Die Rechtsnatur der Lizenz im Urheberrecht

Im Urheberrecht geht die überwiegende Auffassung von der dinglichen Wirkung einfacher und ausschließlicher Lizenzen aus.[420] Gleichermaßen steht bei der im Urheberrecht geführten Kontroverse zur Rechtsnatur der Lizenz der Sukzessionsschutz im Vordergrund. Das Argument der herrschenden Lehre stützt sich auf § 33 UrhG. Die gesetzliche Normierung des Sukzessionsschutzes, der nur eine klarstellende Funktion zukomme, sei gerade Ausfluss der Dinglichkeit.[421] Ein weiteres Argument für die Dinglichkeit von einfacher und ausschließlicher Lizenz sei nach der herrschenden Auffassung die Erteilung der

416 *Haedicke,* Mitt. 2012, 429, 430; *Gärditz/Pahlow,* Hochschulerfinderrecht, 2011, S. 275.

417 *Heidenhain/Reus,* CR 2013, 273, 274.

418 *Frentz,* ZUM 2012, 886; *Haedicke,* Mitt. 2012, 429, 431, der zumindest von einer weiteren Verdinglichung der einfachen Lizenz durch die Rechtsprechung des BGH spricht; *Pahlow,* Mitt. 2012, 249, 251.

419 *Pahlow,* Mitt. 2012, 249, 254; *Gärditz/Pahlow,* Hochschulerfinderrecht, 2011, S. 273 f.;

420 *Schulze* in: *Dreier/Schulze,* Urheberrechtsgesetz, 2013, § 31 UrhG, Rn. 52; *Nordemann* in: *Boddien/Fromm/Nordemann,* Urheberrecht, 2014, § 31 UrhG, Rn 87; LG München I Urt. v. 19.05.2004, GRUR 2004, 350 – *GPL-Verstoß.*

421 *Schricker* in: *Loewenheim/Dietz/Schricker,* Urheberrecht, 2010, § 33 UrhG, Rn. 5; *Nordemann* in: *Boddien/Fromm/Nordemann,* Urheberrecht, 2014, § 31 UrhG, Rn. 87; *Schack,* Urheber- und Urhebervertragsrecht, 2015, Rn. 604; *Rehbinder,* Urheberrecht, 2010, Rn. 556; *Loewenheim/Becker,* Handbuch des Urheberrechts, 2010, § 25, Rn. 1; *Haberstumpf,* Handbuch des Urheberrechts, 2000, Rn. 389; *Ulmer,* Urheber- und Verlagsrecht; 3., neubearb. Aufl. (Enzyklopädie der Rechts- und Staatswissenschaft), 1980, S 368 f.; *Schulze* in: *Dreier/Schulze,* Urheberrechtsgesetz,

Lizenz im Wege der konstitutiven Rechtsübertragung. Demnach bleibe der Urheber zwar weiter Inhaber des gesamten Urheberrechts, allerdings erlangt der Lizenznehmer einige aus dem Lizenzgegenstand herausgelöste Bestandteile, die durch die Lizenzeinräumung rechtliche Selbständigkeit erlangen.[422]Trotz Zuerkennung der dinglichen Wirkung der einfachen Lizenz steht dem einfachen Lizenznehmer nach der herrschenden Auffassung kein eigenes Klagerecht zu. Außerdem wird der einfachen Lizenz die Insolvenzfestigkeit abgesprochen.

Genau hier setzt die Mindermeinung an, die eine dingliche Wirkung der einfachen Lizenz ablehnt. Diese Auffassung stützt sich auf die Gesetzgebungsmaterialien zum UrhG 1965, wonach es sich bei § 33 UrhG lediglich um eine Ausnahmevorschrift handle.[423] Weiterhin spreche die Möglichkeit den Sukzessionsschutz abzubedingen dagegen, aus der gesetzlichen Normierung des Sukzessionsschutzes auf die dingliche Rechtsnatur der Lizenz zu schließen.[424] Ferner wird angeführt, dass ein dingliches Recht nicht nur eine Nutzungsbefugnis, sondern auch eine Ausschließungsbefugnis verlange. Eine solche Ausschließungsbefugnis steht dem einfachen Lizenznehmer an einem urheberrechtlich geschütztem Werk jedoch nicht zu. Daher könne, so die Mindermeinung, die einfache Lizenz im Urheberrecht nur schuldrechtliche Wirkung beanspruchen.[425]

Darüber hinaus gibt es im Urheberrecht Vertreter, die eine dingliche Wirkung von Lizenzen generell ablehnen. *Wandtke* lehnt die Auffassung, ausschließliche und einfache Nutzungsrechte als »dingliche« Rechte zu bezeichnen, mit der Begründung ab, dass damit unterstellt werde, die in Form der Lizenz eingeräumten Rechte seien wie Sachenrechte zu behandeln.[426]

2013, § 33 UrhG, Rn. 4; *Wandtke/Grunert* in: *Block/Wandtke,* Praxiskommentar zum Urheberrecht, 2014, § 31 UrhG, Rn. 32.

422 *Ulmer,* Urheber- und Verlagsrecht; 3. neubearb. Aufl. (Enzyklopädie der Rechts- und Staatswissenschaft), 1980, S. 359; *Schricker* in: *Loewenheim/Dietz/Schricker,* Urheberrecht, 2010, § 31 UrhG, Rn. 5; ders. in § 32 UrhG, Rn. 1; *Schack,* Urheber- und Urhebervertragsrecht, 2015, Rn. 594; *Rehbinder,* Urheberrecht, 2010, Rn. 544; *Nordemann* in: *Boddien/Fromm/Nordemann,* Urheberrecht, 2014, Vor §§ 31 ff. UrhG, Rn. 33; *Wandtke/Grunert* in: *Block/Wandtke,* Praxiskommentar zum Urheberrecht, 2014, Vor § 31 ff. UrhG, Rn. 21.

423 *Pahlow,* Lizenz und Lizenzvertrag im Recht des Geistigen Eigentums, 2006, S. 279 ff.

424 *Pahlow,* ZUM 2005, 865, 867 ff.

425 *Götting,* in: *Schricker/Beier,* Urhebervertragsrecht, Urheberrechtliche und vertragsrechtliche Grundlagen, 1995, 53, S. 68; *Pahlow,* Lizenz und Lizenzvertrag im Recht des Geistigen Eigentums, 2006, S. 279; *Spautz* in: *Möhring/Nicolin,* Urheberrechtsgesetz, 2000, § 31 UrhG, Rn. 39.

426 *Wandtke/Dietz,* Urheberrecht, 2012, Kap. 4, Rn. 35;

Festzuhalten ist, dass im Urheberrecht die noch herrschende Auffassung davon ausgeht, dass Lizenzen an urheberrechtlich geschützten Werken dinglicher Natur sind, gleichgültig ob es sich um einfache oder ausschließliche Lizenzen handelt. Allerdings äußert sich die neuere Literatur kritisch zu der sich im Urheberrecht gefestigten Auffassung.

6. Die Rechtsnatur der Lizenz im Markenrecht

Im Markenrecht lässt sich eine herrschende Meinung kaum ausmachen.[427] Zu allen diskutierten Ansichten findet sich eine Vielzahl von Vertretern. Ihren Ursprung hat die Diskussion zur Rechtsnatur der Markenlizenz in der Einführung des MarkenG 1995 und der damit verbundenen Aufhebung der Akzessorietät des damaligen Warenzeichenrechts an den Geschäftsbetrieb. Hiermit war das zentrale Argument für den schuldrechtlichen Charakter der Markenlizenz entfallen.[428] In Anlehnung an das bis dato im Patentrecht etablierten Meinungsbildes, wurde auch der ausschließlichen Markenlizenz eine dingliche Wirkung beigemessen, während die einfache Markenlizenz nur schuldrechtlicher Natur sei.[429] Zur Begründung dieser Differenzierung beruft sich beispielsweise *Starck* auf die Einräumung des Ausschließungsrechts, welches nur dem ausschließlichen Markenlizenznehmer gewährt werde.[430]

Ingerl/Rohnke sind dagegen mittlerweile der Auffassung, dass die besseren Gründe für einen dinglichen Charakter der ausschließlichen wie der einfachen Lizenz sprechen.[431] Diesen Schluss läge die im MarkenG vorgenommene Unterscheidung von Beschränkungen der Markenlizenz nahe, denen einerseits Außenwirkung gegenüber Dritten zukommt und andererseits den sonstigen Beschränkungen, die nur im Innenverhältnis zwischen Lizenzgeber

---

427 *Sosnitza,* in: *Schricker/Ohly,* Perspektiven des geistigen Eigentums und des Wettbewerbsrechts, Gedanken zur Rechtsnatur der ausschließlichen Lizenz, 2005, S. 183.

428 *McGuire,* Die Lizenz, 2012, S. 220; *Hacker* in: *Ströbele,* Markengesetz, 2015, § 30 MarkenG, Rn. 15; *Ingerl,* Markengesetz, 2010, § 30 MarkenG, Rn. 12; für den Meinungsstand zum Warenzeichenrecht *Hefermehl,* Warenzeichenrecht, 1985, Rn. 2 Anh. zu § 8 WZG.

429 BGH Urt. v. 19.07.2007, GRUR 2007, 877, 879 – *Windsor Estate,* hier differenziert der I. Zivilsenat zwischen ausschließlichen Markenlizenzen, denen er dingliche Wirkung zukommen lässt und einfachen Markenlizenzen, die lediglich schuldrechtliche Wirkung haben; OLG München Urt. v. 08.08.1996, NJW-RR 1997, 1266, 1267 – *1860 München; Starck,* WRP 1994, 698, 702; *Bühling,* GRUR 1998, 196, 197; *Fezer,* Markenrecht, 2009, § 30 MarkenG, Rn. 1 u. 8.

430 *Starck,* WRP 1994, 698, 702.

431 *Ingerl/Rohnke,* Markengesetz, 2003, § 30 MarkenG, Rn. 8.

und Lizenznehmer Wirkung entfalten. Erklärt werden könne dieses System nur, wenn zwischen einer dinglichen und einer schuldrechtlichen Ebene differenziert werde.[432] Darüber hinaus wird auch im Markenrecht die dingliche Wirkung von einfacher und ausschließlicher Lizenz mit dem gesetzlich normierten Sukzessionsschutz begründet (§ 30 Abs. 5 MarkenG).[433]

Pahlow ist dagegen der Ansicht, dass es mit dem MarkenG nicht vereinbar sei, generell von einem dinglichen bzw. schuldrechtlichen Charakter ausschließlicher oder einfacher Markenlizenzen zu sprechen.[434] Vielmehr hänge der Rechtscharakter der Lizenz vom Willen der Vertragsparteien ab. Ihnen sei es überlassen, ob sie lediglich eine schuldrechtliche Gebrauchsüberlassung vereinbaren oder die Einräumung eines dinglichen Nutzungsrechts. Was die Parteien vereinbart haben, müsse in Zweifelsfällen durch Auslegung ermittelt werden.[435]

Aus dem Befund, dass die Markenlizenz im jeweiligen Einzelfall mal mehr einer dinglichen und mal mehr einer schuldrechtlichen Rechtsposition entspricht, folgert *Plaß*, dass das Recht des Markenlizenznehmers ein Recht sui generis sei, welches im Grenzbereich zwischen dinglichem und schuldrechtlichem Recht angesiedelt werden müsse. Dadurch nehme es im deutschen Rechtssystem nicht nur im Verhältnis zu anderen Lizenzen, sondern auch zu den Immaterialgüterrechten eine Sonderstellung ein.[436]

Schließlich wird im Markenrecht für die Einordung sowohl der einfachen als auch der ausschließlichen Lizenz als schuldrechtliches Institut plädiert.[437] Gegen die dingliche Rechtsnatur der Markenlizenz spreche zunächst, dass anders als in § 15 PatG in § 30 MarkenG der Begriff beschränkte Rechtsübertragung keinen Eingang gefunden hat und darüber hinaus im Patentrecht der Begriff der beschränkten Rechtsübertragung für die Einräumung einer Mitberechtigung bzw. für die Bestellung von Pfand- und Nießbrauchrechten stehe.[438] Ebenso spreche die Gewährung des Sukzessionsschutzes in § 30 Abs. 5 MarkenG nicht

432 *Ingerl*, Markengesetz, 2010, § 30 MarkenG, Rn. 13.

433 *Fezer*, Markenrecht, 2009, § 30 MarkenG, Rn. 8; *Brandi-Dohrn*, GRUR 1983, 146, 147 ff; *Kellenter*, in: Tilmann/Keller, Festschrift für Winfried Tilmann, Schutzrechtslizenzen in der Insolvenz des Lizenzgebers, 2003, 807, S. 817; *Emmert*, Die Stellung der Markenlizenz im deutschen Privatrecht, 2001, S. 116.

434 *Pahlow* in: *Ekey/Klippel/Bender*, Markenrecht, 2015, § 30 MarkenG, Rn. 6.

435 *Pahlow* in: *Ekey/Klippel/Bender*, Markenrecht, 2015, § 30 MarkenG, Rn. 8 u. 9.

436 *Plaß*, GRUR 2002, 1029, 1034.

437 *Hacker* in: *Ströbele*, Markengesetz, 2015, § 30 MarkenG, Rn. 21; *Hacker*, Markenrecht, 2013, Rn. 747; *Sosnitza*, in: *Schricker/Ohly*, Perspektiven des geistigen Eigentums und des Wettbewerbsrechts, Gedanken zur Rechtsnatur der ausschließlichen Lizenz, 2005, S. 183, 195.

438 *Hacker* in: *Ströbele*, Markengesetz, 2015, § 30 MarkenG, Rn. 21, 22.

eindeutig für die Dinglichkeit der Lizenz, wie die vergleichbare Regelung im Mietrecht zeige (§ 567 b BGB).[439] Das § 30 Abs. 3 MarkenG dem Lizenznehmer ein eigenes Klagerecht nur nach Zustimmung des Markeninhabers einräumt, lege eher eine schuldrechtliche Ausgestaltung der ausschließlichen und einfachen Lizenz nahe.[440] Die schuldrechtliche Einordnung aller Markenlizenzarten gewährleiste daneben einen Gleichlauf mit dem Gemeinschaftsmarkenrecht, dem eine dingliche Ausgestaltung der Markenlizenz fremd sei.[441]

7. Stellungnahme zur Rechtsnatur der (Patent-)Lizenz

Obwohl über die Rechtsnatur der Lizenz seit nunmehr über einem Jahrhundert diskutiert wird, ist es nicht gelungen, ein einheitliches Meinungsbild hervorzubringen. Die geführte Kontroverse ist von einem mittlerweile fast unüberschaubaren Meinungsbild geprägt. Ursächlich dafür ist, dass bei der Beurteilung der Rechtsnatur häufig nach dem lizenzierten Gegenstand unterschieden wird, anstatt sich um eine einheitliche Einordnung der Lizenz zu bemühen. Damit wird die wirtschaftliche Verwertung des geistigen Eigentums unnötig erschwert.

Problematisch ist die Divergenz der Einordnung der Rechtsnatur der Lizenz im Marken-, Patent- und Urheberrecht in der Praxis vor allem dann, wenn der Lizenzgegenstand durch unterschiedliche Schutzrechte geschützt wird.[442] Ist beispielsweise eine lizenzierte Software Gegenstand einer computerimplementierten Erfindung, stellt sich die Frage, ob der einfache Lizenznehmer die Lizenz übertragen oder Unterlizenzen einräumen darf. Nach der im Patentrecht (nach wie vor) herrschenden Auffassungen stehen dem einfachen Patentlizenznehmer diese Befugnisse nicht zu. Unter Berufung auf das zu Grunde liegende Urheberrecht könnte hingegen auch der einfache Lizenznehmer nach § 31 Abs. 2 UrhG umfassende Befugnisse herleiten.[443]

Aber selbst wenn der Lizenzgegenstand nur von einem Schutzrecht umfasst wird, ergeben sich für den Lizenznehmer nicht zweifelsfrei die ihm zustehenden Befugnisse, sofern explizite vertragliche Regelungen fehlen, da zu den einzelnen Schutzrechten kein homogenes Meinungsbild existiert.

---

439 *Lange,* Marken- und Kennzeichenrecht, 2012, Rn. 2092; *Hacker* in: *Ströbele,* Markengesetz, 2015, § 30 MarkenG, Rn. 24.

440 *Lange,* Marken- und Kennzeichenrecht, 2012, Rn. 2092.

441 *Hacker* in: *Ströbele,* Markengesetz, 2015, § 30 MarkenG, Rn. 24.

442 *McGuire,* GRUR 2011, 767, 772.

443 *McGuire,* GRUR 2011, 767, 772.

Bereits im ausgehenden 19. Jahrhundert war ein wesentliches Argument, dass zu Gunsten einer dinglichen Wirkung der Lizenz herangezogen wurde, der Sukzessionsschutz. Getrieben war diese Argumentation von der Erkenntnis, dass der Transfer von Technologie in Form von Lizenzverträgen ein wertvolles Wirtschaftsgut darstelle und daher eine deutliche Stärkung der Rechtsposition des Lizenznehmers durch den Sukzessionsschutz wünschenswert sei. Aufgrund fehlender gesetzlicher Bestimmungen wurde der erstrebte Sukzessionsschutz durch die Einordnung der Lizenz als dingliches Recht hergeleitet.[444] In der Normierung des Sukzessionsschutzes für alle Immaterialgüter wurde sodann die Anerkennung der dinglichen Rechtsnatur durch den Gesetzgeber gesehen.[445] Eine Argumentation, der ein Zirkelschluss anhaftet.

Die gesetzliche Normierung des Sukzessionsschutzes wäre unnötig gewesen, wenn die an Immaterialgütern eingeräumten Lizenzen unabhängig von ihrer rechtsgewährenden *Causa* auch nach Veräußerung des Schutzrechts weiterbestehen würden.[446] Der Rechtsordnung ist die Anerkennung eines Sukzessionsschutzes bei relativen, obligatorischen Rechten keineswegs unbekannt, wie sich beispielsweise den insoweit gleichlaufenden Regelungen der §§ 566, 613 a oder § 986 BGB entnehmen lässt.[447]

Der obligatorisch berechtigte Mieter wird durch § 566 BGB davor geschützt, aus seiner Wohnung ausziehen zu müssen, weil sein Vermieter den Wohnraum veräußert. Ohne die gesetzliche Normierung des Sukzessionsschutzes in § 566 BGB stünden dem Mieter keine Ansprüche aus dem früheren Mietverhältnis zu. Durch § 613 a BGB wird der Arbeitnehmer vor dem Verlust seines Arbeitsplatzes auf Grund eines Betriebsübergangs geschützt. Ihm wird ebenso als rein obligatorisch Berechtigtem Sukzessionsschutz vor dinglichen Verfügungen gewährt. Ein solcher Schutz ist jedoch nur dann erforderlich, wenn eine kausale Berechtigung wie beispielsweise durch einen Parteiwechsel gefährdet wird. Würden Mieter, Arbeitnehmer oder Lizenznehmer Inhaber eines dinglichen und damit abstrakt bestehensfähigen Rechts sein, bedürften sie keines Sukzessionsschutzes.

Durch den gesetzlich normierten Sukzessionsschutz weisen Lizenzen zwar zweifelsfrei Tendenzen zur Verdinglichung auf, dingliche Rechte sind sie deswegen nicht. Ferner kann den BGH Entscheidungen *Take Five* und *M2Trade,*

444 *Pahlow,* ZUM 2005, 865, 866.

445 *Schulze* in: *Dreier/Schulze,* Urheberrechtsgesetz, 2013, § 31 UrhG, Rn. 18; *Schricker* in: *Loewenheim/Dietz/Schricker,* Urheberrecht, 2010, Vor § 28 UrhG, Rn. 83; *Ullmann/Deichfuß* in: *Benkard,* Patentgesetz, 2015, § 15 PatG, Rn. 99; *Dieselhorst,* CR 2010, 69, 72.

446 *Fischer,* WM 2013, 821, 829.

447 *Adolphsen/Tabrizi,* GRUR 2011, 384, 388.

in denen der BGH den Sukzessionsschutz zu Gunsten des Unterlizenznehmers erweitert hat, die dingliche Rechtsnatur der Lizenzen nicht entnommen werden. Die Anerkennung des Sukzessionsschutzes zu Gunsten des Unterlizenznehmers hat der BGH gerade nicht auf die dingliche Rechtsnatur der Lizenz gestützt, sondern auf die sich aus der Abwägung der Interessen ergebenden Notwendigkeit. Seine ohne weitere Begründung getroffene Feststellung zur dinglichen Rechtsnatur – wie noch in der Entscheidung *Reifen Progressiv* – hat der BGH in den späteren Entscheidungen weder wiederholt noch weiter ausgeführt. Die auf einer Interessenabwägung basierende Entscheidung kann jedoch je nach Einzelfall anders ausfallen. Eine von wirtschaftlichen Überlegungen geprägte Interessenabwägung liefert daher keine Grundlage für eine Einordnung der Rechtsnatur der Lizenz.

Es wäre zudem verfehlt, allein aus dem Vorliegen eines, ein absolut dingliches Recht prägendes Merkmal – wie die Anerkennung des Sukzessionsschutzes – zugleich auf die Rechtsnatur des in Frage stehenden Rechts zu schließen. Vielmehr ergibt sich die Dinglichkeit eines Rechts erst aus dem kumulativen Vorliegen der unter Viertes Kapitel A.II.1 dargelegten Merkmale. Daher kann die Erweiterung des Sukzessionsschutzes wie es der BGH in den Urteilen *Reifen Progressiv, Take Five* und *M2Trade* entschieden hat, nicht die dingliche Rechtnatur der Lizenz begründen.

De lege lata sind Lizenzen daher als schuldrechtliche Rechtsposition einzuordnen, unabhängig von einer möglichen Exklusivität. Die Gleichsetzung von Ausschließlichkeit und Absolutheit im Sinne einer Dinglichkeit ist verfehlt. Die Zuerkennung einer dinglichen Rechtsnatur ist aufgrund der damit verbundenen Drittwirkung eine Grundsatzentscheidung, die dem Gesetzgeber vorbehalten bleiben muss.[448] Gleichermaßen erteilt der Lizenzgeber bei der ausschließlichen Lizenz dem Lizenznehmer eine Nutzungsbefugnis und verspricht zugleich, keine weiteren gleichartigen Lizenzen für dasselbe Schutzrecht einzuräumen.[449] Hierbei handelt es sich ebenfalls »nur« um eine gewöhnliche vertragliche Absprache, die den Lizenzgeber verpflichtet.

Hinzu kommt, dass sich die »Ausschließlichkeit« einer Lizenz vielfältig begrenzen lässt. Eine absolute einem dinglichen Recht vergleichbare Stellung kann durch eine solche Parteivereinbarung allerdings nicht begründet werden. Vielmehr ist die Entstehung dinglicher Rechtspositionen auf die vom Gesetzgeber vorgegebenen Fällen zu beschränken.

Insbesondere vor dem nunmehr unüberschaubaren Meinungsbild zur Rechtsnatur der Lizenz erscheint ein Einschreiten des Gesetzgebers und eine Klärung

448 *Berger,* GRUR 2013, 312, 327.

449 *Zenhäusern,* Der internationale Lizenzvertrag, 1991, S. 15.

der Kontroverse wünschenswert, nicht zuletzt mit Blick auf die wirtschaftliche Bedeutung des Transfers von Technologie im Wege der Einräumung von Lizenzen.

Ob die Auflösung der Kontoverse zu Gunsten einer dinglichen Ausgestaltung einfacher und ausschließlicher Lizenzen ausfallen sollte, ist hinsichtlich der schuldrechtlichen Gestaltung von Lizenzen im ausländischen Recht fraglich. Ferner hätte eine dingliche Konstruktion der Lizenz weitreichende Folgen für das Innenverhältnis der Vertragsparteien. Diese Konstruktion würde Konstellationen begünstigen, in denen der Lizenznehmer trotz Verletzung seiner Vertragspflichten Inhaber eines Nutzungsrechts bleibt. Ein Umstand, der kaum den Interessen der Vertragsparteien entsprechen wird. Der Lizenz ist daher nur schuldrechtliche Wirkung beizumessen. Den Interessen der Vertragsparteien kann hinreichend Rechnung getragen werden, wenn der Gesetzgeber weitere dingliche Wirkungen der Lizenz, neben dem Sukzessionsschutz, anordnet, sofern es der Ausgleich der wirtschaftlichen Interessen aller Beteiligten erfordert.[450]

III. Erteilung der Lizenz

Die Darstellung hat zunächst gezeigt, dass es sich bei einer Lizenz um ein positives Nutzungsrecht an einem Immaterialgut mit schuldrechtlicher Wirkung handelt. Aus den Gesetzen zum Recht des geistigen Eigentums ergeben sich drei Möglichkeiten zur Einräumung eines solchen positiven Benutzungsrechts: kraft staatlichen Hoheitsaktes, kraft Gesetzes oder durch Vertrag. Von Bedeutung für die vorliegende Bearbeitung ist lediglich die letzte Möglichkeit. Allerdings werden im Schrifttum verschiedene Ansätze zur Frage der Lizenzerteilung vertreten. In der Erteilung einer Lizenz wird entweder eine konstitutive Übertragung, eine abgespaltene Teilübertragung oder schließlich eine schuldrechtliche Gestattung gesehen.

1. Lizenzerteilung im Wege der konstitutiven Übertragung

Nach einer im Schrifttum vertretenen Auffassung wird die Lizenz im Wege einer konstitutiven Rechtsübertragung erteilt.[451] Geprägt wurde diese Ansicht vor

450 *McGuire*, Mitt. 2013, 207, 215.

451 *Forkel*, Gebundene Rechtsübertragungen, 1977, S. 44ff.; *Forkel*, NJW 1983, 1764, 1765; *Kraßer/Bernhardt*, Patentrecht, 2009, S. 931; *Hacker* in: *Busse/Keukenschrijver*, Patentgesetz, 2013, § 15 PatG, Rn. 58; *Hacker* in: *Ströbele*, Markengesetz, 2015, § 30 MarkenG, Rn. 23; so bereits RG

allem von *Hans Forkel*, der in diesem Zusammenhang von einer gebundenen Rechtsübertragung sprach. Der Lizenznehmer erhält durch die ihm eingeräumte Lizenz ein eigenes, vom Stammrecht abgeleitetes Recht in Form eines Teils aus dem Stammrecht des Lizenzgebers. Dieser Ausschnitt des Ausschließlichkeitsrechts wird auf den Lizenznehmer übertragen. Hinsichtlich dieses Ausschnitts wird der Lizenznehmer nach dieser Auffassung zum Rechteinhaber.[452] Der Umfang des Teilrechts bestimmt sich nach den jeweiligen Parteiinteressen. Das dem Lizenznehmer »übertragene« Teilrecht und das Stammrecht bleiben dauerhaft in Verbindung. Endet das Vertragsverhältnis, fällt das dem Lizenznehmer gewährte Recht dem Stammrecht wieder »anheim«.[453]

2. Lizenzerteilung als abspaltende Teilübertragung

Daneben wird die Ansicht vertreten, dass zumindest die ausschließliche Lizenz im Wege der Verfügung,[454] durch eine beschränkte Rechtsübertragung in Form der Abspaltung eines Teilrechts (Tochterrecht) vom Mutterrecht, eingeräumt wird.[455] Zur Begründung dieser Auffassung führt etwa *Haedicke* aus, lizenzvertragliche Nutzungsrechtseinräumungen seien keinem *Numerus Clausus* unterworfen, wie etwa Fälle der konstitutiven Rechtsübertragung. Auch sei das immaterialgüterrechtliche Tochterrecht (ausschließliche Lizenz) selbständiger als ein beschränkt dingliches Recht, da es nach dem Verzicht auf das Mutterrecht (Immaterialgut) bestehen bleibe.[456] In diesem Falle würde die Beendigung

in RGZ 106, 362, 366; *Kellenter*, in: *Tilmann/Keller*, Festschrift für Winfried Tilmann, Schutzrechtslizenzen in der Insolvenz des Lizenzgebers, 2003, 807, S. 817; *Ahrens*, GRUR 2006, 617, 623.

452 *Jelinek*, Lizenzen in der Insolvenz – nach deutschem und US-amerikanischem Recht, 2013, S. 111.

453 *Adolphsen/Tabrizi*, GRUR 2011, 384, 385.

454 *Haedicke*, ZGE 2011, 377, 386 m. w. N.

455 *Lüdecke/Fischer*, Lizenzverträge, 1957, S. 368, D12; *Schwipps/Götting*, Grundlagen des Patentrechts, 2004, S. 145; *Wiedemann*, Lizenzen und Lizenzverträge in der Insolvenz, 2006, Rn. 13; *Scherenberg*, Lizenzverträge in der Insolvenz des Lizenzgebers unter besonderer Berücksichtigung des Wahlrechts des Insolvenzverwalters nach § 103 Abs. 1 InsO, 2005, S. 25; *Haedicke*, Rechtskauf und Rechtsmängelhaftung, 2003, S. 83; *Witz*, in: *Ullmann/Schilling/Grosch*, Gewerbliche Schutzrechte und ihre Durchsetzung, Patentlizenzen in der Insolvenz des Lizenzgebers – eine Bestandsaufnahme, 2007, 393, 407; *Bartenbach* in: *Wandtke*, Medienrecht, 2008, Kap. 13, Rn. 27; *Schwipps/Götting*, Grundlagen des Patentrechts, 2004, S. 145.

456 *Haedicke*, Rechtskauf und Rechtsmängelhaftung, 2003, S. 83.

des kausalen Geschäfts nicht auf die Lizenz selbst durchschlagen.[457] Vielmehr müsste der Lizenznehmer das Nutzungsrecht im Falle des Erlöschens der Lizenz auf den Lizenzgeber zurückübertragen.[458]

3. Lizenzerteilung als schuldrechtliche Gebrauchsüberlassung

Eine weitere in der Literatur vertretene Meinung verneint dagegen das Vorliegen einer Verfügung. Das Entstehen einer Lizenz sei allein in einer Vereinbarung zwischen Lizenzgeber und Lizenznehmer begründet.[459] Ausgangspunkt dieser Auffassung ist die Einordnung der Lizenz als bloße Erlaubnis bzw. Gestattung der Nutzung der geschützten Erfindung. Daher werde die Lizenz nicht im Wege der Übertragung erteilt; das Schutzrecht verbleibt beim Lizenzgeber.[460] Die Verwertung der geschützten Erfindung werde dem Lizenznehmer somit aufgrund schuldvertraglicher Vereinbarung zwischen den Parteien gestattet.[461] Die Beendigung des Lizenzvertrags führt damit gleichermaßen zum Erlöschen der Lizenz.

4. Stellungnahme

Die Erteilung der Lizenz ist untrennbar mit ihrer Rechtsnatur verbunden. Wie die obige Darstellung gezeigt hat, dient das Argument, die Lizenz werde im Wege der Verfügung gewährt, für die Begründung der dinglichen Rechtsnatur der Lizenz.[462] Eine Ansicht, der jedoch nicht gefolgt werden kann. Die Lizenz ist vielmehr als schuldrechtliches Nutzungsrecht einzuordnen. Aus dieser Qualifikation ergibt sich jedoch, dass die Lizenz gerade nicht durch Verfü-

---

457 *Adolphsen/Tabrizi,* GRUR 2011, 384, 386.

458 *Forkel,* Gebundene Rechtsübertragungen, 1977, S. 58.

459 *McGuire,* Mitt. 2013, 207, 213; *Ullmann,* Mitt. 2008, 49, 52; *Krause,* Recht der Wirtschaft und der Arbeit in Europa, 2004, S. 303; *Sosnitza,* in: *Schricker/Ohly,* Perspektiven des geistigen Eigentums und des Wettbewerbsrechts, Gedanken zur Rechtsnatur der ausschließlichen Lizenz, 2005, 183, 195.

460 *Sosnitza,* in: *Schricker/Ohly,* Perspektiven des geistigen Eigentums und des Wettbewerbsrechts, Gedanken zur Rechtsnatur der ausschließlichen Lizenz, 2005, 183, 191.

461 *Hilty,* Lizenzvertragsrecht, 2002, S. 94; *Sosnitza,* in: *Schricker/Ohly,* Perspektiven des geistigen Eigentums und des Wettbewerbsrechts, Gedanken zur Rechtsnatur der ausschließlichen Lizenz, 2005, 183, 193.

462 Vgl. Viertes Kapitel A.II.

gung, sondern durch eine Vereinbarung der Vertragsparteien begründet wird. Die Erteilung der Lizenz vollzieht sich daher im Wege der schuldrechtlichen Gebrauchsüberlassung.

IV. Der Lizenzvertrag

Nicht nur die dogmatische Einordnung der Lizenz, sondern auch die Einordnung des Lizenzvertrags wird in der Rechtswissenschaft kontrovers diskutiert. Aufgrund des Fehlens einer gesetzlichen Regelung sind Rechtsprechung und Literatur nach wie vor bestrebt, den Lizenzvertrag den positiv geregelten Vertragstypen zuzuordnen. Die Zuordnung zu einem bestimmten Vertragstyp ermöglicht es, Rechtsregeln für klärungsbedürftige Fragen zum Vertragsinhalt und zu den daran anknüpfenden Rechtsfolgen aufzustellen.[463] Insbesondere wenn ausdrückliche Vereinbarungen fehlen, können durch den Rückgriff auf die dispositiven Vorschriften des BGB Lücken geschlossen und zudem die Grenzen der Privatautonomie bestimmt werden.[464] Es wurde versucht, den Lizenzvertrag als Rechtskauf, Miete, Pacht, Nießbrauch oder Gesellschaftsvertrag einzuordnen.

1. Der Lizenzvertrag als Mietvertrag

Als einer der ersten Ansätze zur Einordnung des Lizenzvertrags in die im BGB vorgegebenen Vertragstypen lässt sich der Versuch ausmachen, den Lizenzvertrag als Mietvertrag einzuordnen.[465] Beide Vertragstypen sind insofern ähnlich, als dass sie auf die Überlassung eines Gegenstandes zum vorübergehenden Gebrauch abzielen. Dieser Ansatz geht auf die Zeit vor Inkrafttreten des BGB zurück und nahm damit auf eine abweichende Konzeption des Mietvertrags Bezug. In der neueren Literatur wird die Ähnlichkeit des Lizenzvertrags zum Mietvertrag abgelehnt.[466] Zur Begründung werden im Wesentlichen zwei Argumente fruchtbar gemacht: Zum einen sei gemäß § 90 BGB die Miete auf kör-

463 *Bartenbach,* Die Patentlizenz als negative Lizenz, 2002, S. 86.

464 *McGuire,* Die Lizenz, 2012, S. 612.

465 RG Urt. v. 17.12.1886, RGZ 17, 53, 54 – *Cellulose.*

466 *Groß,* Der Lizenzvertrag, 2015, Rn. 22; *Bartenbach/Bartenbach,* Patentlizenz- und Know-how-Vertrag, 2013, Rn. 22; *Henn,* Patent- und Know-how-Lizenzvertrag, 1989, S. 91 f.

perliche Sachen beschränkt, zum anderen ist der Mieter nur zum Gebrauch der Sache und nicht zu einer weitergehenden Nutzungen berechtigt.[467]

Zum anderen dienten die Bestimmungen des Mietvertrags bis zur Einführung des § 15 Abs. 3 PatG zur Begründung des Sukzessionsschutzes für einfache Lizenzen.[468] Der nunmehr in § 566 BGB geregelte Grundsatz »Kauf bricht nicht Miete«, der auch für Pachtverhältnisse gilt, könne auf den Lizenzvertrag analog angewendet werden, da es sich bei dem Lizenzvertrag zumindest um einen pachtähnlichen Vertrag handle. Im Ergebnis führte das dazu, dass auch die einfache Lizenz gegenüber dem Erwerber eines Patents bestehen blieb.

2. Der Lizenzvertrag als Kaufvertrag

Zum Teil wird in der Literatur die Auffassung vertreten, auf den Lizenzvertrag, der die Erteilung einer ausschließlichen Lizenz zum Gegenstand habe, können die kaufrechtlichen Bestimmung direkt[469] oder zumindest analog[470] angewendet werden. Die Einordnung des Lizenzvertrags als Kaufvertrag basiert auf der Annahme, bei der ausschließlichen Lizenz handle es sich um ein Teilrecht des Patentrechts.[471]

Allerdings ist ein Kaufvertrag in der Regel mit der Erbringung der beiderseitigen Leistungen abgewickelt und erfüllt, während es sich bei einem Lizenzvertrag um ein für eine vereinbarte Zeit oder auf die Dauer des lizenzierten Schutzrechts angelegtes Dauerschuldverhältnis handelt.[472] Ferner unterscheidet sich der Lizenzvertrag dahingehend von einem Kaufvertrag, dass bei einem Lizenzvertrag nicht das ganze Recht Gegenstand der vertraglichen Absprachen ist, sondern nur die Befugnis zur Benutzung. Im Gegensatz zu einem Kaufvertrag verbleiben bei einem Lizenzvertrag wesentliche Rechte beim Lizenzgeber. Dem Lizenznehmer können (wenn überhaupt) lediglich abspaltbare Teilrechte eingeräumt werden. Auch wenn der Patentinhaber, unter Verzicht auf die eigene Nutzung, die gesamten Nutzungsmöglichkeiten des Patents dem Lizenznehmer einräumt, bleibt er als Inhaber des Patents dennoch Träger des formalen Rechts.

---

467 *Weidenkaff* in: *Palandt/Bassenge*, Bürgerliches Gesetzbuch, 2016, Einf v § 535 BGB, Rn 14ff.

468 *Lüdecke*, GRUR 1964, 470, S. 473.

469 *Klauer*, Patentrechtskommentar, 1971, § 9 PatG, Rn. 24.

470 *Schwerdtner*, GRUR 1968, 9, S. 21; *Henn*, Patent- und Know-how-Lizenzvertrag, 1989, S. 68f.

471 *Nirk*, GRUR 1970, 329, 330; RG Urt. v. 05.05.1911, RGZ 76, 235, 236.

472 BGH Urt. v. 23.03.1982, NJW 1982, 2861, 2863 – *Hartmetallkopfbohrer*.

Bei einem Kaufvertrag dagegen wird der Käufer zum Eigentümer an dem veräußerten Recht; es tritt ein voller Rechtsübergang ein.[473]

Gegen eine Einordnung des Lizenzvertrags als Kaufvertrag spricht zudem, dass es sich bei einem Lizenzvertrag um ein gewagtes Geschäft handelt. Vielfach kann die wirtschaftliche Verwertbarkeit des Schutzrechts im Voraus nicht mit Sicherheit abgeschätzt werden. Die vom Lizenzgeber in den Lizenznehmer gesetzten Erwartungen hinsichtlich seiner Leistungen und Fähigkeiten können sich nicht erfüllen. Unvorhersehbare Ereignisse, wie die nachträgliche Vernichtung des Schutzrechts, die Veränderung der Marktverhältnisse oder Fortschritte in der Technik, können zu einer vorzeitigen Beendigung des Lizenzvertrags führen, sofern eine weitere Auswertung aufgrund der geänderten Umstände als unwirtschaftlich erscheint.[474] Eine sichere Rechtsposition, wie sie bei einem Kaufvertrag angestrebt wird, kann der Lizenznehmer gerade nicht erlangen.[475]

Obwohl die herrschende Lehre mit vorstehenden Argumenten die Einordnung des Lizenzvertrags als Kaufvertrag ablehnt, wird dieser Ansatz von *Haedicke* erneut herangezogen. Ausgangspunkt ist die ausschließliche Lizenz, die dem Lizenznehmer umfassende Nutzungsbefugnisse einräumt und der die herrschende Lehre dinglichen Charakter beimisst. Aufgrund der umfassenden Nutzungsbefugnisse könne der ausschließliche Lizenznehmer Dritte und den Rechteinhaber selbst von der Nutzung ausschließen. Ferner genieße er Klage- und Sukzessionsschutz. Damit stünde dem Lizenznehmer die gleiche Rechtsmacht zu, wie sie vorher der Schutzrechtsinhaber innehatte. Lediglich in ihrer Intensität weiche die Rechtsposition des Lizenznehmers von einer Zuordnungsänderung durch eine Übertragung des Vollrechts ab.[476] Im Übrigen beschränke sich die Pflicht des Schutzrechtsinhabers im Wesentlichen auf die einmalige Verschaffung der Rechtsposition durch Erteilung einer ausschließlichen Lizenz gegen Zahlung der Lizenzgebühr. Ein – laut *Haedicke* – dem Kaufvertrag durchaus vergleichbares Pflichtenprogramm.[477]

3. Der Lizenzvertrag als Rechtspacht

Als weiterer vom BGB angebotener Vertragstyp kommt der Pachtvertrag (§§ 581 ff. BGB) in Betracht. Die Vorschriften der Rechtspacht werden von einer

473 *Stumpf/Groß,* Der Lizenzvertrag, 2005, Rn. 20.

474 BGH Urt. v. 5.07.1960, GRUR 1961, 27 – *Holzbauträger.*

475 *Bartenbach,* Die Patentlizenz als negative Lizenz, 2002, S. 86.

476 *Haedicke,* Rechtskauf und Rechtsmängelhaftung, 2003, S. 80 f.

477 *Haedicke,* Rechtskauf und Rechtsmängelhaftung, 2003, S. 80 f.

weit verbreiteten Ansicht in der Literatur für den Lizenzvertrag, zumindest lückenfüllend, herangezogen.[478] Die Ähnlichkeit zwischen Lizenz- und Pachtvertrag wird dabei wie folgt begründet: Entgegen den Bestimmungen zum Mietvertrag können Gegenstand der Pacht nicht nur Sachen, sondern auch Rechte sein. Ferner ist der Pächter im Gegensatz zum Mieter nicht nur zum Gebrauch des gepachteten Gegenstandes, sondern auch zur Nutzung berechtigt. Eine weitere Parallele zum Lizenzvertrag sei die zeitlich begrenzte Überlassung eines unkörperlichen Gegenstandes zum Gebrauch und zur wirtschaftlichen Ausbeutung. Auch entspräche die im Pachtverhältnis vorgesehene Zahlung eines fortlaufenden Entgeltes durch den Pächter den Eigenarten des Lizenzvertrags. Gemeinsam sei beiden Verträgen schließlich, dass es sich um gegenseitige Verträge mit Dauerschuldcharakter handelt.[479]

Trotz dieser Parallelen von Pachtvertrag und Lizenzvertrag spricht gegen eine Einordnung des Lizenzvertrags als Pachtvertrag, dass ein Gegenstand nicht gleichzeitig wirksam an mehrere unabhängige Personen verpachtet werden kann.[480] Ferner wird kritisiert, dass der Pachtvertrag dem Charakter des Lizenzvertrags als gewagtes Geschäft nicht gerecht werde.[481]

Diese Kritikpunkte werden auch von den Vertretern der Ansicht, der Lizenzvertrag sei ein Rechtspachtvertrag im Sinne des § 581 Abs. 1 BGB, gesehen. Sie begegnen den Einwänden jedoch nicht mit einer Abkehr von der Anwendung der Vorschriften zur Rechtspacht, sondern fordern bei deren Anwendung die Berücksichtigung der Besonderheiten geistig schöpferischer Rechte.[482] Die Einordnung des Lizenzvertrags als Pachtvertrag biete schließlich den Vorteil der Rechtssicherheit, da so zumindest der Ausgangspunkt für die Bestimmung der anwendbaren Rechtsnormen vorgegeben sei.[483]

---

478 *Keukenschrijver* in: *Busse/Keukenschrijver,* Patentgesetz, 2013, § 9 PatG, Rn. 54; *Scharen* in: *Benkard,* Patentgesetz, 2015, § 9 PatG, Rn. 49 jeweils m. w. N.

479 *Pahlow,* Lizenz und Lizenzvertrag im Recht des Geistigen Eigentums, 2006, S. 264 f.; *Arruda,* Erschöpfungsgrundsatz und Lizenzvertrag, 2011, S. 44 f.

480 *Stumpf/Groß,* Der Lizenzvertrag, 2005, Rn. 23 f.

481 BGH Urt. v. 05.07.1960, GRUR 1961, 27, 29 – *Holzbauträger.*

482 *Pahlow,* Lizenz und Lizenzvertrag im Recht des Geistigen Eigentums, 2006, S. 266.

483 *Pahlow,* Lizenz und Lizenzvertrag im Recht des Geistigen Eigentums, 2006, S. 266; *Fehrenbacher,* JR 2001, 309, 312; *Bühling,* Die Markenlizenz und ihre vertragliche Gestaltung, 1999, S. 11.

4. Der Lizenzvertrag als Nießbrauch

Ein weiterer in der Literatur vertretener Ansatz ist die Anwendung der Bestimmungen zum Nießbrauch an Rechten (§§ 1068 i. V. m. 1030 ff. BGB). Auch hier wird argumentiert, dass die Definition des Nießbrauchs in § 1030 Abs. 1 BGB der ausschließlichen Lizenz sehr nahe komme.[484]

Gegen den Verweis auf die Vorschriften des Nießbrauchs spricht jedoch, dass der Nießbrauch gemäß § 1059 BGB nicht übertragbar ist.[485] Ferner ist der Nießbraucher gemäß § 1041 BGB für den wirtschaftlichen Erhalt der Sache bzw. des Rechts verantwortlich. Eine Bestimmung, die mit dem Wesen des Lizenzvertrags nicht vereinbar ist.[486] Darüber hinaus würde das Pflichtenprogramm des Nießbrauchs nur für die echte ausschließliche Lizenz passen. Eine beschränkte ausschließliche Lizenz oder eine einfache Lizenz könne schließlich nicht als Nießbrauch eingeordnet werden.[487] Damit sind die Bestimmungen des Nießbrauchs nicht geeignet, um den Rechtscharakter des Lizenzvertrags für alle Lizenzarten zu erfassen.

5. Der Lizenzvertrag als Gesellschaftsvertrag

Die Frage, ob ein Lizenzvertrag auch als Gesellschaftsvertrag aufgefasst werden kann, hat das Reichsgericht wiederholt im Zusammenhang mit umsatzabhängigen Lizenzen untersucht. In den vom RG entschiedenen Fällen ist die Einordnung des Lizenzvertrags als Gesellschaftsvertrag zum Teil bejaht und zum Teil abgelehnt wurden. Schließlich hat das RG festgestellt, dass diese Frage nur auf den jeweiligen Einzelfall bezogen entschieden werden könne.[488] Nicht ausreichend sei – wie das RG betonte – die Vereinbarung umsatzabhängiger Lizenzgebühren oder die mehrjährige Laufzeit des Lizenzvertrags. Vielmehr müssen die Parteien zu einem gemeinsamen Ziel i. S. v. § 705 BGB tätig werden. Ein solches gemeinsames Ziel liege nach der Auffassung des RG beispielsweise dann vor, wenn die wechselseitige Lizenzierung weiterer Patente oder die Nutzung der Erfindung für gemeinsame Rechnung Gegenstand des Vertrags ist,

484 *Henn,* Patent- und Know-how-Lizenzvertrag, 1989, S. 63; *Reimer/Nastelski,* Patentgesetz und Gebrauchsmustergesetz, 1968, S. 469.

485 *Reimer/Nastelski,* Patentgesetz und Gebrauchsmustergesetz, 1968, S. 469.

486 *Bartenbach,* Mitt. 2003, 102, 105.

487 *Lichtenstein,* NJW 1965, 1839, 1841.

488 RG Urt. v. 26.10.1929, RGZ 126, 65, 67 – *Fitschband.*

sowie die Vereinbarung der Vertragsübernahme durch eine Partei, wenn die andere Partei diesen nicht ausführen kann.

Mittlerweile kann es als gefestigte Auffassung angesehen werden, dass ein gesellschaftsähnlicher Lizenzvertrag nur dann vorliegt, wenn sich die Vertragspartner verpflichten, ein gemeinsames Ziel durch Zusammenwirken zu erreichen.[489] Die Anwendung des Gesellschaftsrechts ist daher nicht schon dann gerechtfertigt, wenn die zu zahlenden Lizenzgebühren umsatzabhängig sind. Im Rahmen eines Lizenzvertrags verfolgen die Vertragspartner regelmäßig ihre eigenen Interessen, so dass im Regelfall das Zusammenwirken nicht ausreichen wird, um von einem Gesellschaftsvertrag sprechen zu können.[490] In Betracht kommen kann ein dem Gesellschaftsrecht genügendes Zusammenwirken dagegen bei Forschungskooperationen und vergleichbaren Zusammenschlüssen der Erfindungsverwertung.

Die Einordnung des Lizenzvertrags als Gesellschaftsvertrag mag daher zwar zu interessengerechten Lösungen für bestimmte Einzelfälle führen, zur allgemeingültigen Bestimmung des Rechtscharakter des Lizenzvertrags ist sie dagegen nicht geeignet.

6. Der Lizenzvertrag als Vertrag *sui generis*

Aufgrund der Tatsache, dass der Lizenzvertrag nicht ohne weiteres den im BGB vorgegebenen Vertragstypen zugeordnet werden kann, hat die Literatur und Rechtsprechung den Schluss gezogen, dass es sich um einen Vertrag *sui generis* handelt; einen Vertrag eigener Art. Ihren Ursprung nahm diese Auffassung durch eine Entscheidung des RG aus dem Jahr 1926, in der das RG die Kritikpunkte an der Qualifikation des Lizenzvertrags als Rechtspacht aufgegriffen und eine entsprechende Qualifizierung des Lizenzvertrags abgelehnt hatte.[491] Insbesondere aufgrund der unterschiedlichen Risikostrukturen könne die Einordnung des Lizenzvertrags als Rechtspacht den Interessen der Beteiligten nicht gerecht werden. Es sei daher vorzugswürdig, den Lizenzvertrag als einen Vertrag *sui generis* anzuerkennen. Auf diesen können aufgrund der Ähnlichkeiten des Lizenzvertrags zu Pacht und Kauf einige Bestimmungen dieser Vertragstypen angewendet werden, grundsätzlich sei der Lizenzvertrag jedoch nach eigenen

---

489 BGH Urt. v. 23.09.1958, GRUR 1959, 125 – *Pansana*; BGH Urt. v. 15.10.1957, GRUR 1958, 136 – *Sympatol*; BGH Urt. v. 14.7. 1964, GRUR 1965, 135, 137 – *Vanal-Patent*; *Groß*, Der Lizenzvertrag, 2015, Rn. 22; *Fehrenbacher*, JR 2001, 309, 312.

490 *Groß*, Der Lizenzvertrag, 2015, Rn. 22.

491 RG Urt. v. 19.10.1926, RGZ 115, 17 – *Die heilige Johanna*.

Regeln zu beurteilen. Diese Auffassung hat das RG in weiteren Entscheidungen bestätigt.[492]

Im Jahr 1951 hat der BGH die Rechtsprechung des RG aufgegriffen[493] und die Einordnung des Lizenzvertrags als Vertrag *sui generis* in nachfolgenden Entscheidungen aufrechterhalten.[494] Der BGH hat stets hervorgehoben, dass die im BGB zur Verfügung stehenden Vertragstypen nicht geeignet seien, um dem einem Lizenzvertrag innewohnenden Risiko ausreichend Rechnung zu tragen.[495]

Das Schrifttum hat sich überwiegend der Einordnung des Lizenzvertrags als Vertrag *sui generis* angeschlossen.[496] Die unmittelbare Anwendung der Vorschriften zur Rechtspacht wird mit den bereits oben dargelegten Argumenten (vgl. Viertes Kapitel A.IV.3) abgelehnt. Allerdings wird zum Teil trotz der Einordnung des Lizenzvertrags als Vertrag *sui generis* vorgeschlagen, bei der Rechtsanwendung im Lizenzvertragsrecht von den Vorschriften der Rechtspacht auszugehen.[497] Damit wird diese Auffassung in vielen Punkten mit der Ansicht übereinstimmen, die den Lizenzvertrag als Pachtvertrag einordnet und bei der Rechtsanwendung der Vorschriften der Pacht die Besonderheiten geistig schöpferischer Rechte berücksichtigt wissen will.

7. Stellungnahme

Die obigen Ausführungen zeigen, dass die Einordnung des Lizenzvertrags in das besondere Vertragsrecht bisher nicht gelungen ist, obwohl der Lizenzvertrag die zentrale Verwertungsform im Immaterialgüterrecht darstellt. Die Recht-

---

492 RG Urt. v. 26.10.1929, RGZ 126, 65, 67 – *Fitschband*; RG Urt. v. 18.08.1937, RGZ 155, 307 – *Funkverband.*

493 BGH Urt. v. 15.06.1951, BGHZ 2, 331, 333 ff. – *Filmverwertungsvertrag.*

494 BGH Urt. v. 12.04.1957, GRUR 1957, 595, 596 – *Verwandlungstisch*; BGH Urt. v. 11.06.1970, GRUR 1970, 547, 548 – *Kleinfilter*; BGH Urt. v. 28.06.1979, GRUR 1979, 768, 769 – *Mineralwolle.*

495 BGH Urt. v. 15.06.1951, BGHZ 2, 331, 333 ff. – *Filmverwertungsvertrag.*

496 Vgl. für viele: *Lichtenstein,* GRUR 1965, 344, 345; *Kraßer/Schmid,* GRUR Int. 1982, 324, S. 328; *Fezer*, Markenrecht, 2009, § 30 MarkenG, Rn. 1; *Ingerl,* Markengesetz, 2010, § 30 MarkenG, Rn. 52; *Bartenbach,* Mitt. 2003, 102, 104; *Hacker* in: *Busse/Keukenschrijver,* Patentgesetz, 2013, § 15 PatG, Rn. 53; *Mes,* Patentgesetz, Gebrauchsmustergesetz, 2014, § 15 PatG, Rn. 36; *Ullmann/Deichfuß* in: *Benkard,* Patentgesetz, 2015, § 15 PatG, Rn. 81; *Kühnen* in: *Schulte/Kühnen*, Patentgesetz mit Europäischem Patentübereinkommen, 2008, § 15 PatG, Rn. 31.

497 *Ullmann/Deichfuß* in: *Benkard,* Patentgesetz, 2015, § 15 PatG, Rn. 84.

sprechung ist in diesem Bereich von Einzelfallentscheidungen geprägt, deren Allgemeingültigkeit zum Teil fraglich erscheint.

Die gezogenen Parallelen zu den verschiedenen Vertragstypen des besonderen Schuldrechts bieten jeweils nur für bestimmte Fallkonstellationen eine interessengerechte Lösung. So mag die Parallele zum Mietvertrag etwa dann in Betracht kommen, wenn es dem Lizenznehmer tatsächlich nur auf eine Nutzung des Gegenstandes des Lizenzvertrags ankommt. Liegt das Interesse des Lizenznehmers zugleich in einer Verwertung, stößt die Anwendung des Mietrechts an ihre Grenze.[498] Eine Fruchtziehung ist dem Mietrecht nämlich fremd.

Eine Anwendung der Bestimmungen zur Pacht – wie von weiten Teilen der Literatur favorisiert – scheitert immer dann, wenn die Normen des Pachtrechts den Besitz der Pachtsache voraussetzen. Bei Nutzungsrechten an Immaterialgütern fehlt es an einem Gegenstück zum Besitz.[499]

Diese Aufzählung von Beispielen, die zeigen, dass die vom besonderen Schuldrecht vorgegebenen Vertragstypen der besonderen Interessenlage des Lizenzvertrags in vielen Punkten nicht gerecht werden, lässt sich um viele weitere Beispiele ergänzen.[500]

Wenn jedoch die Zuordnung des Lizenzvertrags bei allen im besonderen Schuldrecht zur Verfügung stehenden Vertragstypen nur möglich ist, wenn eine Vielzahl der Bestimmungen des jeweiligen Vertragstyps nicht oder nur mit Modifikationen angewendet werden können, kann dies nicht zu der angestrebten Rechtssicherheit führen. Sofern angeführt wird, wenigstens der Ausgangspunkt für die Bestimmung der anwendbaren Rechtsnormen könne damit vorgegeben werden,[501] birgt dies eher das Risiko, dass eine Art Scheinsicherheit erzeugt wird. Dadurch kann der Blick auf die eigentlichen Probleme verstellt und das Finden interessengerechter Lösungen erschwert werden. Mit der herrschenden Auffassung ist der Lizenzvertrag daher als ein Vertrag *sui generis* einzustufen. Die Typisierung des Lizenzvertrags als Vertrag sui generis ist jedoch ausfüllungsbedürftig.

Trotz der allgemeinen Anerkennung des Lizenzvertrags als Vertrag *sui generis* ist es nicht gelungen, für die einzelnen Vertragspflichten (z. B. Gewährleistung, Kündigung) einheitliche Grundsätze zu entwickeln.[502] Die Ursache kann darin

498 *Bühling,* Die Markenlizenz und ihre vertragliche Gestaltung, 1999, S. 11.

499 *McGuire,* Die Lizenz, 2012, S. 667.

500 So bei *McGuire,* Die Lizenz, 2012, S. 666 ff.

501 *Pahlow,* Lizenz und Lizenzvertrag im Recht des Geistigen Eigentums, 2006, S. 266; *Fehrenbacher,* JR 2001, 309, 312; *Bühling,* Die Markenlizenz und ihre vertragliche Gestaltung, 1999, S. 11.

502 *Pahlow,* Lizenz und Lizenzvertrag im Recht des Geistigen Eigentums, 2006, S. 258.

gesehen werden, dass die Einordnung des Lizenzvertrags als Vertrag *sui generis* in der herrschenden Lehre zwar betont wird, im Ergebnis aber die anwendbaren Normen (Kauf-, Pacht, oder Mietvertrag) nach dem jeweiligen Schwerpunkt im Einzelfall bestimmt werden.[503]

McGuire stellt insofern zutreffend fest, dass sich die von der allgemeinen Auffassung getragene Einordnung des Lizenzvertrags als Vertrag *sui generis* in dem negativen Befund erschöpft, dass sich der Lizenzvertrag nicht mit den Vertragstypen des Besonderen Schuldrechts erfassen lässt.[504] Sie fordert, aufgrund der Einordnung des Lizenzvertrags als Vertrag *sui generis,* dass den Parteien obliegende Pflichtenprogramm aus dem Wesen des Lizenzvertrags zu entwickeln und im Übrigen die Bestimmungen des Allgemeinen Schuldrechts sowie die vereinzelten sondergesetzlichen Regelungen analog heranzuziehen.

Das Besondere Schuldrecht biete dagegen keine tragfähige Lösung, da die Bestimmungen aufgrund der abweichenden Risikostruktur des Lizenzvertrags nur modifiziert Anwendung finden können.[505] Mit der Abkehr von der einzelfallabhängigen Anwendung der im Besonderen Teil des BGB vorgebebenen Vertragstypen kann das Risiko reduziert werden, sich in Einzelfallbetrachtungen zu verlieren. Die Anwendung des Allgemeinen Schuldrechts ermöglicht eine dogmatisch konsistente Weiterentwicklung des Lizenzvertragsrechts, die darüber hinaus geeignet ist, zu mehr Rechtssicherheit beizutragen.

Die im Schrifttum geführte Auseinandersetzung und die erhebliche Anzahl aktueller Publikationen[506] zu dogmatischen Grundfragen des Lizenzvertragsrechts zeigen jedoch, dass nach wie vor um eine interessengerechte rechtliche Einordnung des Lizenzvertrags gerungen wird. Der Vorschlag, die anwendbaren Normen aus dem Wesen des Lizenzvertrags sowie nach Treu und Glauben für jeden Einzelfall gesondert zu bestimmen, erschwert die Entwicklung einheitlicher Kriterien für die Beurteilung zentraler Fragen im Zusammenhang mit dem Lizenzvertragsrecht. Auch eine Verfestigung einheitlicher Kriterien durch die Rechtsprechung kann nur bedingt Abhilfe schaffen, weil auf aktuelle Bedürfnisse nicht zeitnah reagiert werden kann. Die Entwicklung einheitlicher Grundstrukturen im Lizenzvertragsrecht ist für die Schaffung von hinreichender Rechtssicherheit jedoch unerlässlich.

Da weder der Rechtswissenschaft noch der Rechtsprechung in der über 100 jährigen Tradition des Lizenzvertragsrechts die Entwicklung einer einheitlichen

503 *Ullmann/Deichfuß* in: *Benkard,* Patentgesetz, 2015, § 15 PatG, Rn. 81.

504 *McGuire,* Die Lizenz, 2012, S. 672.

505 *McGuire,* Die Lizenz, 2012, S. 761.

506 *Pahlow,* Lizenz und Lizenzvertrag im Recht des Geistigen Eigentums, 2006; *Bartenbach,* Die Patentlizenz als negative Lizenz, 2002; *McGuire,* Die Lizenz, 2012, S. 13 m. w. N.

Grundstruktur für das Lizenzvertragsrecht gelungen ist, stellt sich die Frage nach einer gesetzlichen Regelung dieser besonderen Verwertungsform im Recht des geistigen Eigentums. Mit einer Kodifikation des Lizenzvertragsrechts könnte der Gesetzgeber nicht nur die Rechtssicherheit steigern, sondern auch bisherige Entwicklungen korrigieren. Beschränkt sich der Gesetzgerber auf die Festlegung einer gemeinsamen Grundstruktur, kann auch dem Einwand begegnet werden, einen allzu starren Rahmen vorzugeben.[507] Die Kodifikation des Lizenzvertrags als besondere Verwertungsform für Rechte des geistigen Eigentums wäre daher wünschenswert.

Bis dahin bleibt die Praxis jedoch – wie auch in Handbüchern zum Lizenzvertrag empfohlen wird –[508] darauf verwiesen, das vertragliche Pflichtenprogramm von Lizenzgeber und Lizenznehmer explizit zu regeln, um so zumindest *inter partes* für eine hinreichende Rechtssicherheit zu sorgen.

V. Zusammenfassung

Festzuhalten bleibt, dass sich hinter der Verwendung des Begriffs Lizenzvertrag zwei verschiedene rechtsgeschäftliche Sachverhalte verbergen. Die Einräumung eines positiven Nutzungsrechts an einem Immaterialgut, die Lizenz, auf der einen Seite sowie die Gesamtheit der von den Vertragspartnern vereinbarten Bestimmungen, der Lizenzvertrag, auf der anderen Seite.

In allen Bereichen des Gewerblichen Rechtsschutzes sowie im Urheberrecht hat sich seit der Rechtsprechung des RG hinsichtlich des in Form der Lizenz eingeräumten positiven Nutzungsrechts die Unterscheidung zwischen ausschließlicher und nicht-ausschließlicher (einfacher) Lizenz etabliert. Verwendet werden diese Begriffe, um den Umfang der dem Lizenznehmer eingeräumten Rechtsstellung zu beschreiben. So geben die Komplementärbegriffe vor, ob die dem Lizenznehmer eingeräumte Rechtsposition so umfassend ist, dass er zumindest in einem umschriebenen Bereich eine exklusive, andere ausschließende Rechtsstellung, mithin ein Monopol erlangt, oder ob er andere Lizenznehmer neben sich dulden muss. Die weiteren Details des Nutzungsrecht sind jedoch regelmäßig den vertraglichen Absprachen zu entnehmen und von den unterschiedlichen Interessen der Vertragspartner bestimmt.

---

507 So insbesondere für das Urheberrecht *Dietz/Loewenheim/Nordemann u. a.*, GRUR 2000, 765; allgemein *Pfaff u. a.*, Lizenzverträge, 2010, Rn. 52.

508 Für viele *Pfaff u. a.*, Lizenzverträge, 2010, Rn. 966.

Eine weitere Differenzierung der Lizenzen nach dem Umfang des eingeräumten Nutzungsrechts, wie sie von *Pahlow*[509] vorgeschlagen wird, mag zwar für den wissenschaftlichen Diskurs anregend sein, für die Kautelarpraxis erscheint sie jedoch nicht geeignet, insbesondere mit Blick auf die auch international etablierte Unterscheidung von ausschließlicher und nicht-ausschließlicher Lizenz.

Darüber hinaus kann – trotz gegenteiliger Argumentationsansätze – als anerkannt angesehen werden, dass es sich bei einer Lizenz um ein positives Nutzungsrecht an einem Immaterialgut handelt. Bei der Frage nach der Rechtsnatur von Lizenz und Lizenzvertrag handelt es sich um eine der umstrittensten Fragen im Bereich des Gewerblichen Rechtsschutzes.

Bezüglich der Einordnung des Lizenzvertrags in das System des BGB besteht zwar weit überwiegend Einigkeit, dass es sich um einen Vertrag *sui generis* handelt, dennoch ist es nicht gelungen, einheitliche Grundsätze zu den jeweiligen Vertragspflichten zu entwickeln. *De lege lata* könnten interessengerechte Lösungen unter Heranziehung des Allgemeinen Schuldrechts gewonnen werden. *De lege ferenda* wäre eine für alle Immaterialgüter gleichlaufende Kodifikation des Lizenzvertragsrechts wünschenswert.

Das sich nunmehr zur Rechtsnatur der Lizenz entwickelte Meinungsbild ist kaum mehr überschaubar. Die sich herausgebildete Differenzierung nach dem lizenzierten Immaterialgut ist unnötig und der Entwicklung eines einheitlichen Lizenzvertragsrechts hinderlich. Die weit überwiegende Einordnung der ausschließlichen Lizenz als dingliches Recht unter Berufung auf den gesetzlich normierten Sukzessionsschutz überzeugt nicht. Vielmehr ist auch die ausschließliche Lizenz obligatorisch ausgestaltet. Weder ausschließliche noch einfache Lizenzen vermitteln dem Lizenznehmer eine dingliche Rechtsposition. Allein die Berücksichtigung der wirtschaftlichen Interessen des Lizenznehmers hat dazu geführt, dass die Lizenz, insbesondere durch Gewährung von Sukzessionsschutz, eine gewisse Verdinglichung erfahren hat. Ein dingliches Recht ist sie deswegen nicht.

509 *Pahlow*, Lizenz und Lizenzvertrag im Recht des Geistigen Eigentums, 2006.

B. Lizenz und Lizenzvertrag nach US-amerikanischem Recht

In den USA haben Lizenzverträge eine sehr große wirtschaftliche Bedeutung, was insbesondere auf die dort ansässige Software- und Technologiebranche zurückzuführen ist.[510] Das Recht der Lizenzverträge ist jedoch, im Gegensatz zum Patent-, Marken- und Urheberrecht, im US-amerikanischen Recht nicht gesetzlich geregelt.[511] Die sich zum Lizenzvertragsrecht entwickelten Grundlagen basieren daher auf Richterrecht und sind von der Vertragspraxis geprägt.

Die Unterscheidung von Lizenz und Lizenzvertrag ist im US-amerikanischen Recht insbesondere auch für die Anwendung des jeweiligen Rechts relevant. Während für den Lizenzvertrag im engeren Sinn, also die Frage, ob die erfindungsgemäße Lehre rechtmäßig benutzt wird, Bundesrecht anwendbar ist, unterliegt der Lizenzvertrag im weiteren Sinn, wie beispielsweise seine Auslegung oder das Vorliegen von Beendigungstatbeständen, dem Recht des jeweiligen Einzelstaates.[512]

I. Die Lizenz

Ähnlich wie im deutschen Recht ist der Begriff der Lizenz in der US-amerikanischen Rechtsordnung mehrfach besetzt.[513] In einem immaterialgüterrechtli-

510 Der Anteil der »Copyright Industrie« machte in den USA nach einer Studie der WIPO aus dem Jahr 2014 11,25 % des Bruttoinlandsprodukts des Jahres 2013 aus; WIPO-Studies on the economic contribution of the Copyright Industries, Annex I; abrufbar unter:
http://www.wipo.int/export/sites/www/copyright/en/performance/pdf/economic_contribution_analysis_2012.pdf, zuletzt abgerufen am 25. 01. 2016.

511 *Jelinek,* Lizenzen in der Insolvenz – nach deutschem und US-amerikanischem Recht, 2013, S. 31; *Beier/Bodewig,* in: Pedrazzini/Brem, Festschrift zum fünfundsechzigsten Geburtstag von Mario M. Pedrazzini, Die Auslegung von Lizenzverträgen nach US-amerikanischem Recht, 1990, 513, S. 513.

512 *Lichtenstein,* Die Patentlizenz nach amerikanischem Recht, 1965, S. 4.

513 *Jelinek,* Lizenzen in der Insolvenz – nach deutschem und US-amerikanischem Recht, 2013, S. 31; siehe ferner die verschiedenen Definitionen in *Black/Nolan,* Black's law dictionary, 1990.

chen Kontext findet sich der Begriff unter anderem in 35 U. S. C. § 261 für die Patentlizenz und 17 U. S. C. § 101 für die Copyrightlizenz.

1. Der Begriff der Lizenz

Aufgrund der fehlenden gesetzlichen Regelungen des Lizenzvertragsrechts in der US-amerikanischen Rechtsordnung findet sich auch keine Legaldefinition der Lizenz. Die Anerkennung der Lizenz ergibt sich jedoch aus 35 U. S. C. § 261. Aus der Regelung der Übertragung eines Patents und der Erwähnung des Begriffs der exklusiven Lizenz wird die grundsätzliche Anerkennung der Lizenz geschlossen.[514] Dabei definiert die US-amerikanische Rechtsprechung den Begriff der Patentlizenz unter anderem als

> »*permission to make, use or sell articles embodying invention or a transfer which does not affect the monopoly of the patent otherwise than by estopping the licensor from exercising or a transfer which does not affect the monopoly of the patent otherwise than by estopping the licensor from exercising.*«[515]

Eine Lizenz wird demnach im US-amerikanischen Recht als eine Erlaubnis verstanden, eine geschützte Erfindung zu nutzen.

2. Abgrenzung Lizenz und Assignment

Ein weiteres negatives Merkmal der Lizenz ist in der US-amerikanischen Rechtsauffassung die Abgrenzung von einer Übertragung (»Assignment«).[516] Eine Lizenz beschränkt sich auf das Versprechen des Lizenzgebers, keine patentrechtlichen Ansprüche geltend zu machen. Die Übertragung irgendwelcher Rechte ist damit jedoch nicht verbunden. Im Rahmen eines Assignments hingegen werden Rechte an dem Patent übertragen mit allen sich daraus ableitenden Eigentumsrechten. Ein Assignment kann bei der Übertragung des gesamten Patents,

---

514 *Bernau,* Die Voraussetzungen und Umfang der Haftung des Patentlizenznehmers nach deutschem und US-amerikanischem Recht, 1999, S.16.

515 *De Forest Radio Telephone & Telegraph Co. V. Radio Corporation of America,* Delaware District Court – 9 F.2d 150, 151 (1925), *LL Brown Paper Co. v. Hydroiloid, Inc.,* New York Southern District Court – 32 F. Supp. 857, 867, 868 (1939); *Gray,* Geo. Mason U. L. Rev. 1990, 803, 803, Fn. 1; *Gruia,* Suffolk U. L. Rev. 1993, 292, 294, Fn. 18.

516 *Kuss,* Der Lizenzvertrag im Recht der USA, 2005, S. 11.

eines Miteigentumsanteils oder aller Rechte aus dem Patent für ein bestimmtes geografisches Gebiet vorliegen.[517] Ein Assignment bedarf zudem der Schriftform, während eine Lizenz auch stillschweigend erteilt werden kann.[518]

3. Die ausschließliche und die einfache Lizenz

Wie bereits erwähnt, ist die Unterscheidung zwischen ausschließlicher und nicht ausschließlicher Lizenz weltweit etabliert und findet sich auch im US-amerikanischen Recht.[519]

Die nicht ausschließliche, sog. einfache Lizenz (non-exclusive license) schützt den Lizenznehmer vor einer Verletzungsklage des Patentinhabers. Da sich die Wirkung der einfachen Lizenz auf die Zusage des Lizenzgebers gegenüber dem Lizenznehmer keine Patentverletzungsansprüche geltend zu machen, beschränkt, wird dem einfachen Lizenznehmer keine Aktivlegitimation zugesprochen. Selbst die Möglichkeit einer Klage des Lizenzgebers beizutreten wird zum Teil abgelehnt.[520]

Die ausschließliche Lizenz (exclusive license) schützt den Lizenznehmer nicht nur vor einer Patentverletzungsklage des Rechteinhabers, sondern auch vor der Erteilung weiterer Lizenzen gleichen Inhalts sowie der inhaltlichen oder territorialen Erweiterung früher erteilter Lizenzen.[521] Der ausschließliche Lizenznehmer kann, sofern ihm sämtliche substantiellen Rechte an dem Schutzrecht eingeräumt wurden, selber gegen vermeintliche Patentverletzer vorgehen.[522] Stehen ihm nicht alle substantiellen Rechte an dem Patent zu, kann der exklusive Lizenznehmer lediglich einer Klage des Patentinhabers beitreten.[523]

---

517 *Jim Arnold Corp. v. Hydrotech Systems, Inc.*, 109 F.3d 1567, (Fed. Cir. 1997).

518 *Enzo APA & Son, INC., et. Al. v. Geapag A.G.et. al.*, 134 F.3d at 1093 (Fed. Cir. 1998).

519 *Philips Gloeilampenfabrieken v. Atomic Energy Commission*, 316 F.2d 401 (1963): *»patent, however, gives one person the right to exclude all others; this monopoly is the property the right in the patent; patentee may grant exceptions to this monopoly in the form of exclusive or non-exclusive license; exclusive license give licensee (a) the right to use the patent free from infringement suit and (b) right to exclude all others; non-exclusive license gives only the right to use invention during patent period.«*

520 *Kuss*, Der Lizenzvertrag im Recht der USA, 2005, S. 184 f.

521 *Lichtenstein*, Die Patentlizenz nach amerikanischem Recht, 1965, S. 8, 9; *Kuss*, Der Lizenzvertrag im Recht der USA, 2005, S. 40; *Bernau*, Die Voraussetzungen und Umfang der Haftung des Patentlizenznehmers nach deutschem und US-amerikanischem Recht, 1999, S. 58 ff.

522 *Jelinek*, Lizenzen in der Insolvenz – nach deutschem und US-amerikanischem Recht, 2013, S. 35.

523 *Abbott Lab. v. Diamedix Corp.*, 47 F.3d 1128 (Fed. Cir. 1995).

Mit einer Ausnahme: Einem ausschließlichen Lizenznehmer, der nicht alle substantiellen Rechte an dem Patent innehat, steht die alleinige Klagebefugnis dann zu, wenn andernfalls eine Rechtsverfolgung nicht möglich ist, weil beispielsweise der Patentinhaber selbst eine Patentverletzung begeht.[524]

Sowohl hinsichtlich der ausschließlichen Lizenz als auch bezüglich der einfachen Lizenz war im US-amerikanischem Recht der Schutz des Lizenznehmers bei Übertragung des Patents nie umstritten.[525]

4. Rechtsnatur der Lizenz

Während das rechtswissenschaftliche Schrifttum in Deutschland nach wie vor um eine einheitliche Charakterisierung der Rechtsnatur der (Patent-) Lizenz ringt, wenden das US-amerikanische Schrifttum und die Rechtsprechung die Verzichtstheorie an.[526]

a. Die negative Natur der Patentlizenz

Besonders deutlich ergibt sich dies aus den Ausführungen des Court of Appeals in einem Urteil aus dem Jahr 1960, in dem es heißt:

524 *Waterman v. Mackenzie*, 138 U.S. 252, 255 (1891); *Littlefield v. Perry*, 88 U.S. (21 Wall.) 205, 223 (1874).

525 *Armstrong Pump, Inc. v. Hartman*, 745 F.Supp. 2d 227, 233 (W. D. N. Y. 2010); *Worley v. Tobacco Co.*, 104 U.S. 340, 344 (1881): »*[T]he assignee of a patent right takes it subject to the legal consequences of the previous acts by the patentee.*«; *American Dirigold Corp. v. Dirigold Metals Corp.*, 125 F.2d 446, 452 (6th Cir. 1942): [a party] »*acquiring by assignment or license an interest in [an] invention ... takes title [from the assignor] subject to prior assignments or licenses of which the assignee must inform himself as best he can and at his own risk ....*«; *Jardin v. Datallegro, Inc.*, 2009 U.S. Dist. LEXIS 3339 (S.D. Cal. Jan. 20, 2009), at *3: »*In general, a purchaser takes a patent subject to encumbering restrictions.*«; *V-Formation, Inc. v. Benetton Group, SpA*, 2006 U.S. Dist. LEXIS 13352 (D. Colo. Mar. 10, 2006), at *15; *Sanofi, S.A. v. Med-Tech Veterinarian Products, Inc.*, 565 F.Supp. 931, 939 (D. N. J. 1983): »*the purchaser of a patent takes subject to outstanding licenses*«; *Jones v. Berger*, 58 F. 1006, 1007 (C. C. D. Md. 1893): »*A subsequent assignee takes title to the patent subject to such [unrecorded] licenses, of which he must inform himself as best he can at his own risk*«; *siehe auch Datatreasury Corp. v. Wells Fargo & Co. et al.*, 522 F.3d 1368, 1372-73 (Fed. Cir. 2008).

526 *Henn*, Problematik und Systematik des internationalen Patent-Lizenzvertrages, 1967, S. 17.

> *»License has usefulness only to extent that it permits conduct which otherwise would be infringement of some claim of patent.«* [527]

Die Lizenz ist folglich ein Verzicht des Lizenzgebers auf sein Klagerecht, welches ihm aufgrund seines patentrechtlichen Ausschließlichkeitsrecht gegen Dritte zusteht.[528] Durch diesen Verzicht erlaubt die Lizenz nach amerikanischer Auffassung Handlungen, die andernfalls eine Patentverletzung darstellen würden.[529] Das US-amerikanische Schrifttum und die Rechtsprechung folgen damit für den Regelfall der so genannten »negativen« Funktion der Lizenz: Die Lizenzvergabe begründet die Verpflichtung des Lizenzgebers, nicht gegen eine Benutzung seines Patentrechts durch den Lizenznehmer vorzugehen.[530] Der Patentinhaber verzichtet damit auf die Inanspruchnahme wegen einer Patentverletzung. Sollen die Parteien Pflichten übernehmen, die über die bloße Duldung der Nutzung der Erfindung hinausgehen, müssen diese vertraglich explizit vereinbart werden.[531]

Das US-amerikanische Verständnis der Lizenz als Reflexrecht des Verbietungsrechts basiert auf der Differenzierung zwischen dem einer Erfindung von vornherein innewohnenden Recht des Erfinders zur positiven Nutzung seiner Erfindung, die sich aus dem Common Law ergibt und den dem Pateninhaber

527 *US Industries, Inc., v. Camco, Incorporated,* United States Court of Appeals, Fifth Circuit, 277 F.2d 292 (1960).

528 *Jelinek,* Lizenzen in der Insolvenz – nach deutschem und US-amerikanischem Recht, 2013, S. 32; *Lichtenstein,* NJW 1965, 1839, *5; Kuss,* Der Lizenzvertrag im Recht der USA, 2005, S. 5; *LL Brown Paper Co. v. Hydroiloid, Inc.,* New York Southern District Court, 32 F. Supp. 857, 867, 868 (1939)*: »A license is said to be merely the right not to be sued.«*

529 *Lichtenstein,* Die Patentlizenz nach amerikanischem Recht, 1965, S. 6; *US Industries, Inc., v. Camco, Incorporated,* United States Court of Appeals, Fifth Circuit, 277 F.2d 292 (1960).

530 *Kuss,* Der Lizenzvertrag im Recht der USA, 2005, S. 5; *Bartenbach,* Mitt. 2002, 503, 506; *Bernau,* Die Voraussetzungen und Umfang der Haftung des Patentlizenznehmers nach deutschem und US-amerikanischem Recht, 1999, S. 17 mit weiteren Verweisen auf die Rechtsprechung; u. a. *Western Electric v. Patent Reproducer Corporation,* 42 F.2d., 116, 118: *»In its simplest form, a license means only leave to do a thing which the licensor would otherwise have a right to prevent. Such a license grants to the licensee merely a privilege that protects him from claim of infringement by the owner of the monopoly.«*

531 *Jelinek,* Lizenzen in der Insolvenz – nach deutschem und US-amerikanischem Recht, 2013, S. 154.

im Rahmen des Patenterteilungsverfahrens zugewiesenen Rechten nach dem Patentgesetz.[532]

Der Lizenz wird auch dann lediglich ein negativer Charakter zugesprochen, wenn der Wortlaut des Lizenzvertrags die Lizenz positiv-rechtlich ausgestaltet.[533]

Gegen diese gefestigte Qualifizierung der Lizenz als bloßer Verzicht auf die Ausschließlichkeitsrechte wenden sich vereinzelt Stimmen der rechtswissenschaftlichen Literatur. Nach dieser Auffassung entspräche es eher der heutigen Lizenzierungspraxis, die Lizenz als ein positives Nutzungsrecht einzuordnen. Schließlich werde dem Lizenznehmer durch die Lizenz ein Recht und Privileg zur Nutzung des Schutzrechts gewährt.[534] Ferner spreche das regelmäßig zwischen Lizenzgeber und Lizenznehmer vereinbarte Pflichtenprogramm – Aufrechterhaltung des Schutzrechts, Vorgehen gegen Rechtsverletzungen Dritter, Bereitstellung weiterer Technologie und Materialien – für die Einordnung der Lizenz als ein positives Nutzungsrecht. Weitergehende Schlussfolgerungen werden aus dieser Einordnung indes nicht gezogen.

Die Forderung, die Lizenz als positives Nutzungsrecht zu qualifizieren, steht im Widerspruch zu der Ausgestaltung der patentrechtlichen Befugnisse. Auch die jüngere US-amerikanische Rechtsprechung stellt klar heraus, dass dem Patentinhaber kein positives Recht mit der Erteilung eines Patents gewährt wird.[535] Vielmehr beschränken sich seine Befugnisse darauf, Dritten die Verwendung seiner Technologie zu untersagen. Wenn dem Patentinhaber jedoch schon selber kein positives Recht zusteht, kann er auch einem Lizenznehmer ein solches nicht einräumen. Eine Lizenz umfasst daher nicht das Recht, ein bestimmtes Erzeugnis herzustellen, zu verkaufen oder zu nutzen. Sie kann lediglich sicherstellen, dass der Lizenznehmer keine Inanspruchnahme aufgrund einer Patentverletzung durch den Patentinhaber fürchten muss.

---

532 *Lichtenstein,* Die Patentlizenz nach amerikanischem Recht, 1965, S. 6 m.N. zur US-amerikanischen Rechtsprechung.

533 *Bernau,* Die Voraussetzungen und Umfang der Haftung des Patentlizenznehmers nach deutschem und US-amerikanischem Recht, 1999, S. 18 m. V. a. *Chisum,* Chisum on patents, 1997.

534 *Baffy, Cardozo Art. & Ent. L.J. 2010, 359, 37; Nimmer/Nimmer,* Analysis Chapters 1 – 6A; Vol. 1, 2011, § 1:2; *Spindelfabrik Suessen v. Stahlecker & Grill GmbH v. Schubert & Salzer Maschinenfabrik Aktiengesellschaft,* 829 F.2d 1075, 1081, 56 USLW 2176, 4 U.S.P.Q.2d 1044 (Fed.Cir. 1987): *»Even if couched in terms of '[l]icensee is given the right to make, use or sell X,' the agreement connot convey that absolute right because not even the patentee of X is given that right. His right is merely one to exclude others from making, using or selling X, 35 U.S.C. § 154.«*

535 *TransCore, LP v. Electronic Transaction Consultants Corp.,* 563 F.3d 1271, 1275.

Aufgrund der Einordnung der Rechtsnatur der Lizenz anhand der Verzichtstheorie wird in der US-amerikanischen Rechtsauffassung auch die Vereinbarung eines so genannten *»covenants not to sue«* als die Gewährung einer einfachen Lizenz angesehen.[536] Um einen *»covenant not to sue«* als einfache Lizenz zu qualifizieren, muss dieser allerdings unbedingt vereinbart sein und zeitlich unbefristet gelten.

Zusammenfassend kann daher festgehalten werden, dass es sich bei der Lizenz nach der US-amerikanischen Rechtsauffassung um einen vertraglichen Verzicht auf die Erhebung der Verletzungslage handelt.

b. Die Rechtsnatur der Lizenz und die Insolvenz des Lizenzgebers

Bedeutung erlangt die Rechtsnatur der Lizenz nach US-amerikanischem Recht bei der Insolvenz des Lizenzgebers und der Frage nach der Insolvenzfestigkeit der Lizenz.[537] Im US-amerikanischen Recht erreichte die Frage der Insolvenzfestigkeit der Lizenz gleichwohl keinen mit der deutschen Rechtslage vergleichbaren Stellenwert.[538]

Ähnlich wie im deutschen Recht kann der Insolvenzverwalter nach US-amerikanischen Recht wählen, ob er einen beiderseitig noch nicht erfüllten Vertrag, einen sogenannten *executory contract,* weiter erfüllt, zurückweist oder überträgt (11 U. S. C. § 365(a)). Von dem Vorliegen eines *executory contracts* ist dann auszugehen wenn:

> *»obligations of both the bankrupt and the other party to the contract are so far unperformed that the failure of either to complete the performance would constitute a material breach excusing the performance of the other.«*[539]

536 *MedImmune, Inc. v. Genentech,* Inc., 549 U.S. 118; *SanDisk Corp. v. STMicroelectronics, Inc.* 480 F.3d 1372; *TransCore, LP v. Electronic Transaction Consultants Corp.*, 563 F.3d 1271; *In re Spansion, Inc.*, 507 Fed. Appx. 125, 2012 U.S. App. (3d Cir. Del. 2012): *»the inquiry focuses on what the agreement authorizes, not whether the language is couched in terms of a license or a covenant not to sue; effectively the two are equivalent.«*

537 *Jelinek,* Lizenzen in der Insolvenz – nach deutschem und US-amerikanischem Recht, 2013, S. 33.

538 *Bisk,* Fordham Intell. Prop. Media & Ent. L.J. 2006, 611, 616.

539 *Gloria Manufacturing Corp. v. International Ladies' Garment Workers' Union,* 734 F.2d 1020, 1022 (4th Cir.1984).

Diesen Test zog der Court of Appeals, Fourth Circuit auch heran, als es um die Beurteilung der Zurückweisung eines Lizenzvertrags ging.[540] Der Entscheidung *Lubrizol Enterprise Inc. v. Richmond Metal Finishers Inc.* lag dabei folgender Sachverhalt zu Grunde: *Lubrizol* und *Richmond Metal Finishers Inc.* hatten im Jahr 1982 einen Lizenzvertrag geschlossen, indem *Richmond Metal Finishers Inc. Lubrizol* ein einfaches Nutzungsrecht an einem Verfahren zur Metallbeschichtung einräumte.[541] *Richmond Metal Finishers Inc.* verpflichtete sich, *Lubrizol* über Patentverletzungsstreitigkeiten und über weitere Nutzungen bzw. Lizenzierung der Technologie zu informieren. Nachdem *Richmond Metal Finishers Inc.* einen Konkursantrag gestellt hatte, lehnte der Insolvenzverwalter die Erfüllung des Lizenzvertrags ab, um die Technologie anderweitig verwerten zu können. Das angerufenen Gericht bestätigte die Entscheidung des Insolvenzverwalters. Aufgrund des im Lizenzvertrag vorgesehenen weiteren Pflichtenprogramms bejahte das Gericht das Vorliegen eines executory contract. *Lubrizol* verlor durch die Wahl der Nichterfüllung des Insolvenzverwalters etwaige Nutzungsansprüche und wurde auf die Geltendmachung von Schadensersatzansprüchen verwiesen.

Dieser Entscheidung folgten weitere.[542] Insbesondere wenn die Lizenzverträge einfache Lizenzen zum Gegenstand hatten, bejahten die Gerichte den Anwendungsbereich des 11 U. S. C. § 365(a) und unterstellten den Lizenzvertrag dem Wahlrecht des Insolvenzverwalters.[543] Ausschließlichen Lizenzen hingegen, die als eine Übertragung des Schutzrechts verstanden werden, wurden regelmäßig nicht als *executory contracts* eingeordnet. Der Lizenznehmer erlange bei der Erteilung einer ausschließlichen Lizenz ein eigentumsähnliches Recht *(a wasted property interest)* und nicht nur das Recht, das geistige Eigentum zu nutzen. Gleichwohl konnte auch die Erteilung einer ausschließlichen Lizenz mit einem fortdauernden, gegenseitigen Pflichtenprogramm verbunden sein, so dass trotz Erteilung einer ausschließlichen Lizenz der Vertrag dem Anwendungsbereich des 11 U.S.C § 365 (a) unterstand.[544]

Die auf den Einzelfall abstellende Einordnung von Lizenzverträgen war für die Lizenznehmer mit einer erheblichen Rechtsunsicherheit verbunden. Der US-Kongress wurde daher bereits wenige Jahre nach der *Lubrizol* Entscheidung

---

540 *Lubrizol Enterprises, Inc. v. Richmond Metal Finishers, Inc.*, 756 F.2d 1043 (4th Cir. 1985).

541 *Lubrizol Enterprises, Inc. v. Richmond Metal Finishers, Inc.*, 756 F.2d 1043, 1045 (4th Cir. 1985).

542 *Dengler/Gruson/Spielberger,* NZI 2006, 677, 682.

543 *Jelinek,* Lizenzen in der Insolvenz – nach deutschem und US-amerikanischem Recht, 2013, S. 40.

544 *Menell,* Berkeley Tech. L.J. 2007, 733, 761.

aktiv, um die von den Gerichtsentscheidungen verursachte Belastung der Entwicklung von Technologie in den USA entgegenzuwirken, indem er eine neue Regelung – 11 U. S. C. § 365 (n) – zum Schutz von Lizenzen verabschiedete.[545] Mit dieser Bestimmung sollte das Vertrauen in das System der Lizenzierung von geistigem Eigentum wieder hergestellt werden.[546] Gemäß 11 U. S. C. § 365 (n) bleiben dem Lizenznehmer des insolventen Lizenzgebers auch für den Fall der Zurückweisung des Lizenzvertrags gewisse Rechte erhalten.[547]

Lehnt der Insolvenzverwalter die Erfüllung des Lizenzvertrags ab, kann der Lizenznehmer den Vertrag als gekündigt betrachten, wodurch er seine Nutzungsrechte verliert. Er kann jedoch auch auf seine Rechte bestehen, so dass die Lizenzgewährung als *»passive Verpflichtung«* weiterbesteht. Diese Rechte stehen dem Lizenznehmer unabhängig davon zu, ob er Inhaber einer einfachen oder ausschließlichen Lizenz ist.[548] Diese gesetzliche Normierung ist die im US-amerikanischen Schrifttum nicht kritiklos geblieben.[549] Insbesondere wird die begrenzte Wirkung des Anwendungsbereichs der Norm kritisiert, so dass kaum von einer Insolvenzfestigkeit von Lizenzen gesprochen werden könne.[550] Gleichwohl verbessert sie die Situation des Lizenznehmers bei der Insolvenz seines Lizenzgebers im Vergleich zu der von der Rechtsprechung bis zur Einführung dieser Bestimmung geschaffenen Rechtslage.

Einer weitergehenden Auseinandersetzung mit der Rechtsnatur der Lizenz und einer damit verbundenen möglichen Insolvenzfestigkeit wurde mit der Einführung von 11 U. S. C. § 365 (n) jedenfalls die Grundlage entzogen.

5. Erteilung der Lizenz

Durch die Einordnung der Lizenz als bloßen Verzicht auf die Erhebung einer Patentverletzungsklage wird die Erteilung der Lizenz nach US-amerikanischen

545 Siehe hierzu die Gesetzgebungsmat. in dem Kap. »I. Purpose«, in: S.Rep. 100-505, 1988 U. S. C. C. A. N. 3200: *»This view … leaves the licensee in a precarious position and thus threaten the very flexible and beneficial system of intellectual property licensing which has developed in the United States.«*

546 *Dengler/Gruson/Spielberger,* NZI 2006, 677, 683.

547 *Obergfell/Hauck/Heim u. a.,* Lizenzvertragsrecht, 2016, S. 107.

548 *Dengler/Gruson/Spielberger,* NZI 2006, 677, 683; *Jelinek,* Lizenzen in der Insolvenz – nach deutschem und US-amerikanischem Recht, 2013, S. 43.

549 Vgl. hierzu ausführlich *Jelinek,* Lizenzen in der Insolvenz – nach deutschem und US-amerikanischem Recht, 2013, m. w. N.

550 *Obergfell/Hauck/Heim u. a.,* Lizenzvertragsrecht, 2016, S. 108.

Recht nicht als eine Abspaltung des dem Erfinder nach *common law* gegebenem Recht an und aus der Erfindung eingestuft.[551] Die Einordnung der Lizenz als bloßer Verzicht des Patentinhabers auf seine Ausschließlichkeitsrechte steht der Erteilung einer Lizenz im Wege der Übertragung von Nutzungsrechten entgegen.[552] Die Erteilung einer Lizenz beruht daher allein auf einer vertraglichen Vereinbarung zwischen Lizenzgeber und Lizenznehmer.

Abzugrenzen ist die Lizenzerteilung von einer Übertragung (»Assignment«) eines Patents. Geregelt ist die Übertragung in 35 U.S.C. § 261, die bei der Übertragung des Vollrechts, eines ungeteilten Miteigentumsanteils und der Einräumung sämtlicher Rechte für ein bestimmtes Gebiet vorliegt.[553] Umfasst eine ausschließliche, territorial begrenzte Patentlizenz die Benutzung, Herstellung und Veräußerung, liegt eine Übertragung vor. Liegen diese Voraussetzungen nicht vor, handelt es sich um die Erteilung einer Lizenz.[554] Von Bedeutung ist diese Unterscheidung für die Frage der Aktivlegitimation des Lizenznehmers. Nur im Fall der Übertragung ist der Lizenznehmer aktivlegitimiert. Aufgrund der dem Lizenznehmer bei der Übertragung zustehenden umfassenden Rechtsposition erscheint eine der Inhaberschaft vergleichbare Rechtstellung und die Klagebefugnis des Lizenznehmers gerechtfertigt.[555]

Im Urheberecht dagegen ist jede ausschließliche Lizenz zugleich eine Übertragung des Eigentums am Copyright (17 U.S.C § 101). Der Umfang der eingeräumten Rechtsposition spielt daher anders als im Patentrecht keine Rolle.[556] In der Erteilung einer ausschließlichen Lizenz an urheberrechtlich geschützten Werken wird daher eine Abspaltung der Rechte des Urheberrechtsinhabers gesehen.[557]

Das US-amerikanische Markenrecht kennt hingegen keine Teilrechtsübertragung des Schutzrechts. Einer dem Patentrecht vergleichbaren Abgrenzung bedarf es nicht.[558] Allerdings muss bei der Übertragung einer Marke auch der *good will* des Geschäftsbetriebes mit übertragen werden.

---

551 *Bartenbach,* Mitt. 2002, 503, 507.

552 *Jelinek,* Lizenzen in der Insolvenz – nach deutschem und US-amerikanischem Recht, 2013, S. 35.

553 *Waterman v. MacKenzie,* 138 U.S. 252, 255.

554 *Jelinek,* Lizenzen in der Insolvenz – nach deutschem und US-amerikanischem Recht, 2013, S. 36 m. w. N. zur Rechtsprechung.

555 *Waterman v. MacKenzie,* 138 U.S. 252, 255.

556 *Kuss,* Der Lizenzvertrag im Recht der USA, 2005, S. 25.

557 *Jelinek,* Lizenzen in der Insolvenz – nach deutschem und US-amerikanischem Recht, 2013, S. 36.

558 *Kuss,* Der Lizenzvertrag im Recht der USA, 2005, S. 26.

II. Der Lizenzvertrag

Der Lizenzvertrag ist im US-amerikanischen Recht ein Gebilde der Rechtspraxis und der Rechtsprechung, der den allgemeinen Grundsätzen des Vertragsrechts untersteht.[559] Der Lizenzvertrag bildet somit eine Schnittstelle zwischen Immaterialgüterrecht und Vertragsrecht.[560]

Eine gesetzliche Normierung des Lizenzvertrags gibt es, wie im Übrigen auch hinsichtlich der meisten anderen Verträge im US-amerikanischen Recht, nicht. Ein dem deutschen Recht vergleichbares Besonderes Schuldrecht fehlt.[561] Aus diesem Grund stellte sich die Frage der Zuordnung des Lizenzvertrags zu einem bestimmten Vertragstyp, deren Ziel die Ableitung der Rechte und Pflichten der Vertragsparteien ist, in der US-amerikanischen Rechtslehre nicht. Es fehlte folglich an dem Bedürfnis, den Lizenzvertrag einem bestimmten Vertragstyp zuzuordnen.

Regelungen und Rechtsfolgen zu den sich aus den unterschiedlichen Interessen ergebenden Fragen zu Rechten und Pflichten der Vertragsparteien stellen die Rechtsprechung und die Rechtspraxis auf. Das Lizenzvertragsrecht bewegt sich dabei im Spannungsverhältnis zwischen einzelstaatlichem Vertragsrecht[562] und des jeweiligen Immaterialgüterrechts, welches im wesentlichen Gegenstand des Bundesrechts ist.[563]

Obwohl sich aus dem US-amerikanischen Recht kein Zwang ergibt, den Lizenzvertrag bestimmten anderen etablierten Vertragstypen zuzuordnen, greift die Rechtsprechung gleichwohl auf Lösungen zurück, die im Zusammenhang mit anderen Vertragstypen entwickelt wurden. Beispielsweise wenden US-

---

559 *Bernau,* Die Voraussetzungen und Umfang der Haftung des Patentlizenznehmers nach deutschem und US-amerikanischem Recht, 1999, S. 17.

560 *State Contracting & Engineering Corp. v. Florida,* 258 F3d 1329, 1339 (Fed. Cir. 2001).

561 *Bernau,* Die Voraussetzungen und Umfang der Haftung des Patentlizenznehmers nach deutschem und US-amerikanischem Recht, 1999, S. 71; *Kuss,* Der Lizenzvertrag im Recht der USA, 2005, S. 97.

562 *State Contracting & Engineering Corp v. Florida,* 258 F.3D 1329, 1339 (Fed Cir. 2001): »*Whether express or implied, a license is a contract' governed by ordinary principles of state contract law.*«; *McCoy v. Mitsuboshi Cutlery, Inc.,* 67 F.3d 917, 920 36 USPQ2d 1289, 1291 (Fed. Cir. 1995) mit Bezug auf *Power Lift, Inc. v. Weatherford Nipple-Up Sys., Inc.,* 871 F.2d 1082, 1085, 10 USPQ2d 1464, 1466 (Fed. Cir. 1989).

563 *Kuss,* Der Lizenzvertrag im Recht der USA, 2005, S. 44; *Schricker/Beier,* Urhebervertragsrecht, 1995, S. 837.

amerikanische Gerichte Rechtssätze und Auslegungsregeln auf das Verhältnis zwischen Lizenzgeber und Lizenznehmer an, die im Recht der Miete entwickelt wurden.[564] In einer der ersten Entscheidungen zu diesem Komplex führte der U.S. Supreme Court aus, dass die Beziehungen zwischen Lizenzgeber und Lizenznehmer mit denen zwischen Vermieter und Mieter vergleichbar seien. Die Zahlung von Lizenzgebühren sei nichts anderes als die Miete für die Nutzung des Patents.[565] Diese Feststellung führt zur Anwendung der mietrechtlichen *»eviction rule«* auf den Lizenzvertrag. Nach der *»eviction rule« k*ann der Mieter die Zahlung des Mietzinses verweigern, wenn er beweisen kann, dass ihm die durch den Mietvertrag eingeräumten Vorteile wieder entzogen wurden. Dieser Einwand soll auch dem Lizenznehmer offenstehen, wenn ihm die Nutzung des lizenzierten Immaterialgutes nicht mehr möglich ist.

Daneben findet sich ausdrückliche rechtliche Anerkennung, dass der Lizenzvertrag zwar ein Vertrag sui generis sei, aber dem Kaufvertrag am nächsten komme.[566]

564 *Lichtenstein,* Die Patentlizenz nach amerikanischem Recht, 1965, S. 102; *Bernau,* Die Voraussetzungen und Umfang der Haftung des Patentlizenznehmers nach deutschem und US-amerikanischem Recht, 1999, S. 72.

565 *Wynne v. Allen,* 245 N.C. 421, 96 S.E. 2d 422.

566 *National Foam System v. Urquhart,* 103 F. Supp., 433, 435 (1952)*: »Of course, a license under a patent is in some respects sui generis, but it can be more closely assimilated to a sale calling for delivery and payment in installments than to anything else.«*

Fünftes Kapitel: Wechselwirkung zwischen Ausgestaltung der Lizenz und der Erschöpfungslehre nach deutschem Recht

Die bisherige Darstellung hat gezeigt, dass sich im Recht des geistigen Eigentums die dem Schutzrechtsinhaber *de jure* eingeräumten Rechte verbrauchen, wenn er selbst oder ein Dritter mit seiner Zustimmung ein geschütztes Erzeugnis in Verkehr bringt. Die Erschöpfung bewirkt, dass der Schutzrechtsinhaber nicht mehr aus seinem Monopolrecht wegen einer möglichen Verletzung seines Schutzrechts vorgehen kann. Die Zustimmung zur Nutzung der patentgemäßen Lehre gewährt der Patentinhaber einem Dritten regelmäßig in Form einer Lizenz. Wie die vorangegangene Untersuchung gezeigt hat, handelt es sich bei der Lizenz um eine dem Lizenznehmer eingeräumte, positive Nutzungsbefugnis mit schuldrechtlicher Wirkung. Diese Nutzungsbefugnis ist regelmäßig in weitere Absprachen der Vertragsparteien im Rahmen eines Lizenzvertrags eingebettet.

Fraglich ist jedoch, ob und gegebenenfalls in welchem Umfang der Patentinhaber sich seine Verbietungsrechte oder zumindest einen Teil davon vorbehalten kann, in dem er die einem Dritten eingeräumte positive Nutzungsbefugnis – die Lizenz – einschränkt, beispielsweise durch die Vorgabe von Bedingungen zur weiteren Verwendung des geschützten Erzeugnisses oder Verfahrens. Insbesondere im Hinblick auf die oft vielfältigen Einsatzmöglichkeiten von Erfindungen in hochtechnisierten Bereichen sind Schutzrechtsinhaber bestrebt, eine gewisse Marktsegmentierung durch vertragliche Vereinbarungen zu erreichen.[567] Dadurch wollen sie eine umfassende und flexible Verwertung ihrer Erfindung sicherstellen. Dieses Ziel kann jedoch nur erreicht werden, wenn die jeweilige Ausgestaltung der Lizenz geeignet ist, dem Patentinhaber einen Teil seines Verbietungsrechts vorzubehalten und nicht bereits vorangegangene Handlungen zum Verbrauch der Verbietungsrechte geführt haben.

567 *Katz*, BYU L. Rev. 2014, 484.

In der rechtswissenschaftlichen Literatur wird in diesem Zusammenhang von der Beschränkung der Erschöpfungswirkung gesprochen.[568] Die herrschende Meinung geht davon aus, dass vertragliche Absprachen, sofern sie bestimmte Voraussetzungen erfüllen, den Eintritt der Erschöpfung verhindern können. Welche vertraglichen Beschränkungen geeignet sein sollen, um den Eintritt der Erschöpfung zu verhindern, ist indes nicht einhellig geklärt. Im Folgenden sollen daher die Voraussetzungen erarbeitet werden, unter denen eine vertragliche Beschränkung den Eintritt der Erschöpfung hindert. In einem weiteren Schritt ist zu klären, ob und in welchem Umfang die Beschränkung der Erschöpfungswirkung auch dazu führt, dass der Schutzrechtsinhaber weiterhin seine Ausschließlichkeitsrechte durchsetzen kann. Anhand dieser Voraussetzungen werden schließlich verschiedene Beschränkungen der Lizenz untersucht.

A. Die vertragliche Ausgestaltung von Beschränkungen

Sowohl ausschließliche als auch einfache Lizenzen können aufgrund der im geistigen Eigentum zu beachtenden Privatautonomie[569] den unterschiedlichsten, räumlichen, zeitlichen oder sachlichen Beschränkungen unterworfen sein.[570] Einigkeit besteht insoweit, als dass nicht jede vertragliche Bestimmung bzw. Abrede geeignet sein kann, bei einem Verstoß nicht nur eine Vertragsverletzung, sondern zugleich eine Verletzung des jeweiligen Schutzrechts zu begründen. Auch wenn sich, wie noch darzustellen sein wird, verschiedene Typisierungen herausgebildet haben, ist die jeweilige Wirkung der Beschränkung nicht hinreichend geklärt.[571]

I. Der Begriff der Lizenzbeschränkung

Sowohl in der rechtswissenschaftlichen Literatur als auch in der Rechtsprechung werden die verschiedenen vertraglichen Regelungen im Zusammenhang mit der Erschöpfungswirkung begrifflich anhand der ihnen zugeschriebenen

568 *Arruda,* Erschöpfungsgrundsatz und Lizenzvertrag, 2011, S. 71; fürs Urheberrecht nur *Berger,* AcP 2001 (201), 411, 426 m. w. N.

569 *Bartenbach/Bartenbach,* Patentlizenz- und Know-how-Vertrag, 2013, Rn. 1180.

570 *Kraßer/Bernhardt,* Patentrecht, 2009, S. 934.

571 *Ensthaler* in: *Fitzner/Lutz/Bodewig,* Patentrechtskommentar, 2012, § 9 PatG, Rn. 98.

Rechtsfolgen abgegrenzt. Eine einheitliche von dem jeweiligen Immaterialgut unabhängige Terminologie konnte sich bisher allerdings nicht durchsetzen.

Der BGH[572] sowie Teile der rechtswissenschaftlichen Literatur differenzieren zwischen dinglich oder nur obligatorisch wirkenden Beschränkungen.[573] Dabei soll nur bei den so genannten dinglich wirkenden Beschränkungen der Eintritt der Erschöpfung ausgeschlossen sein. Ein Verstoß gegen eine als dingliche Beschränkung zu qualifizierende vertragliche Absprache erlaubt es demnach dem Patentinhaber gegen seinen vertragsbrüchigen Vertragspartner aus einer Verletzung seines Patents vorzugehen. Die Nichtbeachtung anderer vertraglicher Abreden stellt dagegen lediglich eine Vertragsverletzung dar.[574]

Daneben findet sich bei *Fezer* die Unterscheidung von »kennzeichenrechtlichen und rein schuldrechtlichen Zustimmungsvorbehalten«, wobei nur die Verletzung eines kennzeichenrechtlichen Zustimmungsvorbehalts dem Markeninhaber kennzeichenrechtliche Ansprüche zustehen.[575] *Hacker* dagegen unterscheidet zwischen gegenständlichen und sonstigen Vertragsbestimmungen.[576] Bei der Ausfüllung der Begrifflichkeiten »gegenständlich« und »kennzeichenrechtlich« greifen jedoch beide auf die in § 30 Abs. 2 Nr. 1 bis 5 MarkenG abschließend aufgezählten Regelungen zurück. Nur in diesen gesetzlich normierten Fällen könne die Erschöpfungswirkung ausgeschlossen werden.[577]

Im Urheberrecht wird entweder die Unterscheidung zwischen »urheberrechtlich wirkenden Schranken« und »schuldrechtlichen«[578] oder »gegenständlichen« und »schuldrechtlich« ausgestalteten Beschränkungen verwendet.[579] Im Patentrecht wird dem entsprechend zwischen »patentrechtlich wirkenden Beschränkungen und sonstigen Beschränkungen« unterschieden.[580]

---

572 BGH Urt. v. 12.12.1991, GRUR 1992, 310, 311 – *Taschenbuchlizenz.*

573 *Leßmann,* GRUR 2000, 741, 747 m.w.N; *Wandtke/Grunert* in: *Block/Wandtke,* Praxiskommentar zum Urheberrecht, 2014, § 31 UrhG, Rn. 24; *Schulze* in: *Dreier/Schulze,* Urheberrechtsgesetz, 2013, § 17 UrhG, Rn. 19; *Kraßer,* GRUR Int. 1973, 230, 235.

574 *Haedicke u. a.*, Handbuch des Patentrechts, 2012, § 4, Rn. 135; *Ullmann/Deichfuß* in: *Benkard,* Patentgesetz, 2015, § 15 PatG, Rn. 73; *Kraßer/Bernhardt,* Patentrecht, 2009, S. 933.

575 *Fezer,* Markenrecht, 2009, § 24 MarkenG, Rn. 37.

576 *Hacker* in: *Ströbele,* Markengesetz, 2015, § 30 MarkenG, Rn. 25.

577 *Hacker* in: *Ströbele,* Markengesetz, 2015, § 30 MarkenG, Rn. 25; *Fezer,* Markenrecht, 2009, § 24 MarkenG, Rn. 37.

578 *Joos,* Die Erschöpfungslehre im Urheberrecht, 1991, S. 95.

579 *Zecher,* Zur Umgehung des Erschöpfungsgrundsatzes bei Computerprogrammen, 2004, S. 52.

580 *Hacker* in: *Busse/Keukenschrijver,* Patentgesetz, 2013, § 15 PatG, Rn. 69; *Kraßer/Bernhardt,* Patentrecht, 2009, S. 935.

Schließlich findet sich in der jüngeren rechtswissenschaftlichen Literatur die Abgrenzung anhand von »schutzrechtsbezogenen« und »nicht schutzrechtsbezogenen« Beschränkungen. [581] *Pahlow*, der diese Terminologie eingeführt hat, führt hierzu aus:

> *»Schutzrechtsbezogene Beschränkungen folgen aus den gesetzlichen Benutzungsbefugnissen, die dem Rechtsinhaber an seinem Schutzrecht zustehen. Nicht schutzrechtsbezogene Beschränkungen stehen dagegen außerhalb der gesetzlich normierten Benutzungsbefugnisse des Monopolrechts und wirken dementsprechend nur schuldrechtlich.«*[582]

Trotz der uneinheitlichen Terminologie ist allen Ansätzen gemeinsam, dass vertragliche Bestimmungen nur dann den Eintritt der Erschöpfungswirkung ausschließen können, wenn sie Ausfluss des Inhalts des jeweiligen Monopolrechts sind.[583] *Joos* führt zum Beispiel aus, dass vertragliche Beschränkungen nur dann urheberrechtlich wirken, wenn sie sich auf ein Verhalten beziehen,

> *»zu welchem kraft der ausschließlichen Zuordnung des Immaterialgutes die Erlaubnis des Rechtsinhabers erforderlich ist.«*[584]

Maßgebend für die Beschränkung der Erschöpfungswirkung ist damit, dass sich der Regelungsgegenstand der vertraglichen Bestimmung auf eine dem Schutzrechtsinhaber gesetzlich zugewiesene Benutzungsbefugnis bezieht und dem Lizenznehmer von dieser von vornherein nur ein Minus eingeräumt wird.[585] Überschreitet der Lizenznehmer diese Benutzungsbefugnis, handelt er ohne Zustimmung des Schutzrechtsinhabers, so dass die Wirkungen der Erschöpfung nicht eintreten können. Eine Nutzung der lizenzierten Technologie außerhalb des von der Zustimmung umfassten Bereichs stellt eine Patentverletzung dar. Die Wirkung der Erschöpfung kann somit grundsätzlich nur dann durch eine vertragliche Vereinbarung abbedungen werden, wenn diese die Ausgestaltung der Lizenz – den Lizenzvertrag im engeren Sinn – betrifft.

---

581 *Pahlow*, Lizenz und Lizenzvertrag im Recht des Geistigen Eigentums, 2006, S. 458; *Arruda*, Erschöpfungsgrundsatz und Lizenzvertrag, 2011, S. 61.

582 *Pahlow*, Lizenz und Lizenzvertrag im Recht des Geistigen Eigentums, 2006, S. 458.

583 *Pahlow*, Lizenz und Lizenzvertrag im Recht des Geistigen Eigentums, 2006, S. 458.

584 *Joos*, Die Erschöpfungslehre im Urheberrecht, 1991, S. 96 mit Verweis auf *Kraßer*, GRUR Int. 1973, 230, S. 235.

585 *Lüdecke/Fischer*, Lizenzverträge, 1957, S. 379, D27.

Die Wirkungen der Erschöpfung sind also mit der Art und Weise der Ausgestaltung der Lizenz des Dritten als Lizenznehmer verknüpft. Sollen dem Dritten die dem Rechteinhaber zustehenden Benutzungsbefugnisse nicht vollumfänglich eingeräumt werden, erhält der Dritte nur eine begrenzte Rechtsmacht. Überschreitet der Lizenznehmer die ihm eingeräumte Rechtsmacht, in dem er die lizenzierte Technologie in einer Art und Weise nutzt, die nicht von der Zustimmung des Patentinhabers umfasst ist, tritt keine Erschöpfung ein. Aus diesem Befund ergibt sich, dass die bisher verwendete Differenzierung zwischen dinglichen und obligatorischen Beschränkungen, patentrechtlichen und schuldrechtlichen, sowie schutzrechtsbezogenen und nicht schutzrechtsbezogenen, mit den dargestellten Wirkungen zu weit ist. Da der Ausschluss der Erschöpfung nur dann in Betracht kommt, wenn die Lizenz – die positive Benutzungsbefugnis – beschränkt erteilt wird, ist der Begriff der Lizenzbeschränkung vorzuziehen.

Vertragliche Absprachen, die dagegen dem Lizenzvertrag im weiteren Sinn zuzuordnen sind, stellen sich schon nicht als Ausfluss des dem Schutzrechtsinhaber zustehenden Monopolrechts dar. Sie sind nicht geeignet, eine Einschränkung der Erschöpfungswirkung zu begründen. Derartige vertragliche Absprachen sind daher nicht als Lizenzbeschränkungen zu qualifizieren. Beispielhaft genannt seien hier Preisbindungsklauseln, Rechnungslegungs- und Geheimhaltungspflichten sowie Nichtangriffsabreden. Diese Bestimmungen sind dem Lizenzvertrag im weiteren Sinn zuzuordnen.

Mit der Vorgabe von Lizenzbeschränkungen übt der jeweilige Schutzrechtsinhaber sein ihm aus dem Schutzrecht fließenden Monopolrechts aus. Den möglichen Umfang der Lizenzbeschränkungen gibt dabei der Schutzumfang des jeweiligen Schutzrechts vor.

Fraglich ist gleichwohl, ob jede in diesem Sinn verstandene Lizenzbeschränkung auch tatsächlich geeignet ist, die Wirkung der Erschöpfung auszuschließen, oder ob Aspekte des freien Warenverkehrs eine weitere Eingrenzung von Lizenzbeschränkungen, die zu einem Ausschluss der Erschöpfungswirkung führen, gebieten.

II. Aufspaltung der patentrechtlichen Benutzungsbefugnisse und Lizenzbeschränkungen

Eine Lizenzbeschränkung kann, ausgehend von den obigen Ausführungen, nur dann vorliegen, wenn sie Ausfluss der dem Pateninhaber gemäß § 9 PatG eingeräumten Befugnisse ist.[586] Diese Befugnisse bilden zugleich den äußersten Rahmen bei der Ausgestaltung der Lizenz.

Der Patentinhaber kann einem Dritten das Recht einräumen, die in § 9 PatG aufgeführten Befugnisse in Gänze oder nur hinsichtlich einzelner Befugnisse auszuüben.[587] Die dem Lizenznehmer eingeräumte Befugnis muss jedoch hinsichtlich ihrer wirtschaftlichen und technischen Ausführung nicht so umfassend sein, dass sie identisch ist mit den Befugnissen des § 9 PatG. Vielmehr kann es sich bei den dem Lizenznehmer eingeräumten Rechten zur Nutzung der patentgemäßen Lehre auch nur um einen Ausschnitt, um eine Teilmenge, einer oder mehrerer der Befugnisse handeln.[588] Allerdings ist in diesem Zusammenhang zu klären, ob die einzelnen durch § 9 PatG vorgegebenen Befugnisse beliebig aufgespalten werden können. In § 15 Abs. 2 PatG heißt es hierzu lediglich:

> *»Die Rechte nach Absatz 1 können ganz oder teilweise Gegenstand von ausschließlichen oder nicht ausschließlichen Lizenzen für den Geltungsbereich dieses Gesetzes oder einen Teil desselben sein.«*

Einen *Numerus Clausus* an zulässigen Beschränkung der Patentlizenz hat der Gesetzgeber nicht vorgegeben, sondern der privatautonomen Ausgestaltung der Vertragsparteien überlassen.

1. Numerus Clausus der Lizenzbeschränkungen

Ausgehend von der Qualifizierung der Lizenz als dingliches Nutzungsrecht forderte die patentrechtliche Literatur zum Teil einen gewissen Typenzwang der Lizenzbeschränkungen. Anerkennung sollten nur solche Beschränkungen finden, *»die sich in langjähriger Verkehrsübung durchgesetzt haben, den Bedürfnissen nach Verkehrssicherheit (Erkennbarkeit)«*[589] entsprechen und sich mit den Befugnissen des Vollrechts decken. Mit der Forderung begrenzter fest umrissener Typen von Teilbefugnissen sei eine praktikable Grenzziehung zwischen

586 *Kraßer/Bernhardt,* Patentrecht, 2009, S. 325.

587 Vgl. zu den Benutzungsbefugnissen Zweites Kapitel A.

588 *Forkel,* Gebundene Rechtsübertragungen, 1977, S. 111.

589 *Strohm,* Wettbewerbsbeschränkungen in Patentlizenzverträgen nach amerikanischem und deutschem Recht, 1971, S. 147.

Formen beschränkter Lizenzen möglich. Die Ausbildung dieser Typen soll ferner dem Geltungsbereich der Vertragsfreiheit entzogen sein.[590]

Ein solcher starrer Typenzwang ist jedoch abzulehnen. Er würde die Flexibilität bei der Lizenzgestaltung und die Verkehrsfähigkeit der Lizenz erheblich einschränken.[591] Der mit dem Typenzwang verfolgte Zweck der Rechtssicherheit kann damit auch nur bedingt erreicht werden. Berühmt sich der Lizenznehmer gegenüber seinem Abnehmer auf eine dem Typenkatalog entsprechende Lizenz, heißt das noch lange nicht, dass er in den vorgegebenen Grenzen agiert und tatsächlich in dem vorgegebenen Umfang berechtigt ist.[592] Die Ausgestaltung der Lizenz als reines Auswahlrecht anhand eines vorgegebenen Typenkataloges kann als starres und unflexibles Konstrukt weder den Interessen des Lizenznehmers noch den Interessen des Patentinhabers als Lizenzgeber gerecht werden.

Darüber hinaus ist die Beschränkung der Lizenz mit erschöpfungshindernder Wirkung Ausfluss des dem Patentinhabers mit der Erteilung seines Patents eingeräumten Ausschließlichkeitsrechts und steht nicht im Zusammenhang mit der Rechtsnatur der Lizenz.[593] Gleichwohl erlaubt die Einordnung der Lizenz als schuldrechtliches Recht eine flexible vom Interesse der Parteien getragene Ausgestaltung. Dessen ungeachtet kann die Beschränkung der Erschöpfungswirkung nicht ins Belieben der Parteien gestellt werden.

2. Aufspaltung in Nutzungsarten im Urheberrecht

Neben der patentrechtlichen Diskussion zur Typisierung der Lizenzbeschränkung wird die Aufspaltbarkeit von Nutzungsrechten insbesondere hinsichtlich der urheberrechtlichen Verwertungsrechte diskutiert. Anlass für die zum Teil kontrovers geführte Diskussionen zur Reichweite der urheberrechtlichen Verwertungsrechte, insbesondere im Hinblick auf das Recht der Werkvervielfältigung und das Recht zur öffentlichen Widergabe, gaben die technischen Neuerungen, beginnend mit Radio, Fernsehen, Fotokopiergeräten und schließlich das digitale Zeitalter mit Computern und Internet.[594]

Der BGH führt in ständiger Rechtsprechung hinsichtlich der Einräumung von Nutzungsrechten an urheberrechtlich geschützten Werken aus, dass die

590 *Strohm,* Wettbewerbsbeschränkungen in Patentlizenzverträgen nach amerikanischem und deutschem Recht, 1971, S. 147 ff.; *Haedicke u. a.*, Handbuch des Patentrechts, 2012, § 4, Rn. 136.

591 *McGuire,* Die Lizenz, 2012, S. 397.

592 *Balz,* Eigentumsordnung und Technologiepolitik, 1980, S. 380f.

593 *McGuire,* Die Lizenz, 2012, S. 565.

594 *Wündisch,* Wettbewerbsverbote im Verlagsvertrag, 2002.

lizenzierbare Nutzungsart i. S. d. § 31 UrhG durch die wirtschaftlich-technischen Gestaltungsmöglichkeiten eines Werkes bestimmt wird. Dadurch werden vielfältige verwertbare Nutzungsarten innerhalb der gemäß der §§ 15 ff. UrhG dem Urheber eingeräumten Verwertungsrechte eröffnet.[595] Mit dem Begriff der Nutzungsart wird dabei die konkrete wirtschaftliche und technische Verwertungsform gekennzeichnet, die dem jeweiligen Verwertungsrecht unterliegen soll. Seine inhaltliche Bestimmung richtet sich im Wesentlichen danach, ob es sich um eine nach der Verkehrsauffassung als solche hinreichend klar abgrenzbare, wirtschaftlich-technisch als einheitlich und selbständig erscheinende Nutzungsart handelt.[596] Beurteilungsmaßstab für das Vorliegen einer eigenständigen klar abgrenzbaren Nutzungsart sei die Sicht der Endverbraucher als Marktgegenseite.[597]

Das Vorliegen einer eigenständigen Nutzungsart hat der BGH beispielsweise zwischen einer Taschenbuch- und Hardcover-Ausgabe bejaht.[598] Zur Begründung hat er auf die unterschiedlichen Gestaltungsmerkmale abgestellt. Das Taschenbuch zeichne insbesondere das relativ kleine Format, einen relativ kleinen Druck und den Paperback-Einband aus. Dagegen sei eine Hardcover-Ausgabe durch einen festen Einband, ein größeres Format und in der Regel einen größeren Druck gekennzeichnet. Eine möglicherweise unterschiedliche Preisgestaltung zwischen Taschenbuch- und Hardcover-Ausgaben sei aber kein kennzeichnendes Merkmal.[599]

Ebenso geht die herrschende Meinung des urheberrechtlichen Schrifttums davon aus, dass der Rechtsverkehr nicht mit beliebig zugeschnittenen Rechten konfrontiert werden soll. Vielmehr müssen Lizenzbeschränkungen mit erschöpfungshindernder Wirkung klar abgrenzbar sein und vernünftigen wirt-

595 BGH Urt. v. 21. 11. 1958, GRUR 1959, 200, 202 – *Der Heiligenhof*; BGH Urt. v. 26. 04. 1974, GRUR 1974, 786, 787 – *Kassettenfilm*; BGH Urt. v. 23. 02. 1979, GRUR 1979, 637, 638 – *White Christmas*.

596 BGH Urt. v. 13. 10. 2004, GRUR 2005, 48,49 – *Der Zauberberg;* BGH Urt. v. 24. 10. 2002, GRUR 2003, 416, 418 – *CPU-Klausel*; BGH Urt. v. 06. 07. 2000, GRUR 2001, 153, 154 – *OEM-Version*; BGH Urt. v. 08. 11. 1989, GRUR 1990, 669, 672 – *Bibelreproduktion*; BGH Urt. v. 21. 11. 1958, GRUR 1959, 200, 202 – *Der Heiligenhof*; BGH Urt. v. 26. 04. 1974, GRUR 1974, 786, 787 – *Kassettenfilm*; BGH Urt. v. 23. 02. 1979, GRUR 1979, 637, 638 – *White Christmas*; *Schricker* in: *Loewenheim/Dietz/Schricker*, Urheberrecht, 2010, Vor § 28 UrhG, Rn. 87 m. w. N.; *Joos*, Die Erschöpfungslehre im Urheberrecht, 1991, S. 97 ff.

597 *Loewenheim/Becker*, Handbuch des Urheberrechts, 2010, § 27, Rn. 12 m. V. a. BGH Urt. v. 04. 07. 1996, GRUR 1997, 215, 217 – *Klimbim*.

598 BGH Urt. v. 12. 12. 1991, GRUR 1992, 310, 311 – *Taschenbuch-Lizenz*.

599 BGH Urt. v. 12. 12. 1991, GRUR 1992, 310, 311 – *Taschenbuch-Lizenz*.

schaftlichen Bedürfnissen entsprechen.[600] Wann eine solche Aufspaltung der urheberrechtlichen Verwertungsbefugnisse vorliegt, müsse anhand des jeweiligen Einzelfalls beurteilt werden. Zu berücksichtigen sei dabei zum einen das Interesse des Urhebers an einer optimalen differenzierten und intensiven Verwertung seines Werkes und zum anderen das Verkehrsschutzinteresse der Allgemeinheit. Demnach liegt im Urheberrecht eine Lizenzbeschränkung, die zum Ausschluss der Erschöpfungswirkung führt, immer dann vor, wenn sie (i) sich als wirtschaftlich und technisch einheitlich sowie selbständig abzeichnende Nutzungsart ausmachen lässt und (ii) nach der Verkehrsauffassung auch als bekannt eingestuft werden kann.

Durch technische Entwicklungen können neue, entsprechend den dargelegten Voraussetzungen aufspaltbare Nutzungsarten nur dann geschaffen werden, wenn sie sich von den bisherigen so sehr unterscheiden, dass eine Werkverwertung in dieser Form nur aufgrund einer neuen Entscheidung des Urhebers in Kenntnis der neuen Nutzungsmöglichkeiten zugelassen werden kann, um den Urheber – entsprechend dem Grundgedanken des Urheberrechts – angemessen an dem wirtschaftlichen Nutzen seines Werkes zu beteiligen.[601]

3. Übertragung der urheberrechtlichen Grundsätze auf patentrechtliche Lizenzbeschränkungen

Das patentrechtliche Schrifttum spricht sich – mit Verweis auf das Interesse des Verkehrsschutzes – zum Teil für eine Übernahme dieser im Urheberrecht entwickelten Grundsätze bei der Beurteilung von patentrechtlichen Lizenzbeschränkungen aus.[602]

Hintergrund der im Urheberrecht aufgestellten Voraussetzungen für die Aufspaltung der Verwertungsformen in unterschiedliche Nutzungsarten ist, dass urheberrechtlich geschützte Werke durch technische Weiterentwicklungen häufig vielfältigen Verwertungsformen zugeführt werden können. Hierin liegt zugleich der entscheidende Unterschied zur Verwertung patentgeschützter Erzeugnisse. Die Verwendung patentgeschützter Erzeugnisse wird regelmäßig bereits durch die geschützte technische Lehre vorgegeben. Konkret bestimmt die physische Ausgestaltung und Anordnung technischer Erzeugnisse deren

600 *Schricker* in: *Loewenheim/Dietz/Schricker,* Urheberrecht, 2010, Vor § 28 UrhG, Rn. 87.

601 BGH Urt. v. 23.02.1995, GRUR 1995, 673 – *Mauer-Bilder*; BGH Urt. v. 04.07.1996, GRUR 1997, 215, 217 – *Klimbim.*

602 *Ensthaler* in: *Fitzner/Lutz/Bodewig,* Patentrechtskommentar, 2012, § 9 PatG, Rn. 101; *Haedicke u. a.*, Handbuch des Patentrechts, 2012, § 4, Rn. 136.

Funktionalität und damit deren Einsatzmöglichkeit. Der Aufspaltung der Lizenz, im Sinne einer technisch eigenständigen Verwertungsform, sind damit bereits faktisch gewisse Grenzen gesetzt.[603]

Gleichwohl muss auch im Patentrecht verlangt werden, dass die Beschränkung der Lizenz nicht nur Ausfluss der dem Pateninhaber vom Gesetzgeber zugewiesenen Nutzungsbefugnisse ist, sondern auch dem Interesse des Patentinhabers an einer angemessenen Verwertung der geschützten Lehre beiträgt. Dies ist dann zu verneinen, wenn die dem Lizenznehmer eingeräumten Nutzungsbefugnisse derart beliebig aufgespalten werden, dass sie sich in Art und Umfang nicht mehr von anderen Verwendungsmöglichkeiten unterscheiden und jedweder Eigenständigkeit entbehren. Dabei kann auch eine gewisse Durchsetzung und Bekanntheit im Verkehr für die Eigenständigkeit der Nutzungsart sprechen.

Entscheidender Bezugspunkt für die Bestimmung der Eigenständigkeit der Nutzungsart muss jedoch der Schutzumfang des Patents sein. Nur wenn die dem Lizenznehmer eingeräumte Befugnis eine hinreichende Grundlage im Inhalt des Schutzrechts hat, ist von einer wirtschaftlich und technisch eigenständigen Verwertung der Lizenz auszugehen. In diesen Fällen hat der Patentinhaber ein berechtigtes wirtschaftliches Interesse daran, dass über die eingeräumte Lizenz hinausgehende Benutzungshandlungen weiterhin seinem Verbietungsrecht unterstehen. Da eine eigenständige Nutzungsart nur vorliegen kann, wenn sie eine hinreichende Grundlage im Schutzrecht findet, empfiehlt es sich diese als schutzrechtsbezogene Lizenzbeschränkung zu bezeichnen. Liegt eine schutzrechtsbezogene Lizenzbeschränkung vor, kann der Patentinhaber bei einer Verletzung dieser vertraglichen Absprache seinen Lizenznehmer wegen einer Patentverletzung in Anspruch nehmen. Fehlt der Lizenzbeschränkung ein hinreichender Bezug zum Schutzumfang, da diese nicht mehr als eine selbständige Ausübung des Monopolrechts qualifiziert werden kann, liegt eine nicht-schutzrechtsbezogene Lizenzbeschränkung vor. Bei einem Verstoß gegen eine nicht-schutzrechtsbezogene Lizenzbeschränkung tritt, obwohl es sich um eine Beschränkung der Nutzungsbefugnis handelt, die Wirkung der Erschöpfung nicht ein. Der Lizenznehmer kann allenfalls wegen der Verletzung vertraglicher Pflichten in Anspruch genommen werden.

603 Davon zu unterscheiden ist die zweite medizinische Indikation. Gemäß Art. 54 Abs. 4 EPÜ kann ein bereits zum Stand der Technik gehörender Stoff als Erzeugnis geschützt werden, wenn dessen weitere Anwendung nicht zum Stand der Technik gehört (vgl. *Melullis* in: *Benkard,* Patentgesetz, 2015, § 3 PatG, Rn. 371).

4. Ergebnis

Lizenzbeschränkungen liegen nur dann vor, wenn sich die vertragliche Regelung auf die Einräumung der Lizenz – das positive Benutzungsrecht – bezieht. Es handelt sich folglich um solche Absprachen die den Lizenzvertrag im engeren Sinn betreffen. Vertragliche Bestimmungen, die sich auf das darüberhinausgehende Pflichtenprogramm (Lizenzgebühren, Zahlungsmodalitäten, Nichtangriffsabreden) beziehen, sind schon keine Lizenzbeschränkungen.

Gleichwohl ist nicht jede Lizenzbeschränkung geeignet, die Wirkung der Erschöpfung auszuschließen. Nur wenn sich die Lizenzbeschränkung auf eine wirtschaftlich und technisch eigenständige Verwertungsmöglichkeit bezieht, die eine hinreichende Grundlage im Umfang des Schutzrechts hat, kann diese Lizenzbeschränkung erschöpfungshindernd wirken. Es handelt sich dann um eine schutzrechtsbezogene Lizenzbeschränkung.

B. Rechtsfolgen bei Verstoß gegen schutzrechtsbezogene Lizenzbeschränkung

Im nachfolgenden Abschnitt sollen die Rechtsfolgen eines Verstoßes gegen eine schutzrechtsbezogene Lizenzbeschränkung untersucht werden. Neben einer Vertragsverletzung, aus der der Schutzrechtsinhaber gegen den Lizenznehmer in jedem Fall vorgehen kann, stellt sich die Frage nach einem Vorgehen wegen einer Schutzrechtsverletzung.

Bei der Untersuchung ist zwischen zwei Ebenen zu unterscheiden: (I.) Den Verstößen des Lizenznehmers gegen schutzrechtsbezogene Lizenzbeschränkungen und (II.) den Verstößen der Abnehmer des Lizenznehmers gegen schutzrechtsbezogene Lizenzbeschränkungen, weil (1.) der Abnehmer das geschützte Erzeugnis entweder von einem Lizenznehmer unter Verstoß gegen eine schutzrechtsbezogene Lizenzbeschränkung erlangt hat, oder weil (2.) der Abnehmer das geschützte Erzeugnis auf eine Art und Weise verwendet, die der Patentinhaber schon nicht seinem Lizenznehmer gestattet hat.

I. Verstoß durch den Lizenznehmer (Erstbegehungsakt)

Es kann als weit überwiegende Auffassung in der rechtswissenschaftlichen Literatur[604] und Rechtsprechung[605] angesehen werden, dass Verstöße des Lizenznehmers gegen schutzrechtsbezogene Lizenzbeschränkungen den Eintritt der Erschöpfung verhindern.

---

604 *Bartenbach/Bartenbach,* Patentlizenz- und Know-how-Vertrag, 2013, Rn. 1182 u. 1306; *Ullmann/Deichfuß* in: *Benkard,* Patentgesetz, 2015, § 15 PatG, Rn. 73; *Kraßer/Bernhardt,* Patentrecht, 2009, S. 935; *Kühnen* in: *Schulte/Kühnen,* Patentgesetz mit Europäischem Patentübereinkommen, 2008, § 15 PatG, Rn. 24; *Schulze* in: *Dreier/Schulze,* Urheberrechtsgesetz, 2013, § 31 UrhG, Rn. 48; *Loewenheim* in: *Loewenheim/Dietz/Schricker,* Urheberrecht, 2010, § 17 UrhG, Rn. 59; *Joos,* Die Erschöpfungslehre im Urheberrecht, 1991, S. 96, 104, 108, 111; *Fezer,* Markenrecht, 2009, § 30 MarkenG, Rn. 73; *Ingerl,* Markengesetz, 2010, § 30 MarkenG, Rn. 28; *Kraßer,* GRUR Int. 1973, 230, 230ff.; *Reimer,* GRUR Int. 1972, 221, 228.

605 RG Urt. v. 28.02.1902, RGZ 50, 229, 231 – *Kölnisch Wasser;* RGZ, 135, 145, 149; BGH Urt. v. 08.06.1967, GRUR 1967, *676, 680 – Gymnastiksandale;* BGH Urt. v. 23.02.1979GRUR 1979, 637, 639 – *White Christmas;* BGH Urt. v. 14.12.1999, GRUR 2000, 299 – *Karate.*

Ausgangspunkt bei der Frage nach den Rechtsfolgen, die ein Verstoß des Lizenznehmers gegen eine schutzrechtsbezogene Lizenzbeschränkung auslöst, ist die Überlegung, dass der Lizenznehmer in diesen Fällen eine Patentverletzung begeht, weil eine solche Handlung nicht von der erteilten Lizenz gedeckt ist. Damit ist die Sache nicht »ohne objektive Verletzung des Patentrechts«, »befugterweise«, in den Verkehr gelangt. Ein Umstand dem die herrschende Meinung[606] entnimmt, dass dem Patentinhaber weiterhin seine Verbietungsrechte zustehen.

Eine ausdrückliche gesetzliche Regelung findet sich in § 30 Abs. 2 MarkenG. Gemäß § 30 Abs. 2 MarkenG kann der Markeninhaber die Rechte aus der Marke gegen einen Lizenznehmer durchsetzen, der gegen bestimmte schutzrechtsbezogene Lizenzbeschränkungen verstößt, in dem er beispielsweise die Marke in einem nicht lizenzierten Gebiet auf der Ware anbringt oder die Ware nicht die vereinbarte Qualität aufweist.

Ausgehend von der Rechtfertigung der Erschöpfungslehre[607] bedarf die herrschende Meinung auch für das Patentrecht keiner Korrektur. Der Lizenznehmer kennt die Grenzen der ihm eingeräumten Rechtsmacht und weiß, wann er diese überschreitet. Eine Erweiterung der Erschöpfungslehre unter dem Gesichtspunkt der Rechtssicherheit oder Verkehrsfähigkeit patentgeschützter Produkte im Verhältnis Lizenznehmer und Patentinhaber ist daher nicht erforderlich. Verletzt der Lizenznehmer eine schutzrechtsbezogene Lizenzbeschränkung,[608] kann der Patentinhaber gegen seinen Lizenznehmer nicht nur wegen einer Vertragsverletzung vorgehen, sondern auch wegen einer Patentverletzung.

---

606 *Bartenbach/Bartenbach*, Patentlizenz- und Know-how-Vertrag, 2013, Rn. 1182 u. 1306; *Ullmann/Deichfuß* in: *Benkard*, Patentgesetz, 2015, § 15 PatG, Rn. 73; *Kraßer/Bernhardt*, Patentrecht, 2009, S. 935; *Kühnen* in: *Schulte/Kühnen*, Patentgesetz mit Europäischem Patentübereinkommen, 2008, § 15 PatG, Rn. 24; *Schulze* in: *Dreier/Schulze*, Urheberrechtsgesetz, 2013, § 31 UrhG, Rn. 48; *Loewenheim* in: *Loewenheim/Dietz/Schricker*, Urheberrecht, 2010, § 17 UrhG, Rn. 59; *Joos*, Die Erschöpfungslehre im Urheberrecht, 1991, S. 96, 104, 108, 111; *Fezer*, Markenrecht, 2009, § 30 MarkenG, Rn. 73; *Ingerl*, Markengesetz, 2010, § 30 MarkenG, Rn. 28; *Kraßer*, GRUR Int. 1973, 230, 230 ff.; *Reimer*, GRUR Int. 1972, 221, 228; RG Urt. v. 28.02.1902, RGZ 50, 229, 231 – *Kölnisch Wasser*; RG Urt. v. 14.10.1931, RGZ, 135, 145, 149; BGH Urt. v. 08.06.1967, GRUR 1967, 676, 680 – *Gymnastiksandale*; BGH Urt. v. 23.02.1979, GRUR 1979, 637, 639 – *White Christmas*; BGH Urt. v. 14.12.1999, GRUR 2000, 299 – *Karate*.

607 Vgl. Drittes Kapitel A.II.

608 Vgl. zu den verschiedenen schutzrechtsbezogenen Lizenzbeschränkungen Fünftes Kapitel C.

II. Verstoß durch den Abnehmer des Lizenznehmers (Zweitbegehungsakt)

Verstöße des Abnehmers gegen Lizenzbeschränkungen können – wie bereits oben erwähnt – vorliegen, weil der Abnehmer das geschützte Erzeugnis von einem Lizenznehmer unter Verstoß gegen eine schutzrechtsbezogene Lizenzbeschränkung erlangt hat. Es ist aber ebenso möglich, dass erst der Abnehmer des Lizenznehmers das erworbene Produkt auf eine Weise verwendet, die der Patentinhaber seinem Lizenznehmer nicht gestattet hat. Handelt es sich um einen Verstoß gegen eine schutzrechtsbezogene Lizenzbeschränkung, stellt sich die Frage, ob der Patentinhaber die Rechte aus dem Patent auch gegenüber den Abnehmern seines Lizenznehmers durchsetzen kann. Ein Vorgehen wegen einer Vertragsverletzung scheidet aus, da es regelmäßig an einer vertraglichen Beziehung zwischen Patentinhaber und Abnehmer des Lizenznehmers fehlen wird.

1. Der Abnehmer erwirbt die geschützten Waren unter Verstoß gegen schutzrechtsbezogene Lizenzbeschränkungen vom Lizenznehmer

Nutzt der Abnehmer des Lizenznehmers einen patentgeschützten Gegenstand, den er von einem Lizenznehmer unter Verletzung einer schutzrechtsbezogenen Lizenzbeschränkung erworben hat, etwa weil der Lizenznehmer das geschützte Erzeugnis außerhalb des lizenzierten Gebietes[609] oder in Überschreitung einer Höchstmengengrenze[610] vertreibt, sieht die bisher herrschende Meinung darin eine Patentverletzung. Da der geschützte Gegenstand unter Verstoß gegen eine schutzrechtsbezogene Lizenzbeschränkung in Verkehr gebracht wurde, fehlt es an der die Erschöpfung auslösenden Zustimmung des Patentinhabers. Der patentgeschützte Gegenstand ist nicht gemeinfrei geworden. Der Patentinhaber kann in diesen Fällen daher nicht nur gegenüber seinem Lizenznehmer, sondern auch gegenüber Dritten die ihm aus seinem Patent zustehenden Rechte durchsetzen.[611] Eine Auffassung, die sich in jüngster Zeit allerdings erneut

609 Vgl. zu räumlichen Lizenzbeschränkungen Fünftes Kapitel C. III.

610 Vgl. zu Höchstmengenbegrenzungen Fünftes Kapitel C. IV. 1.

611 *Ullmann/Deichfuß* in: *Benkard,* Patentgesetz, 2015, § 15 PatG, Rn. 73; *Kraßer/Bernhardt,* Patentrecht, 2009, S. 935.

der Kritik ausgesetzt sieht.[612] Ob dies begründet und eine Erweiterung der Erschöpfungslehre geboten ist, gilt es nachfolgend zu untersuchen.

a. Argumente gegen die herrschende Meinung

Der herrschenden Lehre, die dem Patentinhaber nicht nur ein Vorgehen gegen seinen Lizenznehmer, sondern auch gegenüber dessen Abnehmern gestattet, wird eine nicht hinnehmbare Rechtsunsicherheit vorgeworfen. Der Verkehr müsse sich darauf verlassen können, dass ein von einem Lizenznehmer in Verkehr gebrachtes geschütztes Erzeugnis patentfrei wird, so dass diesem Erzeugnis die Unterlassungsansprüche aus dem Patent nicht nachlaufen. Das Erzeugnis müsse »gemeinfrei« werden.[613] Es sei dem Verkehr nicht zuzumuten, zu prüfen, ob der Lizenznehmer im Einzelfall die Grenzen des ihm eingeräumten Nutzungsrechts überschreitet. Es müsse vielmehr ausreichen, dass der Verkehr sich vergewissere, dass das geschützte Erzeugnis von einem Dritten erworben wird, dem vom Patentinhaber ein irgendwie geartetes Nutzungsrecht eingeräumt wurde.[614]

Ebenso *Arruda* sieht in der erschöpfungshindernden Wirkung schutzrechtsbezogener Lizenzbeschränkungen eine erhebliche Rechtsunsicherheit, insbesondere weil in Teilen der Literatur Uneinigkeit darüber herrscht, welche Beschränkungen erschöpfungshindernd wirken. Ferner sieht er in der erschöpfungshindernden Wirkung eine unnötige Beeinträchtigung des freien Warenverkehrs, etwa weil die Bestimmung des Inhalts der schutzrechtsbezogenen Beschränkung Auslegungsschwierigkeiten bereitet.[615] *Arruda* fordert daher im Ergebnis, dass ein Schutzrechtsinhaber, der eine Lizenz erteilt, die Erschöpfung seiner Verbietungsrechte hinnehmen muss, als Konsequenz seiner Entscheidung. Sofern der Lizenznehmer gegen eine als schutzrechtsbezogene Lizenzbestimmung zu qualifizierende Bestimmung verstößt, könne der Schutzrechtsinhaber seine Schutzrechte nur gegen den Lizenznehmer und nicht gegen dessen Abnehmer geltend machen.[616] Ein Ergebnis, welches *Arruda* im Wesentlichen auf drei Argumente stützt:

---

612 *Arruda,* Erschöpfungsgrundsatz und Lizenzvertrag, 2011, S. 71 ff.; zuvor *Tetzner,* NJW 1962, 2033, 2037.

613 *Tetzner,* NJW 1962, 2033, 2036.

614 *Tetzner,* NJW 1962, 2033, 2036.

615 *Arruda,* Erschöpfungsgrundsatz und Lizenzvertrag, 2011, S. 71 ff.

616 *Arruda,* Erschöpfungsgrundsatz und Lizenzvertrag, 2011, S. 100; ebenso plädiert *Berger* dafür, dass ein Verstoß des Erstverbreiters gegen schutzrechtsbezogene Beschränkungen den

aa. Rechtsscheinhaftung

Für den Schutz der Verkehrsinteressen zieht *Arruda* die Grundsätze des Rechtsschein analog §§ 170 ff. BGB heran. Aus den Grundsätzen des Rechtsscheins ergebe sich, dass derjenige, der in zurechenbarer Weise einen Rechtschein gesetzt hat, weniger schutzwürdig ist, als derjenige, der auf den Rechtschein redlich vertraut. Übertragen auf die Erschöpfungslehre bedeutet dies, dass

»der gutgläubige Abnehmer eines schutzrechtsverkörpernden Gegenstandes … [sich] auf das Gemeinfreiwerden der Ware verlassen darf, wenn sie durch einen Lizenznehmer auf den Markt gebracht wird, auch wenn der Lizenznehmer dabei gegen schutzrechtsbezogene Beschränkungen verstoßen hat.«[617]

bb. Die ökonomische Analyse des Rechts

Die Anwendung des Rechtsscheingrundsatzes sieht *Arruda* ferner durch die Lehre der ökonomischen Analyse des Rechts bestätigt.

Die aus den USA stammende Strömung der ökonomischen Analyse des Rechts untersucht Rechtsnormen nach ihrer Vereinbarkeit mit Zielen der allgemeinen Wohlfahrt.[618] Maßstab für die Auslegung von rechtlichen Regelungen mit Interpretationsspielraum sollen nicht bzw. nicht allein die Instrumentarien der juristischen Methodenlehre[619] sein, sondern der Rechtsanwendende soll bei der Abwägung möglicher Entscheidungsalternativen auf die Folgen der jeweiligen Alternative achten.[620] Zu begrüßen sind die Folgen der Entscheidungsalternative, wenn diese mit dem ökonomischen Effizienzziel vereinbar sind, wobei unterschiedliche Ansätze für die Auslegung des Kriteriums der Effizienz herangezogen werden.[621]

Eintritt der Erschöpfung nicht hindere, *Berger,* AcP 2001 (201), 411, 430.

617 *Arruda,* Erschöpfungsgrundsatz und Lizenzvertrag, 2011, S. 81.

618 *Schäfer/Ott,* Lehrbuch der ökonomischen Analyse des Zivilrechts, 2012, S. 254.

619 Vgl. zur juristischen Methodenlehre unter anderem *Larenz/Canaris,* Methodenlehre der Rechtswissenschaft, 1995.

620 *Eidenmüller,* Effizienz als Rechtsprinzip, 2015, S. 400; *Schäfer/Ott,* Lehrbuch der ökonomischen Analyse des Zivilrechts, 2012, S. 4.

621 Der Begriff der Effizienz nach *Vilfredo Pareto* fußt auf den Prinzipien der Konsumentensouveränität, dem Nonpaternalismuns und der Einstimmigkeit. Demnach ist eine Situation dann die Bessere, wenn es mindestens einem Individuum besser und keinem Individuum schlechter

Basierend auf der Folgenorientierung und dem ökonomischen Effizienzkalkül sollen beispielsweise bei der Auslegung von Verträgen gemäß § 157 BGB danach gefragt werden, auf welche hypothetische Lösung sich rational und kooperativ handelnde Vertragspartner verständigt hätten, wenn ihnen bereits bei Vertragsschluss das Problem bekannt gewesen wäre. Im Schadensfall soll demnach immer diejenige Partei haften, die den Schaden mit den geringsten Kosten hätte vermeiden können (*cheapest cost avoider*).[622] Diesem Grundsatz liegt die Überlegung zu Grunde, dass beispielsweise ein Käufer ein bestimmtes Risiko eher für EUR 5.000 selbst eliminieren würde, als dem Verkäufer einen um EUR 6.000 höheren Kaufpreis zu zahlen, damit dieser den Schadensfall abwendet.

Aus der Anwendung der ökonomischen Analyse des Rechts folgert *Arruda*, dass

> *»das Inverkehrbringen von schutzrechtsverkörpernden Gegenständen entgegen der Lizenzgeberplanung zum Geschäftsrisiko gehört, für das der Lizenzgeber einzustehen hat. Dieses Risiko auf Dritte bzw. auf den Markt zu überwälzen, gehört nicht zu den Vorteilen, die die Rechtsordnung als Anreiz oder Belohnung für immaterielle Tätigkeit vergeben darf.«*[623]

cc. Unteilbarkeit der Zustimmung

Schließlich wird argumentiert, dass die Zustimmung im Sinne einer *»modernen Erschöpfungslehre«* als unteilbar angesehen werden müsse. Die Rechtswidrigkeit einer Handlung müsse durch die Zustimmung auf das erste Inverkehrbringen begrenzt werden.[624] Zur Begründung führt Arruda an, die Funktion der Zustimmung läge in der Begrenzung der Rechtswidrigkeit auf das erste Inver-

geht (vgl. *Pareto,* Manuel d'économie politique, 1909, Kap. VI, Nr. 33 sowie Appendice, N° 88, 89; *Eidenmüller,* Effizienz als Rechtsprinzip, 2015, S. 48 ff.). Der Effizienzbegriff nach *Nicholas Kaldor* und *John Hicks* verlangt für eine Wohlfahrtssteigerung dagegen, dass aus den Gewinnen der bessergestellten Beteiligten die Verluste der Verlierer kompensiert werden können, und darüber hinaus wenigstens die Stellung eines Beteiligten verbessert wird (*Kaldor,* Economic Journal 1939, 549, 550; *Hicks,* The economic journal: the journal of the Royal Economic Society 1939, 696, 706; *Eidenmüller,* Effizienz als Rechtsprinzip, 2015, S. 51 ff.).

622 *Schäfer/Ott,* Lehrbuch der ökonomischen Analyse des Zivilrechts, 2012, S. 254; *Eidenmüller,* Effizienz als Rechtsprinzip, 2015, S. 402.

623 *Arruda,* Erschöpfungsgrundsatz und Lizenzvertrag, 2011, S. 85.

624 *Arruda,* Erschöpfungsgrundsatz und Lizenzvertrag, 2011, S. 85.

kehrbringen, um Schutzrechtsverletzungen bei weiteren Vertriebshandlungen auszuschließen.[625]

b. Eigene Stellungnahme

Die an der herrschenden Meinung geübte Kritik und die Ablehnung der Beschränkung der Erschöpfungswirkung durch schutzrechtsbezogene Lizenzbeschränkungen überzeugt nicht.

aa. Keine analoge Anwendung der Rechtsscheinhaftung

Eine analoge Anwendung der Grundsätze der Rechtsscheinhaftung der §§ 170 ff. BGB verkennt die Voraussetzungen, die eine Rechtsscheinhaftung auslösen. Der Schutz des Dritten nach § 170 BGB verlangt, dass sich das Vertrauen des Dritten auf eine Äußerung des Vollmachtgebers gründet, und zwar aufgrund der Erklärung einer Außenvollmacht ihm gegenüber.[626] Gleichermaßen verlangt der Rechtsscheintatbestand des § 171 BGB, dass der Vollmachtgeber gegenüber einem Dritten die erteilte Innenvollmacht kundtut. Zwar braucht die Vollmachtserteilung nicht persönlich durch den Vertretenen vorgenommen werden, eine durch den Bevollmächtigten übermittelte mündliche Erklärung erfüllt den Rechtsscheintatbestand des § 171 Abs. 1 BGB allerdings nicht.[627]

In beiden Konstellationen ist also erforderlich, dass der Vollmachtgeber oder jedenfalls eine vom Vertreter verschiedene Person, gegenüber einem Dritten in Erscheinung tritt, um eine entsprechende Rechtsscheinhaftung auszulösen. In dieser Hinsicht liegt jedoch gerade der Unterschied zwischen der Erteilung einer Außenvollmacht bzw. der Kundgabe einer Innenvollmacht und der Erteilung einer Lizenz.

---

625 *Arruda,* Erschöpfungsgrundsatz und Lizenzvertrag, 2011, S. 85.

626 *Schilken* in: *Staudinger,* Buch 1 Allgemeiner Teil §§ 164–240 (Allgemeiner Teil 5), 2009, § 170 BGB, Rn.4; *Palm* in: Erman u. a., Bürgerliches Gesetzbuch, 2004, § 170 BGB, Rn. 1; *Habermeier* in: *Bamberger/Roth,* Kommentar zum Bürgerlichen Gesetzbuch, 2007, § 170 BGB, Rn. 5; *Schramm* in: *Rebmann,* Münchener Kommentar zum Bürgerlichen Gesetzbuch, 2012, § 170 BGB, Rn. 5.

627 *Schilken* in: *Staudinger,* Buch 1 Allgemeiner Teil §§ 164–240 (Allgemeiner Teil 5), 2009, § 171 BGB, Rn. 4; *Schramm* in: *Rebmann,* Münchener Kommentar zum Bürgerlichen Gesetzbuch, 2012, § 171 BGB, Rn. 6; *Habermeier* in: *Bamberger/Roth,* Kommentar zum Bürgerlichen Gesetzbuch, 2007, § 171 BGB Rn. 7; BGH Urt. v. 26.09.1957, BGHZ 25, 239, 248.

Bei der Erteilung einer Lizenz wird der Schutzrechtsinhaber regelmäßig nicht selber gegenüber Abnehmern des Lizenznehmers in Erscheinung treten. Vielmehr wird der Lizenznehmer sich gegenüber seinen Abnehmern rühmen, Inhaber einer Lizenz zu sein, die ihn beispielsweise berechtigt, die geschützten Erzeugnisse herzustellen und zu vertreiben. Die Setzung eines etwaigen Rechtsscheins stammt somit nicht aus der Sphäre des Lizenzgebers sondern des Lizenznehmers. Der Lizenzgeber, der bis auf die Einräumung der Lizenz nicht in Erscheinung tritt, hat damit keinen unmittelbaren Anlass gegeben, der die Anwendung der Rechtsscheinlehre rechtfertigen würde. Schließlich reicht auch nicht allein die Erteilung einer Vollmacht aus, um eine Rechtsscheinhaftung zu begründen. Vielmehr müssen die vom Gesetzgeber normierten weiteren Voraussetzungen vorliegen. Vergleichbare Umstände sind bei der Einräumung einer Lizenz nicht gegeben.

Denkbar wäre allenfalls, dass der Lizenzgeber dadurch in Erscheinung tritt, dass er Dritten gegenüber auf Lizenznehmer verweist, von denen geschützte Erzeugnisse für bestimmte Zwecke bezogen werden können. Überschreitet der Lizenznehmer mit der Lieferung an diese Dritte jedoch seine Nutzungsberechtigung, stellt sich eher die Frage, ob das Verhalten des Lizenzgebers gegenüber diesem Dritten als (konkludente) Erteilung einer Lizenz zu werten ist, als dass der Eintritt der Erschöpfung der Verbietungsrechte mit den Grundsätzen der Rechtsscheinhaftung zu begründen ist.

bb. Keine Abkehr von der Beschränkung der Erschöpfung aufgrund der ökonomischen Analyse des Rechts

Es ist bereits fraglich, ob die ökonomische Analyse des Rechts überhaupt ein tragfähiges Modell in der deutschen Rechtsanwendung darstellt. Ihre Anwendung ist auch nach mehreren Jahrzehnten noch umstritten.[628]

Zentraler Kritikpunkt gegen die Anwendung der ökonomischen Analyse des Rechts ist das von ihr zu Grunde gelegte Menschenbild des *homo oeconomicus* des *resourceful, evaluative, maximizing man (*REMM*),* ein auf Nutzenmaximierung ausgelegtes Individuum.[629] Damit sei der REMM »*nicht der*

628 Vgl. beispielsweise *Effer-Uhe,* ZRph, 39; *Towfigh/Petersen,* Ökonomische Methoden im Recht, 2010, S. 3 ff.; *Eidenmüller,* Effizienz als Rechtsprinzip, 2015, S. 323 ff. und 393 ff.; *Fezer,* JZ 1986, 817.

629 *Fezer,* JZ 1986, 817, 820.

Mensch eines verfassungsgestalteten Privatrechts in einer offenen Gesellschaft der Grundrechtsdemokratie.«[630]

Die Wohlfahrtsmaximierung als Leitlinie der ökonomischen Analyse des Rechts wird zudem als Wirtschaftsimperialismus kritisiert, der die ökonomische Rationalität des Strebens nach Eigennutz auf alle Bereiche der Gesellschaft überträgt.[631]

Darüber hinaus fehle dem deutschen Richter die erforderliche Legitimation und die erforderliche Kompetenz, um den Effizienzgedanken bei der Auslegung von Rechtsnormen heranzuziehen. Allein der Gesetzgeber ist legitimiert, festzulegen, in welchen Bereichen die ökonomische Effizienz ein anerkanntes Ziel der deutschen Rechtsordnung ist bzw. sein soll. Die ökonomische Analyse des Rechts kann daher in der deutschen Rechtsordnung allenfalls als Gesetzgebungstheorie qualifiziert werden.[632]

Losgelöst von der Frage der grundsätzlichen Eignung der ökonomischen Analyse des Rechts zur Auslegung von Rechtsnormen, stellt sich die Frage, ob es sich bei dem Lizenzgeber – wie von *Arruda* angenommen – tatsächlich um den *cheapest cost avoider i*m Verhältnis zum Abnehmer handelt. Dabei muss der Blick auf die Möglichkeiten des Lizenzgebers zur Minimierung des Risikos sowie deren Konsequenzen gerichtet werden.

Minimieren kann der Lizenzgeber das Risiko allenfalls, in dem er sehr sorgfältig bei der Auswahl seines Vertragspartners vorgeht und darauf verzichtet, die Rechte an der geschützten Technologie beschränkt zu lizenzieren. Ausschließen könnte er das Risiko eines vertragsbrüchigen Lizenznehmers nur, wenn er ganz darauf verzichtet Dritten den Zugriff und die Verwendung der geschützten Technologie zu gestatten. Keine der dem Lizenzgeber zur Verfügung stehenden Möglichkeiten der Risikominimierung führen jedoch zu einer Steigerung der Wohlfahrt und vernünftigen Verteilung der Ressourcen, wie es die ökonomische Analyse des Rechts verlangt.[633]

Verzichtet der Lizenzgeber gänzlichen auf die Einräumung von Nutzungsrechten, wird die Verbreitung der Technologie sowie die mit Lizenzverträgen verbundene allokative und dynamische Effizienz unterbunden.[634] Durch Lizenzverträge werden Technologien zugunsten der Verbraucher durch Dritte verwertet, die über Produktionsbedingungen verfügen, die denen des Lizenzgebers überlegen sind (allokative Effizienz). Die Technologie wird zudem ver-

630 *Fezer,* JZ 1986, 817, 822.

631 *Towfigh/Petersen,* Ökonomische Methoden im Recht, 2010, S. 4.

632 *Eidenmüller,* Effizienz als Rechtsprinzip, 2015, S. 486.

633 *Towfigh/Petersen,* Ökonomische Methoden im Recht, 2010, S. 31;

634 *Drexl,* GRUR Int. 2004, 716, 721.

breitet und der Lizenznehmer zu neuen Innovationen angeregt, die auf der lizenzierten Technologie aufbauen (dynamische Effizienz).[635] Die von *Arruda* vorgeschlagene Anwendung der ökonomischen Analyse des Rechts trägt somit der Lizenzvergabe als ein den Wettbewerb förderndes Moment nicht hinreichend Rechnung.[636]

Eine weitere Möglichkeit wäre, dass der Lizenzgeber darauf verzichtet, dem Lizenznehmer nur beschränkte Rechte an der geschützten Technologie einzuräumen. In diesem Fall müsste sich der Lizenznehmer jedoch verpflichten, dem Lizenzgeber als Gegenleistung einen Betrag – in Form der Lizenzgebühren – zu zahlen, der dem Wert eines umfassenden Nutzungsrechts entspricht. Den Vertragsparteien wird damit die Möglichkeit genommen, den Umfang des Nutzungsrechts und die daran geknüpfte Gegenleistung an ihre individuellen wirtschaftlichen Bedürfnisse anzupassen. Ein Lizenznehmer, der beispielsweise eine neue Motorentechnik, die sowohl in 4-Zylinder- als auch in 6-Zylinder-Motoren Anwendung findet, nur für 6-Zylinder-Motoren einsetzen möchte, wird nicht daran interessiert sein, eine umfassende und kostenintensive Lizenz vom Patentinhaber zu erlangen. Ebenso nützt eine weltweite Lizenz einem Lizenznehmer nichts, der sein wirtschaftliches Tätigkeitsfeld auf einen engen geografischen Bereich beschränkt hat. Die mit einer umfassenden Lizenzierung verbundenen Mehrkosten wird er kaum hinnehmen. Nicht zuletzt wird eine unbeschränkte Lizenzierung auch nicht im Interesse des Patentinhabers liegen. Sie nimmt ihm die Möglichkeit, sich einzelne Anwendungsgebiete der geschützten Technologie oder bestimmte geografische Gebiete zur eigenen, ausschließlich Verwendung vorzubehalten.

Wird dem Patentinhaber das Risiko eines Vertragsbruchs durch seinen Lizenznehmer auferlegt, wird er sich daher die Frage stellen müssen, ob sich die Lizenzierung für ihn noch lohnt. Die Verbreitung von Technologie und der Innovationsgewinn wären dadurch gefährdet.

Den zwar zu Recht angeführten Konflikt zwischen Innovation und Allokationseffizienz hat die Rechtsordnung dadurch hinreichend berücksichtigt, dass sie die zum Schutz von Innovationen geschaffenen Rechte beschränkt hat, zum Beispiel durch zeitliche Befristung, Offenlegung und strenge Zulassungsvoraussetzungen.[637]

Die obigen Ausführungen haben gezeigt, dass dem Lizenzgeber nur begrenzte Möglichkeiten zur Verfügung stehen, um das Risiko einer Vertragsverletzung

635 *Drexl*, GRUR Int. 2004, 716, 721.

636 Leitlinien zur Anwendung von Art. 101 des Vertrags über die Arbeitsweise der Europäischen Union auf Technologietransfer-Vereinbarungen (2014/C 89/03) Rn. 5.

637 *Schäfer/Ott*, Lehrbuch der ökonomischen Analyse des Zivilrechts, 2012, S. 678.

durch den Lizenznehmer zu minimieren. In einem nächsten Schritt ist anhand des Prinzips des *cheapest cost avoider* zu untersuchen, auf welche hypothetische Lösung sich rational und kooperativ handelnde Vertragspartner verständigt hätten, wenn ihnen bereits bei Vertragsschluss das Problem (eine Vertragsverletzung des Lizenznehmers), die sich auf die Nutzungsrechte des Abnehmers durchschlägt, bekannt gewesen wäre.[638]

Zwischen Abnehmer und Lizenzgeber besteht regelmäßig keine vertragliche Beziehung, in der dieses Risiko Berücksichtigung finden könnte. Eine Vertragsbeziehung besteht dagegen zwischen Abnehmer und Lizenznehmer. In diesem Verhältnis stellt sich daher die Frage, was diese Vertragsparteien vereinbaren würden, um das Risiko einer möglichen Vertragsverletzung des Lizenznehmers gegenüber dem Lizenzgeber zu berücksichtigen. Vermeiden kann das Risiko der Lizenznehmer, der die Grenzen seiner Befugnisse kennt und diese ausdrücklich mit dem Lizenzgeber vereinbart hat. Rationale und kooperative Vertragsparteien werden daher dieses Risiko dem Lizenznehmer auferlegen. Im Rahmen der Vertragsgestaltung werden gewerblich tätige Vertragspartner dies beispielsweise durch einen entsprechenden Garantienkatalog oder durch eine Freistellung des Abnehmers von Regressansprüchen des Lizenznehmers umsetzen.

Ebenfalls berücksichtigt werden muss, dass die Rechtsprechung und Rechtslehre von Unternehmen, die sich auf einem speziellen technischen Gebiet betätigten, verlangen, sich vor der Aufnahme von Benutzungshandlungen über den einschlägigen Schutzrechtsbestand zu informieren.[639] Bei Anwendung der im Geschäftsverkehr erforderlichen Sorgfalt wird ein Fachunternehmen die entsprechende Schutzrechtslage erkennen können (§ 276 BGB).[640] Es ist dabei zweifelsfrei anerkannt, dass jedes Unternehmen bei Aufnahme von Vertrieb bzw. Produktion im besonderen Maß zur sorgfältigen Prüfung verpflichtet ist, ob Rechte Dritter durch die Herstellung bzw. den Vertrieb des Erzeugnisses verletzt werden. Dazu gehört, dass ein Unternehmen sich über Patente und Patentanmeldungen auf seinem Fachgebiet informiert, bevor es am Markt auftritt.[641]

638 *Schäfer/Ott,* Lehrbuch der ökonomischen Analyse des Zivilrechts, 2012, S. 254; *Eidenmüller,* Effizienz als Rechtsprinzip, 2015, S. 402.

639 *Keukenschrijver* in: *Busse/Keukenschrijver,* Patentgesetz, 2013, § 139 PatG, Rn. 93; *Grabinski/Zülch* in: *Benkard,* Patentgesetz, 2015, § 139 PatG, Rn. 47; BGH Urt. v. 14.02.2006, GRUR 2006, 575 – *Melanie*; LG Düsseldorf Urt. v. 18.09.1969, GRUR 1970, 550, 551 – *Diazepam;* OLG Düsseldorf Urt. v. 13.04.1978, GRUR 1978, 588, 589 – *Inlandsvertreter.*

640 BGH Urt. v. 14.02.2006, GRUR 2006, 575 – *Melanie;* LG Düsseldorf Urt. v. 01.08.2006, 4a O 294/05; LG Düsseldorf Urt. v. 15.12.2009, 4a O 229/08.

641 *Keukenschrijver* in: *Busse/Keukenschrijver,* Patentgesetz, 2013, § 139 PatG, Rn. 93; *Grabinski/Zülch* in: *Benkard,* Patentgesetz, 2015, § 139 PatG, Rn. 47; BGH Urt. v. 14.02.2006, GRUR

Nicht weniger ist von einem Abnehmer zu verlangen, wenn er am Markt agiert. Auch er muss sich in entsprechender Weise über die Schutzrechtssituation am Markt und die Befugnisse seines Vertragspartners, dem Lizenznehmer des Patentinhabers, informieren.

Als Einwand ließe sich hervorbringen, dass ein Verbraucher als Endabnehmer diesen Sorgfaltsmaßstab nicht gerecht werden kann und daher eines entsprechenden Schutzes bedarf. Dieser Schutz muss jedoch nicht durch eine Einschränkung der Erschöpfungslehre unter Heranziehung der ökonomischen Analyse des Rechts gewährleistet werden. Vielmehr hat der deutsche Gesetzgeber den Endabnehmer durch § 11 Nr. 1 PatG geschützt. Gemäß § 11 Nr. 1 PatG erstrecken sich die Wirkung des Patents nicht auf Handlungen, die im privaten Bereich zu nicht gewerblichen Zwecken vorgenommen werden.

cc. Keine Unteilbarkeit der Zustimmung

Die geforderte Unteilbarkeit der Zustimmung nimmt dem Patentinhaber die Möglichkeit, über die Art und Weise des Inverkehrbringens von geschützten Erzeugnissen zu entscheiden. In der Zustimmung liegt jedoch der Verzicht des Patentinhabers auf seine ausschließlichen Rechte gemäß § 9 PatG. Daher ist die Zustimmung[642] das entscheidende Element für die Erschöpfung dieser Rechte. Die Zustimmung muss auf eine Weise geäußert werden, die einen Willen zum Verzicht auf diese Rechte mit Bestimmtheit erkennen lässt. Ein solcher Wille ergibt sich in der Regel aus einer ausdrücklichen Erteilung der Zustimmung.[643]

Mit der Beschränkung der Lizenz wird die Nutzungserlaubnis hinsichtlich lizenzierter Nutzungshandlungen von nicht lizenzierten abgegrenzt. Die Handlungen, die aufgrund der Beschränkung dem Lizenznehmer wie auch sonstigen Dritten verwehrt sind, unterstehen schon auf Grund der grundsätzlichen Ausschlusswirkung des Patents dem Verbietungsrecht des Patentinhabers.[644] Die Erschöpfung kann folglich auch nur soweit reichen, wie die vom Patentinhaber erteilte Zustimmung.[645] Hält man sich diesen Zweck vor Augen, ist

---

2006, 575 – *Melanie*; LG Düsseldorf Urt. v. 18.09.1969, GRUR 1970, 550, 551 – *Diazepam;* OLG Düsseldorf Urt. v. 13.04.1978, GRUR 1978, 588, 589 – *Inlandsvertreter.*

642 Vgl. auch Drittes Kapitel A.III.3.

643 EuGH Urt. v. 20.11.2001, GRUR 2002, 156 – *Davidoff*; EuGH Urt. v. 15. 10. 2009, GRUR 2009, 1159, 1161 – *Makro u. a./Diesel*; BGH Urt. v. 18.01.2012, GRUR 2012, 928, 929 – *Honda-Grauimport*; *McGuire,* Die Lizenz, 2012, S. 472.

644 OLG Düsseldorf Urt. v. 28.01.2010, I-2-U-124/08.

645 *Ullmann/Deichfuß* in: *Benkard,* Patentgesetz, 2015, § 15 PatG, Rn. 72.

nicht ersichtlich, warum die Erschöpfung auch dann eintreten soll, wenn es an einer entsprechenden Zustimmung des Patentinhabers fehlt. Erzeugnisse, die unter Missachtung der eingeräumten Lizenzbefugnisse erstmalig in den Verkehr gelangt sind, verletzen das Patent genauso, wie Erzeugnisse, die von einem Dritten in Verkehr gebracht werden, dem überhaupt keine Nutzungsbefugnis zusteht. Erzeugnisse, die entgegen schutzrechtsbezogener Lizenzbeschränkungen in Verkehr gebracht werden, werden nicht gemeinfrei. Auch der Abnehmer des Lizenznehmers begeht durch das Gebrauchen solcher Gegenstände eine Patentverletzung.[646]

Die Forderung nach einer Unteilbarkeit der Zustimmung im Hinblick auf das erste Inverkehrbringen würde ferner dazu führen, dass der Patentinhaber seine ausschließlichen Rechte auch dann verliert, wenn ein Nichtberechtigter – ein die Grenzen seiner Nutzungsbefugnis überschreitender Lizenznehmer – die geschützten Erzeugnisse erstmalig in Verkehr bringt. Im Ergebnis würde dies zu einem gutgläubigen Erwerb im Immaterialgüterrecht führen. Ein gutgläubiger Erwerb im Bereich des Immaterialgüterrechts wird jedoch von der herrschenden Lehre abgelehnt.[647] Es fehlt ein entsprechender Rechtsscheinträger an den der gute Glaube anknüpfen könnte.

In Betracht kommt ein gutgläubiger Erwerb nur, wenn ein entsprechendes Schutzbedürfnis besteht.[648] Den Verkehrsinteressen kann gegenüber den Interessen des Rechteinhabers nicht leichtfertig ein grundsätzlicher Vorrang eingeräumt werden. Vielmehr entspricht es dem allgemeinen Gerechtigkeitsgefühl, dass durch eine Verfügung eines Nichtberechtigten dem wahren Berechtigten eine Rechtsposition nicht entzogen werden kann.[649] Es gilt der Grundsatz, dass nur die Eigentümerstellung zur Übertragung des Eigentums berechtigt. Nicht zuletzt im Hinblick auf die verfassungsrechtlich gewährte Eigentumsgarantie des Art. 14 Abs. 1 Satz 1 GG bedürfen Ausnahmen von diesem Grundsatz einer besonderen Rechtfertigung.[650] Beliebige Eingriffe in ein verfassungsrechtlich geschütztes Recht kann der Verkehrsschutz nicht rechtfertigen.[651] Zwar erwähnt der Wortlaut des Art. 14 Abs. 1 GG den Begriff des geistigen Eigentums nicht,

646 OLG Düsseldorf Urt. v. 28.01.2010, I-2-U-124/08.

647 *Osterrieth,* Patentrecht, 2015, Rn. 887; *Keukenschrijver* in: *Busse/Keukenschrijver,* Patentgesetz, 2013, § 30 PatG, Rn. 33; BGH Urt. v. 12.02.1952, BGHZ 5, 116, 119 – *Parkstraße*; BGH Urt. v. 21.11.1958, GRUR 1959, 200, 203 – *Der Heiligenhof.*

648 *Jänich,* Geistiges Eigentum, 2002, S. 277.

649 *Lieder,* AcP 2010, 858, 860.

650 Vgl. dazu *Leuschner,* Verkehrsinteresse und Verfassungsrecht, 2005, S. 161 ff.

651 *Jänich,* Geistiges Eigentum, 2002, S. 277.

erfasst wird das geistige Eigentum als privates Vermögensrecht dennoch vom Schutzbereich der Eigentumsgarantie.[652]

Ein den gutgläubigen Erwerb rechtfertigendes Schutzbedürfnis des Abnehmers eines vertragsbrüchigen Lizenznehmers, nicht vom Patentinhaber wegen einer Patentverletzung in Anspruch genommen zu werden, hat der Gesetzgeber jedoch bisher nicht anerkannt. In dem Gesetzesentwurf zur Umsetzung von Art. 8 Abs. 2 der Markenrechtsrichtlinie führt der Gesetzgeber aus, dass der Markeninhaber gegen vertragliche Verstöße seines Lizenznehmers auch mit der Markenverletzungsklage vorgehen kann. Werden solche Waren von Dritten weitervertrieben, so stehen dem Markeninhaber die Ansprüche aus den §§ 14 ff. MarkenG unmittelbar zu. Die Anwendung der Erschöpfung gemäß § 24 MarkenG wird ausgeschlossen.[653] Eine zwingende andere rechtliche Beurteilung für das Patentrecht ergibt sich – wie oben dargestellt – auch aus der ökonomischen Analyse des Rechts nicht.

Schließlich wird den Belangen des Verkehrsschutzes dadurch ausreichend Rechnung getragen, dass der Kreis der schutzrechtsbezogenen Lizenzbeschränkungen durch einen engen Bezug zum Schutzumfang des Patents eingegrenzt wird.

Die von *Arruda* skizzierte moderne Erschöpfungslehre rechtfertigt nicht die Abkehr von der Beschränkung der Erschöpfungswirkung. Es wäre verfehlt und nicht im Interesse des Innovationsprozesses, dem Schutzrechtsinhaber allein das Risiko aufzuerlegen, dass von ihm lizenzierte Technologie entgegen vertraglicher Absprachen genutzt wird.

2. Nutzung der geschützten Erzeugnisse durch den Abnehmer entgegen der lizenzvertraglichen Absprachen

Neben dem Verstoß des Lizenznehmers gegen eine schutzrechtsbezogene Lizenzbeschränkung gibt es die Konstellation, dass Abnehmer des Lizenznehmers die geschützten Erzeugnisse in einer Art und Weise nutzen, die über die dem Lizenznehmer ursprünglich eingeräumte Lizenz hinausgeht. Beabsichtigt der Abnehmer beispielsweise die vom Lizenznehmer erworbenen Erzeugnisse außerhalb des lizenzierten Gebietes zu verwenden,[654] oder entgegen den Absprachen zwischen

---

652 Vgl. dazu *Götting*, GRUR 2006, 353, 357; *Fechner*, Geistiges Eigentum und Verfassung, 1999, S. 198ff.; BVerfGE 49, 382 ff.

653 Gesetzentwurf der Bundesregierung v. 14. 01. 1994, Drucksache 12/6581, S. 86; *Hacker* in: *Ströbele*, Markengesetz, 2015, § 30 MarkenG, Rn. 43.

654 Vgl. zu räumlichen Lizenzbeschränkungen Drittes Kapitel A.III.

Lizenznehmer und Lizenzgeber zur Herstellung einer ebenfalls geschützten Vorrichtung zu verwenden,[655] überschreitet er die dem Lizenznehmer vom Patentinhaber eingeräumte Rechtsmacht. Der Lizenznehmer selbst hat sich bei dem Inverkehrbringen der geschützten Erzeugnisse hingegen an die Grenzen seiner Nutzungsbefugnis gehalten. Es stellt sich daher die Frage, ob der Patentinhaber gegen eine Überschreitung der ursprünglich eingeräumten Lizenz durch den Abnehmer des Lizenznehmers im Rahmen des Zweitbegehungsaktes vorgehen kann. Eine Fragestellung, die in der patentrechtlichen Literatur bisher ohne Beachtung geblieben ist.[656]

Im Urheberrecht galt es im Zusammenhang mit der Erschöpfung des Verbreitungsrechts lange Zeit als herrschende Meinung, dass die Erschöpfung nur in dem Umfang eintreten kann, indem das Verbreitungsrecht eingeräumt wurde.[657] Eine Ansicht, die damit zu begründen ist, dass in der beschränkten Einräumung des Verbreitungsrechts eine Teilübertragung des Verbreitungsrechts gesehen wurde, durch die das Verbreitungsrecht in Teilrechte aufgespalten wird. Der Teil, der nicht von der Übertragung umfasst ist, verbleibt beim Urheber,[658] mit der Folge, dass eine Erschöpfung des Verbreitungsrechts bezüglich dieses Teils nicht eintreten kann. Überschreitet der Abnehmer des Lizenznehmers beispielsweise die inhaltlichen Schranken und verbreitet das Werkstück im Rahmen einer anderen Nutzungsart, verletzt der Abnehmer das Verbreitungsrecht des Urheberrechtsinhabers.[659]

Ausgehend von der Überlegung, dass die Erschöpfung nur dann eintritt, wenn der geschützte Gegenstand durch den Patentinhaber selbst oder mit seiner

655 Vgl. hierzu Drittes Kapitel A.V.1.

656 *Ensthaler* in: *Fitzner/Lutz/Bodewig,* Patentrechtskommentar, 2012, § 9 PatG, Rn. 100.

657 *Blachian,* Die Lehre von der Erschöpfung des Verbreitungsrechts im Urheberrecht, 1964, S. 98; *Loewenheim* in: *Schricker/Dietz,* Urheberrecht, 1999, § 17 UrhG, Rn. 49 m. w. N.; KG Urt. v. 27.02.1996, GRUR 1996, 974, 975 – *OEM-Software*; KG Urt. v. 17.06.1997, CR 1998, 137, 138 – *Software-Vertriebsbeschränkung*; OLG Frankfurt, Urt. v. 18.05.2000, CR 2000, 581, 582 – *OEM-Vertrieb*; LG Berlin Urt. v. 27.08.1996, CR 1996, 730, 731 – *OEM-Software*; zustimmend OLG Köln Urt. v. 25.04.1997, CR 1998, 141, 142. Der BGH hat sich dieser Auffassung jedoch nicht angeschlossen. Vielmehr hat er klargestellt, dass eine vollständige Erschöpfung des Verbreitungsrechts auch dann eintrete, wenn das Nutzungsrecht dinglich beschränkt eingeräumt wurde, die Werkexemplare jedoch einmal im Rahmen dieses Nutzungsrechts, mit Zustimmung des Berechtigten im Wege der Veräußerung in Verkehr gebracht worden sind: BGH Urt. v. 06.07.2000, GRUR 2001, 153 – *OEM-Version.*

658 *Blachian,* Die Lehre von der Erschöpfung des Verbreitungsrechts im Urheberrecht, 1964, S. 77.

659 *Joos,* Die Erschöpfungslehre im Urheberrecht, 1991, S. 104.

Zustimmung in Verkehr gebracht wurde, könnte argumentiert werden, dass auch die patentrechtliche Erschöpfung nur in dem Umfang eintreten kann, wie sie von der Lizenzerteilung gedeckt ist.[660] Eine nicht in Verkehr gebrachte Nutzungsberechtigung könnte demnach auch nicht erschöpfen.[661] Als Folge dieser Ansicht könnte der Patentinhaber gegen einen Abnehmer seines Lizenznehmers, der den geschützten Gegenstand auf eine nicht von der Lizenz umfassten Weise nutzt, wegen der Verletzung seines Patents vorgehen. Fraglich ist jedoch, ob dieses Ergebnis in Einklang mit der Rechtsnatur der Erschöpfungslehre steht.

Ausgangspunkt aller Ansätze, welche die Rechtsnatur der Erschöpfungslehre qualifizieren, ist das Inverkehrbringen geschützter Erzeugnisse durch den Patentinhaber oder mit seiner Zustimmung und die damit verbundenen Rechtsfolgen hinsichtlich der Verbreitungsrechte des Schutzrechtsinhabers, mithin der Erstbegehungsakt. Grundsätze die, wie die folgende Darstellung zeigen wird, auch für den Zweitbegehungsakt, die Nutzung durch den Abnehmer des Lizenznehmers, heranzuziehen sind.

a. Rechtsnatur der Erschöpfung

Wie bereits oben (Drittes Kapitel A.I.2) dargestellt, wurde die Erschöpfung bzw. Konsumtion der Befugnisse des Patentinhabers zunächst mit der Theorie der impliziten Lizenz erklärt.[662] Als Korrektiv dieser Theorie wurde die Lehre vom Zusammenhang der Benutzungsarten entwickelt. Ein dritter Ansatz, um die Rechtsnatur des Erschöpfungsgrundsatzes zu beschreiben, ist schließlich die Immaterialgüterrechtliche Tatbestandstheorie.

aa. Theorie von der impliziten Lizenz

Die Theorie von der impliziten Lizenz stellt auf die rechtsgeschäftliche Natur des Inverkehrbringens der geschützten Erzeugnisse ab.[663] Ausgangspunkt ist dabei, dass der Patentinhaber mit dem Inverkehrbringen der geschützten Erzeugnisse den Erwerber zum Weitervertrieb der Erzeugnisse berechtigt, dem Weitervertrieb mithin zustimmt. Bei dieser Veräußerung ist dem Patentinhaber bewusst,

660 *Ullmann/Deichfuß* in: *Benkard,* Patentgesetz, 2015, § 15 PatG, Rn. 72.

661 *Ensthaler* in: *Fitzner/Lutz/Bodewig,* Patentrechtskommentar, 2012, § 9 PatG Rn. 101.

662 *Sack,* GRUR Int. 2000, 610, 611.

663 *Nauta,* GRUR Int. 2004, 994, 995.

dass der Erwerber das geschützte Erzeugnis gerade wegen des ihm durch die Benutzung des Erfindungsgedankens innewohnenden Wertes erwirbt.[664]

Veräußert der Patentinhaber in diesem Bewusstsein seine geschützten Erzeugnisse an einen Dritten, erteilt er dem Erwerber gleichzeitig mit dem Abschluss des Kaufvertrags die Erlaubnis und zwar mangels ausdrücklicher Vereinbarung stillschweigend bzw. konkludent, die erworbenen Erzeugnisse auch nutzen zu dürfen.[665] Durch ausdrücklich anders lautende Regelungen könnte der Schutzrechtsinhaber eine solche stillschweigende Vereinbarung jedoch ausschließen.[666] Ferner könnte der Schutzrechtsinhaber die Zustimmung zum Inverkehrbringen beschränken bzw. den Gebrauch und die Weiterverbreitung der geschützten Erzeugnisse von bestimmten Bedingungen abhängig machen. Der Patentinhaber könnte sich somit bei der Veräußerung des geschützten Gegenstandes einen Teil des ihm zustehenden Ausschließlichkeitsrechts vorbehalten, oder mit anderen Worten, dem Erwerber bestimmte Benutzungsformen untersagen.[667] In der Vereinbarung einer Verwendungsbeschränkung würde in diesen Fällen zugleich die Aufteilung des Schutzrechts liegen.

Könnte sich der Patentinhaber jedoch durch eine Beschränkung seiner Zustimmung einen Teil seiner Verbietungsrechte vorbehalten, kann bezüglich dieses Teils keine Erschöpfung eintreten. Die Folge der Theorie der impliziten Lizenz wäre damit, zum einen, dass der Patentinhaber gegenüber seinen direkten Abnehmern im Rahmen des Veräußerungsgeschäfts Beschränkungen zur weiteren Nutzung der in Verkehr gebrachten Erzeugnisse durchsetzen könnte.

Da die Reichweite der Erschöpfung nach der impliziten Lizenz durch den Umfang der Zustimmung vorgegeben wird, können zum anderen Nutzungsarten, auf die sich die Zustimmung des Patentinhabers nicht erstreckt, nicht erschöpfen. Die Abnehmer eines Lizenznehmers müssten sich daher nach der Theorie der impliziten Lizenz ebenfalls an die in Verkehr gebrachten und von der Zustimmung des Lizenzgebers umfassten Nutzungsarten halten. Ein Überschreiten würde in diesen Fällen eine Patentverletzung darstellen.

---

664 *Kohler,* Deutsches Patentrecht systematisch bearbeitet unter vergleichender Berücksichtigung des französischen Patentrechts, 1878, S. 160.

665 *Blum,* GRUR 1932, 1, 4.

666 *Arruda,* Erschöpfungsgrundsatz und Lizenzvertrag, 2011, S. 21.

667 *Schatz,* GRUR Int. 1970, 207, 215; *Blum,* GRUR 1932, 1, 6.

bb. Lehre vom Zusammenhang der Benutzungsarten

Die Lehre vom Zusammenhang der Benutzungsarten zielt dagegen auf eine vom Willen des Patentinhabers unabhängige Beschränkung seiner Ausschließlichkeitsrechte ab.[668] Dem Patentinhaber steht nach dieser Auffassung das Ausschließlichkeitsrecht nur hinsichtlich der primären Benutzungshandlung der Herstellung bzw. des erstmaligen Inverkehrbringens zu. Dagegen ist das Recht bezüglich weiterer sekundärer Benutzungsarten, insbesondere das Weitervertriebsrecht erschöpft.[669] Der Gebrauch und die Weiterveräußerung des vom Patentinhabers erworbenen geschützten Erzeugnisses wird hier als Fortsetzung der ersten Veräußerung, als »zu ihr gehörig« angesehen.[670]

Die Lehre vom Zusammenhang der Benutzungsarten wurde als Korrektiv zu der als mangelhaft empfundenen Theorie der impliziten Lizenz entwickelt.[671] Die Theorie der impliziten Lizenz versage in Fällen, in denen sich der Patentinhaber durch ausdrückliche Erklärungen oder Vermerke – beispielsweise auf der Ware – die Kontrolle über den weiteren Vertrieb seiner geschützten Erzeugnisse vorbehalte. Darin wird eine unerträgliche Belästigung des freien Warenverkehrs und der Allgemeinheit gesehen.[672]

cc. Immaterialgüterrechtliche Tatbestandstheorie

Die immaterialgüterrechtliche Tatbestandstheorie stellt entgegen der Lehre vom Zusammenhang der Benutzungsarten auf das Inverkehrbringen der geschützten Erzeugnisse ab und ist damit unabhängig von der wirtschaftlichen Stufe der Patentausnutzung. Auch nach der immaterialgüterrechtlichen Tatbestandstheorie kann der Patentinhaber den weiteren Vertrieb geschützter Erzeugnisse nicht verbieten.[673] Dogmatisch werden hier jedoch unterschiedliche Ansätze vertreten, um die immaterialgüterrechtliche Tatbestandstheorie zu erklären.

Zum Teil wird in dem Erschöpfungsgrundsatz eine Einrede gesehen. Der vermeintliche Verletzer des Schutzrechts beruft sich dabei auf einen Tatbe-

668 *Schatz,* GRUR Int. 1970, 207, 208.

669 *Nauta,* GRUR Int. 2004, 994, 996.

670 *Tetzner,* Das materielle Patentrecht der Bundesrepublik Deutschland, 1972, § 6 Anm., 52 (S. 466).

671 *Beier,* GRUR Int. 1996, 1, 3.

672 *Reimer,* GRUR Int. 1972, 221, 222.

673 *Jestaedt/Osterrieth* in: *Benkard,* EPÜ, 2012, EPÜ Art. 64, Rn. 7.

stand, der sein an sich verbotenes Verhalten ausnahmsweise erlauben soll.[674] Die gesetzlichen Regelungen der Erschöpfung in § 24 MarkenG, § 17 und § 69 c UrhG sowie § 10 b SortenschutzG sind als Einrede gegen Ansprüche aus dem tatbestandsmäßig erfüllten Verletzungstatbestand konzipiert. Voraussetzung der Einrede der Erschöpfung ist das Inverkehrbringen des geschützten Gegenstandes durch den Patentinhaber oder durch einen Dritten mit seiner Zustimmung.[675]

Daneben wird vertreten, dass der Erschöpfungsgrundsatz Folge der Auslegung bzw. Reduktion des Verletzungstatbestandes sei. Bei der Erschöpfung handle es sich um eine dem Ausschließlichkeitsrecht immanente Inhaltsbeschränkung.[676] Die Befugnisse des Schutzrechtsinhabers werden hiernach auf den Erstvertrieb seiner geschützten Erzeugnisse beschränkt.[677] Das Weiterverbreitungsrecht bzw. das Recht, die Weiterverbreitung der geschützten Erzeugnisse zu kontrollieren, ist nach dieser Auffassung schon nicht Gegenstand des Ausschließlichkeitsrechts.[678]

Auch wenn hier nicht immer klar zwischen der restriktiven Auslegung des Verletzungstatbestandes und der Erschöpfungseinrede gegen tatbestandsmäßig begründete Ansprüche unterschieden wird,[679] lehnen beide Ansätze der immaterialgüterrechtlichen Tatbestandstheorie eine schutzrechtsbezogene und erschöpfungshindernde Beschränkung des Veräußerungsgeschäfts ab.

b. Stellungnahme

Die der Erschöpfungslehre beizumessende Rechtsnatur ist von nicht unerheblicher praktischer Bedeutung. Sie bestimmt die Reichweite des dem Patentinhaber eingeräumten Ausschließlichkeitsrecht.

Nach der Theorie der impliziten Lizenz hätten die mit dem Lizenznehmer hinsichtlich des Vertriebs der geschützten Erzeugnisse getroffenen vertraglichen Absprachen auch Wirkung gegenüber den Abnehmern des Lizenznehmers. Die Anwendung der Theorie der impliziten Lizenz würde es so ermöglichen, den Willen der Parteien stärker zu berücksichtigen, indem sie für jeden Einzelfall

674 *Kühnen,* Handbuch der Patentverletzung, 2014, Rn. 1780; OLG Karlsruhe Urt. v. 26.08.1998, GRUR 1999, 343, 345 – *Replay Jeans*; *Pickrahn,* GRUR 1996, 383, 383.

675 OLG Karlsruhe Urt. v. 26.08.1998, GRUR 1999, 343, 345 – *Replay Jeans.*

676 *Keukenschrijver* in: *Busse/Keukenschrijver,* Patentgesetz, 2013, § 15 PatG, Rn. 143.

677 *Arruda,* Erschöpfungsgrundsatz und Lizenzvertrag, 2011, S. 21.

678 *Joos,* Die Erschöpfungslehre im Urheberrecht, 1991, S. 79.

679 *Sack,* WRP 1999, 1088, 1091; *Heydt,* GRUR 1969, 450, 455.

festlegen können, welche Benutzungsrechte dem Erwerber mit der Überlassung des geschützten Erzeugnisses durch den Patentinhaber eingeräumt werden.[680]

Damit würde der Erschöpfungsgrundsatz aber grundsätzlich zu einer beliebig gestaltbaren Dispositivnorm erklärt und die gesetzlich vorgegebenen Grenzen vernachlässigt.[681] Die dem Patentinhaber in § 9 PatG eingeräumten Ausschließlichkeitsrechte dienen nicht nur der Anerkennung und dem Schutz des geistigen Eigentums des Erfinders, sondern auch dem allgemeinen Interesse an ständiger Verbesserung der Bedürfnisbefriedigung durch den technischen Fortschritt.[682] Daher gebietet der Sinn und Zweck des PatG, dass es nicht zum Nachteil der Allgemeinheit ausgelegt wird.[683] Bei der Beurteilung des Rechtsgrundes der Erschöpfungslehre sind somit die Interessen aller Beteiligten sowie die Zweckbestimmung des Patentrechts zu berücksichtigen und nicht nur das Interesse des Patentinhabers an einer maximalen Verwertung seiner Erfindung.

Dem Interesse der Allgemeinheit würde es jedoch zuwiderlaufen, wenn der Patentinhaber durch vertragliche Vereinbarungen den Weitervertrieb mit seinen Waren regulieren könnte. Ein freier und ungehinderter Wirtschaftsverkehr würde so ausgeschlossen.[684] Die dem Patentinhaber von der Rechtsordnung gewährten Ausschließlichkeitsrechte sollen es dem Patentinhaber ermöglichen, nach seinem freien Ermessen zu bestimmen, wie die geschützten Erzeugnisse erstmalig in Verkehr gebracht werden. Damit erhält er die Chance, eine angemessene Entlohnung für den Erfindungsgegenstand erlangen zu können.[685] Diese wirtschaftliche Verwertungschance beschränkt sich auf das erste Inverkehrbringen der geschützten Erzeugnisse. Aus diesem Grund muss Anknüpfungspunkt für den Eintritt der Erschöpfungswirkung das Inverkehrbringen geschützter Erzeugnisse durch den Patentinhaber selbst oder mit seiner Zustimmung sein, unabhängig von einer darüber hinausgehenden Berechtigung zur weiteren Nutzung oder zum Vertrieb der geschützten Erzeugnisse. Die Theorie der impliziten Lizenz ist daher nicht geeignet, die Rechtsnatur der Erschöpfungslehre zu qualifizieren.

Die Lehre vom Zusammenhang der Benutzungsarten schneidet dem Patentinhaber seine Rechte hingegen zu früh ab. Das Abstellen auf die Rechtmäßigkeit der Herstellung würde bewirken, dass eine Verbreitung patentierter Erzeugnisse

680 *Nauta,* GRUR Int. 2004, 994, 996.

681 *Nauta,* GRUR Int. 2004, 994, 996.

682 *Kraßer/Bernhardt,* Patentrecht, 2009, S. 37.

683 *Blum,* GRUR 1932, 1, 6.

684 *Reimer,* GRUR Int. 1972, 221, 222.

685 *McGuire,* Die Lizenz, 2012, S. 472.

nicht verhindert werden könnte, wenn die Erzeugnisse gegen den Willen des Patentinhabers verbreitet werden, etwa weil sie gestohlen wurden.[686]

Der immaterialgüterrechtlichen Tatbestandstheorie hingegen, die auf den Akt des ersten Inverkehrbringens abstellt, gelingt der Ausgleich der widerstreitenden Interessen. Dem Patentinhaber wird die Möglichkeit eingeräumt, eine Entlohnung für seine Erfindung zu erlangen. Zugleich wird jedoch seine Rechtsmacht begrenzt, indem sich seine Ausschließlichkeitsrechte mit eben diesem Akt umfassend verbrauchen. Damit steht die immaterialgüterrechtliche Tatbestandstheorie im Einklang mit dem Sinn und Zweck des Patentschutzes, nämlich dem Patentinhaber eine Verwertungschance für die Offenbarung seiner Erfindung zukommen zu lassen.[687] Dieser Vorteil fließt dem Patentinhaber bereits bei dem ersten, objektiv nicht patentverletzenden Inverkehrbringen zu.[688] Nach dem Sinn und Zweck des Patentrechts besteht kein Anlass, dem Patentinhaber über diese erste Veräußerung hinaus eine weitere Einflussnahme auf die geschützten Erzeugnisse einzuräumen.[689] Hat der Patentinhaber also die ihm durch die Ausschließlichkeitsrechte gewährten Vorteile einmal genossen, sind seine Rechte aus dem Patent verbraucht.

Dadurch verhindert die immaterialgüterrechtliche Tatbestandstheorie, dass – sobald geschützte Erzeugnisse zum Gegenstand des Handelsverkehrs geworden sind – der Patentinhaber sein Monopolrecht erneut zur Schaffung eines künstlichen Bedarfes einsetzt und den freien Warenverkehr sowie die Interessen der Allgemeinheit unangemessenen beeinträchtigt.[690]

Nach der immaterialgüterrechtlichen Tatbestandstheorie kann der Patentinhaber den Gebrauch und weiteren Vertrieb geschützter Erzeugnisse nicht verbieten, da nach dem Inverkehrbringen der Tatbestand einer Patentverletzung nicht mehr erfüllt werden kann. Die auf das rechtmäßige Inverkehrbringen folgenden Handlungen bedürfen nicht mehr der Zustimmung des Patentinhabers. Auf die Erteilung einer Erlaubnis kommt es somit gar nicht erst an.[691] Daher erschöpft sich das Patentrecht durch Inverkehrbringen der Sache umfassend und

686 *Joos,* Die Erschöpfungslehre im Urheberrecht, 1991, S. 27 m. V. a. *Reimer,* GRUR Int. 1972, 221, 227.

687 *Sack,* WRP 1999, 1088, 1113.

688 *Tetzner,* NJW 1962, 2033, 2035.

689 S. z. B. BGH Urt. v. 26.09.1996, GRUR 1997, 116, 117 – *Prospekthalter.*

690 *Blum,* GRUR 1932, 1, 6.

691 *Kraßer/Bernhardt,* Patentrecht, 2009, S. 795; *Scharen* in *Benkard,* Patentgesetz, 2015, § 9 PatG, Rn. 18; *Keukenschrijver* in: *Busse/Keukenschrijver,* Patentgesetz, 2013, § 9 PatG, Rn. 143; *Jestaedt/Osterrieth* in: *Benkard,* EPÜ, 2012, Art. 64 EPÜ, Rn. 9.

ergreift alle Benutzungsarten;[692] mit Ausnahme des Herstellungsrechts.[693] Der Erwerber einer patentgeschützten Vorrichtung kann im Rahmen des bestimmungsgemäßen Gebrauchs nach Belieben mit dieser verfahren.[694]

Die immaterialgüterrechtliche Tatbestandstheorie begrenzt mithin inhaltlich die Verbietungsrechte des Patentinhabers auf den Erstvertrieb der geschützten Erzeugnisse.

c. Auswirkungen der Rechtsnatur der Erschöpfung auf den Zweitbegehungsakt

Die Qualifizierung der Rechtsnatur der Erschöpfung als immaterialgüterrechtliche Tatbestandstheorie hat zur Folge, dass das erste objektiv nicht patentverletzende Inverkehrbringen geschützter Erzeugnisse zur Erschöpfung der dem Patentinhaber zustehenden Ausschließlichkeitsrechte führt. Die objektive Anknüpfung der Erschöpfung an den Akt des Inverkehrbringens bewirkt, dass die Erschöpfung umfassend eintritt und, mit Ausnahme des Herstellungsrechts[695] alle Benutzungsarten umfasst. Entscheidendes Kriterium für den Eintritt der Erschöpfung ist folglich, dass das erste Inverkehrbringen vom Willen des Patentinhabers getragen ist. Gerade durch dieses Inverkehrbringen der geschützten Erzeugnisse, sei es durch den Patentinhaber selbst oder den rechtmäßig handelnden Lizenznehmer, übt der Patentinhaber seine Ausschließlichkeitsrechte aus. Damit ist die Autonomie des Patentinhabers, über Art und Umfang des ersten Inverkehrbringens der geschützten Erzeugnisse entscheiden zu können, hinreichend genüge getan. An weiteren Verwertungshandlungen ist der Patentinhaber nicht zu beteiligen. Hat der Patentinhaber die Möglichkeit gehabt, eine Entlohnung für seinen Erfindungsgedanken zu erhalten, treten seine Verwertungsinteressen hinter dem Interesse an einem freien Warenverkehr zurück. Der Patentinhaber soll dann nicht mehr in der Lage sein, den weiteren Vertrieb der geschützten Erzeugnisse kontrollieren zu können.

Markiert jedoch das erste Inverkehrbringen die Grenze des Verbietungsrechts des Patentinhabers,[696] dann kann es für den Eintritt der Erschöpfung

692 *Kühnen* in: *Schulte/Kühnen*, Patentgesetz mit Europäischem Patentübereinkommen, 2008, § 9 PatG, Rn. 20.

693 Vgl. hierzu Drittes Kapitel A.V.1.

694 *Lindenmaier*, GRUR 1939, 505, 508 f.; BGH Urt. v. 21.11.1958, GRUR 1959, 234 – *Förderrinne*.

695 Vgl. Drittes Kapitel A.V.1.

696 *Schatz*, GRUR Int. 1970, 207, 210.

keinen Unterschied machen, ob der Patentinhaber selbst oder sein Lizenznehmer – im Rahmen seiner Nutzungsberechtigung – die geschützten Erzeugnisse erstmalig in Verkehr bringt. Im letzteren Fall übt der Patentinhaber lediglich die ihm zustehenden Befugnisse durch den Lizenznehmer aus. Befugnisse, die inhaltlich, räumlich, zeitlich und quantitativ im Rahmen der Einräumung der Lizenz durch die Parteien des Lizenzvertrags festgelegt werden. Etwaige schutzrechtsbezogene Lizenzbeschränkungen beziehen sich auf die Rechtsbegründung dieser Nutzungsbefugnisse.[697] Eine entsprechende Einschränkung der Erschöpfung in der Weise, dass der Patentinhaber nach dem (von seiner Zustimmung umfassten) Inverkehrbringen durch den Lizenznehmer auf den weiteren Absatz Einfluss nehmen kann, bewirken schutzrechtsbezogene Lizenzbeschränkungen hingegen nicht.[698] Auswirkung können schutzrechtsbezogene Lizenzbeschränkungen folglich nur haben, wenn sich der Lizenznehmer im Rahmen des Erstbegehungsaktes außerhalb der ihm zugewiesenen Rechtsmacht handelt.[699]

Bringt der Lizenznehmer unter Einhaltung der schutzrechtsbezogenen Lizenzbeschränkungen geschützte Erzeugnisse in Verkehr, liegt keine patentverletzende Handlung vor. Damit erfüllt auch ein Inverkehrbringen durch den Lizenznehmer die Tatbestandsvoraussetzungen der Erschöpfung. Alle darauf folgenden Handlungen bedürfen keiner weiteren Zustimmung des Patentinhabers. Daher bewirkt das Inverkehrbringen geschützter Erzeugnisse durch den Lizenznehmer, dass die Erschöpfung hinsichtlich aller Benutzungsarten, mit Ausnahme des Herstellungsrechts,[700] eintritt.

Schließlich ist die Lizenz als eine schuldrechtliche Gebrauchsüberlassung zu qualifizieren[701] und nicht als eine Übertragung eines Teilrechts. Dem Patentinhaber verbleibt bei der Erteilung einer beschränkten Lizenz kein um den abgespaltenen Teil gemindertes Verbietungsrecht. Vielmehr übt der Patentinhaber mit der Erteilung einer Lizenz seine Ausschließlichkeitsrechte dahingehend aus, dass er festlegt, unter welchen Bedingungen die geschützten Erzeugnisse erstmalig in den Verkehr gelangen dürfen. Bewegt sich der Lizenznehmer in diesen Grenzen,[702] hat der Patentinhaber die ihm zustehenden Ausschließlichkeitsrechte in einer die Erschöpfung bewirkenden Art und Weise ausgeübt. Sind

---

697 *Joos*, Die Erschöpfungslehre im Urheberrecht, 1991, S. 173.

698 BGH Urt. v. 06.07.2000, GRUR 2001, 153, 154 – *OEM-Versionen*.

699 Vgl. Fünftes Kapitel B.I und Fünftes Kapitel B.II.1.

700 Vgl. Drittes Kapitel A.V.1.

701 Siehe zur Rechtsnatur der Lizenz Viertes Kapitel A.II.

702 Zu den Rechtsfolgen eines Verstoßes gegen schutzrechtsbezogene Lizenzbeschränkungen vgl. Fünftes Kapitel B.I und Fünftes Kapitel B.II.1.

die Rechte des Patentinhabers jedoch umfassend erschöpft, kann er Dritten gegenüber den Gebrauch der Erzeugnisse nicht mehr untersagen, selbst dann nicht, wenn der Abnehmer des Lizenznehmers die erworbenen Erzeugnisse in einer Weise nutzt, die dem Lizenznehmer ursprünglich nicht gestattet war.

III. Fazit

Verwertet der Lizenznehmer geschützte Erzeugnisse, indem er schutzrechtsbezogene Lizenzbeschränkungen überschreitet, verletzt er nicht nur seine vertraglichen Pflichten, sondern auch die Patentrechte des Lizenzgebers. Dem Lizenzgeber stehen in diesem Fall gegen seinen Lizenznehmer nicht Ansprüche wegen einer Vertragsverletzung, sondern auch wegen einer Patentverletzung zu. Darüber hinaus kann er die ihm aus einer Patentverletzung zustehenden Ansprüche auch gegen jeden Dritten durchsetzen.

Verwertet dagegen der Abnehmer des Lizenznehmers die erworbenen Erzeugnisse auf eine Art und Weise, die von der dem Lizenznehmer erteilten Lizenz nicht umfasst sind, liegt keine Patentverletzung vor. Die Verbietungsrechte des Patentinhabers sind mit dem Inverkehrbringen der Erzeugnisse durch den rechtmäßig handelnden Lizenznehmer erschöpft.

C. Die einzelnen Lizenzbeschränkungen

Wie bereits dargestellt sind schutzrechtsbezogene Lizenzbeschränkungen im Rahmen von Lizenzverträgen grundsätzlich anerkannt. Das LG Düsseldorf führte in diesem Zusammenhang beispielsweise aus:

> *»Grundsätzlich steht es dem Patentinhaber als Ausfluss seiner alleinigen Verfügungsmacht über den Erfindungsgegenstand frei, den Inhalt der Lizenzgewährung nach seinem Ermessen zu bestimmen. Eine Beschränkung der Erlaubnis auf eine bestimmte Art der Benutzung ist grundsätzlich zulässig. Denn eine Lizenz kann auf einzelne der dem Patentinhaber vorbehaltenen Benutzungsarten beschränkt werden.«*[703]

703 LG Düsseldorf Urt. v. 30. 11. 2006, InstGE 7, 70, 89 f. – *Videosignal-Codierung I.*

Nur wenn die vertraglich vereinbarte Beschränkung der Lizenz sich als Ausübung bestimmter Schutzrechtsbefugnisse darstellt, ist sie geeignet, erschöpfungshindernd zu wirken.

Schutzrechtsbezogene Lizenzbeschränkungen können nicht nur im Rahmen der Erteilung einfacher Lizenzen, sondern auch bei ausschließlichen Lizenzen eine Rolle spielen.[704] Bei ausschließlichen Lizenzen ist zu beachten, dass die Beschränkungen der Nutzungsbefugnis nicht den Charakter der Ausschließlichkeit der Lizenz ändern.[705] Zu umfassende Lizenzbeschränkungen können der Lizenz ihren ausschließlichen Charakter nehmen, so dass im Grunde nur noch eine einfache Lizenz vorliegt.

Rechtsprechung und rechtswissenschaftliches Schrifttum haben bereits einen Kanon erschöpfungshindernder Vereinbarungen in Lizenzverträgen etabliert. Gleichwohl werfen technologische Entwicklungen, die oft vielfältig einsetzbar sind, neue Fragen auf oder zwingen zum Überdenken der etablierten Ansätze. Schließlich ist der Kreis der schutzrechtsbezogenen Lizenzbeschränkungen kein geschlossener, sondern steht neuen Entwicklungen offen.[706]

Typische bisher als schutzrechtsbezogene Lizenzbeschränkungen qualifizierte Aufspaltungen des Nutzungsrechts sind persönliche, räumliche, zeitliche und sachliche bzw. technisch/wirtschaftliche Beschränkungen der Lizenz. Sachliche oder auch als inhaltliche Lizenzbeschränkungen bezeichnete Aufspaltungen der Lizenz legen den rechtlichen Gehalt eines Benutzungsrechts, basierend auf den qualitativen Merkmalen der entsprechenden in § 9 PatG definierten Benutzungsarten, fest. Ausgehend von diesen Benutzungsarten haben sich »Herstellungslizenzen«, »Vertriebslizenzen« und »Gebrauchslizenzen« durchgesetzt.[707]

Neben diesen Lizenzbeschränkungen finden sich in der Praxis der Lizenzvertragsgestaltung weitere Lizenzbeschränkungen, die sich nicht nur einer in § 9 Nr. 1 PatG normierten Benutzungsart zuordnen lassen. Hierunter fallen insbesondere *field-of-use* Klauseln, Lizenzen für den Bereich Forschung und Lehre oder die Vereinbarung von Bezugspflichten.

Die in der Praxis bereits seit längeren gebräuchlichen Typisierungen der Lizenzbeschränkungen sowie jüngere Erscheinungsformen sind anhand der dargestellten Grundsätze in schutzrechtsbezogene und nicht schutzrechtsbezogene Lizenzbeschränkungen einzuordnen.

---

704 *Lüdecke/Fischer,* Lizenzverträge, 1957, S. 375, D 25.

705 *Bartenbach/Bartenbach,* Patentlizenz- und Know-how-Vertrag, 2013, Rn. 1180.

706 *Kraßer,* GRUR Int. 1973, 230, 385; *McGuire,* Die Lizenz, 2012, S. 288.

707 *Bartenbach/Bartenbach,* Patentlizenz- und Know-how-Vertrag, 2013, Rn. 1305, zu den einzelnen Benutzungsbefugnissen siehe Zweites Kapitel A.

I. Persönliche Lizenzbeschränkungen

Persönliche Lizenzbeschränkungen legen den Kreis der zur Nutzung Berechtigten fest. Die Lizenz kann zunächst nur einem Lizenznehmer persönlich eingeräumt werden (persönliche Lizenz). In diesen Fällen ist die Lizenz an die konkrete Person des Lizenznehmers gebunden.[708]

Neben der Bindung der Lizenz an eine bestimmte Person kann die Lizenz auch nur für einen bestimmten Betrieb bzw. ein bestimmtes Unternehmen (Betriebslizenz) oder einen Konzern (Konzernlizenz) erteilt werden.[709] Die Betriebslizenz ist dadurch gekennzeichnet, dass die Produktion geschützter Erzeugnisse an einen bestimmten Betrieb gebunden ist. Diese Bindung kann dadurch zum Ausdruck gebracht werden, dass die Produktion der geschützten Erzeugnisse nur in einer bestimmten Fabrik oder Anlage erlaubt wird. Sie kann sich aber ebenso auf den wirtschaftlichen Komplex des Unternehmens erstrecken.[710]

Der Kreis der Berechtigten kann noch weiter gezogen werden, indem eine Konzernlizenz erteilt wird. In diesem Fall wird auf der Seite des Lizenznehmers jede mit ihm i. S. d. § 15 AktG verbundene Konzerngesellschaft erfasst.[711]

Der Unterschied zwischen einer persönlichen Lizenz und einer Betriebs- bzw. Konzernlizenz liegt darin, dass der Lizenznehmer einer persönlichen Lizenz die Lizenz auch nach Veräußerung seines bisherigen Unternehmens in einem anderen Unternehmen, sofern er dessen Inhaber ist, weiter nutzen kann.[712] Im Fokus bei der persönlichen Lizenz steht die Beziehung zwischen Lizenzgeber und Lizenznehmer. Aus diesem Grund kann eine persönliche Lizenz nicht

---

708 *Bartenbach/Bartenbach,* Patentlizenz- und Know-how-Vertrag, 2013, Rn. 1200; *Lüdecke/Fischer,* Lizenzverträge, 1957, S. 380, D29; *Ullmann/Deichfuß* in: *Benkard,* Patentgesetz, 2015, § 15 PatG, Rn. 70.

709 *Keukenschrijver* in *Busse/Keukenschrijver,* Patentgesetz, 2013, § 15 PatG, Rn. 73; *Kühnen* in: *Schulte/Kühnen,* Patentgesetz mit Europäischem Patentübereinkommen, 2008, § 15 PatG, Rn. 46; *Ullmann/Deichfuß* in: *Benkard,* Patentgesetz, 2015, § 15 PatG, Rn. 70.

710 *Lüdecke/Fischer,* Lizenzverträge, 1957, S. 394, D40; *Bartenbach/Bartenbach,* Patentlizenz- und Know-how-Vertrag, 2013, Rn. 1196; *Groß,* Der Lizenzvertrag, 2015, A, Rn. 41.

711 *Bartenbach/Bartenbach,* Patentlizenz- und Know-how-Vertrag, 2013, Rn. 1203; *Groß,* Der Lizenzvertrag, 2015, A, Rn. 42; *Ullmann/Deichfuß* in: *Benkard,* Patentgesetz, 2015, § 15 PatG, Rn. 70.

712 *Groß,* Der Lizenzvertrag, 2015, A, Rn. 40; *Bartenbach/Bartenbach,* Patentlizenz- und Know-how-Vertrag, 2013, Rn. 1200.

zusammen mit dem Unternehmen übertragen werden. Eine Betriebslizenz kann dagegen mit dem Geschäftsbetrieb übertragen werden.[713] Allerdings ergibt sich allein aus der Einräumung einer Betriebslizenz nicht die Zustimmung des Lizenzgebers zur Übertragung der Lizenz gemeinsam mit dem Betriebsteil.[714]

Mit persönlichen Lizenzbeschränkungen legt der Patentinhaber den Kreis der Berechtigten fest. Festzulegen, wer zur Nutzung der patentgeschützten Lehren berechtigt ist, ist ein Recht, das unmittelbar Gegenstand der dem Patentinhaber in § 9 PatG eingeräumten Befugnisse ist. Persönliche Lizenzbeschränkungen sind daher als schutzrechtsbezogene Lizenzbeschränkungen einzuordnen. Wer nicht zu dem vorgegebenen Kreis der Berechtigten zählt oder diesen beispielsweise durch Nutzung in einem anderen Betriebsteil ausdehnt, verletzt das Schutzrecht.

II. Zeitliche Lizenzbeschränkungen

Für alle Gewerblichen Schutzrechte und das Urheberrecht ist gleichermaßen anerkannt, dass es sich bei Beschränkungen, die die Dauer der eingeräumten Benutzungsbefugnis begrenzen, um schutzrechtsbezogene Lizenzbeschränkungen handelt.[715] Bei zeitlichen Lizenzbeschränkungen ist die Benutzung des Lizenzgegenstandes – beispielsweise durch Herstellen und/oder Inverkehrbringen patentgeschützter Erzeugnisse – nur in dem vertraglich festgelegten Zeitabschnitt zulässig.[716] Die zeitliche Befristung bezieht sich auf den Umfang

713 *Keukenschrijver* in: *Busse/Keukenschrijver,* Patentgesetz, 2013, § 15 PatG, Rn. 73; *Ullmann/Deichfuß* in: *Benkard,* Patentgesetz, 2015, § 15 PatG, Rn. 70.

714 *Kühnen* in: *Schulte/Kühnen,* Patentgesetz mit Europäischem Patentübereinkommen, 2008, § 15 PatG, Rn. 42; LG Düsseldorf Urt. v. 31.05.2005, InstGE 5, 168 – *Flaschenkasten.*

715 BGH Urt. v. 21.11.1958, GRUR 1959, 200, 202 – *Heiligenhof;* BGH Urt. v. 06.03.1986, GRUR 1986, 736, 737 – *Schallplattenvermietung; Kühnen* in: *Schulte/Kühnen,* Patentgesetz mit Europäischem Patentübereinkommen, 2008, § 15 PatG, Rn. 44; *Keukenschrijver* in: *Busse/Keukenschrijver,* Patentgesetz, 2013, § 15, PatG Rn. 71, *Ullmann/Deichfuß* in: *Benkard,* Patentgesetz, 2015, § 15 PatG, Rn. 64; *Kraßer/Bernhardt,* Patentrecht, 2009, S. 935; *Schulze* in. *Dreier/Schulze,* Urheberrechtsgesetz, 2013, § 31 UrhG, Rn. 34; *Joos,* Die Erschöpfungslehre im Urheberrecht, 1991, S. 110; *Schricker* in: *Loewenheim/Dietz/Schricker,* Urheberrecht, 2010, Vor 28 ff. UrhG, Rn. 53; *Fezer,* Markenrecht, 2009, § 30 MarkenG, Rn. 25 u. 66; *Hacker* in *Ströbele,* Markengesetz, 2015, § 30 MarkenG, Rn. 44; *Lüdecke/Fischer,* Lizenzverträge, 1957, S. 395, D41.

716 BGH Urt. v. 21.11.1958, GRUR 1959, 200, 202 – *Heiligenhof;* BGH Urt. v. 06.03.1986, GRUR 1986, 736, 737 – *Schallplattenvermietung; Kühnen* in: *Schulte/Kühnen,* Patentgesetz mit Europäischem Patentübereinkommen, 2008, § 15 PatG, Rn. 44; *Keukenschrijver* in: *Busse/Keu-*

der eingeräumten Benutzungsbefugnis. Darüber hinaus kommt ihr keine eigene und selbständige wirtschaftliche Bedeutung zu. Nach Ablauf der vertraglich vereinbarten Befristung vorgenommene Benutzungshandlungen stellen eine Verletzung des ursprünglich lizenzierten Gegenstandes dar.

III. Räumliche Lizenzbeschränkungen

Mit einer räumlichen Lizenzbeschränkung wird das geografische Gebiet, in dem der Lizenznehmer seine Benutzungsberechtigung ausüben darf, festgelegt. Andernfalls wäre der Lizenznehmer berechtigt, den Lizenzgegenstand innerhalb des gesamten Gebietes (Schutzrechtsstaat) zu nutzen, auf den sich der Geltungsbereich des Schutzrechts erstreckt.[717] Die Zulässigkeit räumlicher Lizenzbeschränkungen ergibt sich bereits aus § 15 Abs. 2 Satz 1 PatG bzw. § 22 Abs. 2 Satz 1 GebrMG. In Art. 73 EPÜ (*»Lizenzen für alle oder einen Teil der Hoheitsgebiete der benannten Vertragsstaaten«)* ist die räumliche Begrenzung der Lizenz ebenfalls vorgesehen.

Das Gebiet, in dem der Lizenznehmer zur Nutzung berechtigt ist, kann von den Vertragsparteien beliebig festgelegt werden, solange es eindeutig abgrenzbar ist[718] und sich in den Grenzen des örtlichen Schutzbereichs des Schutzrechts bewegt.[719] Bei räumlichen Lizenzbeschränkungen spricht mach auch von Bezirks- bzw. Gebietslizenzen.[720]

Während im Patenrecht allgemein anerkannt ist, dass räumliche Beschränkungen der Lizenz schutzrechtsbezogene Lizenzbeschränkungen darstellen, wird im urheberrechtlichen Schrifttum eine räumliche Aufteilung des Verbreitungsrechts im Inland mit erschöpfungshindernder Wirkung einhellig abge-

---

kenschrijver, Patentgesetz, 2013, § 15, PatG Rn. 71, *Ullmann/Deichfuß* in: *Benkard,* Patentgesetz, 2015, § 15 PatG, Rn. 64; *Kraßer/Bernhardt,* Patentrecht, 2009, S. 935; *Schulze* in. *Dreier/Schulze,* Urheberrechtsgesetz, 2013, § 31 UrhG, Rn. 34; *Joos,* Die Erschöpfungslehre im Urheberrecht, 1991, S. 110; *Schricker* in: *Loewenheim/Dietz/Schricker,* Urheberrecht, 2010, Vor 28 ff. UrhG, Rn. 53; *Fezer,* Markenrecht, 2009, § 30 MarkenG, Rn. 25 u. 66; *Hacker* in *Ströbele,* Markengesetz, 2015, § 30 MarkenG, Rn. 44; *Lüdecke/Fischer,* Lizenzverträge, 1957, S. 395, D41.

717 *Bartenbach/Bartenbach,* Patentlizenz- und Know-how-Vertrag, 2013, Rn. 1213; *Kühnen* in: *Schulte/Kühnen,* Patentgesetz mit Europäischem Patentübereinkommen, 2008, § 15 PatG, Rn. 46; *Ullmann/Deichfuß* in *Benkard,* Patentgesetz, 2015, § 15 PatG, Rn. 66.

718 *Bartenbach/Bartenbach,* Patentlizenz- und Know-how-Vertrag, 2013, Rn. 1216.

719 *Lüdecke/Fischer,* Lizenzverträge, 1957, S. 684, N13.

720 *Lüdecke/Fischer,* Lizenzverträge, 1957, S. 384, D31.

lehnt.[721] Sofern der Urheber das Nutzungsrecht nur für ein bestimmtes Gebiet innerhalb der Bundesrepublik Deutschland einräumt, kann ein Verstoß gegen diese Beschränkung nur zu einer Vertragsverletzung führen, nicht hingegen zu einer Verletzung des Urheberrechts. Bei dem Vertrieb von Werkstücken sei der Geltungsbereich des UrhG als einheitliches Wirtschaftsgebiet zu betrachten. Im Interesse der Rechtsklarheit und Rechtssicherheit könne eine Aufspaltung des Verbreitungsrechts innerhalb eines Staatsgebietes mit schutzrechtsbezogener Wirkung nicht hingenommen werden.[722] Derartige Beschränkungen würden zudem mit dem Erschöpfungsgrundsatz gemäß § 17 Abs. 2 UrhG kollidieren.[723] Bezieht sich die räumliche Beschränkung hingegen auf eine andere Nutzungsart als die Verbreitung von Werkstücken, wird eine räumliche Beschränkung mit schutzrechtsbezogener Wirkung als zulässig angesehen, wie beispielsweise das Senderecht einer Rundfunkanstalt, das Aufführungsrecht für ein bestimmtes Theaterstück oder das Vorführrecht für ein Kino.[724] Ferner sei die territoriale Segmentierung nach Staaten möglich.[725]

Lediglich in der älteren urheberrechtlichen Literatur wurde die Auffassung vertreten, dass im Gleichklang mit den patentrechtlichen Lizenzbeschränkungen auch im Urheberrecht räumliche Beschränkungen des Verbreitungsrechts – in Form einer Bezirkslizenz – schutzrechtsbezogene Lizenzbeschränkungen

---

721 *Nordemann* in: *Boddien/Fromm/Nordemann,* Urheberrecht, 2014, § 31 UrhG, Rn. 47; *Schulze* in: *Dreier/Schulze,* Urheberrechtsgesetz, 2013, § 31 UrhG, Rn. 30; *Wandtke/Grunert* in: *Wandtke/Grunert* in: *Block/Wandtke,* Praxiskommentar zum Urheberrecht, 2014, § 31 UrhG, Rn. 9; *Schricker* in: *Loewenheim/Dietz/Schricker,* Urheberrecht, 2010, Vor §§ 28 UrhG, Rn. 90 m. w. N.; *Berger/Wündisch,* Urhebervertragsrecht, 2015, § 1, Rn. 125; *Joos,* Die Erschöpfungslehre im Urheberrecht, 1991, S. 110; bereits in der älteren Literatur *Blachian,* Die Lehre von der Erschöpfung des Verbreitungsrechts im Urheberrecht, 1964, S. 83 f.; *Reimer,* GRUR Int. 1972, 221, 226; *Ulmer,* Urheber- und Verlagsrecht; 3., neubearb. Aufl. (Enzyklopädie der Rechts- und Staatswissenschaft), 1980, S. 236.

722 *Nordemann* in: *Boddien/Fromm/Nordemann,* Urheberrecht, 2014, § 31 UrhG, Rn. 47; *Schulze* in: *Dreier/Schulze,* Urheberrechtsgesetz, 2013, § 31 UrhG, Rn. 30; *Wandtke/Grunert* in: *Block/Wandtke,* Praxiskommentar zum Urheberrecht, 2014, § 31 UrhG, Rn. 9; *Schricker* in: *Loewenheim/Dietz/Schricker,* Urheberrecht, 2010, Vor §§ 28 UrhG, Rn. 90 m. w. N.; *Berger/Wündisch,* Urhebervertragsrecht, 2015, § 1, Rn. 125; *Joos,* Die Erschöpfungslehre im Urheberrecht, 1991, S. 110; bereits in der älteren Literatur *Blachian,* Die Lehre von der Erschöpfung des Verbreitungsrechts im Urheberrecht, 1964, S. 83 f.; *Reimer,* GRUR Int. 1972, 221, 226; *Ulmer,* Urheber- und Verlagsrecht; 3., neubearb. Aufl. (Enzyklopädie der Rechts- und Staatswissenschaft), 1980, S. 236.

723 *Schulze* in: *Dreier/Schulze,* Urheberrechtsgesetz, 2013, § 30 UrhG, Rn. 30.

724 *Berger/Wündisch,* Urhebervertragsrecht, 2015, § 1, Rn 152.

725 *Schricker* in: *Loewenheim/Dietz/Schricker,* Urheberrecht, 2010, Vor §§ 28 UrhG, Rn. 91.

darstellen.[726] *Koppensteiner* verwies in diesem Zusammenhang auf § 32 UrhG a.F., der sich hinsichtlich räumlicher Beschränkung von Nutzungsrechten von vornherein auf die Aufteilung des Inlandmarktes beziehe.[727]

Letztlich spricht das mangelnde Interesse der urheberrechtlichen Literatur, sich mit dieser Frage weiter auseinanderzusetzen, dafür, dass räumliche Lizenzbeschränkung urheberrechtlicher Nutzungsrechte in der Praxis keine wirtschaftliche Bedeutung erlangt hat, sofern die Erstverbreitung körperlicher Werke in Frage steht.[728]

In der neueren patentrechtlichen Literatur finden sich mittlerweile vereinzelt Stimmen, die räumliche Lizenzbeschränkungen nicht als schutzrechtsbezogene Lizenzbeschränkungen einordnen. Angeführt wird in diesem Zusammenhang, dass andernfalls zwischen Herstellern und Händlern geschlossene Vertriebsvereinbarungen Wirkung zu Lasten Dritter entfalten würden.[729] Unter Bezugnahme auf die wettbewerbsrechtliche Rechtsprechung des BGH, nach der Vertriebsvereinbarungen nur zwischen den Vertragsparteien wirken, wird angeführt eine Erstreckung von Vertriebsvereinbarungen auf Dritte sei auch im Patenrecht nicht gerechtfertigt.[730]

Hintergrund der zum Wettbewerbsrecht ergangenen BGH-Entscheidung war die Frage, ob ein dem Vertriebssystem angehörender Händler allein deswegen wettbewerbswidrig handelt, weil er vertriebsgebundene Ware unter Ausnutzung des Vertragsbruchs eines Vertragshändlers erwirbt und weiterveräußert.[731] Der BGH hat diese Frage zwar verneint, es aber dem Hersteller, der ein rechtlich zulässiges selektives Vertriebssystem unterhält, freigestellt, durch geeignete Kontrollmechanismen – wie beispielsweise ein Nummernsystem – die Vertragstreue seiner Vertriebspartner zu überprüfen. Behindert der Außenstehende dieses Kontrollsystem, kann der Hersteller gleichwohl auch den Außenstehenden

726 *Selmayr,* Die Erschöpfungstheorie im Urheberrecht und die patentrechtliche Lehre vom Zusammenhang der Benutzungsarten, 1961, S. 202, der jedoch – unter Bezugnahme auf die patentrechtliche Rechtsprechung – ebenfalls darauf verweist, dass die Weiterverbreitung der in einem Bezirk rechtmäßig in Verkehr gesetzten Werkexemplare der weiteren Kontrolle des Urhebers entzogen ist.

727 *Koppensteiner,* RIW/AWD 1971, 357, S. 362.

728 *Blachian,* Die Lehre von der Erschöpfung des Verbreitungsrechts im Urheberrecht, 1964, 83; *Joos,* Die Erschöpfungslehre im Urheberrecht, 1991, S. 111.

729 *Ensthaler* in: *Fitzner/Lutz/Bodewig,* Patentrechtskommentar, 2012, § 9 PatG, Rn. 103.

730 *Ensthaler* in: *Fitzner/Lutz/Bodewig,* Patentrechtskommentar, 2012, § 9 PatG, Rn. 103.

731 BGH Urt. v. 05.10.2000, NJW-RR 2001, 1188, 1189 – *Kontrollnummernbeseitigung II.*

wegen wettbewerbswidrigem Verhalten in Anspruch nehmen.[732] Damit hat der BGH keineswegs generell Ansprüche gegen einen nicht am Vertriebssystem Beteiligten abgelehnt, sondern diese nur von weiteren Voraussetzungen abhängig gemacht. Zu der besonderen Frage klassischer räumlicher Vertriebsbeschränkungen hat sich der BGH hingegen nicht eingelassen. Den vom außenstehenden Händler erhobenen markenrechtlichen Erschöpfungseinwand hat der BGH in dieser Entscheidung ebenfalls nicht zum Erfolg verholfen.[733]

Der zum Wettbewerbsrecht ergangenen Rechtsprechung des BGH kann keine Aussage zur Wirkung räumlicher Lizenzbeschränkungen – insbesondere innerhalb eines Staatsgebietes – entnommen werden. Vielmehr erkennt der BGH an, dass der Hersteller ein berechtigtes Interesse daran haben kann, vorzugeben auf welchen Wegen und durch welche Händler die von ihm hergestellten Waren in Verkehr gebracht werden, beispielsweise um die gleichbleibende Qualität der Waren zu gewährleisten.[734] Dass der BGH in zulässigen selektiven Vertriebssystemen dagegen eine unangemessene Benachteiligung außenstehender Dritter sieht, ergibt sich aus den Entscheidungsgründen nicht.

Eine unangemessene Beschränkung der Handlungsmöglichkeiten liegt bei räumlichen Gebietsbeschränkungen der Patentlizenz nicht vor. Vielmehr ergibt sich aus dem Monopolrecht des Patentinhabers zugleich das Recht, zu bestimmen, in welchem Gebiet Produkte, die von der geschützten Lehre Gebrauch machen, erstmalig in Verkehr gesetzt werden. Räumliche Beschränkungen der Lizenz sind daher als schutzrechtsbezogene Lizenzbeschränkungen einzustufen.

Allerdings scheint auch für den Bereich der Patentlizenzverträge die praktische Relevanz räumlicher Beschränkungen innerhalb eines Staatsgebietes an Bedeutung zu verlieren. Aufgrund der zunehmenden Globalisierung schwindet auch hier die wirtschaftliche Relevanz örtlich beschränkter Lizenzen. Häufig werden Nutzungsrechte weltweit oder zumindest für mehrere Staaten, in denen Schutzrechte validiert sind, eingeräumt.[735] Etwas anderes mag dann gelten, wenn die geschützten Lehren zum technischen Handeln den Aufbau und die Inbetriebnahme großer Industrieanlagen zum Gegenstand haben. Von besonderer Relevanz in diesem Kontext wird jedoch regelmäßig die Ausgestaltung

---

732 BGH Urt. v. 05.10.2000, NJW-RR 2001, 1188, 1189 – *Kontrollnummernbeseitigung II* unter Verweis auf BGH Urt. v. 1.12.1999, NJW 2000, 2504 – *Außenseiteranspruch II* und BGH Urt. v. 15.07.1999, NJW 1999, 3043 – *Entfernung der Herstellungsnummer.*

733 BGH Urt. v. 05.10.2000, NJW-RR 2001, 1188, 1190 – *Kontrollnummernbeseitigung II.*

734 BGH Urt. v. 05.10.2000, NJW-RR 2001, 1188, 1190 – *Kontrollnummernbeseitigung II.*

735 *Bartenbach/Bartenbach,* Patentlizenz- und Know-how-Vertrag, 2013, Rn. 1218.

der Gebrauchslizenz an Verfahrenspatenten sein, deren Nutzung für die Inbetriebnahme der Industrieanlage entscheidend ist.[736]

IV. Mengenmäßige Lizenzbeschränkungen

Mengenmäßige bzw. quotenmäßige Lizenzbeschränkungen legen die Anzahl der vom Lizenznehmer herzustellenden Erzeugnisse fest.[737] Sie konkretisieren dabei den sachlichen Geltungsbereich der Lizenz.[738] Die Quotenlizenz kann die Vorgabe von Höchst- oder Mindestmengen zum Gegenstand haben. In der rechtswissenschaftlichen Literatur wird überwiegend davon ausgegangen, dass mengenmäßige Lizenzbeschränkungen schutzrechtsbezogen Lizenzbeschränkungen sind. Zwischen Mindest- und Höchstmengenbegrenzungen wird dabei nicht immer klar differenziert.[739]

1. Höchstmengenbegrenzungen

Die Festlegung einer bestimmten Höchstmenge ist unmittelbarer Ausfluss des spezifischen Gegenstandes des Schutzrechts. Kann der Patentinhaber die Benutzung seines Schutzrechts insgesamt untersagen, muss es ihm auch möglich sein, die Benutzung nur für eine bestimmte Menge zu gestatten und darüberhinausgehende Nutzungshandlungen zu verbieten.[740] Die Beschränkung des Lizenznehmers, nur eine bestimmte Höchstmenge patentgeschützter Erzeugnisse herzustellen, ist daher eine schutzrechtsbezogene Lizenzbeschränkung.[741]

---

736 Siehe hierzu Fünftes Kapitel C. IV. 1.

737 Zur Zulässigkeit mengenmäßiger Beschränkungen BGH Urt. v. 17.04.1969, GRUR 1969, 560 – *Frischhaltegefäß*; *Sack*, WRP 1999, 592, 607; Denkschrift zum GPÜ, BlPMZ 1979, 325, 336; *Keukenschrijver* in: *Busse/Keukenschrijver*, Patentgesetz, 2013, § 15 PatG, Rn. 72.

738 *Pfaff u. a.*, Lizenzverträge, 2010, Rn. 677.

739 *Arruda*, Erschöpfungsgrundsatz und Lizenzvertrag, 2011, S. 69 m.w.N.; *Reimer*, GRUR Int. 1972, 221, 228; *Haedicke u. a.*, Handbuch des Patentrechts, 2012, § 4 Rn., 135.

740 *Sack*, RIW/AWD 1997, 449, 453; *Sack*, RIW/AWD 1997, 449, 607; *Koch* in: *Grabitz u. a.*, Das Recht der Europäischen Union, 1994, Art. 85 EGV, Rn. 271; *Gleiss/Hirsch/Burkert*, Kommentar zum EG-Kartellrecht, 1993, Art. 85 EGV (1) 3, Kap. G. Rn. 787.

741 BGH Urt. v. 08.06.1967, GRUR 1976, 676, 679 – *Gymnastiksandale*; *Strohm*, Wettbewerbsbeschränkungen in Patentlizenzverträgen nach amerikanischem und deutschem Recht, 1971, S. 151; *Kühnen* in: *Schulte/Kühnen*, Patentgesetz mit Europäischem Patentübereinkommen, 2008, § 15 PatG, Rn. 46; *Keukenschrijver* in: *Busse/Keukenschrijver*, Patentgesetz, 2013, § 15 PatG, Rn. 72;

Überschreitet der Lizenznehmer die vorgegebene Höchstmenge, handelt er bezüglich der über der Höchstmenge liegenden Produkte ohne Zustimmung des Lizenzgebers. Zur weiteren Herstellung der patentgeschützten Erzeugnisse ist der Lizenznehmer nicht berechtigt.[742] Produziert und vertreibt der Lizenznehmer über den vertraglich vereinbarten Umfang hinaus, begeht er somit nicht nur eine Vertragsverletzung, sondern auch eine Patentverletzung.[743]

2. Mindestmengenvorgaben

Zum Teil wird auch die dem Lizenznehmer auferlegte Pflicht, bestimmte Mindestmengen herzustellen und/oder zu vertreiben, als vom spezifischen Gegenstand des lizenzierten Schutzrechts gedeckt angesehen[744] und als eine schutzrechtsbezogene Lizenzbeschränkung behandelt.[745] Zur Begründung wird darauf verwiesen, dass der Patentinhaber schließlich ein berechtigtes Interesse an einer hinreichenden Verwertung seiner Erfindung habe.[746]

Allein das Verwertungsinteresse des Pateninhabers ist – wie die Ausführungen zur Rechtsnatur der Erschöpfungslehre gezeigt haben – nicht geeignet, die Wirkung einer solchen vertraglichen Absprache zu bestimmen.[747] Maßgebend ist

---

Bartenbach/Bartenbach, Patentlizenz- und Know-how-Vertrag, 2013, Rn. 1340; *Kraßer/Bernhardt,* Patentrecht, 2009, S. 935; *Ullmann/Deichfuß* in: *Benkard,* Patentgesetz, 2015, § 15 PatG, Rn. 71; *Lüdecke/Fischer,* Lizenzverträge, 1957, S. 404; *Pahlow,* Lizenz und Lizenzvertrag im Recht des Geistigen Eigentums, 2006, S. 458; *Reimer,* GRUR Int. 1972, 221, 228; Im Markenrecht wird die schutzrechtsbezogene Wirkung mengenmäßiger Beschränkungen zum Teil mit Verweis auf den abschließenden Charakter der Aufzählung in § 30 Abs. 2 MarkenG abgelehnt: *Hacker* in: *Ströbele,* Markengesetz, 2015, § 30 MarkenG, Rn. 49; *Ingerl,* Markengesetz, 2010, § 30 MarkenG, Rn. 15; die schutzrechtsbezogene Wirkung dagegen bejahend *Fezer,* Markenrecht, 2009, § 30 MarkenG, Rn. 14.

742 *Lüdecke/Fischer,* Lizenzverträge, 1957, S. 424, D58.

743 *Lüdecke/Fischer,* Lizenzverträge, 1957, S. 423, D58; *Keukenschrijver* in: *Busse/Keukenschrijver,* Patentgesetz, 2013, § 15 PatG, Rn. 72/69; *Kühnen* in: *Schulte/Kühnen,* Patentgesetz mit Europäischem Patentübereinkommen, 2008, § 15 PatG, Rn. 46; *Ullmann/Deichfuß Benkard,* Patentgesetz, 2015, § 15 PatG, Rn. 71; *Mes,* Patentgesetz, Gebrauchsmustergesetz, 2014, § 15 PatG, Rn. 58; *Pfaff u. a.,* Lizenzverträge, 2010, Rn. 677.

744 *Sack,* WRP 1999, 592, 606.

745 *Arruda,* Erschöpfungsgrundsatz und Lizenzvertrag, 2011, S. 69.

746 *Gleiss/Hirsch/Burkert,* Kommentar zum EG-Kartellrecht, 1993, Art. 85 EGV (1) 3, Kap. G. Rn. 782.

747 Vgl. Fünftes Kapitel B.II.2.a.

vielmehr, dass der Regelungsgegenstand der vertraglichen Bestimmung Ausfluss der dem Schutzrechtsinhaber gesetzlich zugewiesenen Benutzungsbefugnis ist und dem Lizenznehmer von dieser von vornherein nur ein Minus eingeräumt wurde.[748]

Bei der Vereinbarung einer Mindestmenge werden die Befugnisse des Lizenznehmers jedoch nicht beschränkt, wie etwa bei Höchstmengenbegrenzungen, sondern von der Übernahme weiterer Verpflichtungen abhängig gemacht, beispielsweise durch die Zahlung einer Vertragsstrafe bei Unterschreitung der Mindestmenge. Derartige vertragliche Absprachen sind jedoch nicht unmittelbar Ausfluss der dem Patentinhaber zustehenden Befugnisse. Der Lizenznehmer überschreitet nicht die ihm eingeräumten Befugnisse, wenn er die vom Lizenzgeber vorgegebenen Mindestmengen nicht erfüllen kann. Vielmehr enttäuscht der Lizenznehmer die vom Lizenzgeber in ihn gesetzten Erwartungen. Die Erzeugnisse sind, obwohl sie nicht die vom Lizenzgeber erhofften Mindestmengen erreichen, mit seiner Zustimmung hergestellt worden. Eine Patentverletzung liegt hingegen nicht vor. Die Unterschreitung der vereinbarten Mindestmenge stellt daher keine schutzrechtsbezogene Lizenzbeschränkung dar. Ein Verstoß begründet damit keine Schutzrechtsverletzung, sondern stellt lediglich eine Vertragsverletzung dar.[749] Das hinter der Vereinbarung einer Mindestmenge stehende wirtschaftliche Interesse kann durch die Vereinbarung einer Vertragsstrafe oder die Zahlung einer Mindestlizenzgebühr ausreichend abgedeckt werden. Das scharfe Schwert einer Patentverletzungsklage bedarf es hierfür nicht.

V. Herstellungslizenz

Mit einer Herstellungslizenz wird dem Lizenznehmer das Recht eingeräumt, das patentgeschützte Erzeugnis selbst herzustellen.[750] In der Praxis ist eine reine Herstellungslizenz eher selten.[751] Sie ist dann anzunehmen, wenn sich der Lizenzgeber zur Abnahme der vom Lizenznehmer hergestellten Erzeugnisse verpflichtet. Eine solche Konstellation findet sich beispielsweise im Zuliefererbereich. Werden patentgeschützte Erzeugnisse ausschließlich auf Anweisung des Patentinhabers oder des Lizenznehmers in den Werkstätten eines Dritten

748 Siehe Fünftes Kapitel A.I.

749 *Bartenbach/Bartenbach,* Patentlizenz- und Know-how-Vertrag, 2013, Rn. 1346; *Kühnen* in: *Schulte/Kühnen,* Patentgesetz mit Europäischem Patentübereinkommen, 2008, § 15 PatG, Rn. 46.

750 *Groß,* Der Lizenzvertrag, 2015, Rn. 33.

751 *Bartenbach/Bartenbach,* Patentlizenz- und Know-how-Vertrag, 2013, Rn. 1313.

hergestellt, ohne dass der Dritte nach eigenen Entschließungen oder auf eigene Rechnung fertigt, handelt es sich nicht um eine Herstellungslizenz. Der Dritte handelt in diesen Fällen als verlängerte Werkbank des Patentinhabers oder Lizenznehmers.[752]

1. No right to combine

Die globalisierte Wirtschaftsordnung hat dazu geführt, dass die auf dem Markt vertriebenen Endprodukte häufig nicht aus einer Hand stammen. Unternehmen stellen in vielen Fällen nur noch einzelne Komponenten her, die mit Komponenten anderer Zulieferer zusammengesetzt werden. Teilweise beschränkt sich die wirtschaftliche Tätigkeit auf die bloße Kombination der von verschiedenen Zulieferern erworbener Komponenten zu einem Endprodukt.

Sind nicht nur die einzelnen Teilkomponenten, sondern auch das Endprodukt patentgeschützt, ist zunehmend die Tendenz zu erkennen, dass Pateninhaber im Rahmen der Vertragsgestaltung die weitere Nutzung der Teilkomponenten limitieren.[753] So wird im Rahmen der dem Komponentenhersteller eingeräumten Herstellungs- und Vertriebslizenz ausdrücklich das Recht ausgenommen, die Komponenten selber mit weiteren Teilen zu kombinieren und zur Herstellung bestimmter Gesamtvorrichtungen zu verwenden *(»no right to combine«)*. Ferner wird versucht den Lizenznehmer dabei die Verpflichtung aufzuerlegen, die Komponente nur mit anderen Teilkomponenten bestimmter Hersteller zu verbinden.

Fraglich ist jedoch, ob ein Verstoß gegen eine solche vertragliche Bestimmung auch dazu führt, dass der vertragsbrüchige Lizenznehmer eine Patentverletzung begeht. Dies würde zunächst voraussetzen, dass durch den Bezug einzelner patentgeschützter Komponenten, die durch den Patentinhaber oder mit seiner Zustimmung in Verkehr gebracht wurden, nicht auch die Rechte des Patentinhabers hinsichtlich der Gesamtvorrichtung erschöpft sind. Nur in diesem Fall würde der Lizenznehmer überhaupt einer Herstellungslizenz für die Gesamtvorrichtung benötigen.

752 LG Düsseldorf Urt. v. 15.09.1998, Mitt. 1999, 370, 371 – *Steckerkupplung.*

753 So beispielsweise in U.S. Supreme Court, *Quanta Computer, Inc. v. LG Elecronics.*, 128 S. Ct. 2109, (2008).

a. Erschöpfung der Rechte an einer Gesamtvorrichtung durch den Bezug von Komponenten

Soweit ersichtlich hat sich der BGH bisher nicht mit der Frage auseinandergesetzt, ob die Lieferung einer geschützten Komponente durch den Patentinhaber oder seinen Lizenznehmer (»Teillieferung«) zur Erschöpfung im Hinblick auf die Gesamtvorrichtung führt. Die Instanzgerichte hatten sich indes häufiger mit dieser Frage zu beschäftigen.

aa. Rechtsprechung der Instanzgerichte

Im Jahr 2002 entschied das LG Düsseldorf, dass das Inverkehrbringen einzelner Komponenten nicht zur Erschöpfung einer patentgeschützten Gesamtvorrichtung führt.[754] Gegenstand des Klagepatents war ein Profilstab mit einer ein Einsteckteil aufweisenden Halteleiste. Die Beklagte bot unter anderem Profilstäbe an, die unstreitig von der geschützten patentgemäßen Lehre Gebrauch machten. Die Beklagte berief sich jedoch auf den Einwand der patentrechtlichen Erschöpfung. So seien die in den Profilstäben verwendeten Klemmprofile bzw. Wellenklemmprofile Originalteile der Klägerin, die die Beklagte von Vertriebshändlern der Klägerin bezogen hätte.[755]

Diesem Einwand verhalf das LG Düsseldorf nicht zum Erfolg. Nach Auffassung des LG Düsseldorf könne die Erschöpfung allenfalls in dem Umfang eintreten, indem der Patentinhaber oder ein durch ihn autorisierter Dritter von seinem Schutzrecht Gebrauch gemacht haben. Sind neben der Gesamtvorrichtung auch einzelne Komponenten dem Patentschutz unterstellt, können sich durch das rechtmäßige Inverkehrbringen der Einzelkomponenten auch nur diese Rechte verbrauchen.

Darüber hinaus stellte das LG Düsseldorf fest, dass mit dem Inverkehrbringen einzelner Komponenten nicht eine konkludente Lizenz zur Herstellung der Gesamtvorrichtung erteilt werde. Dies gelte auch dann, wenn der einzige Zweck der patentgeschützten Komponente der Einbau in die ebenfalls geschützte Gesamtvorrichtung ist.[756]

Einige Jahre später bestätigte das LG Düsseldorf diese Grundsätze. In dem zur Entscheidung gestellten Verfahren ging die Klägerin aus verschiedenen

754 LG Düsseldorf Urt. v. 28. 03. 2002, 4 O 762/00.

755 LG Düsseldorf Urt. v. 28. 03. 2002, 4 O 762/00.

756 LG Düsseldorf Urt. v. 28. 03. 2002, 4 O 762/00.

Patenten gegen die Beklagte vor. Die technischen Lehren der Klagepatente hatte das European Telecommunication Standards Institute (»ETSI«) als Standards für den Global System for Mobile Communications (»GSM«) qualifiziert. Gegenstand der patentgemäßen Lehre der Klagepatente war jeweils ein Verfahren zur Übertragung von Paketdaten von Mobilstationen zu Basisstationen von im Zeitlagenmultiplexverfahren betriebenen Mobilfunksystemen.[757]

Die Beklagte hatte Mobilfunktelefone angeboten, mit denen die Endverbraucher die geschützten Verfahren – mobil zu kommunizieren – ausführen konnten. Die Klägerin nahm die Beklagte wegen mittelbarer Patentverletzung in Anspruch, da es sich bei den Mobilfunktelefonen um Mittel handle, die sich auf ein wesentliches Element der Erfindungen beziehen. Die Beklagte berief sich dagegen auf die Erschöpfung der Verbietungsrechte der Klägerin. Schließlich hätte sie die in den Mobilfunktelefonen verbauten GSM-Module, die letztlich für die Durchführung der streitgegenständlichen Verfahren verantwortlich seien, von Lizenznehmerinnen der klagenden Patentinhaberin erworben.[758]

Diesem Einwand verhalf das LG Düsseldorf nicht zum Erfolg. Vielmehr führte es aus, dass aus einer »isolierten« Erschöpfung der Verbietungsrechte bezüglich der GSM-Module nicht auf die Erschöpfung hinsichtlich der gesamten Mobiltelefone geschlossen werden könne. Die von der Klägerin angegriffenen Mobiltelefone als Mobilstationen stellen nach der technischen Lehre der Klagepatente in ihrer Gesamtheit Mittel i. S. d. § 10 PatG dar. Die GSM-Module allein, bei denen es sich zwar um lizenzierte Bauteile der Mobilfunktelefone handle, können die jeweils geschützten patentgemäßen Lehren allerdings nicht ausführen. Eine Lizenzierung und die damit verbundene Erschöpfung der Patenrechte hinsichtlich sämtlicher Komponenten der Mobilfunktelefone konnte die Beklagte nicht darlegen und beweisen.[759]

Das OLG Düsseldorf nimmt ebenfalls eine Erschöpfung des Patentrechts nur dann an, wenn die Vorrichtung insgesamt mit Zustimmung des Patentinhabers

757 LG Düsseldorf Urt. v. 13. 02. 2007, 4a O 124/05; LG Düsseldorf Urt. v. 21. 06. 2007, 4a O 113/06; LG Düsseldorf Urt. v. 21. 06. 2007, 4a O 231/06; LG Düsseldorf Urt. v. 21. 06. 2007, 4a O 232/06; LG Düsseldorf Urt. v. 21. 06. 2007, 4a O 233/06.

758 LG Düsseldorf Urt. v. 13. 02. 2007, 4a O 124/05; LG Düsseldorf Urt. v. 21. 06. 2007, 4a O 113/06; LG Düsseldorf Urt. v. 21. 06. 2007, 4a O 231/06; LG Düsseldorf Urt. v. 21. 06. 2007, 4a O 232/06; LG Düsseldorf Urt. v. 21. 06. 2007, 4a O 233/06.

759 LG Düsseldorf Urt. v. 13. 02. 2007, 4a O 124/05; LG Düsseldorf Urt. v. 21. 06. 2007, 4a O 113/06; LG Düsseldorf Urt. v. 21. 06. 2007, 4a O 231/06; LG Düsseldorf Urt. v. 21. 06. 2007, 4a O 232/06; LG Düsseldorf Urt. v. 21. 06. 2007, 4a O 233/06.

oder durch ihn selbst in Verkehr gebracht wurde. Nicht hingegen bei einzelnen, ebenfalls patentgeschützten, Komponenten der Gesamtvorrichtung.[760]

bb. Meinungsstand in der rechtswissenschaftlichen Literatur

Weite Teile der patentrechtlichen Literatur gehen ebenso von dieser objektbezogen Wirkung der Erschöpfung aus. Nur soweit der Gegenstand als solcher mit Billigung des Patentinhabers in Verkehr gesetzt wurde, können sich die Rechte aus dem Patent verbrauchen.[761]

Die in der Literatur vertretene Gegenauffassung kritisiert eine solche »Einschränkung« der Erschöpfungswirkung und fordert die Anwendung eines »erweiterten« Erschöpfungsbegriffs. Als Argument wird angeführt, dass die von der herrschenden Meinung vorgenommene Beschränkung der Anwendung der Erschöpfung auf den konkret in Verkehr gebrachten Gegenstand dem Patentinhaber durch eine geschickte Anspruchsformulierung die Möglichkeit einräume, an mehreren Stellen der Vermarktungskette seine Erfindung zu kommerzialisieren.[762]

Besonders deutlich würde sich dieses »Phänomen« bei Standard-essentiellen Patenten zeigen, die auch Gegenstand der oben vom LG Düsseldorf zitierten Entscheidungen waren. Standard-essentielle Patente schützten Erfindungen, die Teil einer Industrienorm sind bzw. Erfindungen, die faktisch einem standardsetzenden Regelwerk angehören, so dass der Marktzugang von der Verwirklichung der patentgemäßen Lehre abhängt.[763] Sind etwa einzelne Bauteile aufgrund der Billigung des Patentinhabers auf dem Markt frei verfügbar und führt deren Zusammenbau zur Herstellung einer patentgeschützten Vorrichtung, bedarf es einer weiteren Zustimmung des Patentinhabers. Auf diese Zustimmung ist der Marktteilnehmer immer dann angewiesen, wenn aufgrund des Industriestan-

---

760 OLG Düsseldorf Urt. v. 27.11.2003, 2 U 75/02; mit Verweis auf OLG Düsseldorf, GRUR 1939, 365, 367.

761 *Keukenschrijver* in: *Busse/Keukenschrijver,* Patentgesetz, 2013, § 9 PatG, Rn. 149; *Scharen* in: *Benkard,* Patentgesetz, 2015, § 9 PatG, Rn. 18; *Kraßer/Bernhardt,* Patentrecht, 2009, S. 794; *Kühnen* in: *Schulte/Kühnen,* Patentgesetz mit Europäischem Patentübereinkommen, 2008, § 9 PatG, Rn. 20; *Kühnen,* Handbuch der Patentverletzung, 2014, Rn. 1781; *Lindenmaier,* GRUR 1952, 294, 294.

762 *Meibom/Meyer,* in: Bergermann, Festschrift für Peter Mes zum 65. Geburtstag, Erschöpfung von Sach- und Verfahrenspatenten bei Teillieferungen –Die erweiterte Erschöpfungslehre – 2009, 255, 260.

763 *Osterrieth/Köhler/Haft,* Patentrecht, 2009, S. 175, 176; *Bodewig,* GRUR Int. 2015, 626.

dards keine patentfreien Alternativen zur Verfügung stehen. Dadurch werde es dem Patentinhaber ermöglicht, finanziell auch an Standard-Bauteilen eines komplexen patentgeschützten Systems zu partizipieren.[764]

Daher wird gefordert, dass die Erschöpfung der aus dem Patent resultierenden Rechte bereits dann anzunehmen sei, wenn ein wesentlicher Bestandteil der Vorrichtung des patentgeschützten Gegenstandes durch den Patentinhaber oder mit seiner Zustimmung in den Verkehr gebracht wird.[765] Nach dieser Auffassung soll die Erschöpfung bereits dann eintreten, wenn der einzig sinnvolle und bezweckte Gebrauch einer in Verkehr gebrachten Komponente deren Einbau in die Gesamtvorrichtung ist, etwa weil sie ein wesentliches Element der Vorrichtung verkörpert.

Um festzulegen, was ein wesentlicher Bestandteil der Vorrichtung im Sinne der erweiterten Erschöpfungslehre sei, sollen jedoch nicht die zur mittelbaren Patentverletzung gemäß § 10 PatG entwickelten Grundsätze herangezogen werden. Der objektive Tatbestand des § 10 PatG verlange nämlich nur, dass sich das Mittel auf ein wesentliches Element der Erfindung bezieht. Dies wird als zu weitgehend abgelehnt. Gefordert wird jedoch, dass die Erschöpfung hinsichtlich der Gesamtvorrichtung zumindest dann eintrete, wenn es sich bei der Teillieferung um das wesentliche Element der Erfindung handelt.[766]

Die Vertreter dieser Auffassung sehen in einer erweiterten Anwendung der Erschöpfungslehre auch keine Beeinträchtigung des Herstellungsrechts des Patentinhabers. Schließlich bleibe die Herstellung des Teilproduktes dem Patentinhaber vorbehalten. Nur die Vervollständigung der patentgemäßen Vorrichtung werde ihm entzogen. Verwiesen wird in diesem Zusammenhang auf die Verletzung eines Kombinationspatents, die bereits dann angenommen wird, wenn die Verletzungsform alle wesentlichen Merkmale aufweist und für die Vollendung nur nebensächliche Zutaten ergänzt werden müssen.[767] Daraus wird der Schluss gezogen, dass die Zustimmung des Patentinhabers zur Herstel-

---

764 *Meibom/Meyer*, in: Bergermann, Festschrift für Peter Mes zum 65. Geburtstag, Erschöpfung von Sach- und Verfahrenspatenten bei Teillieferungen – Die erweiterte Erschöpfungslehre – 2009, 255, 260.

765 *Meibom/Meyer*, in: Bergermann, Festschrift für Peter Mes zum 65. Geburtstag, Erschöpfung von Sach- und Verfahrenspatenten bei Teillieferungen – Die erweiterte Erschöpfungslehre – 2009, 255, 255.

766 *Bergermann*, Festschrift für Peter Mes zum 65. Geburtstag, 2009, S. 262.

767 *Meibom/Meyer*, in: Bergermann, Festschrift für Peter Mes zum 65. Geburtstag, Erschöpfung von Sach- und Verfahrenspatenten bei Teillieferungen – Die erweiterte Erschöpfungslehre – 2009, 255, 263, mit Verweis auf *Kühnen* in: *Schulte/Kühnen*, Patentgesetz mit Europäischem Patentübereinkommen, 2008, § 9 PatG, Rn. 48.

lung des Teilproduktes zur Erschöpfung des Patentrechts insgesamt, also auch im Hinblick auf die geschützte Gesamtvorrichtung, führt.[768]

Hintergrund der Forderung nach der Anwendung einer erweiterten Erschöpfungslehre ist es, eine Überbelohnung des Patentinhabers zu verhindern und den freien Wettbewerb von übermäßigen Beschränkungen freizuhalten.[769]

Mit der Frage, ob der Patentinhaber durch eine entsprechende Vertragsgestaltung, die die dem Lizenznehmer eingeräumte Berechtigung in Form einer *»no right to combine«* Klausel einschränken, sich also die Zustimmung zur Herstellung der Gesamtvorrichtung explizit vorbehalten könnte, setzten sich die Vertreter der erweiterten Erschöpfungslehre nicht auseinander. Eine Gesamtschau der geführten Argumentation, die insbesondere eine mehrfache Zustimmung des Pateninhabers innerhalb einer Wertschöpfungskette verhindern möchte, legt jedoch den Schluss nahe, dass sich der Patentinhaber dieses Recht gerade nicht vorbehalten können soll. Ein berechtigtes Interesse des Patentinhabers an einer Entlohnung im Verlauf der gesamten Wertschöpfungskette wird verneint. Die naheliegende Konsequenz wäre daher, einer solchen *»no right to combine«* Klausel nicht als eine schutzrechtebezogene Lizenzbeschränkung einzuordnen. Ein Verstoß gegen eine solche vertragliche Absprache würde allenfalls dazu führen können, dass der vertragsbrüchige Lizenznehmer eine Vertragsverletzung begeht. Kombiniert der Lizenznehmer das von ihm hergestellte Teilprodukt entgegen den vertraglichen Absprachen mit dem Patentinhaber zu einer ebenfalls geschützten Gesamtvorrichtung, könnte der Patentinhaber ihn hinsichtlich der Herstellung und dem Vertrieb der Gesamtvorrichtung nicht wegen einer Verletzung seines auf die Gesamtvorrichtung gerichteten Patents in Anspruch nehmen.

b. Stellungnahme

Eine Lizenzbeschränkung in Form einer *»no right to combine«* Klausel ist dann von Interesse, wenn sowohl die Komponente als auch die Gesamtvorrichtung, in welcher die Komponente zu integrieren ist, durch ein Patent geschützt sind. In dieser Konstellation wird die Frage relevant, ob der Patentinhaber seinem

768 *Meibom/Meyer*, in: Bergermann, Festschrift für Peter Mes zum 65. Geburtstag, Erschöpfung von Sach- und Verfahrenspatenten bei Teillieferungen – Die erweiterte Erschöpfungslehre – 2009, 255, 263.

769 *Meibom/Meyer*, in: Bergermann, Festschrift für Peter Mes zum 65. Geburtstag, Erschöpfung von Sach- und Verfahrenspatenten bei Teillieferungen – Die erweiterte Erschöpfungslehre – 2009, 255, 265.

Lizenznehmer hinsichtlich der Herstellung und des Vertriebs der Komponente gewisse Grenzen setzen kann.[770] Ist die Gesamtvorrichtung nicht geschützt, kann sich der Patentinhaber der Herstellung dieser grundsätzlich nicht widersetzten. Etwaige Vorgaben des Patentinhabers hinsichtlich der weiteren Verwendung der hergestellten erfindungsgemäßen (Teil-)Komponenten sind allenfalls eine Frage des Umfangs und der Zulässigkeit von Gebrauchslizenzen.[771]

Sind jedoch Komponente und Gesamtvorrichtung geschützte technische Lehren, ist bei der Beurteilung der Reichweite der Rechte des Patentinhabers von der der Erschöpfungslehre zugrundeliegenden Überlegung auszugehen, dass der Patentinhaber die ihm zustehenden Verbietungsrechte nur an der konkreten und rechtmäßig in Verkehr gebrachten Sache verliert.[772] Denn nur in diesem Umfang ist es ihm möglich, den wirtschaftlichen Vorteil aus seiner Erfindung zu ziehen. Hat der Patentinhaber aber nur die Teilkomponente in Verkehr gebracht bzw. deren Herstellung durch den Lizenznehmer zugestimmt, konnte er auch nur den dieser Teilkomponente innewohnenden wirtschaftlichen Vorteil realisieren. Selbst wenn die Komponente der wesentliche Teil der Gesamtvorrichtung ist, folgt allein aus der wirtschaftlichen Verwertung der als schutzfähig anerkannten Komponente keine Realisierung der mit der Patentierung der Gesamtvorrichtung erlangten Rechtsposition.

Nicht unberücksichtigt darf ferner bleiben, dass die Erteilungsbehörden die selbständige Schutzfähigkeit sowohl der Komponente als auch der Gesamtvorrichtung mit der Erteilung der jeweiligen Patente anerkannt haben. Nimmt der Pateninhaber diese Rechte im Verlauf einer Wertschöpfungskette wahr und wird er für die jeweilige erfinderische Leistung entlohnt, übt er lediglich die ihm von der Rechtsordnung zugewiesene Rechtsposition aus. Die dem Patentinhaber durch die Patenterteilung gewährten Ausschließlichkeitsrechte sind sowohl im Hinblick auf die Komponente als auch hinsichtlich der Gesamtvorrichtung anzuerkennen.[773]

Eine andere Beurteilung würde dazu führen, dass der Schutz der Gesamtvorrichtung, obwohl von den Erteilungsbehörden anerkannt, für den Patentinhaber wirtschaftlich nahezu wertlos wäre. Ferner wäre ihm die Möglichkeit genommen, über das erste Inverkehrbringen der patentgeschützten (Gesamt-) Vorrichtung zu entscheiden, wenn deren Herstellung bereits mit dem Inver-

770 Die Fragen der Zustimmung des Pateninhaber bei nicht geschützten Komponenten im Rahmen einer mittelbaren Patentverletzung sind nicht Gegenstand der vorliegenden Betrachtung vgl. hierzu *Rauh,* Die mittelbare Patentverletzung, 2009.

771 Siehe hierzu Fünftes Kapitel C.VI.

772 *Kühnen,* Handbuch der Patentverletzung, 2014, Rn. 1783.

773 LG Düsseldorf Urt. v. 28.03.2002, 4 O 762/00.

kehrbringen von einzelnen Komponenten erschöpft wäre. Die Durchsetzung dieses Interesses ist auch weder treuwidrig, noch lässt sich für den Erwerber aus der Veräußerung eines Teils der patentgeschützten Vorrichtung der Schluss ziehen, der Patentinhaber habe ihn konkludent ermächtigt, die Gesamtvorrichtung herzustellen bzw. zu vertreiben. Eine solche Sichtweise hätte die mit dem Patentschutz für Gesamtvorrichtungen nicht zu vereinbarende Konsequenz, dass allein die Verwendung eines von einem Berechtigten stammenden (wesentlichen) Teils der Gesamtvorrichtung jeden Dritten zur Benutzung der Gesamtvorrichtung berechtigen würde, ohne dass sich der Patentinhaber dieses Rechts zuvor in seiner Gesamtheit begeben und die Möglichkeit erhalten hat, einen der Gesamtvorrichtung entsprechenden wirtschaftlichen Nutzen zu ziehen.[774]

Gerade in einer Wirtschaftsordnung, die sich durch arbeitsteilige Prozesse und eine feingliedrige Wertschöpfungskette auszeichnet, muss es den Beteiligten möglich sein, den Wert der dem Pateninhaber zustehenden Entlohnung anhand der jeweiligen Verwertungsstufe auszurichten. Wird der Forderung nach einer erweiterten Erschöpfungslehre gefolgt, müsste der Erste in der Wertschöpfungskette für die volle Entlohnung des Patentinhabers einstehen und das auch schon im Hinblick auf eine spätere Herstellung und Verwendung der Gesamtvorrichtung. Es läge dann in seinem Risiko, ob er die an den Patentinhaber zu erbringende Entlohnung für die Verwertung der patentgeschützten Lehre auf die weiteren Vertriebsstufen umlegen kann.

Die Anwendung einer erweiterten Erschöpfung ist daher grundsätzlich entsprechend der überwiegenden Auffassung der patentrechtlichen Literatur[775] und der Rechtsprechung[776] abzulehnen. Ein Verbrauch patentrechtlicher Befugnisse kann nur in dem Umfang eintreten, in dem sich der Patentinhaber durch Inverkehrbringen der erfindungsgemäßen Sache begeben hat. Daher kann eine Teillieferung, auch wenn es sich dabei um ein oder auch das wesentliche Element der Erfindung handelt, nicht zur Erschöpfung des gesamten unter Schutz gestellten Gegenstandes führen. Andernfalls würde dem Patentinhaber die Möglichkeit genommen, seine wirtschaftlichen Vorteile aus der jeweiligen Erfindung zu ziehen.

---

774 LG Düsseldorf Urt. v. 28.03.2002,– 4 O 762/00.

775 *Keukenschrijver* in: *Busse/Keukenschrijver,* Patentgesetz, 2013, § 9 PatG, Rn. 147; *Scharen* in: *Benkard,* Patentgesetz, 2015, § 9 PatG, Rn. 18; *Kraßer/Bernhardt,* Patentrecht, 2009, S. 818; *Kühnen* in: *Schulte/Kühnen*, Patentgesetz mit Europäischem Patentübereinkommen, 2008, § 9 PatG, Rn. 20.

776 OLG Düsseldorf Urt. v. 27.11.2003, I 2 U 75/02; LG Düsseldorf, Urt. v. 13.02.2007, 4a O 124/05; LG Düsseldorf Urt. v. 21.06.2007 – *GPRS-Mobiltelefone III*; LG Düsseldorf Urt. v. 21.06.2007 – *Wahlwiederholung*; LG Düsseldorf Urt. v. 28.03.2002 – *Profilstäbe.*

Eine Erschöpfung im Sinne der erweiterten Erschöpfungslehre könnte allenfalls dann in Betracht kommen, wenn das in Verkehr gebrachte Teil praktisch vollständig die Erfindung verwirklicht. In diesen Fällen wird von der Rechtsprechung keine mittelbare Patentverletzung mehr angenommen, sondern bereits eine unmittelbare Patentverletzung.[777] Daher muss im Umkehrschluss ein Inverkehrbringen eines solchen Teils durch den Patentinhaber oder mit seiner Zustimmung zur Erschöpfung der patentrechtlichen Verbietungsrechte führen.[778]

Es ist daher festzuhalten, dass die Lieferung von geschützten Komponenten durch den Patentinhaber selbst oder mit seiner Zustimmung, grundsätzlich nicht zur Erschöpfung der dem Patentinhaber an einer Gesamtvorrichtung zustehenden Patentrechte führt. Vielmehr muss der Patentinhaber auch für die Herstellung der Gesamtvorrichtung unter Verwendung der geschützten Teilkomponenten seine Zustimmung erteilen. Diese Zustimmung muss zwar nicht zwingend ausdrücklich erteilt werden, sich aber aus den Begleitumständen eindeutig ableiten lassen. Mit den in dieser Darstellung als *»no right to combine«* Klausel bezeichneten Lizenzbeschränkungen bringt der Patentinhaber folglich deutlich zum Ausdruck, dass eine weitergehende Zustimmung nicht erteilt wird. Verstößt der Lizenznehmer gegen diese vertragliche Absprache, kann der Patentinhaber ihn nicht nur wegen einer Vertragsverletzung, sondern auch wegen der Verletzung des Patents in Anspruch nehmen.

Eine *»no right to combine«* Klausel stellt sich als schutzrechtsbezogene Lizenzbeschränkung dar, mit welcher sich der Patentinhaber die ihm aus dem Patentschutz der Gesamtvorrichtung zustehenden Befugnisse ausdrücklich vorbehält.

2. Qualität der Herstellung

Häufig haben Lizenzverträge Bestimmungen zum Gegenstand, die dem Lizenznehmer die Einhaltung einer bestimmten Mindest- oder Standardqualität der Lizenzerzeugnisse vorgeben.[779] In der Literatur wird dabei diskutiert, ob ein Verstoß gegen Vorgaben zur Qualität der hergestellten Produkte, im Rahmen einer Herstellungslizenz, ebenfalls als schutzrechtsbezogene Lizenzbeschränkung zu qualifizieren sind. Zum Teil wird vertreten, dass wenn der Verstoß

---

777 OLG Düsseldorf Urt. v. 24.02.2011, InstGE 13, 78 – *Lungenfunktionsmessgerät*; BGH Urt. v. 30.11.1976, GRUR 1977, 250, 252 – *Kunststoffhohlprofil*; BGH Urt. v. 10.12.1981, GRUR 1982, 165, 166 – *Rigg*.

778 *Kühnen*, Handbuch der Patentverletzung, 2014, Rn. 1784.

779 *Sack*, WRP 1999, 592, 609.

gegen die vertraglich vorgegebenen Qualitätsanforderungen so erheblich ist, dass durch den Verstoß nicht nur die Erfindung in ihrem Kerngehalt, sondern auch in ihrer Funktionsweise beeinträchtigt wird, die Wirkung der Erschöpfung eingeschränkt werden müsse. Aufgrund der Lizenzbeschränkung sei eine solche Herstellung ausgeschlossen gewesen.[780] Ferner würden Qualitätsvorgaben nicht nur dem Lizenznehmer dienen, sondern auch den Lizenzgeber vor einer möglichen Produkthaftung schützten.[781]

Insbesondere im Zusammenhang mit der Beurteilung ihrer kartellrechtlichen Zulässigkeit wird argumentiert, dass Vertragsklauseln, die zur technisch einwandfreien Herstellung der Lizenzerzeugnisse für notwendig erachtet werden, zum spezifischen Gegenstand einer lizenzierten Erfindung gehören.[782] Allerdings steht bei der Beurteilung der schutzrechtsbezogenen Wirkung einer dem Lizenznehmer vorgegebenen Beschränkung im Fokus, ob diese Beschränkung Ausfluss der dem Patentinhaber zustehenden Verbietungsrechte ist. Bei der Prüfung der kartellrechtlichen Wirksamkeit einer solchen Vertragsabsprache wird dagegen ein weiterer Maßstab angelegt. Der spezifischen Gegenstand eines Schutzrechts wird hier nicht auf die bloßen Verbietungsrechte verengt.[783]

Eine solche Verengung des spezifischen Gegenstandes ist indes für die Qualifizierung einer Lizenzbeschränkung als schutzrechtsbezogen, wie oben dargelegt, essentiell. Die Vorgabe von Qualitätsstandards müsste damit, um schutzrechtsbezogen wirken zu können, eine Grundlage im Inhalt des Patents finden. Inhalt eines jeden Patents ist jedoch die geschützte technische Lehre und deren Ausführung. Der Schutzbereich eines Patents erstreckt sich dagegen regelmäßig nicht auf eine bestimmte qualitative Umsetzung der technischen Lehre. Werden alle Merkmal der geschützten Erfindung verwirklicht, wenngleich in schlechterer Form, liegt ein Eingriff in das Patent vor.[784] Sofern sich aus der Auslegung des Patentanspruchs gewisse Mindestanforderungen an die Quantität oder Qualität einer bestimmten Wirkung ergeben, diese jedoch nicht erfüllt werden, unter-

780 *Ensthaler* in: *Fitzner/Lutz/Bodewig,* Patentrechtskommentar, 2012, § 9 PatG, Rn. 105.

781 *Sack,* WRP 1999, 592, 609.

782 EuGH Urt. v. 25.02.1986, GRUR Int. 1986, 635 – *Windsurfing International*; EG-Kommission, AblEG 1988 L 309/34 ff. 40 (30) – *Fleckenteufel.*

783 *Sack,* WRP 1999, 592, 609.

784 *Keukenschrijver* in: *Busse/Keukenschrijver,* Patentgesetz, 2013, § 14 PatG, Rn. 72; *Kühnen* in: *Schulte/Kühnen,* Patentgesetz mit Europäischem Patentübereinkommen, 2008, § 14 PatG, Rn. 69; *Scharen* in: *Benkard,* Patentgesetz, 2015, § 14 PatG, Rn. 105; RG GRUR 1944, 26, 28; BGH Urt. v. 17.02.1961, GRUR 1961, 409, 411 – *Drillmaschine*; BGH Urt. v. 12.07.1990, GRUR 1991, 436, 441 f. – *Befestigungsvorrichtung II.*

steht dieses Erzeugnis schon nicht mehr dem Schutz des Patents. Mithin kann der Patentinhaber die Herstellung solcher Erzeugnisse nicht untersagen.[785]

Anderes ist es dagegen im Markenrecht. Hier hat der Gesetzgeber qualitätssichernde Vertragsabsprachen ausdrücklich als Lizenzbeschränkungen mit schutzrechtsbezogener Wirkung qualifiziert (§ 30 Abs. 2 Nr. 5 MarkenG). Eine Wertung, die aufgrund des anderen spezifischen Schutzgegenstandes nicht auf Patentlizenzen übertragbar ist.[786]

Vorgaben zur Herstellungsqualität im Rahmen der Erteilung von patentrechtlichen Herstellungslizenzen sind keine schutzrechtsbezogenen Lizenzbeschränkungen.

3. Entwicklungslizenz

In der rechtswissenschaftlichen Literatur wird zum Teil die Entwicklungslizenz als eine Sonderform der Herstellungslizenz aufgeführt.[787]

Eine Entwicklungslizenz soll dem Lizenznehmer das Recht einräumen, den Gegenstand der Lizenz über das bereits in § 11 Nr. 2 PatG normierte Versuchsprivileg hinaus selbst weiterzuentwickeln. Diese Einordnung wird regelmäßig zu kurz greifen. In der Praxis wird sich die Weiterentwicklung des lizenzierten Gegenstandes kaum allein mit dessen Herstellung realisieren lassen. Vielmehr wird es ebenfalls eines Gebrauchens bzw. einer Anwendung zu Versuchszwecken bedürfen, um etwa die Funktionsfähigkeit oder die Funktionsweise des Lizenzgegenstandes weiterzuentwickeln. In der Praxis der Vertragsgestaltung lässt sich daher zunehmend die Beschränkung der Lizenz für den Bereich Forschung und Lehre ausmachen.[788]

VI. Gebrauchslizenz

Die Gebrauchslizenz gestattet dem Lizenznehmer den Gebrauch des geschützten Gegenstandes. Bei der vertraglichen Gestaltung wird das Gebrauchsrecht häufig nicht erwähnt. Es wird scheinbar selbstverständlich davon ausgegangen, dass der Lizenznehmer, der die lizenzierten Gegenstände herstellen und vertrei-

---

785 BGH Urt. v. 17.07.2012, GRUR 2012, 1122 – *Palettenbehälter III.*

786 Siehe hierzu Fünftes Kapitel C.IX.

787 *Bartenbach/Bartenbach,* Patentlizenz- und Know-how-Vertrag, 2013, Rn. 1317 m.V.a. *Stumpf/Groß,* Der Lizenzvertrag, 2005, Rn. 33 a.E.

788 Siehe hierzu Fünftes Kapitel C.IX.

ben darf, berechtigt ist, diese selbst in Gebrauch zu nehmen.[789] Aufgrund der Einordnung der Rechtsnatur der Erschöpfungslehre als immaterialgüterrechtliche Tatbestandstheorie erschöpfen sich die Patenrechte mit dem ersten, objektiv nicht patentverletzenden Inverkehrbringen hinsichtlich aller Benutzungsarten.[790] Die weitere Nutzung des geschützten Gegenstandes bedarf nicht einer erneuten Zustimmung des Patentinhabers. Raum für schutzrechtsbezogene Lizenzbeschränkungen über den Akt des ersten Inverkehrbringens bleibt nicht.

Der Anwendungsbereich einer Gebrauchslizenz wird im Schrifttum daher in der Nutzungsgestattung einer miet- oder pachtweise überlassenen Sache gesehen.[791] Abzugrenzen sei dabei, ob die Sache lediglich zur Nutzung oder zum Eigentum überlassen wird. Im letzteren Fall bedarf es keiner Gebrauchslizenz, da der geschützte Gegenstand durch die Veräußerung patentfrei geworden sei. Nach der herrschenden Auffassung erfüllt bereits die gebrausmäßige Überlassung eines geschützten Erzeugnisses den Tatbestand des Inverkehrbringens. Der Eintritt der Erschöpfung setzt keine Eigentumsübertragung voraus.[792] Eine Gebrauchslizenz ist daher auch dann nicht erforderlich, wenn das geschützte Erzeugnis miet- oder pachtweise überlassen wird.

Von besonderer Relevanz ist die Gebrauchslizenz allerdings dann, wenn beispielsweise ein Fertigungs- oder Arbeitsverfahren für die Herstellung von Halbleitern oder anderen elektronischen Bauelementen lizenziert wird, damit der Lizenznehmer von ihm entwickelte Bauelemente herstellen kann. Verwendet der Lizenznehmer dabei eine vom Patentinhaber erworbene Vorrichtung, die zur Ausführung des patentgeschützten Verfahrens bestimmt ist, stellt sich die Frage, ob in diesen Fällen noch Raum für die Erteilung einer Gebrauchslizenz an dem Verfahren ist. Nur in diesem Fall könnte der Patentinhaber überhaupt seinem Lizenznehmer schutzrechtsbezogene Lizenzbeschränkungen auferlegen.

1. Lizenz an einem Verfahren als Gebrauchslizenz

Die Frage, ob trotz Erwerb einer Vorrichtung, die zur Ausübung eines patentgeschützten Verfahrens bestimmt ist, die Erteilung einer (stillschweigenden oder ausdrücklichen) Lizenz erforderlich ist, wird kontrovers diskutiert.

789 *Pfaff u. a.*, Lizenzverträge, 2010, Rn. 681.

790 Siehe hierzu Fünftes Kapitel B.II.2.a.cc.

791 *Ullmann/Deichfuß* in: *Benkard,* Patentgesetz, 2015, § 15 PatG, Rn. 69; *Bartenbach/Bartenbach,* Patentlizenz- und Know-how-Vertrag, 2013, Rn. 1333; *Osterrieth,* Patentrecht, 2015, Rn. 697.

792 Drittes Kapitel A.III.1.

In der Literatur wird zum Teil festgestellt, dass bei Erwerb einer Vorrichtung, die zur Durchführung eines patentgeschützten Verfahrens bestimmt ist, die Erteilung einer Gebrauchslizenz nicht erforderlich sei. Mit Veräußerung der Vorrichtung durch den Patentinhaber wird diese »gemeinfrei«. Der Erwerber könne die Vorrichtung daher in beliebiger Weise nutzen.[793] Dem kann jedoch nur dann zugestimmt werden, wenn mit dem Inverkehrbringen der Vorrichtung sich zugleich etwaige Rechte des Pateninhabers aus seinen Verfahrenspatenten erschöpfen würden. Eine Frage, die keineswegs neu ist. Aufgrund der stetigen Technologiesierung aber immer wieder besondere Relevanz erlangt. Insbesondere Produkte im Telekommunikationsbereich zeichnen sich dadurch aus, dass sie unter dem Schutz einer Vielzahl von Patenten stehen. Beispielsweise ist es im Bereich der Telekommunikation nicht unüblich, dass in einem Endgerät (Mobilfunktelefon) die neue Technologie in einem verbauten Chip bereitgestellt wird. Obwohl der Chip den erfinderischen Kern darstellt, werden nicht nur der Chip selbst unter Patentschutz gestellt, sondern ebenso dessen Arbeitsweise sowie das System bestehend aus Endgerät und Chip.[794] Im Hinblick auf diese Schutzrechtssituation stellt sich die Frage, ob durch das Inverkehrbringen des Chips oder des Endgerätes auch etwaige Verfahrensansprüche erschöpfen. Die Frage der Erschöpfung von Verfahrensansprüchen wird in Rechtsprechung und Literatur jedoch keineswegs einhellig beantwortet.

a. Rechtsprechung des Reichsgerichts

Bereits im Jahr 1931 hatte sich das RG mit der Frage auseinanderzusetzen, ob der Patentinhaber einem Dritten das Angebot von Waren untersagen darf, die nur unter Verwendung seines patentgeschützten Verfahrens hergestellt werden können.[795] Für die Ausführung des Verfahrens bedurfte es jedoch eines vom Patentinhaber in Verkehr gesetzten Werkzeuges, welches ebenfalls Patentschutz genoss. Das RG entschied, dass es auf die Frage der Erteilung etwaiger Lizenzen für die Verwendung des Verfahrens schon nicht ankäme. Unter Heranziehung der von *Kohler* entwickelten Lehre vom Zusammenhang der Benutzungsarten stellte das RG fest, dass mit dem Inverkehrsetzen der Ware diese patentfrei geworden sei. Damit könne das Werkzeug bestimmungsgemäß verwendet werden, was auch die Ausführung des patentgemäßen Verfahrens umfasse.[796]

793 *Bartenbach/Bartenbach*, Patentlizenz- und Know-how-Vertrag, 2013, Rn. 1333.

794 *Osterrieth/Köhler/Haft*, Patentrecht, 2009, S. 176.

795 RG Urt. v. 14.10.1931, RGZ 133, 326.

796 RG Urt. v. 14.10.1931, RGZ 133, 326, 330.

Wenig später stellt sich dem RG die Frage, welche Rechtsfolgen eintreten, wenn der Inhaber eines Verfahrenspatents einem Dritten eine nicht geschützte Maschine zur Ausübung des Verfahrens liefert.[797] Unter Bezugnahme auf das bereits im Jahr 1931 ergangene Urteil kam das RG auch hier zu dem Ergebnis, dass ein geschütztes Verfahren, soweit es mit der vom Patentinhaber veräußerten Maschine ausgeübt wird, ebenso gemeinfrei wird, wie eine geschützte Ware.[798]

b. Die Stimmen in der Literatur zur Erschöpfung von Verfahrenspatenten

Die Anwendung der von *Kohler* entwickelten Lehre vom Zusammenhang der Benutzungsarten auf Verfahrenspatente stieß in der rechtswissenschaftlichen Literatur auf Kritik.[799] *Kohler* sprach sich selbst gegen eine Übertragung der von ihm entwickelten Grundsätze auf Verfahrenspatente aus.[800] Vielmehr müsse sich die Berechtigung zur Ausführung des geschützten Verfahrens mittels der Vorrichtung aus dem Vertragswillen und nicht der Erschöpfungslehre ergeben.[801]

Im heutigen rechtswissenschaftlichen Schrifttum besteht zumindest insoweit Einigkeit, als dass ein zur Erschöpfung der Rechte aus dem Verfahrenspatent führendes Inverkehrbringen des Verfahrens undenkbar sei.[802]

Ein Teil der Literatur fordert, dass sich die Rechte des Patentinhabers an dem Verfahrenspatent durch Lieferung der Vorrichtung zumindest dann erschöpfen, wenn die Vorrichtung selbst durch ein Sachpatent geschützt ist und allein der Ausübung des Verfahrens dient.[803] Die auf das Sachpatent anzuwendende Erschöpfungslehre erstreckt sich nach dieser Auffassung auf den parallelen Verfahrensanspruch, da das Verfahren in diesem Fall nur Funktionsweise der

797 RG Urt. v. 10.02.1932, RGZ 135, 145.

798 RG Urt. v. 10.02.1932, RGZ 135, 145, 148.

799 *Selmayr,* Die Erschöpfungstheorie im Urheberrecht und die patentrechtliche Lehre vom Zusammenhang der Benutzungsarten, 1961, S. 36 m. w. N.

800 *Selmayr,* Die Erschöpfungstheorie im Urheberrecht und die patentrechtliche Lehre vom Zusammenhang der Benutzungsarten, 1961, S. 37.

801 *Lindenmaier,* GRUR 1952, 294, 294.

802 *Kühnen,* Handbuch der Patentverletzung, 2014, Rn. 1811, unter Bezugnahme auf OLG Düsseldorf Urt. v. 28.01.2010, I-2 U 124/08; *Scharen* in: *Benkard,* Patentgesetz, 2015, § 9 PatG, Rn. 25; *Kraßer/Bernhardt,* Patentrecht, 2009, S. 803; *Brandi-Dohrn,* GRUR 1980, 757, 760.

803 *Keukenschrijver* in: *Busse/Keukenschrijver,* Patentgesetz, 2013, § 9 PatG, Rn. 149; *Reimer/Nastelski,* Patentgesetz und Gebrauchsmustergesetz, 1968, 377; *Schatz,* GRUR Int. 1970, 207, 212; *Graf,* GRUR 1973, 55.

Vorrichtung sei.[804] Daher könne der Patentinhaber bereits über den Kaufpreis der Vorrichtung einen Gegenwert für die erfinderische Leistung erlangen. Wird dagegen eine ungeschützte Vorrichtung in Verkehr gebracht oder eine Vorrichtung, die nicht nur für den Einsatz des geschützten Verfahrens verwendet werden kann, erschöpft sich nach dieser Ansicht der Verfahrensanspruch nicht. Ob dem Erwerber eine ausdrückliche oder stillschweigende Lizenz an dem Verfahrenspatent erteilt wurde, ist in diesen Fällen nach dem Parteiwillen zu beurteilen.[805]

Bisweilen wird eine Erschöpfung des Verfahrenspatents durch die Lieferung einer Vorrichtung auch dann angenommen, wenn diese selbst nicht geschützt ist. Entscheidend sei allein, dass die Vorrichtung nur zur Ausübung des geschützten Verfahrens bestimmt ist.[806] Lizenzabhängige Nutzungsgebühren können dennoch vereinbart werden, sofern sie sich als sachgerechte Gegenleistung darstellen.

Die gegenteilige Auffassung in der Literatur lehnt die Erschöpfung von Verfahrenspatenten durch Inverkehrbringen der zur Ausübung des Verfahrens erforderlichen Vorrichtung unabhängig davon ab, ob neben dem Verfahren auch die Vorrichtung selbst geschützt ist oder nur das Verfahren.[807] Durch das Inverkehrbringen der zur Ausübung des geschützten Verfahrens erforderlichen Vorrichtung werde weder das Verfahren selbst in Verkehr gebracht, noch liegt darin eine unmittelbare Benutzungshandlung in Ausübung des Verfahrenspatents.[808] Das führt jedoch dazu, dass der auf das Sachpatent anzuwendende Erschöpfungsgrundsatz in Konflikt mit den fortbestehenden Befugnissen aus dem Verfahrensteil des Patents oder eines anderen (Verfahrens-)Patents steht, wenn der bestimmungsgemäße Gebrauch der Vorrichtung gerade in der Nutzung des geschützten Verfahrens liegt.[809] Die Lösung dieses Konfliktes liegt jedoch nach dieser Auffassung nicht im Erschöpfungsgrundsatz, sondern in der Frage, ob der Erwerber der Vorrichtung diese auch bestimmungsgemäß benutzen darf. Diese Erlaubnis kann nur in Form einer Lizenz erteilt werden.

804 *Reimer/Nastelski,* Patentgesetz und Gebrauchsmustergesetz, 1968, S. 377; *Graf,* GRUR 1973, 55, 55.

805 *Keukenschrijver* in: *Busse/Keukenschrijver,* Patentgesetz, 2013, § 9 PatG, Rn. 152; *Reimer/Nastelski,* Patentgesetz und Gebrauchsmustergesetz, 1968.

806 *Brandi-Dohrn,* GRUR 1980, 757, 760.

807 *Kühnen,* Handbuch der Patentverletzung, 2014, Rn. 1811, unter Bezugnahme auf OLG Düsseldorf Urt. v. 28.01.2010, I-2 U 124/08; *Scharen* in: *Benkard,* Patentgesetz, 2015, § 9 PatG, Rn. 25; *Kraßer/Bernhardt,* Patentrecht, 2009, S. 803; *Brandi-Dohrn,* GRUR 1980, 757, 760.

808 *Scharen* in: *Benkard,* Patentgesetz, 2015, § 9 PatG, Rn. 25.

809 *Kraßer/Bernhardt,* Patentrecht, 2009, S. 803.

Die hier vertretene Auffassung kann daher als »Lizenztheorie« bezeichnet werden. Ob und in welchem Umfang der Erwerber einer zur Ausübung des Verfahrens erforderlichen Vorrichtung berechtigt ist, diese bestimmungsgemäß zu gebrauchen und damit das patentgeschützte Verfahren durchzuführen, richtet sich somit nach den Vereinbarungen der Parteien.[810] Fehlen solche Vereinbarungen, sei entscheidend, ob Anhaltspunkte vorliegen, die Rückschlüsse auf eine stillschweigende Erlaubnis zulassen.[811] Von einer solchen konkludenten Lizenzerteilung könne regelmäßig dann ausgegangen werden, wenn nicht ausnahmsweise ausdrücklich entgegenstehende Abreden getroffen wurden.[812]

c. Entscheidungspraxis des Bundesgerichtshofs und der Instanzgerichte zur Erschöpfung von Verfahrenspatenten

In der Entscheidung *Fullplastverfahren* führte der BGH aus, dass es mit der Lehre von der Erschöpfung des Patentrechts nicht im Einklang stehe, wenn

> *»durch den Verkauf einer Vorrichtung, mit deren Hilfe patentierte Gegenstände hergestellt werden können oder die dazu dient, ein geschütztes Verfahren auszuüben, die nach dem Verfahren hergestellten, dem Erzeugnispatent entsprechenden künftigen Produkte, die mit Hilfe dieser Vorrichtung hergestellt werden, für den Käufer der Vorrichtung gemeinfrei seien.«*[813]

Aus den amtlichen Leitsätzen dieser Entscheidung lässt sich ferner entnehmen, dass eine Erschöpfung des Verfahrenspatents auch dann nicht eintritt, wenn der Veräußerer der Vorrichtung zugleich Inhaber eines Verfahrenspatents ist. So werde durch das Inverkehrbringen der Vorrichtung nicht das Verfahren

---

810 *Kühnen,* Handbuch der Patentverletzung, 2014, Rn. 1811; BGH Beschl. V. 16.09.1997, GRUR 1998, 130, 132 – *Handhabungsgerät.*

811 *Scharen* in: *Benkard,* Patentgesetz, 2015, § 9 PatG, Rn. 25.

812 *Kühnen,* Handbuch der Patentverletzung, 2014, Rn. 1811; *Keukenschrijver* in: *Busse/Keukenschrijver,* Patentgesetz, 2013, § 9 PatG, Rn. 152 mit Verweis auf BGH Urt. v. 24.09.1979, GRUR 1980, 38, 39 – *Fullplastverfahren*; BGH Urt. v. 24.10.2000, GRUR 2001, 407, 409 – *Bauschuttsortieranlage*; BGH Urt. v. 27.02.2007, GRUR 2007, 773, 776 – *Rohrschweißverfahren.*

813 BGH Urt. v. 24.09.1979, GRUR 1980, 38, 39 – *Fullplastverfahren*; dem folgend LG Düsseldorf Urt. v. 27.02.2007, 4a O 281/05; *Scharen* in: *Benkard,* Patentgesetz, 2015, § 9 PatG, Rn. 25.

selbst in Verkehr gebracht.[814] Ferner sei das Inverkehrbringen des Verfahrens keine dem Inhaber eines Verfahrenspatents vorbehaltene Benutzungshandlung. Einen Gegenwert für die erfinderische Leistung kann der Inhaber eines Verfahrenspatents daher nicht bereits mit dem Inverkehrbringen der zur Ausübung des geschützten Verfahrens geeigneten Vorrichtung verlangen, sondern erst mit der Erteilung einer Erlaubnis zur Anwendung des Verfahrens.[815] Der BGH lehnte daher die Erschöpfung von Verfahrenspatenten insgesamt ab. Allerdings sei – so der BGH – davon auszugehen, dass der Inhaber des Verfahrenspatents dem Erwerber der Vorrichtung mit der Veräußerung zumindest stillschweigend die Erlaubnis zur Ausübung des geschützten Verfahrens erteile. Zu welchen Bedingungen der Erwerber zur Nutzung berechtigt ist, müsse den vertraglichen Vereinbarungen entnommen werden.[816]

In der Entscheidung *Handhabungsgerät* bejahte der BGH dagegen die Erschöpfung von Verfahrensansprüchen, sofern auch die Vorrichtung, die das geschützte Verfahren anwendet, durch einen Sachanspruch geschützt ist.[817] Diese Anwendung der Erschöpfungslehre schränkte der BGH in der Entscheidung *Bodenwaschanlage* dahingehend ein, dass eine Erschöpfung des Verfahrenspatents mit dem Inverkehrbringen einer durch ein Sachpatent geschützten Vorrichtung nur dann in Betracht käme, wenn Sach- und Verfahrensansprüche in demselben Patent geschützt sind.[818] Unter Bezugnahme auf die Entscheidung *Fullplastverfahren* führte der BGH ferner aus, dass der Inhaber eines Verfahrenspatents grundsätzlich nicht gehindert sei, sich von dem Erwerber einer zur Ausführung des Verfahrens bestimmten und geeigneten Vorrichtung die Zahlung von Lizenzgebühren versprechen zu lassen.

Ebenfalls unter Heranziehung der Entscheidung *Fullplastverfahren* lehnt das OLG Düsseldorf dagegen die Erschöpfung von Verfahrenspatenten durch das Inverkehrbringen einer Vorrichtung, mit deren Hilfe das geschützte Verfahren ausgeführt werden kann, auch dann ab, wenn Sach- und Verfahrensansprüche in demselben Patent geschützt sind.[819] Nach der Auffassung des OLG Düsseldorf erschöpfe sich durch das rechtmäßige Inverkehrbringen einer patentierten Vorrichtung nur die Befugnis, den Gebrauch der Vorrichtung auf Grund des Sachpatents zu untersagen. Die Erschöpfungswirkung beschränkt sich also auf

---

814 BGH Urt. v. 24.09.1979, GRUR 1980, 38, 39 – *Fullplastverfahren;* so bereits RG Urt. v. 16.06.1915, RGZ 86, 436, 439 f.

815 BGH Urt. v. 24.09.1979, GRUR 1980, 38, 39 – *Fullplastverfahren.*

816 BGH Urt. v. 24.09.1979, GRUR 1980, 38, 39 – *Fullplastverfahren:*

817 BGH Beschl. v. 16.09.1997, GRUR 1998, 130, 132 – *Handhabungsgerät.*

818 BGH Urt. v. 14.11.2000, GRUR 2001, 223, 224 – *Bodenwaschanlage.*

819 OLG Düsseldorf Urt. v. 28.01.2010, 2 U 124/08 – *MPEG2-Standard VIII.*

den Sachteil des Patents. Zwar stehe dadurch die auf das Sachpatent anzuwendende Erschöpfungslehre im Konflikt zu den fortbestehenden Befugnissen aus dem Verfahrensanspruch. Dieser Konflikt könne jedoch nicht dadurch gelöst werden, dass sich die Befugnis des Patentinhabers, die Nutzung des geschützten Verfahrens zu untersagen, erschöpft.[820] Mit dem Inverkehrbringen der Vorrichtung werde eben gerade nicht das durch den Verfahrensanspruch geschützte Verfahren selbst in den Verkehr gebracht. Auch werde keine unmittelbare Benutzungshandlung in Ausübung des Verfahrenspatents vorgenommen. Ob und in welchem Umfang der Erwerber einer solchen Vorrichtung berechtigt ist, diese bestimmungsgemäß zu gebrauchen und damit das patentgeschützte Verfahren durchzuführen, sei allein nach den Vereinbarungen der Parteien zu beurteilen.[821] Damit greift das OLG Düsseldorf die in weiten Teilen der Literatur vertretene Lizenztheorie auf.[822]

Das LG Düsseldorf ging dagegen in der Entscheidung *Levitationsmaschine* unter Berufung auf die Rechtsprechung des BGH davon aus, dass der Erwerber einer geschützten Vorrichtung das bei der ordnungsgemäßen Benutzung anzuwendende Verfahren ausüben könne, ohne dass der Patentinhaber ihn aufgrund eines Verfahrensanspruchs einer Lizenzverpflichtung unterwerfen dürfe.[823] Das LG Düsseldorf vertrat in dieser Entscheidung die Auffassung, dass ausgehend von den BGH Entscheidungen *Fullplastverfahren* und *Handhabungsgerät* die Rechte aus Sach- und Verfahrenspatenten erschöpft seien, wenn eine patentierte Vorrichtung veräußert wird. In diesen Fällen könne der Patentinhaber bereits bei der Veräußerung der geschützten Vorrichtungen die Vorteile wahrnehmen, die ihm das Schutzrecht bringt. Nur sofern die in Verkehr gebrachte Vorrichtung, mit deren Hilfe das geschützte Verfahren ausgeübt werden kann, selbst keinen Patentschutz genießt, komme eine Erschöpfung des Verfahrenspatents nicht in Betracht.[824]

d. Stellungnahme

Während der BGH in seiner jüngeren Rechtsprechung die Erschöpfung von Verfahrenspatenten nicht grundlegend abgelehnt hat, sondern zumindest

820 OLG Düsseldorf Urt. v. 28. 01. 2010, 2 U 124/08 – *MPEG2-Standard VIII.*

821 OLG Düsseldorf Urt. v. 28. 01. 2010, 2 U 124/08 – *MPEG2-Standard VIII,* m. w. N.

822 Insoweit verweist das OLG Düsseldorf explizit auf *Kraßer/Bernhardt,* Patentrecht, 2009, S. 803 sowie *Scharen* in: *Benkard,* Patentgesetz, 2015, § 9 PatG, Rn. 25.

823 LG Düsseldorf Urt. v. 03. 11. 1998, 4 O 175/98 – *Levitationsmaschine.*

824 LG Düsseldorf Urt. v. 03. 11. 1998, 4 O 175/98 – *Levitationsmaschine.*

dann annimmt, wenn in ein und demselben Patent Verfahren und Vorrichtung geschützt sind, verneint das OLG Düsseldorf wie Teile der Literatur die Erschöpfung des Verfahrenspatents auch in diesen Fällen. Die in weiten Teilen der Literatur vertretene Ablehnung der Anwendung des Erschöpfungsgrundsatzes auf Verfahrenspatente unterscheidet sich nur insoweit von den vom BGH aufgestellten Grundsätzen, als dass der BGH eine Erschöpfung eines Verfahrensanspruchs zumindest dann annimmt, wenn Sach- und Verfahrensanspruch Gegenstand ein und desselben Patents sind.

Der vom BGH vorgenommenen Differenzierung wird entgegengehalten, sie sei zufällig und sachlich nicht gerechtfertigt.[825] Ob Verfahrens- und Vorrichtungsansprüche in einem Patent erteilt werden, oder ob nach der Erteilung eines Vorrichtungspatents aus einer vorher abgezweigten Teilanmeldung noch ein Verfahrenspatent erteilt wird, seien Zufälligkeiten des Erteilungsverfahrens, von denen die Erschöpfungsfrage nicht abhängig gemacht werden könne.[826]

Allerdings ist diese Anknüpfung des BGH insoweit konsequent, als er die Erschöpfung damit rechtfertigt,

> *»dass der Patentinhaber, der die unter Verwendung der geschützten Lehre hergestellte Sache in den Verkehr gebracht hat, dabei die Gelegenheit gehabt hat, die Vorteile wahrzunehmen, die ihm das Schutzrecht[827] gewährt.«*[828]

Entscheidend ist damit nach Auffassung des BGH nicht eine Gelegenheit zur Wahrnehmung der Vorteile aus dem in Verkehr gebrachten Erfindungsgegenstand,[829] sondern aus dem jeweiligen Schutzrecht. Daher ist es für den BGH nur folgerichtig, die Erschöpfung eines Verfahrenspatents anzunehmen, wenn das zu beurteilende Schutzrecht in seinem Anspruchssatz auch einen auf einen Sachschutz gerichteten Patentanspruch beinhaltet. Der BGH scheint damit davon auszugehen, dass der Patentinhaber in diesen Fällen bereits bei der Veräußerung der geschützten Vorrichtung die Vorteile des ihm erteilten Schutzrechts umfassend wahrnehmen kann.

Anders verhalte es sich dagegen, wenn ein separates Verfahrenspatent besteht. Dieses Schutzrecht bietet seinem Inhaber nicht die Gelegenheit, durch die Veräußerung der für die Anwendung des Verfahrens erforderlichen Vorrichtung einen Nutzen aus der durch dieses Patent geschützten Erfindung zu ziehen. Ein Entgelt

825 *Bergermann*, Festschrift für Peter Mes zum 65. Geburtstag, 2009, S. 267.

826 *Bergermann*, Festschrift für Peter Mes zum 65. Geburtstag, 2009, S. 267.

827 Hervorhebung der Verfasserin.

828 BGH Urt. v. 24.09.1979, GRUR 1980, 38, 39 – *Fullplastverfahren.*

829 So aber *Osterrieth/Köhler/Haft*, Patentrecht, 2009, S. 15.

aus dem Verfahrenspatent kann vielmehr erst bei Benutzung der Vorrichtung durch Anwendung des Verfahrens beansprucht werden. Die restriktive Anwendung des Erschöpfungsgrundsatzes auf Verfahrenspatente durch den BGH stellt somit das wirtschaftliche Interesse des Patentinhabers in den Vordergrund.

In der Literatur wird hervorgehoben, dass der Pateninhaber durchaus ein berechtigtes wirtschaftliches Interesse daran habe, beim Verkauf geschützter Vorrichtungen benutzungsabhängige Lizenzgebühren zu verlangen, wenn zu erwarten ist, dass nur wenige geschützte Vorrichtungen veräußert werden und der Einsatz im Betrieb des Erwerbers das wirtschaftlich Entscheidende ist.[830] Dies ist vor allem dann der Fall, wenn die Entwicklung der Vorrichtung mit hohen Kosten verbunden war, welche nicht allein durch den Verkaufserlös gedeckt werden können. Der Erwerber wird das Risiko, die Entwicklungskosten allein tragen zu müssen, nicht eingehen wollen. Der tatsächliche Nutzungsumfang wird bei Abschluss des Kaufvertrags zudem regelmäßig für beide Parteien nicht absehbar sein. Die Lösung läge daher in der Vereinbarung nutzungsabhängiger Lizenzgebühren. Dies wiederum ist nur möglich, wenn sich die Verfahrenspatente nicht bereits durch Inverkehrbringen der Vorrichtung erschöpfen.[831] So kann der Patentinhaber dem Lizenznehmer keine Beschränkungen auferlegen, die über den Inhalt seines Schutzrechts hinausgehen.[832]

Insoweit der Lizenztheorie – insbesondere der konkludenten Lizenztheorie – entgegengehalten wird, sie versage, wenn der Patentinhaber eine entsprechende Lizenz vertraglich ausschließt,[833] ist dieser Einwand von theoretischer Natur. Kein Erwerber einer Vorrichtung, die ausschließlich zur Verwendung des patentgeschützten Verfahrens geeignet und bestimmt ist, wird einen solchen vertraglichen Nutzungsausschluss akzeptieren. Der Erwerb der Vorrichtung wäre schlichtweg sinnlos. Kann die Vorrichtung jedoch auch ohne Verwendung des geschützten Verfahrens eingesetzt werden, muss es dem Patentinhaber freistehen, ob er dem Erwerber eine entsprechende Nutzungserlaubnis erteilt oder darauf verweist, die erworbene Vorrichtung auf eine Weise einzusetzen, die von der patentgemäßen Lehre keinen Gebrauch macht.

Sofern für eine Anwendung der Erschöpfungslehre auf Verfahrenspatente ins Feld geführt wird, dass durch eine gezielte Formulierung der zu schützenden Lehre als Verfahrenspatent anstatt als Sachpatent der Eintritt der Erschöpfung verhindert werden könne, überzeugt dies nicht. Die Wahl der Patentkategorie wird durch den sachlichen Offenbarungsgehalt der Erfindung und das Patentbe-

830 *Brandi-Dohrn,* GRUR 1980, 757, 757; *Rosenberger,* GRUR 1980, 150, 150.

831 BGH Urt. v. 10.10.1974, GRUR 1975, 206 – *Kunststoffschaumbahn.*

832 *Brandi-Dohrn,* GRUR 1980, 757, 757; *Schricker,* Mitt. 1980, 31, 31.

833 *Bergermann,* Festschrift für Peter Mes zum 65. Geburtstag, 2009, S. 269.

gehren des Anmelders bestimmt.[834] Die Entscheidung über die Patentkategorie unterliegt gerade nicht der Disposition des Anmelders, sondern bestimmt sich nach objektiven Gesichtspunkten.[835]

Stehen dem Anmelder nach Art und Umfang der offenbarten technischen Lehre verschiedene Möglichkeiten offen, kann er diese nutzen und verschiedene Patentkategorien für seine Erfindung festlegen.[836] Dem Anmelder steht es frei, sowohl den Schutz eines Erzeugnis- wie auch eines Verfahrenspatents gleichzeitig nebeneinander zu wählen.[837] Indem der Anmelder die Erteilung des Patents grundsätzlich in allen in Betracht kommenden Kategorien verlangen kann, sofern sich die neue technische Lehre in mehrere Anspruchskategorien einordnen lässt,[838] wird ein wirksamer Schutz der Erfindung in jeder ihrer Ausprägungen sichergestellt.[839] Dieser Schutz kann jedoch nicht dadurch ausgehöhlt werden, dass eine Erschöpfung des Sachanspruches zugleich eine Erschöpfung des Verfahrensanspruches bewirkt. Vielmehr muss es dem Patentinhaber möglich sein, eine angemessene Belohnung für das geschützte Erzeugnis und das geschützte Verfahren zu generieren. Einem möglichen Missbrauch bei der Wahl der Patentkategorien wird im Erteilungsverfahren dadurch ausreichend Rechnung getragen, dass eine Beanspruchung mehrerer Patentkategorien versagt wird, wenn keinerlei Interesse an Ansprüchen in mehreren Kategorien erkennbar ist.[840] Sollten dennoch Unzulänglichkeiten im Erteilungsverfahren zu bemängeln sein, können diese jedoch nicht damit korrigiert werden, dass die erteilten Rechte, die einem Verfahrenspatent immanent sind, durch die Anwendung der Erschöpfungslehre beschnitten werden. Vielmehr sind die Gerichte bei der Beurteilung der Reichweite der Rechtsmacht des Patinhabers an die erteilten Patente gebunden.

Solange der Patentinhaber bei Inverkehrbringen der zur Ausübung des geschützten Verfahrens geeigneten Vorrichtung die Nutzung des geschütz-

834 *Kühnen* in: *Schulte/Kühnen*, Patentgesetz mit Europäischem Patentübereinkommen, 2008, § 1 PatG, Rn 193.

835 BPatGE 8, 136, 138.

836 BGH Beschl. v. 14.03.2006, GRUR 2006, 748 – *Mikroprozessor*; BGH Beschl. v. 16.09.1997, GRUR 1998, 130 – *Handhabungsgerät*; BGH Beschl. v. 11.07.1985, GRUR 1986, 163 – *Borhaltige Stähle*; BGH Urt. v. 29.11.1966, GRUR 1967, 241 – *Mehrschichtplatte.*

837 *Mes,* Patentgesetz, Gebrauchsmustergesetz, 2014, § 1 PatG, Rn. 177.

838 BGH Beschl. v. 18.06.1970, GRUR 1970, 601, 602 – *Fungizid*; BGH Beschl. v. 14.12.1978, GRUR 1979, 461, 462 – *Farbbildröhre.*

839 *Kühnen* in: *Schulte/Kühnen*, Patentgesetz mit Europäischem Patentübereinkommen, 2008, § 1 PatG, Rn. 194.

840 *Bacher* in: *Benkard,* Patentgesetz, 2015, § 1 PatG, Rn. 74j.

ten Verfahren gegenüber dem Erwerber nicht ausdrücklich ausschließt, kann von einer entsprechenden Nutzungsberechtigung des Erwerbers ausgegangen werden. Die Lizenztheorie kommt damit wie die Erschöpfungslehre in diesen Fällen zu dem Ergebnis, dass der Erwerber einer Vorrichtung, mit deren Hilfe ein patentgeschütztes Verfahren ausgeübt werden kann, auch zur Nutzung dieses Verfahrens berechtigt ist. Indem die Lizenztheorie dem Patentinhaber aber die Möglichkeit einräumt, im Einzelfall Bedingungen für die Nutzung des Verfahrenspatents durchzusetzen, erlaubt sie eine flexible Lösung, die die wirtschaftlichen Interessen sowohl des Patentinhabers als auch des Abnehmers berücksichtigt. Dies muss jedoch – entgegen der Auffassung des BGH – auch dann gelten, wenn Sach- und Verfahrensanspruch Gegenstand eines Patents sind. Das Abstellen auf die Generierung von Vorteilen allein aus dem Schutzrecht ist nicht geeignet, um den wirtschaftlichen Interessen des Patentinhabers hinreichend Rechnung zu tragen. Allein der Umstand des Schutzes von Verfahren und Vorrichtung in einem Patent ermöglicht es dem Patentinhaber nicht, bereits mit der Veräußerung der geschützten Vorrichtung einen Kaufpreis zu erzielen, der zugleich eine adäquate Gegenleistung für die Nutzung des geschützten Verfahrens darstellt. Der Patentinhaber hat mit dem Inverkehrbringen der Vorrichtung nicht zugleich die Möglichkeit, das geschützte Verfahren zu verwerten. Daher muss es dem Patentinhaber auch in diesen Konstellationen möglich sein, die Nutzung des geschützten Verfahrens von der Zahlung von Lizenzgebühren abhängig zu machen. Damit ist die Erschöpfung von Verfahrensansprüchen durch Inverkehrbringen von Vorrichtungen, die zur Ausübung des geschützten Verfahrens bestimmt sind, generell – mit der herrschenden Lehre im Schrifttum – abzulehnen.

Folglich steht die Erschöpfungslehre der Erteilung von Gebrauchslizenzen für patentgeschützte Verfahren nicht entgegen. Inwieweit diese Gebrauchslizenzen mit schutzrechtsbezogenen Lizenzbeschränkungen eingegrenzt werden können, wird im Rahmen der *field-of-use* Beschränkung näher zu untersuchen sein.[841]

2. Weiterveräußerung der Vorrichtung

Die obigen Ausführungen berücksichtigten zunächst nur die Fälle des Erstvertriebs, also Konstellationen, bei denen der Patentinhaber die Vorrichtung an seinen Abnehmer (»Ersterwerber«) zur eigenen Nutzung veräußert. In der Praxis wird der Abnehmer des Patentinhabers jedoch Vorrichtungen, mit deren

841 Siehe hierzu Fünftes Kapitel C.VIII.

Hilfe das geschützte Verfahren ausgeübt werden kann, nicht nur zur eigenen Nutzung, sondern auch für den weiteren Vertrieb an Dritte erwerben. Ferner wird damit zu rechnen sein, dass sich der Ersterwerber zu einem späteren Zeitpunkt – beispielsweise aus wirtschaftlichen Gründen – zu einem Verkauf der Vorrichtung an einen Dritten (»Zweiterwerber«) entschließt. Haben die Parteien hierzu keine Abreden getroffen, stellt sich die Frage, ob der Zweiterwerber der Vorrichtung berechtigt ist, das geschützte Verfahren auszuführen. Eine entsprechende Nutzungsberechtigung kann sich, wie dargestellt, nicht aus der Erschöpfungslehre ergeben.

Bereits *Kohler* hat sich mit der Frage auseinandergesetzt, inwiefern ein Zweiterwerber der Vorrichtungen zur Nutzung des patentgeschützten Verfahrens berechtigt sein kann. Die Lösung sah er darin,

> *»daß die Lizenzübertragung eine unbestimmte und allgemeine ist und sich auf jeden erstrecken soll, der Eigentum oder auch nur gutgläubigen Besitz an der Maschine oder an dem Gerät erwürbe.«*[842]

Sofern in der heutigen Literatur die Auffassung vertreten wird, eine Erschöpfung von Verfahrenspatenten durch Inverkehrbringen der zur Ausübung des Verfahrens erforderlichen Vorrichtung sei begrifflich undenkbar und daher abzulehnen, wird sich mit der Frage der Weiterveräußerung durch den Erwerber der Vorrichtung nur am Rande beschäftigt. So führt beispielsweise *Kraßer* aus:

> *»erwirbt er zwecks Wiederverkaufs, so muss er als befugt gelten, seinen Abnehmern die Verfahrensanwendung mit Wirkung gegen den Patentinhaber zu gestatten, soweit sie mittels der gelieferten Vorrichtung erfolgt.«*[843]

Nicht beantwortet wird dagegen die Frage, ob eine solche Gestattung auch dann in Betracht kommt, wenn die Weiterveräußerung bei dem Ersterwerb für den Patentinhaber nicht absehbar war, sondern sich der Erwerber erst zu einem späteren Zeitpunkt zur Weiterveräußerung entschließt. *Scharen* führt in diesem Zusammenhang lediglich aus,

> *»ob der Erwerber die Vorrichtung zugleich mit der Erlaubnis zur Benutzung des Verfahrens weiterveräußern darf, ist […] eine Frage des Einzelfalls.«*[844]

---

842 *Kohler,* Deutsches Patentrecht, 1984.

843 *Kraßer/Bernhardt,* Patentrecht, 2009, S. 804.

844 *Scharen* in: *Benkard,* Patentgesetz, 2015, § 9 PatG, Rn. 25.

Im folgendem ist daher zu untersuchen, wie eine solche Erlaubnis im Einzelfall dogmatisch herzuleiten ist.

a. Befugnis zur Ausführung des geschützten Verfahrens aufgrund Unterlizenzvergabe

Meibom/Meyer, die sich für eine Erschöpfung von Verfahrenspatenten aussprechen, sind der Auffassung, dass sich eine solche Erlaubnis aus einer Unterlizenzvergabe durch den Abnehmer des Erwerbers ergeben müsse. Allerdings könne der Erwerber einer zur Ausübung eines geschützten Verfahrens bestimmten Vorrichtung, der nur aufgrund einer konkludent erteilten Lizenz zur Nutzung des Verfahrenspatents berechtigt ist, nicht weitere Unterlizenzen an dem Verfahrenspatent einräumen. Daher könne er die vom Patentinhaber erworbene Vorrichtung nicht mit der Erlaubnis zur Benutzung des Verfahrens an einen Dritten weiterveräußern.[845]

Zutreffend ist insoweit, dass das Recht zur Vergabe von Unterlizenzen einem einfachen Lizenznehmer nur dann zusteht, wenn es ihm besonders eingeräumt wurde. Andernfalls würden die eigenen Nutzungsmöglichkeiten des Lizenzgebers beeinträchtigt.[846] Bei einer konkludent erteilten Lizenz wird es regelmäßig an der Einräumung des Rechts zur Vergabe von Unterlizenzen fehlen. Daraus ziehen *Meibom/Meyer* die Schlussfolgerung, dass die Erteilung weiterer Lizenzen dem Patentinhaber vorbehalten bleibe.[847] Erhält der Zweiterwerber jedoch keine Lizenz am Verfahrenspatent, werde er zum Patentverletzer, wenn er die vom Ersterwerber erworbene Vorrichtung bestimmungsgemäß zur Ausführung des geschützten Verfahrens einsetzt.

Ausgangspunkt der vorliegenden Überlegung ist jedoch, dass die vom Patentinhaber in Verkehr gebrachte Vorrichtung, mit der das patentgemäße Verfahren ausgeführt wird, vom Abnehmer des Patentinhabers an einen Dritten weiterveräußert wird. Bei dieser Weiterveräußerung begibt sich der Abnehmer des Patentinhabers der eigenen Verfügungsgewalt über die Vorrichtung.

Eine Unterlizenz liegt dagegen nur dann vor, wenn der Lizenznehmer an den ihm eingeräumten Rechten im vertraglich festgesetzten Umfang seinerseits Dritten Rechte einräumt. Bei der Unterlizenz verbleiben folglich dem Lizenznehmer alle eingeräumten Rechte und der Unterlizenznehmer erwirbt zusätzliche Rechte. Die Nutzungsbefugnisse werden durch die Vergabe von

845 *Bergermann*, Festschrift für Peter Mes zum 65. Geburtstag, 2009, S. 269.

846 *Scharen* in: *Benkard*, Patentgesetz, 2015, § 9 PatG, Rn. 105; *Kraßer/Bernhardt*, Patentrecht, 2009, S. 934; BGH Urt. v. 23.04.1974, GRUR 1974, 463 – *Anlagengeschäft*.

847 *Bergermann*, Festschrift für Peter Mes zum 65. Geburtstag, 2009, S. 270.

Unterlizenzen vervielfältigt. In der vorliegenden Konstellation sollen aber mit der Weiterveräußerung der Vorrichtung alle Rechte auf den Erwerber übergehen. Mithin handelt es sich nicht um die Einräumung einer Unterlizenz, sondern um die Übertragung von Rechten.[848]

b. Befugnis zur Ausführung des geschützten Verfahrens aufgrund Rechtsübertragung

Die Übertragbarkeit der einfachen Lizenz richtet sich grundsätzlich nach dem Parteiwillen.[849] Insoweit der BGH[850] und die Literatur[851] die einfache Lizenz grundsätzlich als nicht übertragbar ansehen, trifft dies nur dann zu, wenn der gegebenenfalls durch Auslegung zu ermittelnde Inhalt des Lizenzvertrags nichts Gegenteiliges ergibt.[852] Die Unübertragbarkeit der Lizenz wird regelmäßig unter Heranziehung der §§ 399, 413 BGB begründet. Demnach kann die Übertragung der einfachen Lizenz durch Vereinbarung oder dadurch ausgeschlossen sein, dass die Leistung an einen anderen als den Gläubiger nicht ohne Veränderung ihres Inhalts möglich ist. Eine Änderung des Leistungsinhalts liegt beispielsweise dann vor, wenn die Person des Leistenden aus Vertrauensgründen von besonderer Bedeutung ist.[853] Dies wird bei einer Lizenz regelmäßig dann anzunehmen sein, wenn sich aus dem Vertragszweck ergibt, dass die persönliche Zusammenarbeit zwischen Lizenzgeber und Lizenznehmer oder die besonderen Fähigkeiten des Lizenznehmers im Vordergrund stehen. Die Lizenzgewährung an einen Dritten würde dann für den Lizenzgeber eine Änderung des Leistungsinhaltes bedeuten. Kommt es dem Lizenzgeber dagegen nicht auf die Person des Lizenznehmers an, würde eine Übertragung der Lizenz nicht zu einer Inhaltsänderung der Leistung i. S. d. § 399 BGB führen. In diesen Fällen

848 *Pfaff u. a.*, Lizenzverträge, 2010, Rn. 698.

849 *Keukenschrijver* in: *Busse/Keukenschrijver*, Patentgesetz, 2013, § 15 PatG, Rn. 77; *Ullmann/Deichfuß* in: *Benkard*, Patentgesetz, 2015, § 15 PatG, Rn. 103; *Kraßer/Bernhardt*, Patentrecht, 2009, S. 934.

850 BGH Urt. v. 23.04.1974, GRUR 1974, 463 – *Anlagengeschäft*.

851 *Lüdecke/Fischer*, Lizenzverträge, 1957, S. 91; *Tetzner*, Das materielle Patentrecht der Bundesrepublik Deutschland, 1972, 326; *Reimer/Nastelski*), Patentgesetz und Gebrauchsmustergesetz, 1968, 467.

852 *Keukenschrijver* in: *Busse/Keukenschrijver*, Patentgesetz, 2013, § 15 PatG, Rn. 77.

853 *Roth* in: *Bamberger/Roth*, BGB, 2012, § 399 BGB, Rn. 24.

wäre eine einfache Lizenz frei übertragbar.[854] Wann allerdings die Übertragung der einfachen Lizenz ausgeschlossen ist, weil sie zu einer Inhaltsänderung i. S. d. § 399 BGB führen würde, ist fallweise zu entschieden.[855]

Die Beurteilung, ob eine Übertragung der Rechte zu einer solchen Inhaltsänderung führen würde, ist jedoch dann entbehrlich, wenn der Lizenzgeber bereits bei Einräumung der Lizenz mit einer Übertragung der Lizenz durch den Lizenznehmer auf einen Dritten einverstanden ist. Das Recht zur Übertragung der Lizenz kann stillschweigend eingeräumt werden.[856]

Haben die Vertragsparteien nicht ausdrücklich geregelt, ob und in welchem Umfang eine Nutzungserlaubnis eingeräumt wurde, ist die Interessenslage durch Auslegung zu ermitteln. Bei der Auslegung ist auch im Rahmen der patentrechtlichen Lizenz die im Urheberrecht normierte Zweckübertragungslehre heranzuziehen.[857] Nach einhelliger Auffassung handelt es sich bei der in § 31 Abs. 5 S. 2 UrhG normierten Zweckübertragungslehre nicht um einen auf das Urheberrecht beschränkten Rechtsgrundsatz, sondern um ein übergreifendes Prinzip im Recht des geistigen Eigentums.[858] *Götting* führt hierzu aus:

> *»Es gilt die im Urheberrecht entwickelte und dort gesetzlich normierte Zweckübertragungstheorie (siehe § 31 V UrhG), die für das gesamte Immaterialgüterrecht maßgebend ist.«*[859]

Nach der Zweckübertragungslehre ist für die Vertragsauslegung der von den Vertragspartnern zugrunde gelegte Vertragszweck entscheidend. Dieser Ver-

---

854 *Hauck* in: *Fitzner/Lutz/Bodewig,* Patentrechtskommentar, 2012, § 15 PatG, Rn. 41; *Reimer/ Nastelski,* Patentgesetz und Gebrauchsmustergesetz, 1968, S. 556; RG Urt. v. 16.11.1929, JW 1930, 1726.

855 *Keukenschrijver* in: *Busse/Keukenschrijver,* Patentgesetz, 2013, § 15 PatG, Rn. 77.

856 BGH Urt. v. 12.05.2010, GRUR 2011, 59, 60 – *Lärmschutzwand.*

857 *Hauck* in: *Fitzner/Lutz/Bodewig,* Patentrechtskommentar, 2012, § 15 PatG, Rn. 41; *Ullmann/Deichfuß* in: *Benkard,* Patentgesetz, 2015, § 15 PatG, Rn. 117; *Keukenschrijver* in: *Busse/ Keukenschrijver,* Patentgesetz, 2013, § 15 PatG, Rn. 19.

858 *Pahlow,* Mitt. 2012, 249, 254; *Hauck* in: *Fitzner/Lutz/Bodewig,* Patentrechtskommentar, 2012, § 15 PatG, Rn. 11; *Ullmann/Deichfuß* in: *Benkard,* Patentgesetz, 2015, § 15 PatG, Rn. 70; *Mes,* Patentgesetz, Gebrauchsmustergesetz, 2014, § 15 PatG, Rn. 11, 48; BGH Urt. v. 11.04.2000, GRUR 2000, 788, 789 – *Gleichstromsteuerschaltung;* LG Mannheim Urt. v. 04.05.2010, 2 O 142/08, Rn. 295.

859 *Götting/Hubmann,* Gewerblicher Rechtsschutz, 2014, § 26, Rn. 14 a.E, ebenso *Ingerl,* Markengesetz, 2010, § 30 MarkenG, Rn. 26; *Ullmann/Deichfuß* in: *Benkard,* Patentgesetz, 2015, § 15 PatG, Rn. 26.

tragszweck bestimmt, ob ein Nutzungsrecht eingeräumt wurde, auf welche Nutzungsarten es sich erstreckt, ob es sich um ein einfaches oder ausschließliches Nutzungsrecht handelt, wie weit Nutzungs- und Verbotsrecht reichen und welchen Einschränkungen das Nutzungsrecht unterliegt.[860] Im Zweifel räumt ein Nutzungsberechtigter nur in dem Umfang Nutzungsrechte ein, den der Vertragszweck unbedingt erfordert. Dies bedeutet, dass im Allgemeinen nur diejenigen Nutzungsrechte stillschweigend eingeräumt sind, die für das Erreichen des Vertragszwecks unerlässlich sind.[861] Enthält ein Vertrag keine relevanten Aussagen zum Vertragszweck, ist dieser durch Auslegung zu ermitteln (§§ 133, 157 BGB). Entscheidend ist, was üblicherweise nach Treu und Glauben sowie der Verkehrssitte zum Zweck von Verträgen dieser Art gemacht wird.[862]

Bei einer Anwendung dieses Grundsatzes auf die Veräußerung einer Vorrichtung durch den Patentinhaber, die zur Ausübung eines geschützten Verfahrens bestimmt ist, muss dem berechtigten Interesse des Erwerbers an einem ungehinderten und bestimmungsgemäßen Gebrauch der in seinem Eigentum stehenden Vorrichtung Rechnung getragen werden. Deswegen ist nach der Lizenztheorie davon auszugehen, dass dem Erwerber einer zur Ausübung eines geschützten Verfahrens bestimmten Vorrichtung vom Patentinhaber zumindest stillschweigend sämtliche Nutzungsrechte eingeräumt werden, die dieser für den bestimmungsgemäßen Gebrauch der Vorrichtung benötigt. Ist Zweck des Vorrichtungserwerbs die Weiterveräußerung der Vorrichtung, umfasst die stillschweigende Nutzungsrechtseinräumung daher auch das Recht, die Lizenz im Rahmen der Weiterveräußerung der Vorrichtung auf einen Dritten zu übertragen. Der Erwerber ist aufgrund des von ihm verfolgten Zwecks – Weiterveräußerung der Vorrichtung – darauf angewiesen, seinem Abnehmer den bestimmungsgemäßen Gebrauch der Vorrichtung zu gestatten.[863]

Ein berechtigtes Interesse an der Weiterveräußerung der in seinem Eigentum stehenden Vorrichtung wird der Abnehmer des Patentinhabers auch dann haben, wenn er sich erst zu einem späteren Zeitpunkt entschließt, die Vorrichtung an einen Dritten zu veräußern. Eine Weiterveräußerung der Vorrichtung

860 *Nordemann* in: *Loewenheim/Becker,* Handbuch des Urheberrechts, 2010, § 60, Rn.12.

861 BGH Urt. v. 22.04.2004, GRUR 2004, 938 – *Comic-Übersetzungen III*; BGH Urt. v. 29.04.2010, GRUR 2010, 623 – *Restwertbörse*; BGH Urt. v. 12.05.2010, GRUR 2011, 59 – *Lärmschutzwand.*

862 BGH Urt. v. 26.02.1987, GRUR 1988, 300, 300 f. – *Fremdenverkehrsbroschüre;* BGH Urt. v. 20.03.1986, GRUR 1986, 885, 886 – *Metaxa*; OLG München Urt. v. 12.02.1998, ZUM-RD 1998, 101, 104 – *Auf und davon*; OLG Hamburg Urt. v. 05.11.1998, CR 1999, 322, 324 – *Spiegel-Ausgaben*; *Nordemann* in: *Loewenheim/Becker,* Handbuch des Urheberrechts, 2010, § 60, Rn. 14.

863 BGH Urt. v. 27.02.2007, GRUR 2007, 773, 776 – *Rohrschweißverfahren.*

wird für den Abnehmer des Patentinhabers hier regelmäßig nur Sinn machen, wenn er einem Dritten das Recht zur Nutzung des geschützten Verfahrens mit übertragen kann.

Gefährdet werden die Interessen des Patentinhabers durch eine Weiterveräußerung der Vorrichtung und der Übertragung des Nutzungsrechts regelmäßig nicht. Der Patentinhaber ist nicht dem Risiko ausgesetzt, dass das Nutzungsrecht beliebig vervielfältigt wird, da das Nutzungsrecht jeweils an die konkrete Vorrichtung gebunden ist. Ferner erhält der Patentinhaber durch die Kaufpreiszahlung grundsätzlich eine angemessene Gegenleistung. Er kann sich daher auf seine Rechte aus dem Verfahrenspatent gegenüber den Abnehmern des Erwerbers nur dann berufen, wenn er die Übertragung des Nutzungsrechts ausdrücklich ausgeschlossen oder unter weitere Bedingungen gestellt hat. Dies wird der Patentinhaber immer dann tun, wenn der Kaufpreis der Vorrichtung nicht ausreicht, um eine angemessene Gegenleistung für die Nutzung des geschützten Verfahrens zu generieren. Treffen die Parteien keine solchen Abreden, ist davon auszugehen, dass der Patentinhaber seinem Abnehmer stillschweigend nicht nur das Recht zur Nutzung des geschützten Verfahrens, sondern zugleich das Recht eingeräumt hat, die erworbene Vorrichtung mit dem Recht zur Benutzung des geschützten Verfahrens weiter zu veräußern.[864]

Somit erlaubt es die Auslegung nach der im gesamten Immaterialgüterrecht anzuwendenden Zweckübertragungslehre, das Verkehrsschutzinteresse des Vorrichtungserwerbers in angemessenem Umfang zu berücksichtigen. Was eventuelle weitere Abkäufer der Vorrichtung betrifft, so kann von ihnen erwartet werden, dass sie sich hinsichtlich der Nutzung des geschützten Verfahrens an ihren Veräußerer halten. Insbesondere dann, wenn es ihnen gerade um die Nutzung des geschützten Verfahrens geht. Aufgrund der Bedeutung, die Patente im allgemeinen Bewusstsein mittlerweile erlangt haben, kann davon ausgegangen werden, dass die am Wirtschaftsleben Teilnehmenden inzwischen so weit sensibilisiert sind, dass eine gutgläubige Verfahrenspatentverletzung aufgrund des Erwerbs einer Vorrichtung kaum mehr gegeben sein wird. Von einem gewerblich agierenden Abnehmer darf daher erwartet werden, dass er sich mit der Schutzrechtsituation auseinandersetzt und sich – sofern erforderlich – vom Patentinhaber die Nutzung des geschützten Verfahrens gestatten lässt.[865]

---

864 BGH Urt. v. 27.02.2007, GRUR 2007, 773, 776 – *Rohrschweißverfahren.*

865 *Keukenschrijver* in: *Busse/Keukenschrijver,* Patentgesetz, 2013, § 139 PatG, Rn. 93; *Grabinski/Zülch* in: *Benkard,* Patentgesetz, 2015, § 139 PatG, Rn. 47; BGH Urt. v. 14.02.2006, GRUR 2006, 575 – *Melanie*; LG Düsseldorf Urt. v. 18.09.1969, GRUR 1970, 550, 551 – *Diazepam;* OLG Düsseldorf Urt. v. 13.04.1978, GRUR 1978, 588, 589 – *Inlandsvertreter.*

Der Endverbraucher wird im Gegensatz zu einem Gewerbetreibenden kein solches Patentbewusstsein entwickelt haben. Allerdings ist ein Endverbraucher, der das patentgeschützte Verfahren im privaten Bereich anwendet, von der geführten Diskussion ohnehin nicht betroffen. Die Patentbenutzung im privaten Bereich ist bereits kraft Gesetzes privilegiert (§ 11 Nr. 1 PatG). Einer vertraglichen Nutzungsgestattung bedarf der Endverbraucher daher nicht.[866]

c. Ergebnis

Die Anwendung der Erschöpfungslehre auf Verfahrenspatente ist mit weiten Teilen des Schrifttums und der Rechtsprechung abzulehnen. Wird eine zur Ausübung eines geschützten Verfahrens bestimmte Vorrichtung durch den Patentinhaber oder mit seiner Zustimmung in den Verkehr gebracht, bedarf der Erwerber zur Nutzung des geschützten Verfahrens der Erlaubnis des Patentinhabers. Dies muss entgegen der bisherigen Auffassung des BGH auch dann gelten, wenn Verfahrens- und Sachanspruch in ein und demselben Patent geschützt sind. Mit dem Inverkehrbringen der Vorrichtung wird das geschützte Verfahren auch dann nicht selbst in den Verkehr gebracht oder eine unmittelbare Benutzungshandlung in Ausübung des Verfahrensanspruchs vorgenommen, wenn Gegenstand des Patents zugleich ein Sachanspruch ist. Insofern der BGH scheinbar darauf abstellt, ob der Patentinhaber die Gelegenheit hatte, die Vorteile aus dem Schutzrecht wahrzunehmen, greift dies zu kurz. Der Schutz von Sachanspruch und Verfahrensanspruch in ein und demselben Patent garantiert dem Patentinhaber nicht, mit der Veräußerung der geschützten Vorrichtung auch für seine erfinderische Tätigkeit hinsichtlich des geschützten Verfahrens eine angemessene Gegenleistung zu erzielen. Allein der gemeinsame Schutz von Verfahren und Vorrichtung in einem Patent rechtfertigt keine andere wirtschaftliche Betrachtung. Die Anwendung der Erschöpfungslehre auf Verfahrenspatente ist daher abzulehnen und zwar unabhängig davon, ob und in welcher Form ein paralleler Sachschutz für den Erfindungsgegenstand gewährt wurde.

Die Berechtigung des Erwerbers eine zur Ausübung des geschützten Verfahrens erforderliche Vorrichtung zu gebrauchen und infolgedessen das patentgeschützten Verfahrens durchzuführen, beantwortet sich mithin nicht nach den Grundsätzen der Erschöpfungslehre. Entscheidend ist vielmehr, ob Anhaltspunkte einer konkludenten Lizenzerteilung vorliegen. Die konkludent erteilte Lizenz umfasst dabei zugleich das Recht, das Nutzungsrecht an dem geschützten Verfahren mit der Weiterveräußerung der Vorrichtung auf einen Dritten zu

866 *Kühnen,* Handbuch der Patentverletzung, 2014, Rn. 1811.

übertragen. Von einer konkludenten Lizenzerteilung ist immer dann auszugehen, wenn die Parteien nicht ausdrücklich entgegenstehende Abreden getroffen haben.

Die Anwendung der Lizenztheorie gibt dem Patentinhaber die Chance, seinen Erfindungsgedanken wirtschaftlich zu verwerten und berücksichtigt den Umstand, dass nicht in jedem Fall bereits mit der Veräußerung der Vorrichtung eine angemessene Gegenleistung für die Nutzung des Verfahrenspatents erzielt werden kann. Sofern keine ausdrücklichen Abreden getroffen wurden, kann den Interessen der Abnehmer durch Vertragsauslegung, unter Anwendung der Zweckübertragungslehre, hinreichend Rechnung getragen werden.

VII. Vertriebslizenz

Eine weitere übliche und auf den Benutzungshandlungen des § 9 PatG basierende Beschränkung der Lizenz ist die Vertriebslizenz, die auch als Verkaufs- bzw. Handelslizenz bezeichnet wird.[867] Bei der Beurteilung der Wirkung von auf den Vertrieb gerichteter Lizenzbeschränkungen ist danach zu unterscheiden, ob die geschützten Erzeugnisse durch den Lizenznehmer direkt vom Lager des Patentinhabers in Verkehr gebrachten werden oder ob der Lizenznehmer die Erzeugnisse zunächst vom Patentinhaber bezieht.

1. Lieferung ab Lager des Patentinhabers

Liefert der Lizenznehmer den Lizenzgegenstand ab Lager des Lizenzgebers aus[868] oder ist die Vertriebslizenz zugleich an eine Herstellungslizenz gekoppelt, wird von einer echten Vertriebslizenz gesprochen.[869] Eine einfache auf den Vertrieb beschränkte Lizenz ist zudem sinnvoll, wenn Erzeugnisse aus dem Ausland importiert werden sollen und der Patentinhaber den Import verbieten könnte.[870] In diesen Fällen ist es der Lizenznehmer, der das geschützte

867 *Lüdecke/Fischer,* Lizenzverträge, 1957, S. 410, D53; *Kraßer/Bernhardt,* Patentrecht, 2009, S. 935; *Hacker* in: *Busse/Keukenschrijver,* Patentgesetz, 2013, § 15 PatG, Rn. 72.

868 *Kraßer/Bernhardt,* Patentrecht, 2009, S. 935; *Ullmann/Deichfuß* in: *Benkard,* Patentgesetz, 2015, § 15 PatG, Rn. 69.

869 *Lüdecke/Fischer,* Lizenzverträge, 1957, S. 412.

870 *Kraßer/Bernhardt,* Patentrecht, 2009, S. 935.

Erzeugnis erstmalig in Verkehr bringt, so dass er hierfür der Zustimmung des Patentinhabers bedarf.[871]

Dem Inhaber einer Vertriebslizenz steht das Recht zu, die geschützten Erzeugnisse anzubieten, Verkaufsverhandlungen zu führen, Kaufverträge in eigenem Namen abzuschließen und die geschützten Erzeugnisse zu liefern.[872] Es kann als allgemein anerkannt angesehen werden, dass das Recht eines Schutzrechtsinhabers darüber zu bestimmen, ob, wie und wo die geschützten Erzeugnisse erstmalig in Verkehr gebracht werden, zum spezifischen Gegenstand eines Schutzrechts gehört.[873]

Als ebenso anerkannt kann angesehen werden, dass der Patentinhaber den Lizenznehmer verpflichten kann, nur an bestimmte Abnehmer oder Abnehmerkategorien zu liefern oder bestimmte Abnehmer von einer Belieferung durch den Lizenznehmer ausdrücklich auszunehmen. Eine solche Beschränkung ist Ausfluss der diesbezüglichen Befugnis des Patentinhabers und ist, als eine im Rahmen des Inhalts des Schutzrechts liegende Beschränkung, eine schutzrechtsbezogene Lizenzbeschränkung, sofern die geschützten Erzeugnisse nicht zuvor durch Lieferung an den Lizenznehmer in Verkehr gebracht wurden.[874] Beliefert der Lizenznehmer in diesem Fall andere als im Rahmen der Vertriebslizenz vorgegebene Abnehmer mit patentgeschützten Erzeugnissen, überschreitet er seine Benutzungsbefugnis und begeht eine Patentverletzung.

2. Lieferung vom Patentinhaber an den Lizenznehmer

Erwirbt der Lizenznehmer die patentgeschützten Erzeugnisse zunächst vom Patentinhaber, ist nach der überwiegenden Meinung des rechtswissenschaftlichen Schrifttums und der Rechtsprechung kein Raum für eine Vertriebslizenz und mögliche Beschränkungen einer solchen.

871 *Ullmann/Deichfuß* in: *Benkard,* Patentgesetz, 2015, § 15 PatG, Rn. 69; *Kraßer/Bernhardt,* Patentrecht, 2009, S. 935.

872 *Bartenbach/Bartenbach,* Patentlizenz- und Know-how-Vertrag, 2013, Rn. 1320.

873 EuGH Urt. v. 19.04.1988, GRUR Int. 1989, 663 – *Hesbignome*; *Kellermann,* GRUR 1959, 569, 572.

874 *Axster* in: *Müller-Henneberg u. a.*, Gesetz gegen Wettbewerbsbeschränkungen und Europäisches Kartellrecht, 1978, Rn. 171 m. w. N.; *Strohm,* Wettbewerbsbeschränkungen in Patentlizenzverträgen nach amerikanischem und deutschem Recht, 1971, S. 150 f.; *Selmayr,* Die Erschöpfungstheorie im Urheberrecht und die patentrechtliche Lehre vom Zusammenhang der Benutzungsarten, 1961, S. 45; *Kraßer/Bernhardt,* Patentrecht, 2009, S. 936.

Hintergrund ist, dass seit der Entscheidung *Guajakol-Karbonate* des RG davon ausgegangen wird, dass der Patentinhaber nicht befugt sei, Bedingungen festzulegen, unter denen der Verkehr mit seinen Produkten stattfinden soll.[875] Voraussetzung für den Eintritt der Erschöpfung ist, dass die patentgeschützten Erzeugnisse in Verkehr gebracht werden. Es stellt sich daher die Frage, ob bei einer Lieferung geschützter Erzeugnisse vom Patentinhaber an den Lizenznehmer zum Zweck des Weitervertriebs tatsächlich ein zur Erschöpfung der patentrechtlichen Befugnisse führender Akt des Inverkehrbringens vorliegt.[876] Bejahendenfalls stellt sich in einem nächsten Schritt die Frage, ob dieses Inverkehrbringen mit schutzrechtsbezogener Wirkung beschränkt werden kann, so dass sich die patentrechtlichen Befugnisse trotz Inverkehrbringen der geschützten Erzeugnisse nicht erschöpfen.

a. Inverkehrbringen bei Veräußerung an Vertriebspartner

Die Erteilung einer reinen Vertriebslizenz wäre dann erforderlich, wenn bei der Lieferung an den Vertriebspartner des Lizenznehmers kein die Erschöpfung bewirkendes Inverkehrbringen vorläge.[877] Der Eintritt der Erschöpfung wäre dann abzulehnen, wenn die Lieferung an Lizenznehmer eines funktionsfähigen, selektiven Vertriebssystems mit konzerninternen Warenbewegungen gleichgesetzt werden könnte.[878]

Bei nur konzerninternen Warenbewegungen liegt regelmäßig kein im Sinne der Erschöpfungslehre tatbestandliches Inverkehrbringen vor.[879] Die mangelnde Erschöpfung patentrechtlicher Befugnisse liegt darin begründet, dass die geschützten Erzeugnisse nicht dem allgemeinen Handelsverkehr zugeführt werden. Für den Patentinhaber besteht im Rahmen der konzerninternen Ver-

875 RGZ 51, 139, 140 – *Guajakol-Karbonate.*

876 *Bartenbach/Bartenbach,* Patentlizenz- und Know-how-Vertrag, 2013, Rn. 1320; *Ullmann/ Deichfuß* in: *Benkard,* Patentgesetz, 2015, § 15 PatG, Rn. 69; BGH Urt. v. 08.06.1967, GRUR 1967, 676 f. – *Gymnastiksandale.*

877 Zum Begriff des Inverkehrbringen Drittes Kapitel A.III.1.

878 *Bayreuther,* WRP 2000, 349, 355; so *Fezer,* GRUR 1999, 99, 105; *Fezer,* Markenrecht, 2009, § 24 MarkenG, Rn. 11; *Metzger,* GRUR 2001, 210, S. 211.

879 *Litten,* WRP 1997, 678, 680; *Leßmann,* GRUR 2000, 741, 750 danach differenzierend, ob zwischen den Konzernunternehmen tatsächlich eine enge konzernmäßige Aufgabenverteilung besteht, oder diese die Stellung von allgemeinen Marktteilnehmern haben.

triebs- und Absatzordnung daher regelmäßig nicht die Möglichkeit, die sich aus den normalen Marktbedingungen ergebende Entlohnung zu erzielen.[880]

Allerdings sind Vertriebssysteme nicht mit der weitgehenden wirtschaftlichen Einheit eines Konzerns vergleichbar. Auch wenn die einzelnen Konzernunternehmen ihre rechtliche Selbständigkeit bewahren, wird die wirtschaftliche Tätigkeit einheitlich geplant, ohne Rücksicht auf die rechtliche Selbständigkeit der einzelnen Konzernunternehmen. Wirtschaftlich betrachtet ist der Konzern ein einheitliches Unternehmen. Nur aus dem Zusammenwirken der verschiedenen Unternehmen des Konzerns wird deren wirtschaftliche Tätigkeit verständlich.[881]

Darüber hinaus kann die Konzernspitze kraft ihrer Konzernleitungsmacht (bzw. im Unterordnungskonzern kraft ihrer konzernrechtlichen Herrschaftsmacht) den Weg geschützter Erzeugnisse sowohl vollständig bestimmen als auch kontrollieren. Gemäß § 18 Abs. 1 AktG zeichnet sich ein Konzern nämlich durch eine intensive Koordinierung ganzer Unternehmensbereiche aus.[882] Solange sich die geschützten Erzeugnisse innerhalb des Konzerns befinden und lediglich hier weitergegeben werden, unterliegen sie der vollständigen Kontrollbefugnis der Konzernleitung.[883] Erst mit der tatsächlichen Weitergabe an einen Dritten außerhalb des Konzernverbundes verliert die Konzernleitung die Zugriffsmöglichkeit auf die geschützten Erzeugnisse.

Genau darin liegt der Unterschied zu einem selektiven Vertriebssystem. Der Patentinhaber kann zwar seine Vertriebspartner (Lizenznehmer) in gewissem Umfang vertraglich an Vertriebsstrukturen binden,[884] eine – der Konzernstruktur vergleichbare Kontrollbefugnis – steht ihm dagegen nicht zu. Werden geschützte Erzeugnisse an einen Vertriebspartner weitergegeben, verlassen diese den Herrschaftsbereich des Patentinhabers. Indem die geschützten Erzeugnisse durch Weitergabe an einen außerhalb des Konzernverbundes stehenden Dritten weitergegeben wurden, sind sie zum Gegenstand des Handelsverkehrs geworden. Damit ist jedoch der Tatbestand des Inverkehrbringens der Erschöpfungslehre verwirklicht. Folglich erfüllt auch die Weitergabe geschützter Erzeugnisse vom Patentinhaber an seinen Vertriebspartner die tatbestandlichen Voraussetzungen der Erschöpfungslehre.

880 *Leßmann,* GRUR 2000, 741, 748.

881 *Bayreuther,* WRP 2000, 349, 355.

882 *Koch* in: *Hüffer,* Aktiengesetz, 2012, § 18 AktG, Rn. 8 m. w. N.

883 *Leßmann,* GRUR 2000, 741, 745; *Bayreuther,* WRP 2000, 349, 356, jeweils m. w. N.

884 *Bayreuther,* WRP 2000, 349, 356.

b. Ausnahmen von der Erschöpfung

Die obigen Ausführungen haben gezeigt, dass die Weitergabe patentgeschützter Erzeugnisse vom Patentinhaber an seinen Lizenznehmer ein Inverkehrbringen im Sinne der Erschöpfungslehre darstellt. Die Weitergabe geschützter Erzeugnisse vom Patentinhaber an einen Vertriebspartner führt damit zum Verbrauch der patentrechtlichen Befugnisse. Raum für die Erteilung reiner Vertriebslizenzen wäre daher nur, wenn im Rahmen dieses Veräußerungsgeschäftes Beschränkungen mit schutzrechtsbezogener Wirkung und damit Ausnahmen von der Erschöpfungslehre anzuerkennen sind. Ein Ansatz, der insbesondere im Urheberrecht und Markenrecht diskutiert wird.

aa. Ausnahme von der Erschöpfung beim Vertrieb urheberrechtlich geschützter Werke

Die Erschöpfung des urheberrechtlichen Verbreitungsrechts ist in § 17 Abs. 2 UrhG geregelt. Gemäß § 17 Abs. 2 UrhG erschöpfen sich die Verbreitungsrechte des Urhebers, wenn das Original oder ein Vervielfältigungsstück des Werkes durch den Urheber oder mit seiner Zustimmung in Verkehr gebracht wurde. Gleichwohl vertritt ein Teil der urheberrechtlichen Literatur[885] und Rechtsprechung[886] die Auffassung, dass der Urheber dieses Vertriebsrecht beschränken und damit die Erschöpfungswirkung auch im Rahmen des Veräußerungsgeschäfts ausschließen kann.[887] Für eine Ausnahme vom Grundsatz der Erschöpfung des urheberrechtlichen Verbreitungsrechts wurde insbesondere im Hinblick auf die Vermietung und den Verleih urheberrechtlich geschützter Werke nach deren Inverkehrbringen durch den Abnehmer des Urhebers plädiert.

---

885 *Brinkmann,* NJW 1983, 599, 602; *Mielke,* UFITA 1985 (101), 11, 24; *Ahlberg,* GRUR 1985, 362, 363; *Rauscher auf Weeg/Davies,* Das Recht der Hersteller von Tontraegern/zum Urheber- und Leistungsschutzrecht in der Europäischen Gemeinschaft, 1983, S. 132 ff; *Ungern-Sternberg,* GRUR 1984, 262, 263; *Blachian,* Die Lehre von der Erschöpfung des Verbreitungsrechts im Urheberrecht, 1964, S. 42-54.

886 OLG Frankfurt Beschl. v. 21.01.1982, NJW 1982, 1653, 1654; LG München Urt. v. 18.12.1981, FuR 1982, 509, 510; KG Urt. v. 17.06.1997, MMR 1998, 315.

887 *Zecher,* Zur Umgehung des Erschöpfungsgrundsatzes bei Computerprogrammen, 2004, S. 53.

Begründet wird diese Rechtsauffassung damit, dass § 17 Abs. 2 UrhG nur im Zusammenhang mit § 31 UrhG gelesen werden könne.[888] Gemäß § 31 UrhG ist der Urheber berechtigt, Nutzungsrechte an seinen Werken räumlich, zeitlich oder inhaltlich beschränkt einzuräumen. Daher müsse der Urheber seine Zustimmung zum Inverkehrbringen von Vervielfältigungsstücken gemäß § 17 Abs. 2 UrhG nicht zwingend umfassend und unbeschränkt erteilen. Vielmehr müsse auch im Rahmen des Veräußerungsgeschäfts berücksichtigt werden, welcher Art der Weiterverbreitung der Urheber beim Inverkehrbringen der Vervielfältigungsstücke zugestimmt habe. Damit sind die in § 31 UrhG normierten Regelungsvorbehalte im Rahmen des § 17 Abs. 2 UrhG zu berücksichtigen. Andernfalls könne nicht gewährleistet werden, dass der Urheber an der Verwertung seiner Werke angemessen beteiligt und so der Leitgedanke des Urheberrechtsgesetzes gewahrt werde.[889] Bringt der Rechteinhaber das Original oder Vervielfältigungsstücke selber in Verkehr, dürfe er schließlich nicht schlechter stehen, als wenn er dies einem Dritten durch Einräumung einer entsprechenden Lizenz gestatte.[890]

Dieser Argumentation hat sich der BGH nicht angeschlossen.[891] Gegenstand der Entscheidung war die Veräußerung von Schallplatten mit folgendem Vermerk:

> *»Alle Urheber- und Leistungsschutzrechte vorbehalten. Kein Verleih! Keine unerlaubte Vervielfältigung, Vermietung, Aufführung, Sendung!«*

Nach Auffassung des BGH hindere dieser Vermerk nicht den Eintritt der Erschöpfung. Der urheberrechtliche Verbrauch des Verbreitungsrechts hänge nach dem Erschöpfungsgrundsatz allein davon ab, ob der Rechteinhaber dem Inverkehrbringen durch Veräußerung zustimmt. Die Zustimmung muss sich dagegen nicht auf die Art und Weise der weiteren Nutzung – wie Vermietung und Verleih – erstrecken. Der Rechteinhaber gibt bereits mit der Veräußerung die Herrschaft über das Exemplar des geschützten Werkes auf. Nur so könne das Interesse der Verwerter und der Allgemeinheit, die in Verkehr gebrachten Werkstücke verkehrsfähig zu halten, gewahrt werden. Eine andere Beurtei-

888 In der Fassung des UrhG vom 09.09.1965, gültig ab 01.01.1966 bis 30.06.2002, regelte § 32 UrhG die Beschränkung des Nutzungsrechts.

889 *Ungern-Sternberg*, GRUR 1984, 262, 262.

890 *Ungern-Sternberg*, GRUR 1984, 262, 264; *Mielke*, UFITA 1985 (101), 11, 23; *Reimer*, GRUR 1962, 619, Fn. 90a.

891 BGH Urt. v. 06.03.1986, GRUR 1986, 736 – *Schallplattenvermietung*.

lung würde den freien Warenverkehr in unerträglicher Weise behindern.[892] Die Beschränkung der Erschöpfungswirkung bei Veräußerung des geschützten Werkes durch einseitige Erklärung würde dem mit dem Erschöpfungsgrundsatz verfolgten Zweck zuwiderlaufen.[893] Auch mit Blick auf § 31 UrhG können allenfalls Beschränkungen im Rahmen des § 17 UrhG in Betracht kommen, die sich auf die Art des Inverkehrbringens – also die Erstverbreitung[894] – beziehen. Nur bei Nichtbeachtung einer solchen Beschränkung ist das Werkexemplar ohne Zustimmung des Rechteinhabers in Verkehr gelangt, so dass die Erschöpfung nicht eintritt. Bedingungen zum weiteren Gebrauch, die der Rechteinhaber bei der Veräußerung des Werkexemplars festlegt, können die Erschöpfung dagegen nicht hindern.[895] Folglich kann sich der Rechteinhaber weder die Vermietung noch den Verleihung des veräußerten Werkexemplars vorbehalten.

Eine endgültige Klärung dieser Diskussion brachte schließlich der Gesetzgeber mit der am 01.07.1995 in Kraft getretenen Änderung des Urheberrechtsgesetzes und der damit verbundenen Umsetzung der Richtlinie des Rates vom 19.11.1992. § 17 Abs. 2 UrhG wurde dahingehend geändert, dass die Weiterverbreitung eines mit Zustimmung des zur Verbreitung Berechtigten im Wege der Veräußerung in Verkehr gebrachtes Original oder Vervielfältigungsstück mit Ausnahme der Vermietung zulässig sei. Damit bleibt dem Urheber das Vermietrecht, selbst wenn sein Werk oder ein Vervielfältigungsstück veräußert worden ist. Das Vermietrecht kann selbständig übertragen, abgetreten oder zum Gegenstand vertraglicher Lizenzen gemacht werden.[896]

Die Richtlinie sollte sicherstellen, dass Urheber und ausübende Künstler ein angemessenes Einkommen als Grundlage für ihr weiteres künstlerisches und schöpferisches Schaffen erhalten.[897] Indem der Gesetzgeber das Vermietrecht von der Wirkung der Erschöpfung ausnahm, hat er der besonderen Interessenlage aufgrund der enormen wirtschaftlichen Bedeutung der Vermietung urheberrechtlich geschützter Werke Rechnung getragen. Insbesondere im Bereich der Vermietung von Film- und Tonwerken fallen die Konsumenten als Erwerber der geschützten Werke weg. Verwertungsvorgänge an denen der

---

892 BGH Urt. v. 06.03.1986, GRUR 1986, 736, 737 – *Schallplattenvermietung*; mit Verweis auf RGZ 63, 387f. – *Königs Kochbuch*.

893 BGH Urt. v. 06.03.1986, GRUR 1986, 736, 737 – *Schallplattenvermietung*. mit Verweis auf *Reimer*, GRUR Int. 1972, 221, 226.

894 *Schulze* in: *Dreier/Schulze*, Urheberrechtsgesetz, 2013, § 17 UrhG, Rn. 32; *Loewenheim* in: *Loewenheim/Dietz/Schricker*, Urheberrecht, 2010, § 17 UrhG, Rn. 58.

895 BGH Urt. v. 06.03.1986, GRUR 1986, 736 – *Schallplattenvermietung*.

896 *Jacobs*, GRUR 1998, 246, 249.

897 *Erdmann*, in: Brandner/Pfeiffer, Festschrift für Hans Erich Brandner, 1996, 361, S. 370.

Urheber nicht teilhaben könnte, wenn das Vermietrecht – wie nach der BGH Entscheidung *Schallplattenvermietung* – bereits mit der Veräußerung des Werkexemplars erschöpft wäre.

Allerdings handelt es sich hier um eine Einzelfallentscheidung des Gesetzgebers, die der besonderen Interessenlage im Bereich der Vermietung urheberrechtlicher Werke Rechnung trägt. Der Gesetzgeber hat – entgegen den Stimmen in der Literatur[898] – davon abgesehen, bei der Neuregelung des § 17 Abs. 2 UrhG die Erschöpfung nur in dem Umfang eintreten zu lassen, in dem der Rechteinhaber dem Inverkehrbringen zugestimmt hat.

Seine in der Entscheidung *Schallplattenvermietung* entwickelten und oben dargestellten Grundsätze sieht der BGH durch die vom Gesetzgeber in Umsetzung einer europäischen Richtlinie geschaffene ausdrückliche Ausnahme von der Erschöpfung für die Vermietung urheberrechtlich geschützter Werke nicht in Frage gestellt. Vielmehr ergäbe sich aus der Einführung dieser Ausnahmen, dass dem Berechtigten nach dem mit seiner Zustimmung erfolgten Inverkehrbringen eine Einflussnahme auf die Art und Weise der Weiterverbreitung an sich verwehrt ist. Raum für weitere Ausnahmen bleibt somit nicht. Auch an urheberechtlich geschützten Werken erschöpfen sich die Rechte mit deren Veräußerung durch den Rechteinhaber, unabhängig davon, ob die Weiterveräußerung oder der Gebrauch gewissen Bedingungen unterstellt wird.[899]

In der Entscheidung *OEM-Version* bestätigte der BGH daher die in der Entscheidung *Schallplattenvermietung* entwickelten Grundsätze. Gegenstand dieser Entscheidung war die Frage, ob ein Softwarehersteller sein Interesse daran, dass eine zu einem günstigen Preis angebotene Programmversion nur zusammen mit einem neuen PC veräußert wird, in der Weise durchsetzen kann, dass er von vornherein nur ein auf diesen Vertriebsweg beschränktes Nutzungsrecht einräumt.[900] Eine Frage, die der BGH verneinte, indem er betonte, dass nach dem Erschöpfungsgrundsatz der urheberrechtliche Verbrauch des Verbreitungsrechts allein davon abhänge, ob der Rechteinhaber dem (ersten) Inverkehrbringen durch Veräußerung zugestimmt hat. Auf die Art und Weise der weiteren Nutzung braucht sich die Zustimmung nicht zu erstrecken. Denn bereits mit der (ersten) durch ihn oder mit seiner Zustimmung erfolgten Veräußerung gibt der Berechtigte die Herrschaft über das Werkexemplar auf. Damit werde das Werkexemplar für jede Weiterverbreitung frei. Dadurch werden im Interesse der Verwerter und der Allgemeinheit die in Verkehr gebrachten Werkstücke ver-

---

898 *Blachian,* Die Lehre von der Erschöpfung des Verbreitungsrechts im Urheberrecht, 1964, S. 98; *Mielke,* UFITA 1985 (101), 11, 23.

899 BGH Urt. v. 06.07.2000, GRUR 2001, 153, 154 – *OEM-Version.*

900 BGH Urt. v. 06.07.2000, GRUR 2001, 153 – *OEM-Version.*

kehrsfähig gehalten. Könnte der Rechteinhaber hingegen den weiteren Vertrieb des Werkstücks kontrollieren, wäre der freie Warenverkehr in unerträglicher Weise behindert.[901]

bb. Ausnahmen von der Erschöpfung beim Vertrieb von Markenwaren

Wie im Urheberrecht finden sich im deutschen Markenrecht ausdrückliche gesetzliche Reglungen zur Erschöpfung. § 24 MarkenG, der Art. 7 Markenrechtsrichtlinie[902] weitgehend wörtlich umsetzt,[903] regelt die markenrechtliche Erschöpfung wie folgt:

> *»(1) Der Inhaber einer Marke oder einer geschäftlichen Bezeichnung hat nicht das Recht, einem Dritten zu untersagen, die Marke oder die geschäftliche Bezeichnung für Waren zu benutzen, die unter dieser Marke oder dieser geschäftlichen Bezeichnung von ihm oder mit seiner Zustimmung im Inland, in einem der übrigen Mitgliedstaaten der Europäischen Union oder in einem anderen Vertragsstaat des Abkommens über den Europäischen Wirtschaftsraum in den Verkehr gebracht worden sind.*
>
> *(2) Absatz 1 findet keine Anwendung, wenn sich der Inhaber der Marke oder der geschäftlichen Bezeichnung der Benutzung der Marke oder der geschäftlichen Bezeichnung im Zusammenhang mit dem weiteren Vertrieb der Waren aus berechtigten Gründen widersetzt, insbesondere wenn der Zustand der Waren nach ihrem Inverkehrbringen verändert oder verschlechtert ist.«*

Demnach sieht § 24 Abs. 2 MarkenG eine Ausnahme von der Erschöpfungswirkung für die Fälle vor, in denen der Markeninhaber selber oder ein Dritter mit seiner Zustimmung die mit der Marke gekennzeichnete Ware in Verkehr gebracht hat. Allerdings kann sich der Markeninhaber einem Weitervertrieb der mit seiner Marke gekennzeichneten Ware nur dann widersetzen, wenn berech-

901 BGH Urt. v. 06.07.2000, GRUR 2001, 153, 154 – *OEM-Version.*

902 Erste Richtlinie 89/104/EWG zur Angleichung der Rechtsvorschriften der Mitgliedstaaten über die Marken, vom 21.12.1988 (ABl. 1989 Nr. L 40/1); neu kodifiziert durch die am 28.11.2008 in Kraft getretene Richtlinie 2008/95/EG vom 22.10.2008 zur Angleichung der Rechtsvorschriften der Mitgliedstaaten über die Marken (kodifizierte Fassung).

903 *Ingerl,* Markengesetz, 2010, § 24 MarkenG, Rn. 1.

tigte Gründe vorliegen. Ein solcher berechtigter Grund liegt beispielsweise in der Veränderung oder Verschlechterung der Ware.[904]

Werden die mit der Marke gekennzeichneten Waren durch einen Lizenznehmer des Markeninhabers in Verkehr gebracht, bestimmt § 30 Abs. 2 MarkenG unter welchen Voraussetzungen der Markeninhaber gegen den Lizenznehmer wegen einer Markenverletzung vorgehen kann.[905] § 30 Abs. 2 Nr. 5 MarkenG stellt dabei wie § 24 Abs. 2 MarkenG darauf ab, dass die vom Markeninhaber vorgegebene Qualität der Ware erfüllt werden.

Diese gesetzlich normierten Ausnahmen von der markenrechtlichen Erschöpfung erkennen an, dass es für den Markeninhaber weder zumutbar ist, beliebige Veränderungen an der von ihm in Verkehr gebrachten Ware hinzunehmen,[906] noch dass er ein Inverkehrbringen von Waren minderwertiger Qualität dulden muss.[907] Aufgrund des angebrachten Kennzeichens wird ihm nämlich die Ware und ihre Bewerbung vom Verkehr nach wie vor zugerechnet. So sind vor allem Qualitätsverschlechterung der Ware nach Inverkehrbringen geeignet, den Ruf der Marke zu beeinträchtigen. Stammen wesentliche Merkmale der in Verkehr gebrachten Ware nicht vom Markeninhaber, wird die Funktion der Marke als Herkunftshinweis in Frage gestellt.[908] Daher erfordert es der Schutz der Rechte des Markeninhabers, dass in den geschilderten Fallkonstellationen der Markeninhaber trotz des vorherigen Inverkehrbringens der Ware oder der Erteilung einer entsprechenden Lizenz seine Markenrechte erneut ausüben kann.

Folglich ist eine Ausnahme von der Erschöpfungswirkung, die die markenrechtliche Kontrollbefugnis des Markeninhabers nach dem ersten Inverkehrbringen wieder aufleben lässt, dann gerechtfertigt, wenn die Funktionen der Marke beeinträchtigt werden. In diesen Fällen überwiegt das Verwertungsinteresse des Markeninhabers das Interesse der Allgemeinheit an einem freien Warenverkehr. Dies gilt unabhängig davon, ob der Markeninhaber die Ware selbst in Verkehr gebracht hat, oder einem Lizenznehmer eine entsprechende Befugnis eingeräumt hat.

Fraglich ist, ob der vom Markeninhaber als unerwünscht empfundene Vertrieb von mit seiner Marke gekennzeichneten Waren als ein i. S. d. § 24 Abs. 2 MarkenG berechtigter Grund anzusehen ist, so dass der Unterlassungsanspruch nach § 24 Abs. 2 MarkenG wieder aufleben würde, wenn die Markenware über andere als die vereinbarten Vertriebskanälen angeboten wird. Ein Ansatz, der im

904 *Hacker* in: *Ströbele,* Markengesetz, 2015, § 24 MarkenG, Rn. 48.

905 *Hacker* in: *Ströbele,* Markengesetz, 2015, § 24 MarkenG, Rn. 33.

906 *Ingerl,* Markengesetz, 2010, § 24 MarkenG, Rn. 55.

907 *Hacker* in: *Ströbele,* Markengesetz, 2015, § 30 MarkenG, Rn. 38.

908 *Fezer,* Markenrecht, 2009, § 24 MarkenG, Rn. 45.

rechtswissenschaftlichen Schrifttum und der Rechtsprechung häufig abgelehnt wird.[909]

Der EuGH hat in Bezug auf eine lizenzvertragliche Beschränkung i. S. d. Art. 8 Abs. 2 MRRL – dessen Wortlaut Eingang in § 30 Abs. 2 MarkenG gefunden hat – ausgeführt, dass Beschränkungen des Vertriebs die Qualität der hergestellten Waren betreffen können.[910] Zu diesem Schluss kommt der EuGH aufgrund einer extensiven Auslegung des Herstellungsbegriffs des Art. 8 Abs. 2 MRRL, die er im Bereich der Luxus- oder Prestigewaren für geboten hält. Nicht nur Eigenschaften, die auf den Herstellungsprozess der Waren selbst zurückgehen, sondern auch der Ruf der Ware sei für die Qualität von Bedeutung.[911] Damit hat der EuGH eine Qualitätsverschlechterung der Waren durch die Nutzung einer vertragswidrigen Vertriebsschiene für möglich gehalten.[912] Zu einem entsprechenden Automatismus, dass jede mögliche Rufbeeinträchtigung einer Luxusmarke deren Qualität beeinträchtigt, führt die Rechtsprechung des EuGH nicht. Ob ein Verstoß gegen vertraglich vereinbarte Vertriebssysteme in den Anwendungsbereich des Art. 8 Ab. 2 MMRL fällt, ist vielmehr eine Frage des Einzelfalls. Eine entsprechende Rufbeeinträchtigung kann beispielsweise vorliegen, wenn nachgewiesen ist, dass durch den Verkauf von Luxusartikeln über Discounter der Prestigecharakter der Marke in Frage gestellt wird.[913] Ein Ausschluss der Erschöpfungswirkung kommt jedoch nur dann in Betracht, wenn der Markeninhaber den Vertrieb der mit seiner Marke gekennzeichneten Ware durch geeignete Maßnahmen aktiv kontrolliert. Verzichtet er auf effektive Kontrollmechanismen besteht, nach Auffassung des EuGH, kein Anlass ihm markenrechtliche Ansprüche gegen Dritte zu gewähren.[914]

Diese Entwicklungen im Markenrecht zeigen, dass es durchaus Fallkonstellationen gibt, in denen es gerechtfertigt erscheint, durch vertraglich vereinbarte Vertriebssysteme die Erschöpfung auszuschließen.

---

909 *Mulch,* Der Tatbestand der markenrechtlichen Erschöpfung, 2001, S. 175; *Hacker* in: *Ströbele,* Markengesetz, 2015, § 24 MarkenG, Rn. 101; *Rosner,* Marken- und wettbewerbsrechtlicher Schutz selektiver Vertriebsbindungssysteme, 2005, nimmt eine Verletzung der berechtigten Interessen des Markeninhabers i. S. d. § 24 Abs. 2 MarkenG allerdings dann an, wenn für den Parallelhandel Herstellungs- oder Vertriebsnummern von der Ware oder Verpackung entfernt werden, sofern es dabei zugleich zu einer erheblichen Beeinträchtigung des Erscheinungsbildes der Marke kommt.

910 EuGH Urt. v. 23.04.2009, GRUR 2009, 593 – *Copad.*

911 *Ruess/Slopek,* WRP 2009, 1021, 1028.

912 *Ingerl,* Markengesetz, 2010, § 24 MarkenG, Rn 87.

913 *Ruess/Slopek,* WRP 2009, 1021, 1028.

914 EuGH Urt. v. 23.04.2009, GRUR 2009, 593 – *Copad.*

cc. Ausnahmen von der Erschöpfung beim Vertrieb patentgeschützter Erzeugnisse

Anders als im Markenrecht findet sich im deutschen Patentgesetz – schon aufgrund der fehelenden gesetzlichen Normierung der Erschöpfungslehre – keine dem § 24 MarkenG vergleichbare Regelung. Allerdings regelt die am 17.12.2012 vom EU-Rat und Europäischem Parlament verabschiedete und am 20.01.2013 in Kraft getretene Verordnung (EU) Nr. 1257/2012[915] (Einheitspatentverordnung, »EPVO«)[916] die Erschöpfung in Art. 6 EPVO wie folgt:

> *»Die durch das Europäische Patent mit einheitlicher Wirkung verliehenen Rechte erstrecken sich nicht auf Handlungen, die ein durch das Patent geschütztes Erzeugnis betreffen und in den teilnehmenden Mitgliedstaaten vorgenommen werden, in denen dieses Patent einheitliche Wirkung hat, nachdem das Erzeugnis vom Patentinhaber oder mit seiner Zustimmung in der Union in Verkehr gebracht worden ist, es sei denn, der Patentinhaber hat berechtigte Gründe, sich dem weiteren Vertrieb des Erzeugnisses zu widersetzen.«*[917]

Art. 6 EPVO sieht wie § 24 Abs. 2 MarkenG eine Ausnahme von der Erschöpfung vor, wenn sich der Schutzrechtsinhaber auf das Vorliegen berechtigter Gründe berufen kann. Auf eine beispielhafte Aufzählung von Tatbeständen, die eine solche Ausnahme rechtfertigen können, verzichtet Art. 6 EPVO indes. Es stellt sich daher die Frage, ob vertragliche Absprachen, die dem Lizenznehmer den Vertrieb mit den vom Patentinhaber bezogenen geschützten Erzeugnisse vorgeben, eine Beschränkung der Erschöpfungswirkung rechtfertigen.

915 Verordnung (EU) Nr. 1257/2012 des Europäischen Parlaments und des Rates vom 17.12.2012 über die Umsetzung der Verstärkten Zusammenarbeit im Bereich der Schaffung eines einheitlichen Patentschutzes, ABl. EU vom 31.12.2012, L 361/1.

916 Gültigkeit wird die EPVO frühestens ab dem 01.01.2014 beanspruchen oder ab dem Tag des Inkrafttretens des Übereinkommens über ein einheitliches Patentgericht (»EPG-Übereinkommen«) (vgl hierzu Dokument des Rates der EU 16351/12 v. 11.01.2013). Nach einer Übergangsfrist von sieben Jahren wird das Patentgericht unter anderem für Streitigkeiten im Zusammenhang mit einheitlichen Patenten ausschließlich zuständig sein (vgl. hierzu *Ohly*, ZGE 2012, 419, 428). Implementiert wird das Einheitspatent nunmehr über den 9. Teil des Europäischen Patentübereinkommens (»EPÜ«). Bei dem Einheitspatent handelt es sich folglich um ein europäisches »Bündelpatent«, dem auf Antrag des Patentinhabers einheitliche Wirkung ab dem Zeitpunkt der Erteilung des europäischen Patents zukommt (vgl. hierzu *Luginbühl*, GRUR Int. 2013, 305, 307).

917 Unterstreichung von der Verfasserin ergänzt.

(1) Stellungnahme für eine Ausnahme von der Erschöpfung

Für die Zulässigkeit reiner Vertriebslizenzen und einer damit verbundenen Beschränkung der Erschöpfungswirkung spricht zunächst, dass § 9 Nr. 1 PatG dem Patentinhaber auch ein Recht zum Vertrieb einräumt. Statt dieses Recht selbst auszuüben, muss der Patentinhaber auch in der Lage sein, diese Befugnis isoliert zu übertragen.[918]

Ferner stellt sich die Frage, warum im Interesse eines ausreichenden Patentschutzes eine Herstellungs- und Vertriebslizenz mit örtlicher schutzrechtsbezogener Beschränkung zulässig sein soll, die Erteilung reiner Vertriebslizenzen aufgrund der Erschöpfungslehre hingegen nicht. Schließlich bestünde für die Erteilung reiner Vertriebslizenzen ein erhebliches wirtschaftliches Interesse, nämlich dann, wenn der Patentinhaber nicht auf eine eigene Vertriebsorganisation zurückgreifen kann.[919] Es sei deshalb nicht einzusehen, warum dies nicht immer dann möglich sein soll, wenn der Patentinhaber die geschützten Erzeugnisse nicht durch einen Lizenznehmer, sondern selbst über einen Vertriebspartner in Verkehr bringt.[920] Das formale abstellen auf die Besitz- bzw. Eigentumsverhältnisse hinsichtlich des Inverkehrbringens sei keine interessengerechte Herangehensweise.[921]

Die Annahme, dass durch das Inverkehrbringen geschützter Erzeugnisse der Patentinhaber eine dem Marktwert der Erfindung entsprechende Entlohnung erhalten habe, wodurch die Erschöpfung patentrechtlicher Befugnisse gerechtfertigt sei, schließe eine reine Vertriebslizenz nicht aus. Ob der Patentinhaber seine Belohnung für die Erfindung erhalten hat, müsse nämlich anhand der vertraglichen Absprachen zwischen Patentinhaber und Lizenznehmer und nicht anhand objektiver Kriterien bestimmt werden.[922] Dann wäre jedoch jede Beschränkung des Lizenznehmers bzw. Vertriebspartners bei der Veräußerung der geschützten Erzeugnisse eingepreist. Der Patentinhaber kann daher nur als für seine Erfindung angemessen entlohnt angesehen werden, wenn er die Beschränkungen, die gerade Teil der Gegenleistung sind, gegenüber Dritten durchsetzen kann.

918 *Kraft,* GRUR 1971, 373, 380, ebenfalls eine Vertriebslizenz befürwortend *Strohm,* Wettbewerbsbeschränkungen in Patentlizenzverträgen nach amerikanischem und deutschem Recht, 1971, S. 151.

919 *Kraft,* GRUR 1971, 373, 380.

920 *Kellermann,* GRUR 1959, 569, 571.

921 *Pietzcker,* Patentgesetz und Gebrauchsmusterschutzgesetz, 1929, § 6 PatG, Rn. 27.

922 *Kraft,* GRUR 1971, 373, 380.

Die Frage nach der angemessenen Entlohnung als Gegenleistung für die Offenbarung einer Erfindung ist auch zentrales Argument, um die Ausnahme von der Erschöpfung beim Inverkehrbringen geschützter Erzeugnisse im patentfreien Ausland zu rechtfertigen.[923]

Hat der Patentinhaber nicht die Möglichkeit, gegen Lieferungen aus dem patentfreien in den patentgeschützten Raum aus seinem Patent vorzugehen, könne er keine angemessene Gegenleistung für seine Erfindung erzielen.[924] Im patenfreien Raum ist der Patentinhaber mit seinen Erzeugnissen dem Wettbewerb ausgesetzt und muss die Gegenleistung für die Erzeugnisse entsprechend anpassen.

In diesem Zusammenhang wird argumentiert, dass das zur Erschöpfung führende Inverkehrbringen in patentfreien Ländern nicht den freien Warenverkehr fördere, sondern das Gegenteil bewirke.[925] Für den Patentinhaber kann es wirtschaftlich durchaus sinnvoll sein Erzeugnisse, deren Entwicklung mit hohen Kosten verbunden waren, in patentfreien Ländern zu veräußern. Zwar wird der Patentinhaber in den patentfreien Ländern nicht dieselben Umsätze erzielen können, wie in Ländern mit Patentschutz, dennoch können sich die erzielten Gewinne wirtschaftlich rechnen und zur Deckung der entstandenen

923 Durch das Inkrafttreten der EPVO wird diese Frage zunächst nicht an Relevanz verlieren. Zwar soll das Einheitspatent in allen Mitgliedstaaten einen einheitlichen Schutz bieten, gleichwohl bleibt die territoriale Wirkung auf die 25 Mitgliedstaaten (ohne Italien und Spanien) beschränkt, die sich an der Schaffung eines einheitlichen europäischen Patentschutzes beteiligen. Ferner führt die Kopplung zwischen EPVO und dem EPGÜ dazu, dass die einheitliche Wirkung nur für diejenigen Staaten gilt, die das Übereinkommen ratifizieren. Ausreichend für das in Kraft treten des Übereinkommen ist die Ratifizierung in 13 Staaten (darunter Deutschland, Frankreich, Großbritannien). Im Extremfall kann daher die einheitliche Wirkung auf weniger als die Hälfte der EU-Mitgliedstaaten beschränkt sein. Hinzu kommt, dass die einheitliche Wirkung in territorialer Hinsicht nicht dadurch erweitert wird, dass das EPGÜ nach der Eintragung der einheitlichen Wirkung für weitere Staaten in Kraft trifft. So verbleibt es für diese Staaten bei der Wirkung des europäischen Bündelpatents, vorausgesetzt das dessen Wirkung auf den betreffenden Staat erstreckt wurde. Somit kann trotz der Erlangung eines Einheitspatents nicht sichergestellt werden, dass der Patentinhaber in allen Staaten der Europäischen Gemeinschaft Schutz für seine Erfindung erlangt. Greift er nicht auf nationale Schutzrechte zurück, stellt sich nach wie vor die Frage, ob ein Inverkehrbringen im patentfreien Raum zur Erschöpfung der Rechte aus dem Einheitspatent führt (vgl. hierzu *Ohly*, ZGE 2012, 419, 425; *Teschemacher*, Mitt. 2013, 153, 155).

924 *Krieger*, GRUR Int. 1976, 208, 210; *Leßmann*, GRUR 2000, 741, 744; *Mager*, GRUR 1999, 637, 639.

925 *Sack*, GRUR 1999, 193, 196.

Forschungs- und Entwicklungskosten beitragen.[926] Muss der Patentinhaber jedoch mit Parallel- und Reimporten rechnen, die zu einer Störung des Preisgefüges in Patentschutzländern führen, wird er möglicherweise von einem Inverkehrbringen seiner geschützten Erzeugnisse in patentfreien Ländern absehen.[927]

(2) Stellungnahme gegen eine Ausnahme von der Erschöpfung

Die Ablehnung reiner Vertriebslizenzen und einer entsprechenden Beschränkung des Verbreitungsrechts bei Lieferung der geschützten Erzeugnisse vom Patentinhaber an den Lizenznehmer bzw. Vertriebspartner wird mit dem Verkehrsinteresse begründet. So wird die in Form von reinen Vertriebslizenzen dem Patentinhaber mögliche Kontrolle als eine unerträgliche Belästigung des freien Warenverkehrs und der Allgemeinheit angesehen.[928] Ferner wird kein Bedürfnis gesehen, dem Patentinhaber über das erste, objektive Inverkehrbringen geschützter Erzeugnisse die Möglichkeit der Einflussnahme einzuräumen. Vielmehr sei der Patentinhaber bereits bei diesem Akt des Inverkehrbringens geschützter Erzeugnisse, in der Lage seine Erfindung hinreichend zu verwerten.

Eine andere Beurteilung sei selbst dann nicht erforderlich, wenn die geschützten Erzeugnisse im patentfreien Ausland erstmalig in Verkehr gebracht werden. Auch in diesen Fällen müsse – so insbesondere die Auffassung des EuGH – der Erschöpfungsgrundsatz eingreifen. Gründe für eine Ausnahme von dem Grundsatz der Erschöpfung liefern diese Fälle nicht.[929] Die Substanz des Patentrechts bestünde im Wesentlichen darin, dem Erfinder das ausschließliche Recht einzuräumen, die geschützten Erzeugnisse als erster in den Verkehr zu bringen. Durch das dem Patentinhaber eingeräumte Verwertungsmonopol habe er zugleich die Möglichkeit, einen Ausgleich für seine schöpferische Erfindertätigkeit zu erlangen. Dies bedeute jedoch nicht, dass ein solcher Ausgleich unter allen Umständen garantiert wird. Vielmehr sei es Aufgabe des Patentinhabers, in Kenntnis der Sachlage zu entscheiden, unter welchen Bedingungen seine Erzeugnisse in den Verkehr gelangen. Entscheidet sich der Patentinhaber für den Absatz seiner

---

926 *Freisler* in: *Schwarze*, Unverfälschter Wettbewerb für Arzneimittel im europäischen Binnenmarkt, 1998, S. 23ff.

927 GA Fenelly im Fall »*Merck II*«, EuGH Slg. 1996, I-6331 Nr. 108.

928 *Reimer*, GRUR Int. 1972, 221, 227; *Pietzcker*, Patentgesetz und Gebrauchsmusterschutzgesetz, 1929, § 6, Anm. 26; RG Urt. v. 26.03.1906, RGZ 51, 139, 141 – *Guajakol-Karbonate*.

929 EuGH Urt. v. 14.07.1981, Slg. 1981, S. 2063, 2082 – *Merck(/)Stephar (»Moduretik«)*; ebenso EuGH Urt. v. 27.10.1992, Slg. 1992, 5335, 5377 – *Generics u. Harris Pharmaceuticals ./. Smith Kline and French Laboratories Ltd.*; EuGH Urt. v. 05.12.1996, Slg. 1996, 6285 – *Merck II*.

Erzeugnisse in einem Staat der Europäischen Union, in dem kein Patentschutz besteht, habe er die Konsequenzen innerhalb der Gemeinschaft hinzunehmen.[930] Eine andere rechtliche Beurteilung würde zu einer Abschottung der Märkte führen.

(3) Eigene Stellungnahme

Ein entscheidendes Argument im Rahmen der Beurteilung der Zulässigkeit reiner Vertriebslizenzen ist der Hinweis, dass die Beschränkung des Vertriebs dann möglich ist, wenn die Vertriebslizenz an eine Herstellungslizenz gekoppelt ist. Daher müsse auch die Erteilung einer reinen Vertriebslizenz, einschließlich der Festlegung schutzrechtsbezogener Lizenzbeschränkungen möglich sein. Ein Argument, dass indes die Unterschiede zwischen der Erteilung einer Lizenz und der Veräußerung geschützter Erzeugnisse verkennt.

Der Grund der unterschiedlichen Beurteilung vertraglich vereinbarter Beschränkungen im Rahmen des Veräußerungsgeschäfts gegenüber lizenzvertraglichen Absprachen liegt in der unterschiedlichen Zielsetzung beider Vertragstypen.[931] Gegenstand eines Lizenzvertrags ist die Festlegung der inhaltlichen, räumlichen, zeitlichen und quantitativen Nutzungsbefugnis des Lizenznehmers. Bestimmen die Vertragsparteien Beschränkungen der Nutzungsbefugnis, beziehen sich diese Beschränkungen also auf die Rechtsbegründung. Ihr Zweck liegt folglich in der Beschreibung des Rechtsinhalts der eingeräumten Nutzungsbefugnis.

Anders verhält es sich bei dem Inverkehrbringen des geschützten Erzeugnisses durch den Patentinhaber selbst. Durch das Inverkehrbringen des geschützten Erzeugnisses übt der Patentinhaber seine Ausschließlichkeitsrechte selber aus. Dieses Inverkehrbringen markiert die gesetzliche Grenze des Verbietungsrechts des Patentinhabers.[932] Ferner ist zu beachten, dass bei der Veräußerung eines geschützten Erzeugnisses der Patentinhaber nicht über das ihm zustehende Ausschließlichkeitsrecht verfügt. Gegenstand der Verfügung ist allein das Eigentum an der Sache. In der Veräußerung der geschützten Erzeugnisse liegt die Verwertung der Ausschließlichkeitsrechte durch den Patentinhaber. Eine Ausnahme vom Grundsatz der Erschöpfung kann daher allenfalls dann in Betracht kommen, wenn durch die Veräußerung der geschützten Erzeugnisse

930 *Sack,* GRUR 1999, 193, 196.

931 Im Urheberrecht *Joos,* Die Erschöpfungslehre im Urheberrecht, 1991, S. 173.

932 *Schatz,* GRUR Int. 1970, 207, 210.

der Patentinhaber seine Ausschließlichkeitsrechte nicht oder nicht hinreichend verwerten konnte.

Ein Umstand, der letztlich den Gesetzgeber veranlasst hat, das Vermietrecht ausdrücklich von den Wirkungen der urheberrechtlichen Erschöpfung auszunehmen. Diese Ausnahme ist auf einen engen Anwendungsbereich begrenzt. Generelle Ausnahmen von der Erschöpfung können daraus nicht abgeleitet werden. Insbesondere weil sich der Gesetzgeber explizit gegen die Normierung einer generellen Ausnahme entschieden hat, wie von Teilen des urheberechtlichen Schrifttums gefordert wurde. Basierend auf den urheberrechtlichen Grundsätze käme eine Ausnahme von der patentrechtlichen Erschöpfung nur dann in Betracht, wenn sich der Patentinhaber auf eine ähnliche Interessenlage berufen könnte. Dies ist jedoch nicht der Fall. Die vom Gesetzgeber vorgesehene Ausnahme von dem Erschöpfungsgrundsatz beruht auf der Besonderheit der Verwertungsformen urheberrechtlich geschützter Werke. Auf die Verwertung von Erfindungen kann diese Interessenlage nicht übertragen werden.

Anders verhält es sich hingegen im Markenrecht. Hier hat der Gesetzgeber die Wirkung der Erschöpfung umfassender beschränkt und generalklauselartig auf das Vorliegen berechtigter Gründe abgestellt. Eine Ausnahme von der markenrechtlichen Erschöpfung kommt demnach dann in Betracht, wenn die Funktion der Marke beeinträchtigt wird oder jedenfalls eine Beeinträchtigung droht. Folglich könne eine Ausnahme von dem patentrechtlichen Erschöpfungsgrundsatz in Betracht kommen, wenn eine Beeinträchtigung der Funktion des Patentschutzes droht. Dieses Verständnis ist der Auslegung des Begriffs »berechtigte Gründe« i. S. d. Art. 6 EPVO zu Grunde zu legen.

Wie die obigen Ausführungen gezeigt haben, kann ein vom Markeninhaber als unerwünscht empfundener Vertrieb, der vertraglich ausgeschlossen wurde, den Ruf der Ware – also ihren Prestigecharakter – beeinträchtigten. Liegen weitere Voraussetzungen vor, rechtfertigt diese Rufbeeinträchtigung eine Ausnahme von der Erschöpfungswirkung.

Funktion des Patentschutzes ist es dagegen, dem Erfinder bzw. Patentinhaber für die Erfindung zu entlohnen. Daher schafft das PatG für den Patentinhaber eine künstliche Monopolstellung und schützt ihn vor fremder Konkurrenz, indem ihm umfassende Verbietungsrechte eingeräumt werden.[933] Die Höhe der Belohnung bemisst sich an dem Marktwert der Erfindung, den der Patentinhaber durch das Inverkehrbringen bzw. die Veräußerung realisieren kann.[934] Wie hoch diese Belohnung ausfällt, liegt in der Verantwortung und dem wirtschaftlichen Geschick des Patentinhabers. Funktion des Patentschutzes kann es

933 *Blum,* GRUR 1932, 1, 6.

934 *Kraßer/Bernhardt,* Patentrecht, 2009, S. 39.

nicht sein, dem Patentinhaber in jedem Fall eine (angemessene) Entlohnung zu garantieren. Vielmehr beschränkt sich die Funktion des Patentschutzes darauf, Rahmenbedingungen zu schaffen, unter denen der Patentinhaber die Chance hat, eine Entlohnung für seine Erfindung zu realisieren. Das dem Patentinhaber eingeräumte Verwertungsmonopol bietet hierfür ausreichende Rahmenbedingungen.

Der Patentschutz kann dagegen nicht dazu instrumentalisiert werden, etwaige wirtschaftliche Risiken, die der Patentinhaber – wie jeder andere am Wirtschaftsleben Beteiligte – eingehen muss, der Allgemeinheit aufgebürdet werden. Es ist nicht Sinn und Zweck des Patentschutzes, dem Patentinhaber durch die Ausnutzung verschiedener Absatzmärkte immer weitere Verwertungsmöglichkeiten einzuräumen. Vielmehr würde der Patentinhaber auf diese Weise die ihm eingeräumte Monopolstellung zu Lasten der Allgemeinheit ausnutzen. Ein freier und ungehinderter Wirtschaftsverkehr würde so ausgeschlossen.[935]

Bringt der Patentinhaber die geschützten Erzeugnisse unter Ausnutzung der ihm eingeräumten Monopolstellung in Verkehr, realisiert sich der Schutzzweck des PatG, dem Erfinder eine angemessene Entlohnung für seine Erfindung zukommen zu lassen. In diesen Schutzzweck kann durch weitere, vertragswidrige Vertriebshandlungen nicht eingegriffen werden. Die erhaltene Entlohnung für das erste Inverkehrbringen der geschützten Erzeugnisse kann dem Patentinhaber durch weitere auch vertragswidrige Vertriebsverhandlungen nicht genommen werden. Daher ist es nicht erforderlich, dem Pateninhaber die Möglichkeit einzuräumen, seine Rechte aus dem Patent nach dem ersten Inverkehrbringen seiner geschützten Erzeugnisse erneut auszuüben, indem er seinen Abnehmern beschränkte Vertriebslizenzen einräumt. Anders verhält es sich, wie dargestellt, im Markenrecht. Hier sind Vertriebshandlungen Dritter durchaus geeignet, die Funktion des Markenschutzes auszuhöhlen, so dass hier ein weitergehender Schutz des Markeninhabers geboten ist.

Es ist damit festzuhalten, dass ein Verstoß gegen vertragliche Vertriebsbeschränkungen, die der Patentinhaber mit seinen Abnehmern getroffen hat, nicht eine Ausnahme vom Grundsatz der Erschöpfung – wie etwa in Art 6 EPVO vorgesehenen – erfordern. Bei solchen Beschränkungen handelt es sich nicht um schutzrechtsbezogene Lizenzbeschränkungen, sondern um Veräußerungsbeschränkungen. Ein berechtigter Grund, der es dem Patentinhaber erlaubt, sich gegen den weiteren Vertrieb zu widersetzen, liegt nicht vor. Die Interessen des Patentinhabers sind hinreichend gewahrt, wenn die ihm eingeräumten Ausschließlichkeitsrechte sich mit dem ersten rechtmäßigen Inverkehrbringen geschützter Erzeugnisse erschöpfen.

935 *Reimer*, GRUR Int. 1972, 221, 2212.

c. Ergebnis

Bereits die Lieferung patentgeschützter Erzeugnisse des Patentinhabers an seine Vertriebspartner bewirkt die Erschöpfung der Verbietungsrechte des Patentinhabers. Für schutzrechtsbezogene Lizenzbeschränkungen ist kein Raum, da der weitere Vertrieb der Erzeugnisse durch die Vertriebspartner der Zustimmung des Patentinhabers nicht mehr bedarf. Der Verstoß des Vertriebspartners gegen die getroffenen Absprachen zur Vertriebsstruktur führt, sofern diese nach den Maßgaben des Allgemeinen Zivilrechts und Kartellrechts zulässig sind, nur zu einer Verletzung der vertraglichen Pflichten des Vertriebspartners.

Art. 6 EPVO, der eine Ausnahme von der Erschöpfung vorsieht, sofern sich der Patentinhaber auf das Vorliegen berechtigter Gründe berufen kann, rechtfertigt keine andere Beurteilung der patentrechtlichen Erschöpfung. Auf eine mit dem Markenrecht vergleichbare Interessenlage kann sich der Patentinhaber hinsichtlich seines Verbreitungsrechts nicht berufen.[936]

Die Erteilung einer reinen Vertriebslizenz mit schutzrechtsbezogenen Lizenzbeschränkungen kommt daher nur dann in Betracht, wenn die geschützten Erzeugnisse vom Vertriebspartner direkt ab Lager des Patentinhabers geliefert, oder aus dem Ausland importiert werden. In diesen Fällen werden die geschützten Erzeugnisse erstmalig durch den Vertriebspartner (Lizenznehmer) des Patentinhabers in Verkehr gesetzt. Dieser Akt bedarf der Zustimmung des Patentinhabers und stellt sich als unmittelbare Ausübung der Befugnisse des Pateninhabers dar.

936 *Bodewig*, in: Takenaka, Intellectual Property in Common Law and Civil Law, Exhaustion of intellectual property rights in the European Union, 2013, 401, 407.

VIII. *Field of use* Klauseln

Eine weitere Form der Beschränkung der Lizenz wird in der rechtswissenschaftlichen Literatur[937] und der Rechtsprechung[938] unter dem Schlagwort »*field of use*« Beschränkungen diskutiert. Hinter dieser Termini verbergen sich Lizenzbeschränkungen, die dem Lizenznehmer die Herstellung, den Vertrieb und/oder die Verwendung der lizenzierten Patente nur für bestimmte Anwendungsgebereiche gestatten. Diese Anwendungsbereiche stellen abgetrennte Arbeitsgebiete oder Anwendungszwecke sowie Gegenstände dar.[939]

In der Praxis relevant ist dies, wenn die geschützte Technologie für die Herstellung verschiedener Produkte eingesetzt werden kann, zum Beispiel die Verwendung einer entwickelten numerischen Steuerung in unterschiedlichen Werkezugmaschinen, der Einsatz einer neuen Motorentechnik, die sowohl in 4-Zylinder- als auch in 6-Zylinder-Motoren Anwendung findet, oder der Einsatz eines pharmazeutischen Wirkstoffes in der Veterinärmedizin oder der Humanmedizin.[940] Häufig weisen sich auch Kooperationspartner von Forschungs- und Entwicklungsprojekten das Recht zur Nutzung der gemeinsam erzielten Forschungsergebnisse in unterschiedlichen Anwendungsgebieten zu.[941]

Mit einer *field of use* Beschränkung räumt der Patentinhaber seinem Lizenznehmer die Erlaubnis ein, die geschützte Technologie in einem bestimmtem Anwendungsgebiet bzw. in einem bestimmten Industriebereich zu nutzen bzw. zu vertreiben.[942] Die Einsatzmöglichkeiten einer Erfindung ergeben sich aus dem Schutzumfang des Patents. Ohne Erteilung einer Lizenz wäre der Lizenznehmer nicht befugt, die Erfindung auf diesem Anwendungsgebiet zu nutzen

937 *Arruda,* Erschöpfungsgrundsatz und Lizenzvertrag, 2011, S. 68; *Bartenbach/Bartenbach,* Patentlizenz- und Know-how-Vertrag, 2013, Rn. 1335ff.; *Pfaff u. a.*, Lizenzverträge, 2010, Rn. 326 ff; *Groß,* Der Lizenzvertrag, 2015, Rn. 548ff.; *Sack,* WRP 1999, 592, 607; darüber hinaus im Zusammenhang mit der kartellrechtlichen Freistellung gemäß der Verordnung (EU) Nr. 316/2014 der Kommission vom 21.03.2014 über die Anwendung von Art. 101 Abs. 3 des Vertrags über die Arbeitsweise der Europäischen Union auf Gruppen von Technologietransfer-Vereinbarungen, vom 21.03.2014, ABl. Nr. L 93 S. 17.

938 OLG Frankfurt Urt. v. 17.04.2007, 11 U 5/06.

939 *Lüdecke/Fischer,* Lizenzverträge, 1957, S. 420, D57; *Bartenbach/Bartenbach,* Patentlizenz- und Know-how-Vertrag, 2013, Rn 1355.

940 *Pfaff u. a.*, Lizenzverträge, 2010, B.II.4, Rn. 326 und Anhang IV, Rn. 179.

941 *Wolf,* WRP 2013, 885, 888.

942 *Bechtold/Siegert,* EG-Kartellrecht, 2009, Art. 4 VO 772/2004; Rn. 13.

und/oder zu vertreiben. Im Umkehrschluss bedeutet dies, dass der Lizenznehmer für darüberhinausgehende Anwendungsgebiete nicht zur Nutzung der Erfindung befugt ist.

Ferner ist zu berücksichtigen, dass der Patentinhaber ein berechtigtes Interesse daran hat, das gesamte Marktpotential seiner Erfindung auszunutzen.[943] Dieses Schutzbedürfnis kann dadurch realisiert werden, dass der Patentinhaber mehrere auf verschiedene Anwendungsgebiete spezialisierte Lizenznehmer auswählt und diesen für die jeweiligen Anwendungsgebiete seiner Erfindung exklusive Nutzungsrechte einräumt. Auch kann es für den Patentinhaber von Interesse sein, Lizenzen nur für solche Anwendungsgebiete einzuräumen, in denen er selbst nicht tätig ist.[944] *Field of use* Beschränkungen gehören folglich zum spezifischen Gegenstand des Patents.[945] Daher sind *field of use* Klauseln als schutzrechtsbezogene Lizenzbeschränkungen einzustufen. Nutzt der Lizenznehmer die lizenzierte Technologie in Anwendungsbereichen, die nicht von der Nutzungserlaubnis umfasst sind, verletzt er das Patent des Lizenzgebers. Ebenso verletzt der Lizenznehmer das Patent des Lizenzgebers, wenn er die hergestellten geschützten Erzeugnisse außerhalb der zugewiesenen Produktmärkte vertreibt. Derartige Anwendungsbeschränkungen sind von bestimmten Kundenkreisbeschränkungen im Rahmen einer Vertriebslizenz zu unterscheiden. Eine Kundenkreisbeschränkung setzt voraus, dass die Parteien genau bestimmen, welche Kundengruppen nicht beliefert werden dürfen.[946] Der Umstand, dass eine Anwendungsbeschränkung zugleich bestimmten Kundengruppen in einem Produktmarkt entspricht, qualifiziert diese Beschränkung nicht als Kundenkreisbeschränkung.[947]

Eine Qualifizierung einer *field of use* Beschränkung als nicht-schutzrechtsbezogene Lizenzbeschränkung könnte allerdings in Betracht kommen, wenn die Anwendungsbereiche derart beliebigen aufgespaltet werden, dass sich die lizenzierte Verwendungsmöglichkeit nicht mehr von anderen Verwendungsmöglichkeiten unterscheidet, etwa weil ihr jede Eigenständigkeit fehlt.

---

943 *Bodewig*, GRUR 1992, 567, S. 578.

944 OLG Frankfurt Urt. v. 17.04.2007, 11 U 5/06; *Sack*, WRP 1999, 592, 607.

945 *Liebscher/Aigner*, Handbuch der EU-Gruppenfreistellungsverordnungen, 2012, § 12 Rn, 76; OLG Frankfurt Urt. v. 17.04.2007, 11 U 5/06.

946 Vgl. zur Vertriebslizenz Fünftes Kapitel C.VII.

947 *Pfaff u. a.*, Lizenzverträge, 2010, Rn. 328; *Zöttl*, WRP 2005, 33, 39; Leitlinien zur Anwendung von Art. 101 des Vertrags über die Arbeitsweise der Europäischen Union auf Technologietransfer-Vereinbarungen (2014/C 89/03), Tz. 209.

IX. Lizenz für Forschung und Lehre

Neben der Beschränkung der Lizenz auf bestimmte technische Anwendungsgebiete oder Produktmärkte findet sich in Lizenzverträgen immer häufiger die Beschränkung der Nutzungserlaubnis für Forschung und Lehre. Diese Beschränkung gewährt dem Lizenznehmer die Anwendung der Erfindung nicht nur auf eine Benutzungsart, sondern kann jede der in § 9 Satz 2 PatG normierten Benutzungsarten umfassen,[948] sofern die Handlungen für Zwecke der Forschung und Lehre vorgenommen werden. Die Verwendung der Erfindung beschränkt sich damit nicht auf eine vorgegebene Benutzungsbefugnis, sondern auf die Nutzung der Erfindung für bestimmte Zwecke, nämlich der Forschung und Lehre.

Hintergrund solcher Beschränkungen ist, dass die Industrie im steten Wettkampf um Innovation und neue Produkte die damit verbundenen Forschungs- und Entwicklungsarbeiten nicht alleine leisten kann und zunehmend auf die Forschungsinfrastruktur der Hochschulen oder Forschungsunternehmen angewiesen ist. Hochschulen und Forschungsunternehmen können wiederum auf die Industrie als Geldgeber nicht verzichten.[949]

Ein wesentlicher Aspekt dieser Kooperationen ist die spätere Verwendung der Entwicklungsergebnisse. Der Industriepartner – als Finanzier – der Forschung besteht regelmäßig, insbesondere gegenüber den Hochschulen, auf die Übertragung sämtlicher Rechte an den Entwicklungsergebnissen. Die Hochschule erhält meist – schon aufgrund kartellrechtlicher Vorgaben[950] – eine Rücklizenz, die ihr die weitere Verwendung der Entwicklungsergebnisse ermöglicht. Die Erlaubnis zur Nutzung der Entwicklungsergebnisse wird meist auf den Bereich der Forschung und Lehre beschränkt.

Einer solchen Rücklizenz bedarf es nur dann, wenn die Forschungstätigkeit nicht bereits in den Anwendungsbereich des § 11 Nr. 2 PatG fällt. Soweit sich die Forschungstätigkeit darauf beschränkt, durch Versuche neue Erkenntnisse über Eigenschaften der Erfindung zu gewinnen, sind diese Handlungen von den Wirkungen des Patents nach § 11 Nr. 2 PatG ausgenommen.[951] Bei der Anwendung des Versuchsprivilegs für die rein akademische Forschung –bei-

948 *Scharen* in: *Benkard,* Patentgesetz, 2015, § 11 PatG, Rn. 6.

949 *Wündisch/Hering,* GRUR Int. 2009, 106, 107.

950 Vgl. hierzu etwa *Wündisch/Hering,* GRUR Int. 2009, 106, 107.

951 *Holzapfel,* Das Versuchsprivileg im Patentrecht und der Schutz biotechnologischer Forschungswerkzeuge, 2004, S. 216; *Kühnen* in: *Schulte/Kühnen,* Patentgesetz mit Europäischem

spielsweise im Hochschulbetrieb – gelten keine Besonderheiten. Jeder Versuch i. S. v. § 11 Nr. 2 PatG kann zugleich unter den Begriff der Forschung subsumiert werden. Sowohl der Begriff des Versuchs als auch der Begriff der Forschung umfassen die methodisch-planmäßige Suche nach neuen Erkenntnissen.[952]

Eine patentverletzende und mithin zustimmungspflichte Handlung liegt dagegen dann vor, wenn die Erfindung »apparativ«, das heißt als Hilfsmittel zur Durchführung eines Versuches an einem anderen Gegenstand eingesetzt wird.[953] Wird die Erfindung verwendet, um einen anderen Gegenstand zu erforschen, ist die Erfindung nicht Erkenntnisobjekt, sondern wird in einer Art und Weise genutzt, die dem Patentinhaber vorbehalten ist. Möchte die Hochschule bzw. das Forschungsinstitut die Entwicklungsergebnisse so umfassend verwenden, bedarf es daher der Erteilung einer Rücklizenz für den Bereich der Forschung und Lehre. In welchem Umfang die Lizenz für Forschung und Lehre die Ausübung von patentrechtlichen Befugnissen des § 9 PatG gestattet, ist den vertraglichen Absprachen der Parteien zu entnehmen. Fehlen explizite Regelungen, ist der Umfang der Lizenz durch Auslegung unter Heranziehung der Zweckübertragungslehre zu ermitteln.

Die Beschränkung der Lizenz auf Forschung und Lehre grenzt die Benutzungsbefugnisse des Lizenznehmers ein. Ein Blick auf § 11 Nr. 2 PatG zeigt, dass eine Verwendung der Erfindung, außerhalb des Anwendungsbereiches des sogenannten Forschungsprivilegs, eine dem Patentinhaber vorbehaltene Nutzungshandlung ist.

Ferner entspricht diese Beschränkung dem vernünftigen wirtschaftlichen Bedürfnis des auftraggebenden Industriepartners, eine konkurrierende Verwertung der Entwicklungsergebnisse zu verhindern. Eine Nutzung der Entwicklungsergebnisse zu Gunsten von Wettbewerbern würde die durch die oft kostenintensive Forschung gewonnenen Wettbewerbsvorteile wieder zunichte machen. Die wenn auch auf Forschung und Lehre beschränkte weitere Verwendung der Entwicklungsergebnisse durch die Hochschule oder das Forschungsinstitut fördert zudem technische Entwicklungen.

Die Beschränkung der Lizenz für den Bereich Forschung und Lehre ist daher als eine schutzrechtsbezogene Lizenzbeschränkung zu qualifizieren. Eine

---

Patentübereinkommen, 2008, § 11 PatG, Rn. 11; *Keukenschrijver* in: *Busse/Keukenschrijver*, Patentgesetz, 2013, § 11 PatG, Rn. 14; *Scharen* in: *Benkard*, Patentgesetz, 2015, § 11 PatG, Rn. 7.

952 *Holzapfel*, Das Versuchsprivileg im Patentrecht und der Schutz biotechnologischer Forschungswerkzeuge, 2004, S. 205 m. w. N.

953 *Holzapfel*, Das Versuchsprivileg im Patentrecht und der Schutz biotechnologischer Forschungswerkzeuge, 2004, S. 218.

Überschreitung und weitergehende Verwertung patentgeschützter technischer Lehren stellt folglich eine Patentverletzung dar.[954]

X. Vereinbarung einer Bezugsverpflichtung

Dem Lizenznehmer wird in Lizenzverträgen häufig die Pflicht auferlegt, bei der Herstellung patentgeschützter Erzeugnisse oder der Verwendung einer patentgeschützten Vorrichtung Materialien, Rohstoffe, Vorprodukte, Ersatzteile oder sonstige Hilfsmittel nur vom Lizenzgeber selbst oder einem vom Lizenzgeber bestimmten Personenkreis zu beziehen. Die vom Patentinhaber mit Bezugspflichten verfolgten Interessen können ganz unterschiedlich sein. Zum einen können Bezugspflichten der Gewährleistung einer bestimmten Qualität der geschützten Erzeugnisse dienen. Zum anderen kann die Bezugspflicht als Gegenleistung für die Nutzung der lizenzierten Technologie vereinbart werden.[955] Schließlich ermöglicht der Vertrieb von Verschleiß- oder Ersatzteilen sowie Vorprodukten dem Patentinhaber eine weitergehende wirtschaftliche Verwertung seiner Erfindung.[956]

In der rechtswissenschaftlichen Literatur und Rechtsprechung werden Bezugspflichten in erster Linie im Zusammenhang mit deren kartellrechtlicher Zulässigkeit diskutiert. Dienen die Bezugspflichten der Gewährleistung einer gleichbleibenden Produktqualität und sind sie zudem sachgerecht und angemessen, wird in ihnen keine Wettbewerbsbeschränkung gesehen.[957]

Davon unabhängig stellt sich die Frage, ob es sich bei Bezugspflichten um schutzrechtsbezogene Lizenzbeschränkungen handelt.[958] Bezugspflichten wären

954 a.A. wohl *Wündisch/Hering,* GRUR Int. 2009, 106, 113.

955 BGH Urt. v. 08.06.1976, GRUR 1976, 676, 680 – *Gymnastiksandale.*

956 LG Düsseldorf Urt. v. 16.08.2012, 4b O 81/12 – *Kapsel-Extraktionssystem.*

957 Entscheidung der Kommission der EG v. 23.12.1977, GRUR Int. 1978, 371, 374 – *Campari*; Entscheidung der Kommission der EG v. 23.03.1990, GRUR Int. 1990, 626, 628 – *Moosehead/Whitbread; Lang,* Immaterialgüterrechtliche Lizenzierung und kartellrechtliche Verhaltenskontrolle, 2009, S. 177.

958 Grundsätzlich bejahend *Sack,* WRP 1999, 592, *Keukenschrijver* in: *Busse/Keukenschrijver,* Patentgesetz, 2013, § 15 PatG, Rn. 74 mit Verweis auf BGH Urt. v. 08.06.1976, GRUR 1967, 676, 680 – *Gymnastiksandale*; *Axster* in: *Müller-Henneberg u. a.*, Gesetz gegen Wettbewerbsbeschränkungen und Europäisches Kartellrecht, 1978, Rn. 160; ablehnend *Kraßer/Bernhardt,* Patentrecht, 2009, S. 936; *Strohm,* Wettbewerbsbeschränkungen in Patentlizenzverträgen nach amerikanischem und deutschem Recht, 1971, S. 151; *Lüdecke/Fischer,* Lizenzverträge, 1957, E36, S. 479.

dann als schutzrechtsbezogene Lizenzbeschränkungen zu qualifizieren, wenn es sich hierbei um eine wirtschaftlich und technisch eigenständige Verwertungsmöglichkeit handelt, die zugleich eine hinreichende Grundlage im Umfang des Schutzrechts hat.

Über die in § 9 PatG gesetzlich normierten Benutzungsbefugnisse hinaus war bereits im 19. Jahrhundert im rechtswissenschaftlichen Schrifttum und der Rechtsprechung anerkannt, dass ein Eingriff in den Schutzbereich des Patents bereits in der Lieferung von Mitteln liegen kann, welches zum patentverletzenden Gebrauch geeignet und »erfindungsfunktionell individualisiert« sind.[959] Im Zuge der Neufassung des PatG vom 16.12.1980 wurde die Rechtsfigur der mittelbaren Patentverletzung schließlich gesetzlich geregelt.[960] Nach § 10 PatG ist es ohne Zustimmung des Patentinhabers verboten, anderen als zur Benutzung der patentierten Erfindung berechtigten Personen Mittel anzubieten oder zu liefern, die sich auf ein wesentliches Element der Erfindung beziehen.

Aus dem Wortlaut des § 10 PatG geht hervor, dass sich die Schutzwirkung des Patents nicht nur auf die Handlungen des § 9 PatG erstreckt, sondern dem Patentinhaber das Recht verleiht, Dritte von dem Angebot oder der Lieferung von Mitteln auszuschließen, wenn sie sich auf ein wesentliches Element der Erfindung beziehen und die weiteren in § 10 PatG normierten Voraussetzungen vorliegen.[961] Ferner ist davon auszugehen, dass der Patentinhaber einem Dritten auch das Recht einräumen kann, Mittel i.S.d. § 10 PatG – unter den nor-

959 *Isay*, MuW 1910, 79, S. 79; *Müller-Henneberg u. a.*, Gesetz gegen Wettbewerbsbeschränkungen und Europäisches Kartellrecht, 1978, §§ 20, 21 GWB, Rn. 160; *Haedicke u. a.*, Handbuch des Patentrechts, 2012, S. 812; *Busche*, GRUR 2009, 236, 238; RG GRUR 1928, 386, 387; BGH Urt. v. 15.06.1951, BGHZ 2, 387 – *Mülltonne*; BGH Urt. v. 21.11. 1958, GRUR 1959 232, – *Förderrinne*; BGH Urt. v. 17.03.1961, GRUR 1961, 466 – *Gewinderollkopf*; BGH Urt. v. 14.07.1970, GRUR 1971, 78, 80 – *Dia-Rähmchen V*.

960 Während die von der Rechtsprechung und dem Schrifttum zunächst entwickelte Rechtsfigur der mittelbaren Patentverletzung als eine Teilnahmehandlung an der unmittelbaren Patentverletzung konzipiert war und eine unmittelbare Patentverletzung eines Dritten voraussetzte, handelt es sich nunmehr – im Zuge der Harmonisierung des europäischen Patentrechts – um eine selbständige Benutzungsart (vgl. hierzu *König*, Mitt. 2000, 10, 20; *Kühnen* in: *Schulte/Kühnen*, Patentgesetz mit Europäischem Patentübereinkommen, 2008, § 10 PatG, Rn. 5).

961 *Rauh*, Die mittelbare Patentverletzung, 2009, S. 606; *Holzapfel*, GRUR 2002, 193, 194 f.; *Kühnen* in: *Schulte/Kühnen*, Patentgesetz mit Europäischem Patentübereinkommen, 2008, § 10 PatG, Rn. 5; *Keukenschrijver* in: *Busse/Keukenschrijver*, Patentgesetz, 2013, § 10 PatG, Rn. 11; *Mes*, Patentgesetz, Gebrauchsmustergesetz, 2014, § 10 PatG, Rn. 1, 4 und 5; a.A. *Scharen* in: *Benkard*, Patentgesetz, 2015, § 10 PatG, Rn. 2; *Kraßer/Bernhardt*, Patentrecht, 2009, S. 814; *Meier-Beck*, GRUR 1993, 1, 3; BGH Urt. v. 07.06.2005, GRUR 2005, 848, 854 – *Antriebsscheibenaufzug*.

mierten Voraussetzungen – anzubieten oder zu liefern. Die Erlaubnis kann der Lizenznehmer von der Erbringung einer Gegenleistung abhängig machen.[962]

Wenn somit dem Patentinhaber Angebot und Lieferung patentverletzend benutzbarer Mittel ausschließlich vorbehalten sind, hierin also eine Ausübung patentrechtlicher Befugnisse zu sehen ist, dann muss es dem Patentinhaber grundsätzlich ebenso möglich sein, festzulegen, von wem seine Lizenznehmer die Vorprodukte, Hilfsmittel oder Rohstoffe beziehen, die zur Herstellung und/oder der Benutzung seiner geschützten Technologie erforderlich sind.[963] Gleichwohl kann eine schutzrechtsbezogene Lizenzbeschränkung nur vorliegen, wenn das Vorprodukt, Hilfsmittel oder der Rohstoff, auf welches sich die Bezugspflicht bezieht, einen hinreichenden Bezug zur geschützten technischen Lehre aufweist. Die vom BGH im Zusammenhang mit der Bestimmung eines Mittels, bei dem es sich um ein wesentliches Element der Erfindung i. S. d. § 10 PatG handelt, aufgestellten Grundsätze, können hier bei jedoch nicht uneingeschränkt herangezogen werden. Der BGH stellt bei der Bestimmung eines Mittels i. S. d. § 10 PatG darauf ab, ob die Mittel – wortsinngemäß oder äquivalent – ein oder mehrere Merkmale des Patentanspruchs ausfüllen. Ausreichen kann es, wenn die Mittel geeignet sind, mit einem wesentlichen Erfindungselement zusammenzuwirken und so der Erfindungsgedanke verwirklicht wird. Ferner betont der BGH, dass es unerheblich ist, ob dieses Merkmal im Stand der Technik bereits bekannt ist oder nicht. Ohne Bedeutung ist ferner, mit welchem Merkmal dieses Mittel zusammenwirkt. Der BGH stellt allein darauf ab, ob die jeweiligen Mittel Bestandteil des Patentanspruchs sind.[964] Nur wenn sich die Eignung der Mittel auf die Mitwirkung bei einem völlig untergeordneten Merkmal beschränkt, scheidet eine mittelbare Patentverletzung aus.[965]

---

962 Hierzu ausführlich *Rauh,* Die mittelbare Patentverletzung, 2009, S. 93 f. und *Holzapfel,* GRUR 2002, 193, 195.

963 So im Ergebnis auch *Müller-Henneberg u. a.*, Gesetz gegen Wettbewerbsbeschränkungen und Europäisches Kartellrecht, 1978, §§ 20, 21 GWB Rn 172; BGH Urt. v. 08.06.1976 GRUR 1976, 676, 680 – *Gymnastiksandale*; *König,* Mitt. 2000, 10, 11, Fn. 21 sowie *Scharen* in: *Benkard,* Patentgesetz, 2015, § 10 PatG, Rn. 16 führen in diesem Zusammenhang aus, dass ein Lizenznehmer, der gegen seine Bezugspflichten verstößt, nicht zur Benutzung der Erfindung i. S. d. § 10 PatG berechtigt ist; a.A. *Kraßer/Bernhardt,* Patentrecht, 2009, S. 14; *Haedicke u. a.*, Handbuch des Patentrechts, 2012.

964 BGH Urt. v. 04.05.2004, GRUR 2004, 758, 761 – *Flügelradzähler*; BGH Urt. v. 07.06.2005, GRUR 2005, 848 – *Antriebsscheibenaufzug*; BGH Urt. 13.06.2006, GRUR 2006, 839 – *Deckenheizung*; BGH Urt. v. 03.05.2006, GRUR 2006, 837 – *Laufkranz.*

965 BGH Urt. v. 27.02.2007, GRUR 2007, 769, 771 – *Pipettensystem.*

Dieses weite Verständnis würde dazu führen, dass der Bezug nahezu jedes Vorprodukts, Hilfsmittel oder Rohstoffs, das Eingang in den Patentanspruch gefunden hat, einer schutzrechtsbezogenen Lizenzbeschränkung unterstellt werden könnte. Das dem Patentinhaber aufgrund § 10 PatG begrenzt zustehende Ausschließlichkeitsrecht zum Anbieten und Liefern von bestimmten Mitteln bezweckt, den Patentschutz auf das zu erweitern, was Gegenstand der patentierten Erfindung ist. Daher können Bezugspflichten nur dann als schutzrechtsbezogene Lizenzbeschränkung qualifiziert werden, wenn sie sich auf Rohstoffe, Vorprodukte, Hilfsmittel oder Ersatzteile erstrecken, die dazu beitragen, den Gegenstand vom Stand der Technik zu unterscheiden. Mit anderen Worten, die Bezugspflicht muss sich auf ein Mittel beziehen, das funktional mit dem Erfindungsgedanken zusammenwirkt und dabei gerade zur Verwirklichung des Erfindungsgedankens beiträgt. In diesen Fällen liegt der Bezug der Rohstoffe, Vorprodukte, Hilfsmittel oder Ersatzteile derart nah an der Erfindung, dass es gerechtfertigt ist, dem Patentinhaber auch die wirtschaftlichen Vorteile aus deren Angebot und Verkauf zukommen zu lassen.[966] Liegt eine solche schutzrechtsbezogene Bezugspflicht vor, stellt ein Verstoß nicht nur eine Vertragsverletzung dar, sondern zugleich eine Patentverletzung. Stellt der Lizenznehmer geschützte Erzeugnisse her, indem er Rohstoffe, Vorprodukte, Hilfsmittel oder Ersatzteile unter Verstoß gegen die Bezugspflicht verwendet, handelt er ohne Zustimmung des Patentinhabers. Die Zustimmung zur Herstellung der geschützten Erzeugnisse steht unter der Bedingung der Bezugspflicht. Ein Verstoß gegen diese Bedingung führt, es sei denn die Parteien haben ausdrücklich etwas anderes vereinbart, zum Erlöschen der Zustimmung, so dass der Lizenznehmer die geschützten Erzeugnisse ohne entsprechende Erlaubnis des Patentinhabers herstellt.[967] Er verletzt damit das Patent seines Lizenzgebers. Nichts anderes gilt für den Vertrieb der geschützten Erzeugnisse durch den vertragsbrüchigen Lizenznehmer. Da die Erzeugnisse ohne die erforderliche Zustimmung des Patentinhabers hergestellt und vertrieben werden, werden die geschützten Erzeugnisse nicht gemeinfrei. Der Patentinhaber kann daher nicht nur den Lizenznehmer wegen einer Verletzung seiner Patentrechte in Anspruch nehmen, sondern auch dessen Abnehmer.[968]

Sind die Rohstoffe, Vorprodukte, Hilfsmittel oder Ersatzteile, die im Rahmen des Lizenzvertrags Gegenstand einer Bezugspflicht sind, nur von untergeordneter Bedeutung und für die geschützte technische Lehre nicht erfolgskausal, liegt lediglich eine nicht-schutzrechtsbezogene Lizenzbeschränkung vor.

966 *Rauh,* Die mittelbare Patentverletzung, 2009, S. 288.

967 *Gursky* in: *Gursky/Herrler,* §§ 164-240, 2014, § 183 BGB, Rn. 5 u. 19.

968 Siehe hierzu Fünftes Kapitel B.II.1.

Die Vereinbarung einer Bezugspflicht stellt ebenso keine schutzrechtsbezogene Lizenzbeschränkung dar, wenn damit eine bestimmte Qualität der geschützten Erzeugnisse gewährleistet werden soll. Eine bestimmte Qualität ist regelmäßig nicht Gegenstand des Schutzumfangs eines Patents.[969] Ein Verstoß gegen eine solche Bezugspflicht hindert den Eintritt der Erschöpfung nicht. Der Lizenzgeber kann den Lizenznehmer nur wegen der Verletzung vertraglicher Pflichten in Anspruch nehmen.

969 Siehe hierzu Fünftes Kapitel C.V.2.

Sechstes Kapitel: Wechselwirkung zwischen Ausgestaltung der Lizenz und der Erschöpfungslehre nach US-amerikanischem Recht

Wie in der deutschen Rechtsordnung begrenzt der Grundsatz der patentrechtlichen Erschöpfung nach US-amerikanischem Recht die Ausschließlichkeitsrechte des Patentinhabers. Ebenso ist in der US-amerikanischen Rechtsprechung und Rechtslehre grundsätzlich anerkannt, dass Lizenzen beschränkt werden können.[970] Darüber hinaus lassen sich verschiedenen Entscheidungen der US-amerikanischen Gerichte Umstände entnehmen, nach denen der Patentinhaber über den ersten *»authorized sale«* hinaus Einfluss auf geschützte Erzeugnisse nehmen kann.[971] Dabei wird nicht immer klar zwischen Beschränkungen unterschieden, die die dem Lizenznehmer eingeräumten Rechte eingrenzen und Beschränkungen, die dem Erwerber bei der Veräußerung geschützter Erzeugnisse auferlegt werden.[972] Im letzten Fall ist häufig die Rede von Lizenzbeschränkungen bzw. Beschränkungen des Gebrauchsrechts. Dieser Umstand lässt sich darauf zurückführen, dass die rechtliche Begründung des Erschöpfungsgrundsatzes trotz seiner über 150jährigen Tradition in der US-amerikanischen Rechtsprechung nicht eindeutig geklärt ist.[973]

Im Folgenden wird daher zunächst der Begriff der Lizenzbeschränkung nach US-amerikanischem Rechtsverständnis sowie dessen rechtliche Struktur untersucht. Ebenso gilt es, die Rechtsfolgen eines Verstoßes darzustellen und die von der Rechtsprechung entwickelten Fallgruppen einschließlich ihrer Auswirkung auf die Erschöpfung der patentrechtlichen Ausschließlichkeitsrechte aufzuzeigen.

---

970 *Bernau,* Die Voraussetzungen und Umfang der Haftung des Patentlizenznehmers nach deutschem und US-amerikanischem Recht, 1999, S. 102 m. w. N. zur Rechtsprechung.

971 *Dufresne,* Berkeley Tech. L.J. 2009, 11, 15.

972 *Schweyer,* Die rechtliche Bewertung des Reverse Engineering in Deutschland und den USA, 2012, S. 504; *Kobak,* JR., J. Pat. & Trademark Off. Soc'y 1993, 550, 553 spricht in diesem Zusammenhang von *«a restriction on later use«; Kobak,* JR., J. Pat. & Trademark Off. Soc'y 1993, 550, 663.

973 *Katz, BYU L. Rev. 2014, 484, 55.*

A. Die rechtliche Struktur der Lizenzbeschränkung

Wie im deutschen Recht können nach dem US-amerikanischem Rechtsverständnis sowohl exklusive als auch nicht-exklusive Lizenzen beschränkt erteilt werden.[974] Während grundsätzlich anerkannt ist, dass der Patentinhaber Lizenzen, mithin die Befugnisse des Lizenznehmers die geschützte Erfindung zu nutzen, beschränken kann, sind die sich daran anknüpfenden Rechtsfolgen nicht abschließend geklärt. Das rechtswissenschaftliche Schrifttum sieht in den Entscheidungen des U.S. Supreme Court sich widersprechende Signale.[975]

I. Der Begriff der Lizenzbeschränkung

Der US-amerikanische Gesetzgeber gibt in U. S. C. 35 § 261 den Rahmen für Lizenzbeschränkungen mit der Regelung: »*patents, or any interest therein, shall be assignable in law*«[976] knapp vor. Ferner bestimmt diese Regelung, dass der Patentinhaber an dem Patent ein exklusives Recht einräumen kann: entweder »*to the whole*« oder hinsichtlich »*any specified part of the United States* «. Dem Patentinhaber steht folglich das Recht zu, den Umfang der Lizenz zu begrenzen. Dabei ist es allgemein anerkannt, dass sich das Recht an einem Patent aus verschiedenen, einzelnen, ausschließlichen sowie weiter unterteilbaren Rechten zusammensetzt *(»bundle right«),* die separat durch die Vergabe von Lizenzen verwertet werden können.[977]

Begründet wird die grundsätzliche Zulässigkeit der Lizenzbeschränkungen damit, dass der Patentinhaber darin frei sei, seine eigene Nutzung der Erfindung beliebig zu beschränken; ein Recht, was ihm auch zustehen müsse, wenn er einem Dritten im Wege der Lizenzierung die Möglichkeit einräumt, seine

---

974 *Jackson/Jackson,* Pat. Trademark & Copy. J. Res. & Ed. 1968, 657, 663; Stern, Alb. L.J. Sci. & Tech. 1994, 1, 4.

975 *Bodewig,* GRUR Int. 2000, 597; *Patterson,* Wm. & Mary L. Rev. 2007, 157, 160.

976 Hervorhebungen von der Verfasserin hinzugefügt.

977 *Powell,* Columbia Law Review 1917, 663, 667.

Erfindung zu nutzen. In diesem Fall tritt der Lizenznehmer an die Stelle des Patentinhabers.[978]

Daraus folgt, dass Lizenzbeschränkungen nur solche Vereinbarungen zum Gegenstand haben können, die Ausfluss der dem Patentinhaber gewährten Ausschließlichkeitsrechte sind.[979]

Sowohl Teile des US-amerikanischen Schrifttums[980] als auch einige Gerichtsentscheidungen[981] verwenden den Begriff der Lizenzbeschränkung (»*license restriction*« oder »*license limitation*«) darüber hinaus im Zusammenhang mit Vorgaben des Patentinhabers im Rahmen der Veräußerung patentgeschützter Erzeugnisse. Diese beiden Sachverhalte müssen – wie der U.S. Supreme Court bereits im Jahr 1926 feststellte[982] – voneinander getrennt werden.

Folglich sind Lizenzbeschränkungen nur solche vertraglichen Absprachen, die ein Lizenzgeber mit seinem Lizenznehmer im Rahmen der Festlegung der Verwertungsrechte des Lizenznehmers trifft. Bestimmungen zur Nutzung des geschützten Erzeugnisses, die der Patentinhaber dagegen bei der Veräußerung durchsetzen möchte, unterstehen nicht dem Begriff der Lizenzbeschränkung. Dies muss auch dann gelten, wenn der Patentinhaber seinen Lizenznehmer verpflichtet, jedem Abnehmer der geschützten Erzeugnisse bestimmte Nutzungsbeschränkungen aufzuerlegen. Denn in diesem Fall zielt die Regelung ebenso auf eine Beschränkung im Rahmen des Veräußerungsgeschäfts ab. Weit überwiegend werden die patentrechtlichen Auswirkungen solcher vertraglichen Absprachen daher zutreffend unter den Begriffen »*post- sale restrictions*« und »*conditional sale*«[983] diskutiert.

978 *Patterson,* Wm. & Mary L. Rev. 2007, 157, 155 m. V. a. Bement v. Nat'l Co., 186 U.S. 70, 93 (1902).

979 *Milgrim,* Milgrim on licensing, 2002, § 2.27.

980 *Patterson,* Wm. & Mary L. Rev. 2007, 157, 165; *Jackson/Jackson,* Pat. Trademark & Copy. J. Res. & Ed. 1968, 657, 663 m. w. N. zur Rechtsprechung.

981 *Mallinckrodt, Inc. v. Mediapart, Inc.,* 976 F2d 700, 701 (Fed. Cir.1992).

982 *United States v. General Elec. Co.,* 272 U.S. 476, 489 f. (1926): »*It is well settled... that where a patentee makes the patented article and sells it, he can exercise no future control over what the purchaser may wish to do with the article after his purchase. It has passed beyond the scope of the patentee's rights. But the question is a different one... when we consider that a patentee who grants a license to one to make and vend the patented article may do in limiting the licensee in the exercise of the right to sell.*«

983 *Tong,* Hous. L. Rev. 2009, 1711, 1723; *LaFuze/Chen/Burke,* J. Marshall Rev. Intell. Prop. L. [i] 2011, 296, 317; *Werner,* J. Tech. L. & Pol'y 2010, 275, 285; *Server/Casey, Hastings* L.J. 2012, 561, 561; *Dufresne,* Berkeley Tech. L.J. 2009, 11, 27; *van Vliet, 11 Minn.* J.L. Sci. & Tech. 2010,

Ebenfalls nicht unter den Begriff der Lizenzbeschränkung sind solche Vertragsbestimmungen zu zählen, die den Lizenzvertrag im weiteren Sinn betreffen.[984] Mithin alle Bestimmungen, die das weitere Pflichtenprogramm der Parteien betreffen und nicht unmittelbar Gegenstand der vom Schutzumfang des Patents erfassten Handlungen sind. Insoweit besteht kein Unterschied zu dem im deutschen Recht anzuwendenden Begriff der Lizenzbeschränkung.

II. Die Lizenzbeschränkung als eingeschränkter Verzicht

Bei der Bestimmung der rechtlichen Struktur der Lizenzbeschränkungen stehen grundsätzlich drei Rechtsformen zur Verfügung. Zum einen könnten Beschränkungen hinsichtlich der Verwendung der geschützten technischen Lehre als Dienstbarkeiten *(»servitudes«)* ausgestaltet werden. Die Durchsetzbarkeit einer solchen Dienstbarkeit, die sich auf das Erzeugnis und nicht auf das Patentrecht bezieht, würde sich daher allein nach dem Common Law der Einzelstaaten richten.[985]

Eine andere Rechtsform wäre eine vertragliche Beschränkung, deren Durchsetzbarkeit sich ebenfalls nach dem Recht der Einzelstaaten richten würde und deren Zulässigkeit ferner nach dem Wettbewerbsrecht zu beurteilen wäre.[986]

Ausgehend von der Rechtsnatur der Lizenz, als Verzicht des Patentinhabers auf die Durchsetzung der Ausschließlichkeitsbefugnisse gegenüber seinem Lizenznehmer[987] und der Einordnung der Patentrechte als Bündelrechte, überzeugt jedoch allein die Einordnung der Lizenzbeschränkung als begrenzter Verzicht auf diese Ausschließlichkeitsrechte. Denn dieser Verzicht legt zugleich den Umfang der Befugnisse des Lizenznehmers fest. Eine Lizenzbeschränkung ist mithin eine Einschränkung der Patentlizenz durch die der Patentinhaber seinem Lizenzgeber nur eine begrenzte Erlaubnis erteilt, die lizenzierte Erfindung zu verwerten. Eine Einordnung, die im Einklang mit der Rechtsnatur der Lizenz als Verzicht steht.[988]

453, 468; *Costello,* 18 Tex. Intell. Prop. L.J. 237, 238, 261; *Zain,* Alb. L.J. Sci. & Tech. 2010, 67, 102; *Chiapetta,* Santa Clara L. Rev. 2011, 1087, 1088.

984 *Lichtenstein,* Die Patentlizenz nach amerikanischem Recht, 1965, S. 55.

985 *Birdwell,* J. Pat. Off. Soc'y 1978, 203, 215.

986 *Birdwell,* J. Pat. Off. Soc'y 1978, 203, 215.

987 Vgl. Viertes Kapitel B.I.4.

988 *Jones,* IDEA 1992, 225, 226; *Powell,* Columbia Law Review 1917, 663, 667; *Birdwell,* J. Pat. Off. Soc'y 1978, 203, 216.

III. Umfang der Lizenzbeschränkungen

1. Patentmissbrauch (»*patent misuse*«) und der Schutzumfang (»*scope of the patent*«)

Hinsichtlich der Reichweite der patentrechtlichen Befugnisse führen die mit dieser Fragestellung befassten Gerichte regelmäßig aus, dass der Patentinhaber durch eine Lizenzbeschränkung die ihm gewährten Ausschließlichkeitsrechte nicht über den Gegenstand der Erfindung hinaus ausdehnen darf. Die Lizenzbeschränkung muss sich also auch nach US-amerikanischer Rechtsauffassung in den Grenzen des gesetzlich gewährten Monopolrechts halten.[989] In einer der zentralen Entscheidungen des U.S. Supreme Court zu diesem Themenkreis heißt es:

> *»a patentee may grant a license … upon any condition the performance of which reasonably within the reward which the patentee by the grant of the patent is entitled to secure.«*[990]

Bei der Beurteilung der Zulässigkeit einer Lizenzbeschränkungen legte der U.S. Supreme Court den Focus zunächst auf die Frage, ob der Patentinhaber mit der Lizenzbeschränkung eine Belohnung erhält, die über das hinausgeht, was ihm nach Sinn und Zweck des Patentrechts zusteht.991 Klare Grundsätze, wie diese Grenze zu bestimmen ist, hat der U.S. Supreme Court indes nicht aufgestellt. Die Gerichte neigen dazu, den Umfang zulässiger Lizenzbeschränkungen weit auszulegen.[992]

Freilich bedeutet dies nicht, dass der Patentinhaber die Lizenzierung seines Patents mit allen beliebigen Bedingungen versehen kann. Die Grenze zulässiger Lizenzbeschränkungen wird durch die *patent misuse* Doktrin bestimmt.[993]

989 In *General Talking Pictures Corp. v. Western Electric Co.*, 305 U.S. 124, 180 (1938) führt der U.S. Supreme Court aus, der Patentinhaber sei berechtigt, Lizenzen einzuräumen *«upon conditions not inconsistent with the scope of the monopoly.«*

990 *General Talking Pictures Corp. v. Western Electric Co.*, 305 U.S. 124, 126 f. (1938).

991 *Patterson*, Wm. & Mary L. Rev. 2007, 157, 154.

992 *Stern*, Alb. L.J. Sci. & Tech. 1994, 1, 4 f.; *Patterson*, Wm. & Mary L. Rev. 2007, 157, 160.

993 *Riziotis*, GRUR Int. 2004, 367, 367.

Der Tatbestand des »*patent misuse*« ist dann erfüllt, wenn die Lizenzbeschränkung eine unangemessene, gegen das öffentliche Interesse verstoßende Ausdehnung der patentrechtlichen Befugnisse über den gesetzlich gewährten Umfang darstellt.[994] Erfüllt eine Lizenzbeschränkung diesen Tatbestand, kann der Patentinhaber seinen vertragsbrüchigen Lizenznehmer nicht wegen der Verletzung seines Patents in Anspruch nehmen.[995]

Eine in der deutschen Rechtspraxis vergleichbare Diskussion hinsichtlich einer Typenbildung von Beschränkungen der Lizenz lässt sich allerdings weder den einschlägigen Gerichtsentscheidungen noch dem Schrifttum entnehmen. Es ist gemeinhin anerkannt, dass Lizenzbeschränkungen den Wettbewerb fördern und daher zulässig sind.[996] Die Ausgestaltung von Lizenzbeschränkungen wird nach US-amerikanischem Recht folglich durch die dem Patentinhaber gemäß dem Patentrecht eingeräumten Befugnisse und das Kartellrecht bzw. die *patent misuse* Doktrin begrenzt. Darüber hinaus begrenzt das US-amerikanische Patentrecht nicht die Möglichkeit, die Lizenzerteilung irgendwelchen Bedingungen oder Beschränkungen zu unterstellen.[997]

Zulässig sind Lizenzbeschränkungen, solange sie nicht in wettbewerbsschädigender Art und Weise den physischen und zeitlichen Schutzumfang des Patents überschreiten.[998]

a. *patent misuse* und Wettbewerbsrecht

Das Verhältnis des *patent misuse* zum Wettbewerbsrecht lässt sich nicht eindeutig bestimmen.[999] Ursprünglich wurde die *patent misuse* Doktrin unabhängig vom Wettbewerbsrecht als Schranke der patentrechtlichen Befugnisse entwickelt und auf die in der Verfassung verankerte Bindung des Patents an einen

994 *Kuss,* Der Lizenzvertrag im Recht der USA, 2005, S. 489.

995 *Stern,* Alb. L.J. Sci. & Tech. 1994, 1, 5 m. N. zur Rechtsprechung.

996 *Meyers,* Nw. J. Int'l L. & Bus. 1991, 364, 367; U.S. Dep't of Justice & Fed. Trade Comm'n Antitrust Guidelines for the Licensing of Intellectual Property (Apr. 6, 1995), abrufbar unter: http://www.usdoj.gov/atr/public/guidelines/0558.htm: »*Field-of-use, territorial, and other limitations on intellectual property licenses may serve procompetitive ends by allowing the licensor to exploit its property as efficiently and effectively as possible.*«, zuletzt abgerufen am 27.01.2016; *Princo Corporation v. International Trade Commission,* 616 F.3d 1318, 1328 (Fed.Cir. 2010).

997 *Hoerner,* Antitrust L.J. 2001, 669, 686.

998 *Princo Corporation v. International Trade Commission,* 616 F.3d 1318, 1328 (Fed.Cir. 2010).

999 *Mangini,* GRUR Int. 1985, 787, 791; *Riziotis,* GRUR Int. 2004, 367, 367; *Chisum,* Chisum on patents, 1997, § 19.04.

öffentlichen Zweck gestützt.[1000] Zu Beginn der *patent misuse* Doktrin bot das junge Wettbewerbsrecht noch keine ausreichende Handhabe für das Vorgehen gegen missbräuchliche Methoden des Patentinhabers. Die Weiterentwicklung des Wettbewerbsrechts führte dazu, dass die Instrumentarien des *patent misuse* und des Wettbewerbsrechts nicht immer klar voneinander getrennt wurden. Während das Wettbewerbsrecht bei der Beurteilung der Zulässigkeit lizenzvertraglicher Absprachen auf den Schutzumfang des Patents abstellt,[1001] bediente sich die *patent misuse* Doktrin des Wettbewerbsrechts für ihre inhaltliche Rechtfertigung.[1002]

Ausgehend von der immaterialgüterrechtlichen Zielsetzung, die Befugnisse des Patentinhabers auf den Schutzumfang des Patents zu beschränken, ist die *patent misuse* Doktrin ein geeignetes Instrumentarium, um die Grenze zulässiger Lizenzbeschränkungen vorzugeben. Die Einbeziehung wettbewerbsrechtlicher Aspekte steht dem nicht entgegen. Vielmehr bietet sie die Möglichkeit, die hinter dem Immaterialgüterrecht stehenden Interessen – Belohnung schöpferischer Leistung einerseits und die Förderung des technischen Fortschrittes andererseits – bei der Beurteilung von Lizenzbeschränkungen hinreichend zu berücksichtigen.

b. Exkurs: Instrumente des Wettbewerbsrechts

Eine Lizenzbeschränkung, die den Schutzumfang des Patents überschreitet, ist jedoch nur dann unzulässig, wenn ein Wettbewerbsverstoß festgestellt werden kann.[1003] Das Vorliegen eines Wettbewerbsverstoßes i. S. v. § 1 Sherman Act wird anhand von zwei Beurteilungsmaßstäben geprüft: Dem *per se Verbot* und der *rule of reason.*[1004]

1000 *Kuss,* Der Lizenzvertrag im Recht der USA, 2005, S. 491.

1001 *Kuss,* Der Lizenzvertrag im Recht der USA, 2005, S. 492 f.

1002 *Deleault,* Vt. L. Rev. 2013, 1073, 1092.

1003 *Kuss,* Der Lizenzvertrag im Recht der USA, 2005, S. 409 m. w. N.

1004 *Kuss,* Der Lizenzvertrag im Recht der USA, 2005, S. 374; *Hayden,* J. Marshall Rev. Intell. Prop. L. [i] 2005, 94, 104.

aa. *Per se* standard

Das *per se* Verbot, der *per se standard* findet nur auf wenige Tatbestände Anwendung. Diese Tatbestände, wie beispielsweise Preisbeschränkungen,[1005] haben einen solch wettbewerbsschädlichen Effekt, dass die Unangemessenheit der Vereinbarung ohne weitere Prüfung der konkreten Marktauswirkungen vermutet wird.[1006] Sinn und Zweck des *per se* Verbots ist es, eine komplizierte und zeitaufwendige Ermittlung der Marktauswirkungen, die zudem meist fruchtlos verläuft, zu vermeiden.[1007]

bb. *rule of reason*

Die *rule of reason* besagt, dass für die Beurteilung einer unangemessenen Wettbewerbsbeschränkung alle Umstände des Einzelfalls heranzuziehen und gegeneinander abzuwägen sind. Relevante Umstände sind dabei die Marktmacht, Absicht und Zweck der Beschränkung, die Struktur und die Wettbewerbsbedingungen der betroffenen Industrie oder das Vorliegen wirtschaftlicher Barrieren, die es den Wettbewerbern unmöglich machen, sich der beschränkenden Praxis zu entziehen.[1008] Dem gegenüber stehen verschiedene Kriterien, die die Wettbewerbsbeschränkung im Einzelfall rechtfertigen können, wie beispielsweise Effizienzsteigerungen, Schutz der Produkte, der *goodwill* oder die Aufrechterhaltung der Loyalität derVertriebspartner.[1009]

c. Ergebnis

Ausgehend von der *patent misuse* Doktrin ist eine Lizenzbeschränkung dann unzulässig, wenn sie in wettbewerbsschädigender Art und Weise, durch Verstoß gegen den per se standard oder die rule of reason, den physischen und zeitlichen Schutzumfang des Patents überschreitet.

1005 Vgl. zu Preisbeschränkungen *Casey,* Suffolk U. L. Rev. 2008, 919, 297.

1006 *United States v. Socony-Vacuum Oil Co.,* U.S. 150 (1940).

1007 *Norther Pacific Railway Company v. United States,* U.S. 356, 1, 5 (1958).

1008 *Hayden,* J. Marshall Rev. Intell. Prop. L. [i] 2005, 94, 105.

1009 *Holmes,* Antitrust Law Handbook, 2014–2015, § 2:10, Rn. 253–254.

B. Rechtsfolgen bei Verstoß gegen Lizenzbeschränkungen

Grundsätzlich führt nach US-amerikanischer Rechtsauffassung die Herstellung und Veräußerung geschützter Erzeugnisse zur Erschöpfung der patentrechtlichen Befugnisse.[1010] Voraussetzung ist, dass sich der Lizenznehmer an die Grenzen der Lizenz hält. Gleichwohl ist noch nicht geklärt, in welchem Umfang der Patentinhaber durch solche Beschränkungen die Erschöpfungswirkung ausschließen kann.[1011] Die Literatur sieht in den Entscheidungen des Gerichts unterschiedliche Signale.

Anlog der Untersuchung zum deutschen Recht sollen die möglichen Rechtsfolgen von Verstößen gegen Lizenzbeschränkungen differenzierend zwischen Verstößen des Lizenznehmers (Erstbegehungsakt) und Verstößen des Abnehmers (Zweitbegehungsakt) untersucht werden. Entgegen dem Diskurs in der deutschen Rechtsauffassung plädiert die US-amerikanische Rechtsauffassung nicht für eine vom Erstbegehungsakt abweichende Beurteilung der Rechtsfolgen, wenn der Abnehmer geschützte Waren von einem rechtswidrig handelnden Lizenznehmer erwirbt. Im Rahmen des Zweitbegehungsaktes ist ausschließlich von Interesse, welche Rechtsfolgen sich an Nutzungshandlungen des Abnehmers anknüpfen, die die Grenzen der dem Lizenznehmer vom Patentinhaber eingeräumten Rechtsmacht überschreiten.

I. Verstoß durch den Lizenznehmer (Erstbegehungsakt)

Der U.S. Supreme Court hat wiederholt anerkannt, dass ein Verstoß des Lizenznehmers gegen eine Lizenzbeschränkung eine Patentverletzung darstellt.[1012]

1010 *Bodewig*, GRUR Int. 2000, 597, 607 m.V.a. *Intel Corp. v. ULS. Corp.*, 995 F.2d 1566, 27 USPQ2d 1136 (Fed. Cir. 1993) sowie *Cyrix v. Intel Corp.*, 846 F.Supp. 522, 538, 32 USPQ2d 1890, 1903 (E.D. Tex. 1994) in welcher der Federal Circuit ausführt: »*An authorized sale of the patented invention by a licensee to a third party places any resale by the third party beyond the reach of the infringement statute by reason of the third party's authority to resell the products derived from the licensee.*«

1011 *Chisum*, Chisum on patents, 1997, *§ 16.03 [a] [iii]*.

1012 *Mitchell v. Hawley*, 83 U.S. (16 Wall.) 544, 548 (1873); *United States v. Gen. Elec. Co.*, 272 U.S. 476, 490 (1926), ebenso *Lichtenstein*, Die Patentlizenz nach amerikanischem Recht, 1965, S. 55, *Birdwell*, J. Pat. Off. Soc'y 1978, 203, 214; *Milgrim*, Milgrim on licensing, 2002, § 2.32, Fn. 303; *Stern*, Alb. L.J. Sci. & Tech. 1994, 1, 22.

Verstößt der Lizenznehmer gegen eine Lizenzbeschränkung, verwertet er die lizenzierte Technologie auf eine Art und Weise, die ihm nicht gestattet ist. Er ist in diesem Fall einem Dritten gleichzusetzen, dem überhaupt keine Lizenz gewährt wurde.[1013]

Eine die Lizenzbeschränkungen überschreitende Veräußerung stellt nach Auffassung des U.S. Supreme Courts keine berechtigte Veräußerung seitens des Lizenznehmers dar. Ohne einen solchen *»authorized sale«* können jedoch die Rechte des Patentinhabers nicht erschöpfen.[1014] Folglich steht es dem Patentinhaber frei, seinen vertragsbrüchigen Lizenznehmer wegen der Verletzung seiner Patentrechte in Anspruch zu nehmen. Eine Einschätzung, die der Federal Circuit einige Jahre später bereits als eine allgemeine Regel mit der Begründung einstufte, dass die Beschränkung der Lizenz schließlich auch Einfluss auf die vereinbarte Vergütung habe.[1015] Überschreitet der Lizenznehmer folglich die Grenzen der ihm eingeräumten Lizenz, also den Lizenzvertrag im engeren Sinn, liegt eine Verletzung des Patents vor. Aus dieser kann der Patentinhaber gegen seinen Lizenznehmer und jeden weiteren Erwerber des geschützten Erzeugnisses vorgehen.[1016] Es fehlt in diesen Fällen an einem *authorized sale*, als Voraussetzung für den Eintritt der Erschöpfung der auf diesen Gegenstand gerichteten patentrechtlichen Ansprüche.

Eine weitergehende Differenzierung hinsichtlich der Art der Lizenzbeschränkung, wie in der deutschen Rechtsauffassung zwischen schutzrechtsbezogenen und nicht schutzrechtsbezogenen Lizenzbeschränkungen, findet sich in der US-amerikanischen Rechtsauffassung nicht. Liegt eine zulässige Lizenzbeschränkung vor, berechtigt ein Verstoß gegen die Lizenzbeschränkung den Patentinhaber zur Geltendmachung patentrechtlicher Ansprüche. Nutzt der Lizenznehmer die Technologie außerhalb des Lizenzumfangs, verliert er den Schutz der ihm gewährten Lizenz. Der Verzicht des Patentinhabers auf die Geltendmachung patentrechtlicher Befugnisse erstreckt sich lediglich auf den in der Lizenz fest-

---

1013 *General Talking Pictures, Co. v. Western Elec. Co.*, 305 U.S. 124, 127 (1938).

1014 *Rinehart*, Harv. J. L. & Tech. 2009, 483, 495.

1015 *Cinema Patents Co. v. Columbia Pictures Corp.*, 62 F.2d 310, 312 (9th Cir. 1932).

1016 Brief of Amicus Curiae International Business Machines Corporation in support of Petitioner, Quanta, 128 S. Ct. 2109, abrufbar unter: http://www.americanbar.org/content/dam/aba/publishing/preview/publiced_preview_briefs_pdfs_07_08_06_937_PetitionerAmCuIBM.authcheckdam.pdf, zuletzt abgerufen am 27.01.2016, m. V. a. *Mitchell v. Hawley*, 83 U.S. (16 Wall.) 544, 548 (1873); *United States v. Gen. Elec. Co.*, 272 U.S. 476, 490 (1926); ebenso Princo *Corporation v. International Trade Commission*, 616 F.3d 1318, 1328 (Fed.Cir. 2010).

gelegten Umfang. Überschreitet der Lizenznehmer diesen, handelt er letztlich ohne entsprechende Erlaubnis des Lizenznehmers.[1017]

II. Durch den Abnehmer des Lizenznehmers (Zweitbegehungsakt)

Nutzt der Abnehmer des Lizenznehmers die erworbenen und geschützten Erzeugnisse in einer Art und Weise, die über die dem Lizenznehmer vom Patentinhaber eingeräumte Lizenz hinaus geht, stellt sich die Frage, ob der Patentinhaber gegen die Abnehmer aus seinen patentrechtlichen Befugnissen vorgehen kann. In der US-amerikanischen Rechtsprechung und Rechtslehre wird diese Frage kontrovers diskutiert. Hintergrund der Kontroverse ist der Umstand, dass die Rechtsnatur des Erschöpfungsgrundsatzes trotz seiner weit über hundertjährigen Tradition in der US-amerikanischen Rechtsordnung bislang nicht eindeutig geklärt werden konnte.[1018] Mit der daraus resultierenden Zulässigkeit von Veräußerungsbeschränkungen, die im Wege der Patentverletzungsklage durchgesetzt werden können, haben sich die Gerichte bereits seit Mitte des 19. Jahrhunderts auseinandergesetzt.[1019] Gleichwohl kann den Gerichtsentscheidungen hierzu keine klare Linie entnommen werden. Insbesondere die Ansätze des U.S. Supreme Courts und des Federal Circuits gehen auseinander.[1020]

Einige der zahlreichen Entscheidungen der US-amerikanischen Gerichte, die sich mit dem Erschöpfungsgrundsatz auseinandersetzen, legen beispielsweise den Schluss nahe, dass der Erschöpfungsgrundsatz eine Form der *»implied*

1017 *Indian MFG. Co. v. Nichols & Shepard Co.*; 190 F. 579; (U.S. App. 1910): »*When a licensee, who is entitled to use a patented machine under certain conditions only, undertakes to use the machine otherwise than in conformity with those conditions, he loses the protection of his license and he becomes an infringer. The principle seems to be that the license is limited in its operation, and that, since in the case of a territorial limit the license has no existence in the exempted territory, so in case of other limitations the license has no existence in the exempted field.*«

1018 *Katz*, BYU L. Rev. 2014, 484, 61; Brief of the Licensing Executives SocietyU. S. A. & Canada, Inc. as Amicus Curiae in Support of Neither Party at 2, Quanta, 128 S. Ct. 2109 (No. 06–937), abrufbar unter: http://www.americanbar.org/content/dam/aba/publishing/preview/publiced_preview_briefs_pdfs_07_08_06_937_PetitionerAmCuLicensingExecSoc.authcheckdam.pdf, zuletzt abgerufen am 27. 01. 2016; *Schweyer*, Die rechtliche Bewertung des Reverse Engineering in Deutschland und den USA, 2012, S. 502

1019 *Lexmark International, Inc., v. INK Technologies Printer Suppliers, LLC, et al.*, 2014 U.S. Dist. LEXIS 41045, S. 3.

1020 *Chiapetta*, Santa Clara L. Rev. 2011, 1087, 1099; Stern, Alb. L.J. Sci. & Tech. 1994, 1, 6 f.

license« darstellt. Andere wiederum sehen den Erschöpfungsgrundsatz als eine Beschränkung des erteilten Patents.[1021]

Im ersteren Fall könnte die Wirkung der Erschöpfung nicht nur durch eine ausdrückliche Vereinbarung zwischen den Parteien, sondern auch durch einen entsprechenden Hinweis auf dem geschützten Produkt ausgeschlossen oder zumindest beschränkt werden.[1022] Mit der Folge, dass der Abnehmer des Lizenznehmers an die mit dem Patentinhaber getroffenen Absprachen gebunden werden könnte. Ein Verstoß gegen diese Absprachen würde auch den Abnehmer zu einem Patentverletzer machen. In diesem Zusammenhang wird von der US-amerikanischen Rechtslehre die Erschöpfung auch als *default rule* bezeichnet.[1023]

Stellt die Erschöpfungslehre dagegen eine Beschränkung des Patents bzw. der durch das Patent gewährten Ausschließlichkeitsrechte dar, würde die Veräußerung eines geschützten Artikels zum Erlöschen der durch das Patent gewährten Ausschließlichkeitsrechte führen. Einer weiteren Erlaubnis in Form einer Lizenz seitens des Patentinhabers für die Nutzung des erworbenen Erzeugnisses würde der Abnehmer des Lizenznehmers nicht bedürfen.

2008 hatte der U.S. Supreme Court die Möglichkeit, in Sachen *Quanta Computer, Inc. v. LG Electronics, Inc.* die – insbesondere auch in der Literatur kri-

1021 Brief of the Licensing Executives Society (U. S. A. & Canada, Inc. as Amicus Curiae in Support of Neither Party at 2, Quanta, 128 S. Ct. 2109 (No. 06–937), abrufbar unter:http://www.americanbar.org/content/dam/aba/publishing/preview/publiced_preview_briefs_pdfs_07_08_06_937_PetitionerAmCuLicensingExecSoc.authcheckdam.pdf, zuletzt abgerufen am 27. 01. 2016.

1022 Brief of the Licensing Executives Society U. S. A. & Canada, Inc. as Amicus Curiae in Support of Neither Party at 2, Quanta, 128 S. Ct. 2109 (No. 06–937) S. 2; abrufbar unter:http://www.americanbar.org/content/dam/aba/publishing/preview/publiced_preview_briefs_pdfs_07_08_06_937_PetitionerAmCuLicensingExecSoc.authcheckdam.pdf, zuletzt abgerufen am 27. 01. 2016.

1023 Die im US-amerikanischen Recht als *default rules* bezeichneten Bestimmungen sind dadurch gekennzeichnet, dass sie nur dann bindend sind, wenn die Vertragsparteien nicht ausdrücklich etwas anderes vereinbart haben. Haben die Vertragsparteien etwas anderes vereinbart, wird die *default rule* durch diese vertragliche Abrede ersetzt (vgl. hierzu *Barnett,* Va. L. Rev. (May) 1992, 821, 825). Im Uniform Commercial Code (U. C. C.) finden sich beispielsweise zahlreiche solche *default rules*, die durch den Zusatz *»unless otherwise agreed«* gekennzeichnet sind; vgl. auch Brief of various law professors as Amicus Curiae in support of respondent Quanta, 128 S. Ct. 2109 (No. 06–937), abrufbar unter: http://www.americanbar.org/content/dam/aba/publishing/preview/publiced_preview_briefs_pdfs_07_08_06_937_RespondentAmCuLawProfs.authcheckdam.pdf, zuletzt abgerufen am 27. 01. 2016.

tisierte Divergenz der Gerichtsentscheidungen – zu beenden.[1024] Ein Verfahren, welches auf breites Interesse gestoßen ist und die Kontroverse weiter befeuert hat. Von verschiedenen Organisationen sind insgesamt 31 *Amicus Curiae*[1025] dem U.S. Supreme Court vorgelegt wurden, um die unterschiedlichen Standpunkte zu unterstützen. Einige der eingereichten Briefe argumentierten für eine Bestätigung der Erschöpfungslehre als implied license, andere forderten die Einordnung der Erschöpfung als eine Begrenzung des Patents.[1026]

1. Die Rechtslage vor der Entscheidung *Quanta Computer, Inc. v. LG Electronics, Inc.*

a. Der Erschöpfungsgrundsatz als implied license

Für die Begründung der Rechtsnatur der Erschöpfungslehre können neben den Entscheidungen des Federal Circuit die vom U.S. Supreme Court herangezogenen Erwägungen zur Anwendung des Erschöpfungsgrundsatzes fruchtbar gemacht werden.

aa. Entscheidungen des U.S. Supreme Court

Eine der ersten Entscheidungen des U.S. Supreme Courts zur Reichweite der dem Patentinhaber zustehenden Ausschließlichkeitsrechte legt den Schluss nahe, dass die Erschöpfung der patentrechtlichen Befugnisse Ausfluss einer impliziten Lizenz ist. In *Adams v. Burke* führt der U.S. Supreme Court aus:

> *»the sale by a person who has the full right to make, sell, and use such a machine carries with it the right to the use of that machine to the full extent to which it can be used in the point of time.«*[1027]

1024 *Paul/Freeman/Gerstenblith u. a.*, J. Intell. Prop. L. & Prac. 2008, 461, 468.

1025 In *Black/Nolan*, Black's law dictionary, 1990, wird ein Amicus Curiae wie folgt definiert: *»Means, literally, friend of the court. A person with strong interest on the subject matter of an action, but not a party of the action, may petition the court for permission to file a brief, ostensibly of behalf on a party but actually to suggest a rationale consistent with its own views.«*

1026 *Rinehart, Harv.* J. L. & Tech. 2009, 483, 501, Fn. 100.

1027 *Adams v. Burke*, 84 U.S. (17. Wall.) 453 (1873) (Hervorhebungen der Verfasserin).

Der U.S. Supreme Court stellt die Erschöpfungslehre somit als Interaktion zwischen Patentrecht und Vertragsrecht dar.[1028] Diese generelle Anerkennung der besonderen Bedeutung der Vertragsfreiheit kommt zudem in der Entscheidung *Mitchell v. Hawley* zum Ausdruck. Zum einen hebt das Gericht hier die Möglichkeit hervor, die Folgen einer impliziten Lizenz zu begrenzen.[1029] Zum anderen verhalf er der Durchsetzung einer Beschränkung gegenüber einem Abnehmer des Lizenznehmers zum Erfolg. Der U.S. Supreme Court begründete dieses Ergebnis mit dem Umstand, dass der Abnehmer des Lizenznehmers vom Lizenznehmer nichts erlangen könne, zu dessen Veräußerung der Lizenznehmer nicht berechtigt ist.[1030]

bb. Entscheidungen des Federal Circuit

Neben den sehr frühen und eben besprochenen Entscheidungen des U.S. Supreme Court lässt sich die Qualifizierung der Erschöpfungslehre als implizite Lizenz vor allem den Entscheidungen des Federal Circuit und der von ihm entwickelten *conditional sale doctrine* entnehmen.[1031]

Beispielsweise führte der Federal Circuit in der Entscheidung *Glass Equipment Development, Inc. v. Besten, Inc.* aus, dass eine Partei, die sich auf ein Nutzungsrecht (in Form einer impliziten Erlaubnis) an einem patentgeschützten Verfahren, aufgrund des Erwerbs der Vorrichtung, beruft, beweisen müsse, dass diese Vorrichtung nur in patentverletzender Art und Weise verwendet werden kann.[1032]

In einer älteren Entscheidung wird die Auffassung vertreten, dass das Recht, ein nicht patentiertes Gerät zur Ausführung eines patentgeschützten Verfahrens zu verwenden, aus einer impliziten Lizenz folgt.[1033]

Die zentrale – in Auseinandersetzungen um den Erschöpfungsgrundsatz immer wieder herangezogene – Entscheidung des Federal Circuit ist die Entscheidung in Sachen *Mallinckrodt, Inc. v. Mediapart, Inc.* Ausgangspunkt

1028 Brief of various law professors as Amicus Curiae in support of respondent Quanta, 128 S. Ct. 2109 (No. 06–937) S. 6. abrufbar unter: http://www.americanbar.org/content/dam/aba/publishing/preview/publiced_preview_briefs_pdfs_07_08_06_937_RespondentAmCuLawProfs.authcheckdam.pdf, zuletzt abgerufen am 27. 01. 2016.

1029 *Mitchell v. Hawley* 83 U.S. (16 Wall.) 544 (1873).

1030 *Mitchell v. Hawley* 83 U.S. (16 Wall.) 544 (1873).

1031 *Austin,* Cardozo L. Rev. (June) 2008, 2947, 2959.

1032 *Glass Equipment Development, Inc. v. Besten, Inc.*, 174 F.3d 1337, 1342 (Fed. Cir. 1999).

1033 *Met-Coil Systems Corp. v. Korners Unlimited, Inc.*, 803 F.2d 684, 686–87 (Fed. Cir. 1986).

der Entscheidung war die Lieferung medizinischer Geräte des Patentinhabers *Mallinckrodt* an ein Krankenhaus, die mit dem Hinweis *»single use only«* gekennzeichnet waren.[1034] Das medizinische Gerät war für eine mehrfache Verwendung geeignet. Daher ließen einige der Krankenhäuser, entgegen der *»single use« B*eschränkung, die Geräte von *Mediapart* aufbereiten. Während das erstinstanzliche Gericht die auf Patentverletzung gerichtete Klage gegen *Mediapart* mit der Begründung abwies, dass die Verletzung der *»single use restriction«* aufgrund des anzuwendenden Erschöpfungsgrundsatzes patentrechtlich nicht verfolgt werden könne, gab der Federal Circuit der Klage statt.[1035]

Nach Auffassung des Federal Circuit sei der vom U.S. Supreme Court entwickelte Erschöpfungsgrundsatz dahingehend auszulegen, dass lediglich die Vorgabe von Preisen oder Bezugspflichten im Rahmen einer Veräußerung patentgeschützter Erzeugnisse unzulässig seien. Daraus ergebe sich keine generelle Unzulässigkeit von patentrechtlichen Beschränkungen des Veräußerungsgeschäfts.[1036] Vielmehr müsse danach unterschieden werden, ob es sich um eine bedingte oder unbedingte Veräußerung handle.[1037] Entsprechend dieser Rechtsauffassung können Patentinhaber die weitere Verwendung veräußerter und geschützter Erzeugnisse beschränken und die Befolgung dieser Beschränkungen im Wege einer Patentverletzungsklage durchsetzen. Anknüpfungspunkt der Auffassung des Federal Circuit ist das vom U.S. Supreme Court entwickelte Tatbestandsmerkmal eines *authorized sales,* als Voraussetzung für den Eintritt der Erschöpfung.[1038] Ein *authorized sales* liege nach dem Federal Circuit nicht vor, wenn der Patentinhaber die Veräußerung unter bestimmte Beschränkungen bzw. Bedingungen gestellt hat. In diesen Fällen würde es sich um einen *conditional sale* handeln. Der Federal Circuit entnimmt der Veräußerung eines patentgeschützten Erzeugnisses zugleich das Recht, den Gegenstand bestimmungsgemäß zu verwenden. Die Rechtsnatur der Erschöpfungslehre wird folglich auf den Grundsatz einer *implied license* zurückgeführt.[1039] Ausgehend von der Qualifizierung der Rechtsnatur der Erschöpfungslehre als implizite Lizenz schlussfolgert der Federal Circuit, dass sich die patentrechtlichen Ausschließ-

1034 *Mallinckrodt, Inc. v. Mediapart, Inc.,* 976 F2d 700, 701 (Fed. Cir.1992).

1035 *Mallinckrodt, Inc. v. Mediapart, Inc.,* 976 F2d 700, 701 (Fed. Cir.1992).

1036 *Mallinckrodt, Inc. v. Mediapart, Inc.,* 976 F2d 700, 704 (Fed. Cir.1992).

1037 Brief for the United States as Amicus Curiae supporting petitioners, Quanta, 128 S. Ct. 2109 (No. 06–937) S. 11, abrufbar unter: http://www.americanbar.org/content/dam/aba/publishing/preview/publiced_preview_briefs_pdfs_07_08_06_937_PetitionerAmCuUSA.authcheckdam.pdf, zuletzt abgerufen am 27. 01. 2016.

1038 Vgl. hierzu Drittes Kapitel B.III.1.

1039 *Server/Casey,* Hastings L.J. 2012, 561, 587.

lichkeitsbefugnisse entweder vollständig durch eine unbedingte Veräußerung oder nur teilweise, im Falle der Auferlegung von Beschränkungen, verbrauchen.[1040]

Gleichwohl sei nicht jede Beschränkung geeignet, um den Eintritt der Erschöpfung auszuschließen. Entscheidend sei nach der Auffassung des Federal Circuit, ob die

> *»restriction is reasonably within the patent grant, or whether the patentee has ventured beyond the patent grant and into behavior having an anticompetitive effect not justifiable under the rule of reason.«*[1041]

Entsprechend dem ersten vom Federal Circuit aufgestellten Kriterium muss sich die im Rahmen des Veräußerungsgeschäfts vom Patentinhaber festgesetzte Verwendungsbeschränkung zumindest in den Grenzen des gewährten Monopolrechts halten. Indem die Beschränkung dem Antitrust Recht unterstellt wird, ist sie wie jede andere vertragliche Beschränkung zu beurteilen.[1042]

Dieses Verständnis des Erschöpfungsgrundsatzes bestätigte der Federal Circuit in der Entscheidung *B. Braun Med., Inc. v. Abbott Labs.* Das Gericht betonte hier, dass die Anwendung der Erschöpfung dann ausgeschlossen sei, wenn das geschützte Erzeugnis unter einem ausdrücklichen Vorbehalt veräußert wird.[1043] Es sei davon auszugehen, dass die Parteien im Rahmen solcher Transaktionen einen Preis für das geschützte Erzeugnis vereinbart haben, der widerspiegelt, dass mit der Veräußerung nur beschränkte Nutzungsrechte übertragen wurden. Deshalb seien ausdrückliche Beschränkungen im Rahmen eines Veräußerungsgeschäfts grundsätzlich zulässig und im Wege des Patentrechts durchsetzbar.[1044]

Nach Ansicht des Federal Circuit können die patentrechtlichen Befugnisse nur erschöpfen, wenn der Patentinhaber bei der Veräußerung eines geschützten Erzeugnisses mit dessen umfassender Nutzung einverstanden ist. Damit wird die Erschöpfungslehre als implizite Lizenz eingeordnet. Der Eintritt der Erschöpfung untersteht somit der Disposition der Parteien.

1040 *Mallinckrodt, Inc. v. Mediapart, Inc.*, 976 F2d 700, 703 (Fed. Cir.1992).

1041 *Mallinckrodt, Inc. v. Mediapart, Inc.*, 976 F2d 700, 708 (Fed. Cir.1992).

1042 *Patterson*, Wm. & Mary L. Rev. 2007, 157, 169 f.

1043 *B. Braun Med., Inc. v. Abbott Labs.*, 124 F.3d 1419, 1426 (Fed. Cir. 1997): *the exhaustion doctrine «does not apply to an expressly conditional sale.«*

1044 *B. Braun Med., Inc. v. Abbott Labs.*, 124 F.3d 1419, 1426 (Fed. Cir. 1997).

b. Der Erschöpfungsgrundsatz als Schranke des Patentrechts

Die Einordnung des Erschöpfungsgrundsatzes als Beschränkung des Patents lässt sich überwiegend auf Entscheidungen des U.S. Supreme Courts stützen. Verschiedenen Entscheidungen des Federal Circuit kann dieser Ansatz ebenfalls entnommen werden.

aa. Entscheidungen des U.S. Supreme Court

Die bereits für die Qualifizierung der Erschöpfungslehre als implizite Lizenz herangezogene Entscheidung des U.S. Supreme Court *Adams v. Burke* unterstützt ebenso eine Einordnung als Schranke des Patentrechts.[1045] Das Gericht verwies in dieser Entscheidung darauf, dass die Erschöpfung verhindere, dass der Patentinhaber nach der ersten Veräußerung des geschützten Artikels weiteren Einfluss auf diesen nehmen kann. Ein Grundsatz, der selbst dann gelte, wenn die weitere Verwendung oder Veräußerung des geschützten Artikels über das hinausgeht, was der Patentinhaber ursprünglich gestattet hat.[1046]

In der wenig später ergangenen Entscheidung *Keeler v. Standard Folding Bed Co.* bestätigte der U.S. Supreme Court diese Anschauung. Der U.S. Supreme Court stellte fest, dass weder das Wissen des Verkäufers noch die Absicht des Erwerbers, den erworbenen Gegenstand über den Umfang der dem Lizenznehmer gewährten Lizenz zu verwenden, Einfluss auf den Eintritt der Erschöpfung haben.[1047] Anknüpfungspunkt sei allein der Umstand, dass der Lizenznehmer die geschützten Erzeugnisse im Rahmen der ihm zustehenden Lizenz veräußerte. Daher handelte es sich, so der U.S. Supreme Court, bei der Veräußerung

---

1045 Brief of the Licensing Executives Society (U.S.A. & Canada, Inc. as Amicus Curiae in Support of Neither Party at 2, Quanta, 128 S. Ct. 2109 (No. 06–937) S. 6; abrufbar unter: http://www.americanbar. org/content/dam/aba/publishing/preview/publiced_preview_briefs_pdfs_07_08_06_937_PetitionerAmCuLicensingExecSoc.authcheckdam.pdf., zuletzt abgerufen am 27.01.2016.

1046 *Adams v. Burke*, 84 U.S. (17. Wall.) 453 (1873): *«[W]hen the patentee, or the person having his rights, sells a machine or instrument whose sole value is in its use, he receives the consideration for its use and he parts with the right to restrict that use. The article, in the language of the court, passes without the limit of the monopoly.«*

1047 *Keeler v. Standard Folding Bed Co.*, 157 U.S. 659 (1895).

um einen »*authorized sale*«, der die Erschöpfung der Patentrechte bewirke.[1048] Außerdem stellte das Gericht fest, dass die mit der Veräußerung vom Patentinhaber erlangte Belohnung den verkauften und geschützten Artikel von jeder Abhängigkeit gegenüber dem Patent befreit. Mit der Einordnung der Erschöpfungslehre als implizite Lizenz ist dieser Ansatz nicht vereinbar.[1049]

Eine der zentralen Entscheidungen des U.S. Supreme Court, die in diesem Zusammenhang herangezogen wird, ist die Entscheidung *United States v. Univis Lens Co.*[1050] Diese Entscheidung legt den Schluss nahe, dass der Erschöpfungsgrundsatz als eine Beschränkung des Patents – ähnlich der in Deutschland vertretenen immaterialgüterrechtlichen Tatbestandstheorie – zu qualifizieren sei. Obgleich der Entscheidung, die in einem wettbewerbsrechtlichem Kontext stand, bisweilen ihre patentrechtliche Relevanz abgesprochen wird,[1051] basiert die Entscheidung auf dem Erschöpfungsgrundsatz.[1052] Ausgangspunkt des Verfahrens war zunächst die Ansicht der Klägerin, der Vereinigten Staaten von Amerika, dass die von der Beklagten, der *Univis*, etablierte Lizenz- und

---

1048 Brief of the Licensing Executives Society (U. S. A. & Canada, Inc. as Amicus Curiae in Support of Neither Party at 2, Quanta, 128 S. Ct. 2109 (No. 06–937) S. 13, abrufbar unter: http://www.americanbar.org/content/dam/aba/publishing/preview/publiced_preview_briefs_pdfs_07_08_06_937_PetitionerAmCuLicensingExecSoc.authcheckdam.pdf., zuletzt abgerufen am 27. 01. 2016.

1049 *Keeler v. Standard Folding Bed. Co.*, 157 U.S. 659, 666 (1895): «*the payment of a royalty once [...]»emancipates such article from any further subjection to the patent throughout the entire life of the patent.*«

1050 *United States v. Univis Lens Co.*, 316 U.S. S. 241 (1941); ebenso: Brief for the United States as Amicus Curiae supporting petitioners, Quanta, 128 S. Ct. 2109 (No. 06–937) S. 11, abrufbar unter: http://www.americanbar.org/content/dam/aba/publishing/preview/publiced_preview_briefs_pdfs_07_08_06_937_PetitionerAmCuUSA.authcheckdam.pdf, zuletzt abgerufen am 27. 01. 2016; Brief of the Licensing Executives Society (U. S. A. & Canada, Inc. as Amicus Curiae in Support of Neither Party at 2, Quanta, 128 S. Ct. 2109 (No. 06–937), abrufbar unter: http://www.americanbar.org/content/dam/aba/publishing/preview/publiced_preview_briefs_pdfs_07_08_06_937_PetitionerAmCuLicensingExecSoc.authcheckdam.pdf, zuletzt abgerufen am 27. 01. 2016.

1051 In der Entscheidung *Armstrong v. Motorola, Inc.*, 374 F.2d 764, 75 (7th Cir. 1967) führt der Court of Appeals for the Seventh Circuit aus: «*[Univis] was a Sherman Act case in which the patentee had been using his patent to achieve resale price maintenance and therefore the case is not in point«; Ebenso betont der Ohio Northern District Court in der Entscheidung American Indus. Fastener Corp. v. Flushing Enters., Inc.*, 362 F. Supp. 32, 36 (N.D. Ohio 1973): »*Univis involves price restrictions, not territorial restrictions. Hence, Univis is not directly controlling.*«

1052 *Osborne*, Santa Clara Computer & High Tech. L.J. 2003, 643, 649.

Verkaufspraxis den *Sherman Act* verletze. *Univis* veräußerte nicht patentierte Linsenrohlinge, die von ihren Abnehmern entsprechend den Bedürfnissen der Endverbraucher geschliffen wurden. Die bearbeiteten Linsen unterfielen dem Schutzbereich eines der *Univis* gehörenden Patents.

In den mit ihren Abnehmern abgeschlossenen Lizenzverträgen verpflichtete Univis ihre Abnehmer, die bearbeiteten Linsen zu bestimmten Preisen weiterzuveräußern.[1053] Ausgangspunkt der Entscheidung des U.S. Supreme Courts war jedoch zunächst nicht die Frage, ob die in den Lizenzverträgen vorgesehene Preisbindung gegen den Sherman Act verstößt, sondern ob eine solche Vereinbarung vom Patentrecht umfasst sei.[1054] Zweck des Patentrechts sei es, dem Patentinhaber eine Belohnung für die Verwendung seiner Erfindung zukommen zu lassen. Ist dieser Zweck mit der ersten Veräußerung eines geschützten Erzeugnisses erfüllt, bietet das Patentrecht keine Grundlage für eine Beschränkung der Verwendung des veräußerten Erzeugnisses.[1055] Vielmehr dürfe ein geschütztes Produkt mit dem ersten Verkauf nicht mehr dem durch das Patent gewährtem Monopolrecht unterstehen.[1056]

bb. Entscheidungen des Federal Circuit

Nicht nur die Entscheidungen des U.S. Supreme Courts, sondern auch die Entscheidungen des Federal Circuit legen den Schluss nahe, dass die Erschöpfung als eine Beschränkung des Patents selbst zu qualifizieren ist. Der Federal Circuit führt beispielsweise aus, dass ein geschütztes Produkt durch einen Verkauf gemeinfrei werde und nicht mehr dem Schutz des patentrechtlichen Monopols unterstehe.[1057] Darüber hinaus stellte das Gericht fest, dass der Erwerb geschützter Erzeugnisse von einem Lizenznehmer den Erwerber berechtigte, diese frei zu nutzen und zu veräußern. Diese Nutzung unterstehe nicht mehr dem Schutz des Patents.[1058]

1053 *United States v. Univis Lens Co.*, 316 U.S. 241, 251 (1941).

1054 *Schweyer*, Die rechtliche Bewertung des Reverse Engineering in Deutschland und den USA, 2012, S. 509.

1055 *United States v. Univis Lens Co.*, 316 U.S. 241, 251 (1941).

1056 *United States v. Univis Lens Co.*, 316 U.S. 241, 251 (1941).

1057 *Intel v. ULS. Sys. Tech., Inc.*, 995 F.2d 1566, 1568 (Fed, Circ, 1993).

1058 *Intel Corp. v. U.S. International Trade Commission*, 946 F.2d 821, 826 (Fed. Cir. 1991).

2. Lösung der widerstreitenden Positionen durch *Quanta Computer, Inc. v. LG Electronics, Inc.*

Nachdem sich der U.S. Supreme Court über 60 Jahre lang nicht mit dem Umfang und der Reichweite des Erschöpfungsgrundsatzes beschäftigt hat, bot sich ihm im Jahr 2008 die Gelegenheit, sich mit dem aufgezeigten Widerspruch der verschiedenen Entscheidungen auseinanderzusetzen.

a. Sachverhalt der Entscheidung *Quanta Computer, Inc. v. LG Electronics, Inc.*

LG Electronics erwarb 1999 ein Patentportfolio im Bereich der Computertechnologie. Die erworbenen Patente schützen verschiedene Verfahrens- und Systemansprüche, wie beispielsweise das Abrufen aktueller Daten aus dem Arbeitsspeicher, die Koordination der Lese- und Schreibaufträge auf dem Arbeitsspeicher und auf das Management des Datentransfers in den sogenannten Bussen. *LG Electronics* gewährte *Intel* eine Lizenz an den Patenten, nach welcher *Intel* berechtigt war, Mikroprozessoren und Chipsets herzustellen und zu verkaufen. Die Mikroprozessoren und Chipsets stellen Komponenten der geschützten Computersysteme dar und sind dazu bestimmt, die geschützten Verfahren auszuführen.[1059] Der Lizenzvertrag sah darüber hinaus ausdrücklich vor, dass Dritten keine Lizenzen an der Technologie eingeräumt werden. Insbesondere soll es Dritten nicht gestattet sein, die von *Intel* im Rahmen der Lizenz hergestellten Komponenten mit Drittprodukten zu kombinieren. Daneben stellte der Lizenzvertrag fest, dass er keine von der Erschöpfungslehre abweichenden Regelungen beinhalte.[1060]

In einer weiteren Vereinbarung, die als Master Agreement bezeichnet wurde, verpflichtete sich *Intel*, seine Abnehmer schriftlich über den begrenzten Umfang der gewährten Lizenz zu informieren. Ein Verstoß gegen diese Verpflichtung sollte nach dem ausdrücklichen Willen der Parteien keine Auswirkung auf die erteilte Lizenz haben.[1061]

Intel lieferte die Mikroprozessoren und Chipsets an *Quanta*. *Quanta* kombinierte die erworbenen Produkte entgegen des Hinweises von *Intel* in seinen

1059 *Quanta Computer Inc., v. LG Electronics, Inc.*, 128 S. Ct. 2109, 2114 (2008).

1060 *Quanta Computer Inc., v. LG Electronics, Inc.*, 128 S. Ct. 2109, 2117 (2008).

1061 *Quanta Computer Inc., v. LG Electronics, Inc.*, 128 S. Ct. 2109, 2117 (2008).

Computern mit Bauteilen anderer Hersteller. Die von *Intel* stammenden Bauteile blieben unverändert.[1062]

LG Electronics sah in dem Vorgehen von *Quanta* ihre Patente verletzt. Die Verwendung der von Intel hergestellten und gelieferten Komponenten sei nicht von der *Intel* gewährten Lizenz umfasst. Nach dem Grundsatz der *implied license* sei *Quanta* nicht berechtigt, die Komponenten mit Drittprodukten zu kombinieren. *Quanta* hingegen argumentierte, dass bereits die Veräußerung der Komponenten durch den Lizenznehmer *Intel* zur Erschöpfung der Patentrechte von *LG Electronics* geführt habe.[1063] Die zentrale Frage, die sich in diesem Verfahren stellte, war daher, ob die Veräußerung der Komponenten von *Intel* an *Quanta* als ein *authorized sale* im Sinne der Erschöpfungslehre einzustufen ist.

b. Ablehnung eines *authorized sale* durch den Federal Circuit

Der District Court ging zunächst davon aus, dass die Veräußerung der Mikroprozessoren und Chipsets von *Intel* an *Quanta* zur Erschöpfung der Patentrechte von *LG Electronics* führe. In der vertraglichen Vereinbarung zwischen *Intel* und *LG Electronics*, dass die von *Intel* hergestellten und veräußerten Mikroprozessoren und Chipsets nicht mit Bauteilen von Drittherstellern kombiniert werden sollen, sah der District Court keine bedingte Veräußerung.[1064]

Der Federal Circuit dagegen kam unter Verweis auf seine Entscheidung *Mallinckrodt* zu einem anderen Ergebnis. Er betonte erneut, dass die Erschöpfungslehre keine Anwendung finde, wenn dem Abnehmer bei der Veräußerung eines patentgeschützten Erzeugnisses nur eine bestimmte Verwendung gestattet wird. Eine solche Beschränkung sah er in dem Verbot, die Mikroprozessoren und Chipsets mit Bauteilen von Drittherstellern zu kombinieren, welches nach Auffassung des Federal Circuit sowohl Gegenstand des Lizenzvertrags als auch des Master Agreements war.[1065] Aufgrund des Vorliegens eines *conditional sale* sah der Federal Circuit keinen Raum für die Anwendung der Erschöpfungslehre. Vielmehr sah er die Patentrechte von *LG Electronics* verletzt.[1066]

1062 *Quanta Computer Inc., v. LG Electronics, Inc.*, 128 S. Ct. 2109, 2117 (2008).

1063 *Quanta Computer Inc., v. LG Electronics, Inc.*, 128 S. Ct. 2109, 2117 (2008).

1064 *LG Electronics, Inc. v. Asustek Computer Inc.*, 248 F. Supp. 2d 912, 918 (N.D. Cal. 2003).

1065 *LG Electronics, Inc. v. Bizcom Electronics, Inc.*, 453 F.3d 1364, 1369 f. (Fed. Cir. 2006): »*Although Intel was free to sell its microprocessors and chipsets, those sales were conditional, and Intel's customers were expressly prohibited from infringing LGE's combination patents.*«

1066 *LG Electronics, Inc. v. Bizcom Electronics, Inc.*, 453 F.3d 1364, 1370 (Fed. Cir. 2006).

c. Ausführungen des U.S. Supreme Court

Der U.S. Supreme Court kam zu einem anderen Ergebnis. Nach der Auffassung des U.S. Supreme Courts war *Intel* berechtigt, die Mikroprozessoren und Chipsets an *Quanta* zu verkaufen. Das Argument von *LG Electronics*, dass gerade kein *authorized sale* vorläge, weil *Intel Quanta* keine Rechte einräumen könne, die ihr selber nicht zustehen, verkenne die Struktur der Transaktion zwischen *Intel* und *LG Electronics*.[1067] Der zwischen *Intel* und *LG Electronics* abgeschlossene Lizenzvertrag gestatte *Intel* umfassend die Herstellung, Nutzung und Veräußerung der Mikroprozessoren und Chipsets. Dem Lizenzvertrag könne nicht entnommen werden, dass *Intel* nicht berechtigt sei, die Produkte an Abnehmer zu veräußern, die beabsichtigen, die erworbenen Mikroprozessoren und Chipsets mit Bauteilen von Drittherstellern zu kombinieren.[1068]

Zwar hat *LG Electronics Intel* in dem Master Agreement verpflichtet, die Abnehmer davon in Kenntnis zu setzen, dass *LG Electronics* den Lizenznehmer keine Lizenz erteilen darf, die erworbenen Komponenten mit Bauteilen von Drittherstellern zu kombinieren. Eine Verletzung dieser Pflicht sei von keiner der Parteien behauptet worden. Diese Pflicht sei ohnehin nur Gegenstand des Master Agreements und nicht des Lizenzvertrags gewesen. Zudem deute nichts darauf hin, dass eine Verletzung der Pflichten des Master Agreements Auswirkungen auf den Lizenzvertrag haben.[1069] Daraus schlussfolgert der U.S. Supreme Court, dass *Intels* Berechtigung, die Mikroprozessoren und Chipsets zu veräußern, nicht beschränkt war.[1070]

Irrelevant war außerdem das Argument, *Intels* Abnehmer seien unter einer *implied license* nicht dazu berechtigt, *Intels* Produkte mit Drittprodukten zu kombinieren, da *Intel* mangels Berechtigung keine entsprechende Lizenz hätte erteilen können. *Quantas* Berechtigung zur Benutzung der Patente ergebe sich aus dem Erschöpfungsgrundsatz. Auf den Inhalt einer *implied license* könne es daher nicht ankommen.[1071]

Weil *Intel* berechtigt war, die Produkte an *Quanta* zu veräußern, konnte *LG Electronics* seine Patentrechte in Bezug auf diese Produkte nicht durchsetzen.[1072]

1067 *Quanta Computer Inc., v. LG Electronics, Inc.*, 128 S. Ct. 2109, 2121 (2008).

1068 *Quanta Computer Inc., v. LG Electronics, Inc.*, 128 S. Ct. 2109, 2121 (2008).

1069 *Quanta Computer Inc., v. LG Electronics, Inc.*, 128 S. Ct. 2109, 2121 (2008).

1070 *Quanta Computer Inc., v. LG Electronics, Inc.*, 128 S. Ct. 2109, 2122 (2008).

1071 *Quanta Computer Inc., v. LG Electronics, Inc.*, 128 S. Ct. 2109, 2122 (2008).

1072 *Quanta Computer Inc., v. LG Electronics, Inc.*, 128 S. Ct. 2109, 2122 (2008).

d. Lösung der Kontroverse zur Rechtsnatur des Erschöpfungsgrundsatzes durch die Entscheidung des U.S. Supreme Courts in Sachen *Quanta Computer, Inc. v. LG Electronics, Inc.*

Die bereits im Vorfeld der Entscheidung des U.S. Supreme Court entfachte Debatte ebbte nach Erlass der Entscheidung nicht ab. Die zahlreichen Stellungnahmen zu der Entscheidung sind sich im Wesentlichen nur insoweit einig, dass der U.S. Supreme Court es versäumt habe, zu der Frage der Zulässigkeit von Verwendungsbeschränkungen patentgeschützter Erzeugnisse im Zuge von Veräußerungsgeschäften eine klare Stellung zu beziehen.[1073] Die Auswirkung dieser Entscheidung auf die vom Federal Circuit vertretene *conditional sale doctrine bleibt* somit offen. Das rechtswissenschaftliche Schrifttum und die Rechtsprechung sind daher gehalten, sich mit dem Aussagegehalt der vom U.S. Supreme Court erlassenen Entscheidung auseinanderzusetzen.[1074]

Sowohl das Schrifttum[1075] als auch die Rechtsprechung[1076] sehen die unterschiedlichen Ansätze zur Qualifizierung der Rechtsnatur der Erschöpfungslehre jeweils durch die Entscheidung in Sachen *Quanta* bestätigt. Die Entscheidung des U.S. Supreme Court hat letztlich dazu beigetragen, die unterschiedlichen

1073 Tong, Hous. L. Rev. 2009, 1711, 1723; *LaFuze/Chen/Burke*, J. Marshall Rev. Intell. Prop. L. [i] 2011, 296, 317; Werner, J. Tech. L. & Pol'y 2010, 275, 285; *Server/Casey*, Hastings L.J. 2012, 561, 561; *Dufresne*, Berkeley Tech. L.J. 2009, 11, 27; *van Vliet*, 11 Minn. J.L. Sci. & Tech. 2010, 453, 468; *Costello*, 18 Tex. Intell. Prop. L.J. 237, 238, 261; *Zain*, Alb. L.J. Sci. & Tech. 2010, 67, 102; *Chiapetta*, Santa Clara L. Rev. 2011, 1087, 1088.

1074 *Katz, BYU L. Rev. 2014, 484, 486; Chisum,* Chisum on patents, 1997, § 16.03 [2] [a] [i] [E].

1075 Für eine Ablehnung der *conditional sale doctrine* durch die *Quanta* Entscheidung: *Hovenkamp,* N.Y.U. Ann. Surv. Am. L. 2010, 487, 528; *Leija,* Phoenix L. Rev. 2009, 163, 186; *Server/Casey,* Hastings L.J. 2012, 561, 596; sowie *Tong,* Hous. L. Rev. 2009, 1711, 1723, der sich jedoch für eine Bestätigung der *Mallinckrodt* Entscheidung durch den U.S. Supreme Court ausspricht; ebenso *Austin,* Cardozo L. Rev. (June) 2008, 2947, 2975; *Zain,* Alb. L.J. Sci. & Tech. 2010, 67, 107; Für eine Bestätigung der *conditional sale doctrine* durch die *Quanta* Entscheidung: *Dufresne,* Berkeley Tech. L.J. 2009, 11, 41; *Costello,* 18 Tex. Intell. Prop. L.J. 237, 238, 261; *LaFuze/Chen/Burke*, J. Marshall Rev. Intell. Prop. L. [i] 2011, 296, 317; *Kieff, – Cato Sup. Ct.* Rev 2007, 315, 330.

1076 Für eine Ablehnung der *conditional sale doctrine* durch die *Quanta* Entscheidung: *Static Control Components, Inc. v. Lexmark Int'l, Inc.*, 615 F. Supp. 2d 575 (E.D. Ky 2009); *Lexmark International, Inc., v. INK Technologies Printer Suppliers, LLC, et al.*, 2014 U.S. Dist. LEXIS 41045; Für eine Bestätigung der *conditional sale doctrine* durch die *Quanta* Entscheidung: *Intergraph Hardware Techs. Co. v. Dell, Inc.*, 2009 U.S. Dist. LEXIS 3193 (E.D. Tex., Jan. 16, 2009).

Positionen zu verfestigen. Wie unterschiedlich die District Courts mit den vom U.S. Supreme Court dargelegten Überlegungen umgehen, wird nachfolgend an beispielhaft herangezogenen Entscheidungen verdeutlicht.

aa. Der U.S. Supreme Court verwirft mit der Entscheidung *Quanta Computer, Inc. v. LG Electronics, Inc.* die *conditional sale doctrine*

Trotz der zurückhaltenden Einlassung des U.S. Supreme Courts zur Zulässigkeit von Veräußerungsbeschränkungen sieht der District Court for the Northern District of Illinois, Eastern Division die Entscheidung als eine Absage an die *conditional sale doctrine.*[1077]

Das bemerkenswerte an dem Fall ist, dass das Gericht vor Erlass der Entscheidung des U.S. Supreme Court eine andere Position vertrat[1078] und die Entscheidung zum Anlass nahm, seine Auffassung zu revidieren. Ausgangspunkt des Rechtsstreits war das von *Lexmark,* einem weltweiten Hersteller von Druckern und Druckerpatronen, etablierte System für den Vertrieb der *Lexmark* Druckerpatronen. *Lexmark* bietet Druckerpatronen zu einem günstigeren Preis unter der Bedingung an, dass die Kunden die leeren Patronen an *Lexmark* zurücksenden. Ein Hinweis auf diese single-use Beschränkung ist unmittelbar auf der Verpackung der Druckerpatronen angebracht.[1079] Dieses Programm wird von *Lexmark* unter der Bezeichnung Prebat-Programm beworben. Verschiedene Unternehmen, wie *Static Control,* reparierten und befüllten die gebrauchten

1077 *Static Control Components, Inc. v. Lexmark Int'l, Inc.*, 615 F. Supp. 2d 575 (E.D. Ky 2009).

1078 *Static Control Components, Inc. v. Lexmark Int'l, Inc.*, 487 F. Supp. 2d 830, 2007 U.S. Dist. (E.D. Ky., 2007); Das Gericht sah, unter Verweis auf die Entscheidung *B. Braun Med. v. Abbott Lab.*, 124 F.3d 1419, 1426 (Fed. Cir. 1997), in der von *Lexmark* seinen Abnehmern auferlegten *single use restriction* in Bezug auf die veräußerten Druckerpatronen einen *conditional sale*, der den Eintritt der Erschöpfung hindere. Ein Verstoß gegen diese Nutzungsbeschränkung eröffne Lexmark die Möglichkeit, seine patentrechtlichen Befugnisse nach der Veräußerung seiner Druckerpatronen durchzusetzen.

1079 Der Hinweis auf die Nutzungsbeschränkung lautet wie folgt: »*RETURN EMPTY CARTRIDGE TO LEXMARK FOR REMANUFACTURING AND RECYCLING Please read before opening. Opening this package or using the patented cartridge inside confirms your acceptance of the following license agreement. This patented Return Program cartridge is sold at a special price subject to a restriction that it may be used only once. Following this initial use, you agree to return the empty cartridge only to Lexmark for remanufacturing and recycling. If you don't accept these terms, return the unopened package to your point of purchase. A regular price cartridge without these terms is available.*«; vgl. *Control Components, Inc. v. Lexmark Int'l, Inc.*, 615 F. Supp. 2d 575, 578 (E.D. Ky 2009).

Lexmark Druckerpatronen, um sie erneut an Endkunden zu veräußern. *Lexmark* sah durch dieses Geschäftsmodell seine auf die Druckerpatronen gerichteten Patentansprüche verletzt. Aufgrund der auf den Druckerpatronen angebrachten *single use restriction* seien die Patentansprüche mit der Veräußerung der geschützten Druckerpatronen nicht erschöpft.[1080]

Mit Blick auf die Entscheidungen, die der U.S. Supreme Court in Sachen *Quanta* herangezogen hat, kommt der District Court zu dem Schluss, dass der U.S. Supreme Court in ständiger Rechtsprechung davon ausgeht, dass ein Patentinhaber sich nicht auf seine patentrechtlichen Befugnisse berufen kann, um Verwendungsbeschränkungen nach der Veräußerung des geschützten Erzeugnisses durchzusetzen.[1081] Die Entscheidung *Quanta* bestätige dieses Ergebnis und führe zu einer Änderung der Rechtslage. Der U.S. Supreme Court habe in seiner Entscheidung ein weites Verständnis des Anwendungsbereichs der Erschöpfungslehre zu Grunde gelegt, entgegen der einschränkenden Anwendung des Federal Circuit.[1082] Eine Aufrechterhaltung der patentrechtlichen Befugnisse durch Vereinbarungen von Veräußerungsbeschränkungen sei daher nicht möglich.[1083]

Eine andere Auffassung verkenne die vom U.S. Supreme Court getroffene Unterscheidung zwischen Beschränkungen, die das Veräußerungsrecht selbst – wie in einem Lizenzvertrag – betreffen und solchen, die der Veräußerung nachgelagerte Nutzungshandlungen berühren.[1084]

In dem Umstand, dass der U.S. Supreme Court sich mit keiner der vom Federal Circuit erlassenen Entscheidungen auseinandersetzt, sieht das Gericht diese Rechtsprechung als stillschweigend verworfen an.[1085]

In einem weiteren von *Lexmark* gegen die Wiederaufarbeitung seiner Druckerpatronen geführten Verfahren bestätigte der District Court of Ohio, Western Division, diese Auslegung der Entscheidung des U.S. Supreme Courts.[1086] Die Rechtsprechung des Federal Circuit in Mallinckrodt sei mit der Entscheidung des U.S. Supreme Court in Sachen *Quanta* schlechthin unvereinbar und daher stillschweigend verworfen. Das Gericht differenziert ebenfalls zwischen Beschränkungen der Befugnisse eines Lizenznehmers und den streitgegenständ-

1080 *Control Components, Inc. v. Lexmark Int'l, Inc.*, 615 F. Supp. 2d 575 (E.D. Ky 2009).

1081 *Control Components, Inc. v. Lexmark Int'l, Inc.*, 615 F. Supp. 2d 575, 582 (E.D. Ky 2009).

1082 *Control Components, Inc. v. Lexmark Int'l, Inc.*, 615 F. Supp. 2d 575, 582 (E.D. Ky 2009).

1083 *Control Components, Inc. v. Lexmark Int'l, Inc.*, 615 F. Supp. 2d 575, 584 (E.D. Ky 2009).

1084 *Control Components, Inc. v. Lexmark Int'l, Inc.*, 615 F. Supp. 2d 575 584 f. (E.D. Ky 2009).

1085 *Control Components, Inc. v. Lexmark Int'l, Inc.*, 615 F. Supp. 2d 575, 585 (E.D. Ky 2009).

1086 *Lexmark International, In., v. INK Technologies Printer Suppliers, LLC, et al.*, 2014 U.S. Dist. LEXIS 41045.

lichen Nutzungsbeschränkungen gegenüber dem Erwerber des patentgeschützten Erzeugnisses. Letztere sind nicht geeignet, den Eintritt der Erschöpfung zu verhindern.[1087] Ein anderes Verständnis wäre nicht nur mit der Entscheidung *Quanta* unvereinbar, sondern würde zu einer erheblichen Unsicherheit im Handelsverkehr führen. Vertriebshändler und Endkonsumenten müssten in diesen Fällen trotz eines *authorized sales* die Inanspruchnahme wegen einer Patentverletzung fürchten. Daher lehnte das Gericht die von *Lexmark* geltend gemachten Ansprüche ab.[1088]

In einer erst im Herbst 2014 erlassenen Entscheidung des District Court for the Northern District of Illinois, Eastern Division scheiterte erneut ein Patentinhaber bei der Durchsetzung seiner Lizenzbeschränkungen gegenüber den Abnehmern seines Lizenznehmers.[1089] Mit einem kurzen Verweis auf die *Quanta* Entscheidung des U.S. Supreme Courts schlussfolgerte das Gericht, wenn der Lizenznehmer in den Grenzen der ihm gewährten Lizenz handle, liege ein die Erschöpfung auslösender *authorized sale vor.* Abnehmer des Lizenznehmers können die erworbenen, patentgeschützten Produkte dann frei ohne jedwede Beschränkung nutzen. Könnte ein Lizenzgeber etwaige Lizenzbeschränkungen auch nach der berechtigten Veräußerung gegenüber Abnehmer des Lizenznehmers durchsetzen, würde dies zu einer Umgehung der Erschöpfung führen und dem Patentinhaber zur Erlangung mehrerer Einnahmen aus ein und derselben Veräußerung verhelfen.[1090]

bb. Der U.S. Supreme Court bestätigt mit *Quanta Computer, Inc. v. LG Electronics, Inc.* die *conditional sale doctrine*

Der District Court for the Eastern District of Texas, Marshall Devision sieht in der *Quanta* Entscheidung des U.S. Supreme Court keine Aufhebung der Rechtsprechung des Federal Circuit.[1091] Vielmehr stellt er darauf ab, dass die Entscheidung allein auf der Auslegung des konkret streitigen Lizenzvertrags

1087 *Lexmark International, In., v. INK Technologies Printer Suppliers, LLC, et al.*, 2014 U.S. Dist. LEXIS 41045, S. 6.

1088 *Lexmark International, In., v. INK Technologies Printer Suppliers, LLC, et al.*, 2014 U.S. Dist. LEXIS 41045, S. 6.

1089 *Cascade Computer Innovation, LLC v. Samsung Elecs. Co.*, 2014 U.S. Dis. LEXIS 128300.

1090 *Cascade Computer Innovation, LLC v. Samsung Elecs. Co.*, 2014 U.S. Dis. LEXIS 128300, S. 10.

1091 *Intergraph Hardware Techs. Co. v. Dell, Inc.*, 2009 U.S. Dist. LEXIS 3193 (E.D. Tex., Jan. 16, 2009).

beruhe. Die Heranziehung der die Erschöpfungslehre bestimmenden Entscheidung Univis zeige, dass nur ein *unconditional sale* die Erschöpfung der patentrechtlichen Befugnisse herbeiführen könne. Dem folgend, sah das Gericht die Befugnisse des Patentinhabers, der seinen Lizenznehmer verpflichtete hatte, jeden Abnehmer auf das Fortbestehen der auf das erworbene Produkt gerichteten Patentrechte hinzuweisen, nicht als erschöpft an.[1092]

3. Ein Blick ins Marken- und Urheberrecht

Bereits der kurze Einblick in die nach der *Quanta* Entscheidung ergangene Rechtsprechung der Instanzgerichte zeigt, dass die Einlassungen des U.S. Supreme Court die Frage zur Rechtsnatur der Erschöpfungslehre nicht klären konnte. Nach wie vor fehlt es an einer eindeutigen Stellungname der Rechtsprechung zur Frage, ob patentrechtliche Befugnisse durch vertraglich vereinbarte Beschränkungen in der Vertriebskette durchgesetzt werden können. Im Urheberrecht und im Markenrecht unterscheidet sich die Anwendung der Erschöpfungslehre soweit es zumindest die Veräußerung geschützter Waren betrifft.[1093]

a. Beschränkungen der Erschöpfungslehre im Urheberrecht

Bereits vor der Normierung der *first sale doctrine* in 17 U. S. C. § 109 (a) ging die Rechtsprechung davon aus, dass vertraglich vereinbarte Beschränkungen hinsichtlich der Verwendung des erworbenen, körperlichen Werkes keine urheberrechtliche Wirkung entfalten.[1094]

So stehe es außer Frage, dass das dem Urheberrechtsinhaber zustehende Verbreitungsrecht nur die erste Veräußerung umfasse. Mit dieser ersten Veräußerung verliere der Urheberrechtsinhaber die Befugnis, den weiteren Vertrieb dieses Werkexemplars zu kontrollieren. Dies gelte selbst dann, wenn der Urheberrechtsinhaber dem Erwerber des Werkexemplars irgendwelche Beschrän-

---

1092 *Intergraph Hardware Techs. Co. v. Dell, Inc.*, 2009 U.S. Dist. LEXIS 3193 (E.D. Tex., Jan. 16, 2009).

1093 *Winston*, George Mason Law Review 2006, 93, 104.

1094 *Bobbs-Merrill Co. v. Straus*, 210 U.S. 339, 28 S. Ct. 722, 52 L. Ed. 1086 (1908), *American International Pictures, Inc. v. Foreman*, 576 F.2d 661, (5th Cir. Ala.1978); ohne direct auf die first sale doctrine Bezug zu nehmen *Clemens v. Estes*, 22 F. 899 (C. C. D. Mass. 1885); *Harrison v. Maynard, Merrill & Co.*, 61 F. 689 (C. C. A. 2d Cir. 1894), *Independent News Co. v. Williams*, 293 F.2d 510, 129 U. S. P. Q. 377 (3d Cir. 1961).

kungen, wie beispielsweise hinsichtlich der weiteren Verwendung, auferlegt. Weder der Ersterwerber noch ein nachfolgender Abnehmer können bei Nichtbefolgung dieser Beschränkungen wegen der Verletzung von Urheberrechten in Anspruch genommen werden.[1095]

Eine Verfolgung der Verletzung derartiger Beschränkungen kommt folglich allenfalls im Wege der Geltendmachung einer Vertragsverletzung in Betracht.[1096]

Durch die Normierung der urheberrechtlichen *first sale doctrine* im Jahr 1976 in 17 U. S. C. § 109 (a) wurde diese Auffassung bestätigt. Die Gesetzesmaterialien zu 17 U. S. C. § 109 (a) betonen, dass Beschränkungen im Rahmen des Veräußerungsgeschäfts keine urheberrechtliche Wirkung entfalten. Nutzt der Erwerber das geschützte Werkexemplar in einer Art und Weise, die gegen die vom Urheberrechtsinhaber festgesetzten Beschränkungen verstößt, kann der Urheberrechtsinhaber allenfalls eine Verletzung vertraglicher Pflichten geltend machen.[1097]

Nachfolgende Gerichtentscheidungen[1098] und das rechtswissenschaftliche Schrifttum[1099] teilten diese Einschätzung.

Technische Neuerungen haben den US-amerikanischen Gesetzgeber wie den deutschen Gesetzgeber dazu veranlasst, für bestimmte Bereiche den Eintritt der Erschöpfung auszuschließen. Im Jahr 1984 kam der Kongress zu dem Ergebnis, dass die Entwicklung neuer Technologie die Etablierung eines neuen, rentablen Geschäftsmodells fördere, nämlich die Vermietung von Tonaufnahmen jeglicher Art. Der Kongress sah durch dieses Geschäftsmodell die gesamte Musikindustrie bedroht.[1100] Aus diesem Grund wurde mit dem Rental Record Act of 1984 die urheberrechtliche *first sale doctrine* angepasst. 17 U. S. C. § 109 (b)(1)(A) behält das Recht, Tonaufnahmen im Wege der Vermietung, Verpachtung oder Leihe zu kommerzialisieren, ausdrücklich dem Urheberrechtsinhaber vor. Durch die Veräußerung einer Kopie der Tonaufnahmen können diese Befugnisse nicht erschöpfen.

In den 80ern des 20. Jahrhunderts etablierte sich ein weiteres Geschäftsmodell, welches den Kongress erneut zu einer Anpassung der *first sale doctrine*

1095 *Pictures, Inc. v. Foreman,* 576 F.2d 661, (5th Cir. Ala.1978).

1096 *Schweyer,* Die rechtliche Bewertung des Reverse Engineering in Deutschland und den USA, 2012, S. 499 m. w. N.

1097 H.R. Rep. No. 94–1476, 79 (1976).

1098 *Manco v. University of the Sciences-Philadelphia,* 2005 WL 1828547 (D. N. J. 2005); UMG *Recordings, Inc. v. Augusto,* 628 F.3d 1175, 97 U. S. P. Q.2d 1244 (9th Cir. 2011).

1099 *Kemper,* 75 A. L. R. FED. 2D 387 (2013), 1; *Nimmer/Nimmer,* Analysis Chapters 7 – 8C; Vol. 2, 2011, § 8.12 [B] [b].

1100 H.R. 987, 98th Cong., 2d Sess. (1984).

veranlasste; die Vermietung von Computerprogrammen. Kopien von Computerprogrammen konnten nicht nur gekauft, sondern auch zu einem erheblich günstigeren Preis gemietet werden. Die vereinbarte Mietdauer war regelmäßig sehr kurz bemessen und für die Urheberrechtsinhaber nicht lohnenswert.[1101] Der Kongress stellte in diesem Zusammenhang fest, dass Kunden dazu neigen, Computerprogramme zu mieten und zu kopieren, anstatt eine Kopie des Programms zu erwerben. Diese Praxis nehme den Urheberrechtsinhabern die Möglichkeit, eine adäquate Gegenleistung für das entwickelte Computerprogramm zu generieren.[1102] Die Urheberrechtsinhaber können dadurch von der Schaffung neuer Produkte abgeschreckt und der technische Fortschritt in Bezug auf die Softwareindustrie gefährdet werden. Aus diesem Grund erstreckte der Kongress den Anwendungsbereich des 17 U. S. C. § 109 (b)(1)(A) auf Computerprogramme.[1103]

Den Erwägungen des Kongresses lässt sich entnehmen, dass die Anwendung der Erschöpfungslehre, die den Urheberrechtsinhaber an der Durchsetzung seiner Ausschließlichkeitsrechte hindert, Ausfluss der widerstreitenden Interessen ist. Eine Ausnahme von dem Eintritt der Erschöpfung scheint dann gerechtfertigt, wenn den Urheberrechtsinhabern die Möglichkeit genommen wird, eine adäquate Belohnung für ihre schöpferische Leistung zu erlangen.[1104] Die Interessen der Abnehmer an einem ungehinderten Warenverkehr und einer unbeschränkten Verwendung der erworbenen Ware müssen in diesen Fällen zurücktreten.

b. Beschränkung der Erschöpfungslehre im Markenrecht

Wie im Urheberrecht ist auch im Markenrecht anerkannt, dass mit der ersten Veräußerung einer Ware, die mit der Marke gekennzeichnet ist, die Möglichkeit des Markeninhabers endet, den weiteren Vertrieb dieser Ware zu kontrollieren.[1105] Der Erwerber kann die mit der Marke gekennzeichneten Waren frei weiterveräußern, selbst wenn der Markeninhaber einen bestimmten Vertrieb untersagen möchte. Die Geltendmachung markenrechtlicher Ansprüche muss

---

1101 *Diacovo,* U. Miami Ent. & Sports L. Rev. 1994, 57, 68 f.

1102 H.R. No. 735, 101st Cong., 2d Sess (1990).

1103 *Diacovo,* U. Miami Ent. & Sports L. Rev. 1994, 57, 69.

1104 *Diacovo,* U. Miami Ent. & Sports L. Rev. 1994, 57, 68 f.

1105 *Barnes,* Santa Clara Computer & High Tech. L. J. 2010, 457, 421; *Calboli,* Santa Clara L. Rev. 2011, 1241, *1242 f.*; *Shanks,* Washburn L.J. 2013, 119, 144.

der Erwerber nicht fürchten.[1106] Die markenrechtlichen Befugnisse sind mit der ersten Veräußerung durch den Markeninhaber erschöpft.

Ausgeschlossen ist der Eintritt der Erschöpfung markenrechtlicher Befugnisse, wenn die mit der Marke gekennzeichnete Ware im Verlauf der Vertriebskette wesentlich verändert wird.[1107] Der Erwerber der Ware ist nur berechtigt, die von ihm erworbene Originalware unverändert weiter zu veräußern. Es sei denn, er weist ausdrücklich darauf hin, dass sich die angebotene Ware vom Originalprodukt unterscheidet.[1108] Ein wesentliche Veränderung (*»material difference«)* der Originalware nimmt die US-amerikanische Rechtsprechung an, wenn die Veränderung für die Kaufentscheidung der Konsumenten relevant ist.[1109] Da viele Faktoren die Kaufentscheidung der Abnehmer beeinflussen, können bereits kleine Abweichungen von der Originalware zum Ausschluss der Erschöpfungswirkung führen.[1110] Die bisher ergangenen Entscheidungen nahmen eine Markenverletzung in Fällen an, in denen die weiterveräußerte Ware sich in ihrem physischem Erscheinungsbild bzw. ihren Eigenschaften von der Originalware unterschied.[1111]

Aber nicht nur physische Veränderungen der Originalware können dem Veräußerer den Einwand der Erschöpfung abschneiden. Der Verlust der Garantie[1112] kann ebenso ein wesentlicher Unterschied sein, wie eine Umverpackung der Originalware,[1113] die dem Markeninhaber die Möglichkeit einräumt, seine markenrechtlichen Befugnisse in der Vertriebskette durchzusetzen.

1106 *Lalonde/Gilson,* Gilson on Trademarks, 2011, § 11.08 [4] [k] [iii] [C] [I]; *Calboli,* Santa Clara L. Rev. 2011, 1241, 1243; *Davidoff & Cie,* S.A v. PLD Int'l Corp., 263 F.3d; 1297, 60 U.S.P.Q.2d 1046 (11th Cir. 2001); *Sebastian Int'l Inc. v. Longs Drug Stores Corp.*, 53 F.3d 1073, 1074, 34 U.S.P.Q.2d 1720 (9th Cir. 1995).

1107 *Calboli,* Santa Clara L. Rev. 2011, 1241, 1250; *Shanks,* Washburn L.J. 2013, 119, 145, Kemper, 75 A.L.R. FED. 2D 387 (2013) § 2; *Nestle,* 982 F.2d at 644 (1st Cir.); *Original Appalachian Artworks,* 816 F.2d at 73 (2d Cir.); *Iberia Foods,* 150 F.3d at 302–3 (3d Cir.); *Martin's Herend Imports, Inc. v. Diamond & Gem Trading USA,* Co., 112 F.3d 1296, 1302 (5th Cir. 1997).

1108 *Lalonde/Gilson,* Gilson on Trademarks, 2011, § 11.08 [4] [k] [iii] [C] [I].

1109 *Beltronics USA, Inc. v. Midwest Inventory Distribution LLC,* 562 F.3d 1067, 1073, (10th Cir. 2009).

1110 *Iberia Foods,* 150 F.3d at 304; *Nestle,* 982 F.2d at 641. *Davidoff & Cie, S.A. v. PLD Int'l Corp.,* 263 F.3d 1297, 1299.

1111 *Davidoff & Cie, S.A. v. PLD Int'l Corp.*, 263 F.3d 1297, 1299.

1112 *Beltronics,* 562 F.3d at 1073; *Societe Des Produits Nestle, S.A. v. Casa Helvetia, Inc.*, 982 F.2d 633, 639 n.7 (1st Cir. 1992).

1113 *Intel Corp. v. Terabyte Int'l Inc.,* 6 F.3d 614, 28 U.S.P.Q.2d 1182 (9th Cir. 1993).

Die von der Rechtsprechung entwickelten Ausnahmen vom Grundsatz der markenrechtlichen *first sale doctrine* haben ihren Ursprung im Sinn und Zweck des Markenrechts. Abnehmer von Markenwaren verbinden mit dem geschützten Zeichen eine bestimmte Herkunft und Qualität. Wird die Originalware ohne Zustimmung des Markeninhabers verändert, besteht die Gefahr, dass diese Erwartungen des Endkunden enttäuscht werden. Nicht autorisierte Veränderungen der Originalware gefährden somit nicht nur die traditionelle Herkunftsfunktion der Marke, sondern auch deren Garantiefunktion. Nicht zuletzt können Veränderungen der Originalware den Ruf des Markeninhabers beeinträchtigen.[1114] Dieser Umstand rechtfertigt die Durchsetzung der Markenrechte nach der ersten rechtmäßigen Veräußerung der Markenware und die Beschränkung der Erschöpfungswirkung.

4. Stellungnahme

Die Qualifizierung der Erschöpfungslehre als *implied license*, die den Eintritt der Erschöpfung bei der Veräußerung geschützter Erzeugnisse der Disposition der Vertragsparteien – und vor allem dem Verhandlungsgeschick des Patentinhabers – unterstellt, verkennt die hinter dem Erschöpfungsgrundsatz stehenden Erwägungen. Vielmehr stellt die Erschöpfungslehre nach US-amerikanischer Rechtsauffassung eine unabdingbare Beschränkung des Patentrechts dar. Dies ergibt sich aus der (a) gebotenen Abgrenzung von Lizenz- und Veräußerungsgeschäft, (b) der Rechtsprechung des U.S. Supreme Court, (c) der jüngsten Rechtsprechung des Federal Circuit, (d) dem Ausgleich der Interessen der beteiligten Akteure und schließlich aus (e) einem Vergleich mit der Anwendung des Erschöpfungsgrundsatzes im Marken- und Urheberrecht.

a. Abgrenzung Lizenz und Veräußerung

Der U.S. Supreme Court stellt in seinen Entscheidungen die Differenzierung zwischen Lizenzbeschränkungen und Beschränkungen im Rahmen des Veräußerungsgeschäfts nicht klar heraus,[1115] wenngleich sie seinen Entscheidungen zu Grunde liegt.[1116] Folglich etablierte sich die Auffassung, die geschilder-

---

1114 *Calboli*, Santa Clara L. Rev. 2011, 1241, 1250.

1115 *Costello*, 18 Tex. Intell. Prop. L.J. 237, 238, 253.

1116 *Hovenkamp*, N.Y.U. Ann. Surv. Am. L. 2010, 487, 527.

ten Konstellationen seien gleich zu behandeln.[1117] Aus der Anerkennung von beschränkt erteilten Lizenzen, deren Überschreitung die patentrechtlichen Befugnisse verletzt, wird die Zulässigkeit von Veräußerungsbeschränkungen geschlossen.[1118]

Die Erschöpfungslehre basiert auf der Überlegung, dass mit der Ausübung des dem Patentinhaber vom Gesetzgeber zugewiesenem ausschließlichem Recht, dem Erstvermarktungsrecht, diese Erzeugnisse nicht mehr dem Schutzbereich des Patentrechts unterstehen. Die auf diese Erzeugnisse gerichteten Patentrechte haben sich im Moment des *authorized sales* erschöpft.[1119]

Die im Gegensatz dazu mögliche Beschränkung des Umfangs der gewährten Lizenz liegt in dem Umstand begründet, dass der Lizenznehmer durch die erteilte Lizenz an den dem Patentinhaber zustehenden Ausschließlichkeitsrechten partizipiert. Der Lizenznehmer übt lediglich an der Stelle des Patentinhabers diese Ausschließlichkeitsrechte aus.[1120]

In welchem Umfang der Lizenznehmer diese Befugnisse ausüben kann, ist den zwischen den Parteien getroffenen Absprachen zu entnehmen. Allein in der Erteilung der Lizenz liegt folglich noch keine die Erschöpfung auslösende Verwertungshandlung des Patentinhabers. Diese Verwertungshandlung nimmt erst der Lizenznehmer durch Veräußerung der patentgeschützten Erzeugnisse anstelle des Patentinhabers vor. Eine solche Veräußerung kann jedoch nur als ein die Erschöpfung auslösender *authorized sale* qualifiziert werden, wenn der Lizenznehmer seine Befugnisse nicht überschreitet. Überschreitet der Lizenznehmer die Grenzen der ihm erteilten Lizenz, handelt er ohne Zustimmung des Patentinhabers.[1121] Veräußerungsgeschäfte, die gegen Lizenzbeschränkungen verstoßen, können nicht als *authorized sale* qualifiziert werden. Fehlt es an einem solchen *authorized sale*, können sich die auf dieses Erzeugnis gerich-

---

1117 *Server/Casey*, Hastings L.J. 2012, 561, 586.

1118 Brief of International Business Machines Corporation as Amicus Curia Brief in Support of Petitioners Quanta, 128 S. Ct. 2109 (No. 06–937) S. 9 abrufbar unter:http://www.americanbar.org/content/dam/aba/publishing/preview/publiced_preview_briefs_pdfs_07_08_06_937_PetitionerAmCuIBM.authcheckdam.pdf, zuletzt abgerufen am 27.01.2016, mit Verweis auf Mitchell v. Hawley, 83 U.S. (16 Wall.) 544, 548 (1873) und United States v. Gen.Elec. Co., 272 U.S. 476, 490 (1926).

1119 *Hungar, IDEA* 2008, 517, 537 f., Fn. 108.

1120 Brief for the United States as Amicus Curiae supporting petitioners, Quanta, 128 S. Ct. 2109 (No. 06–937) S. 16 f., abrufbar unter: http://www.americanbar.org/content/dam/aba/publishing/preview/publiced_preview_briefs_pdfs_07_08_06_937_PetitionerAmCuUSA.authcheckdam.pdf, zuletzt abgerufen am 27.01.2016.

1121 *Hungar, IDEA* 2008, 517, 537 f., Fn. 108.

teten Patentrechte nicht erschöpfen. Dem Patentinhaber steht es daher frei, seine patentrechtlichen Befugnisse gegenüber jedem in der Veräußerungskette durchzusetzen.[1122]

Veräußert der Lizenznehmer die geschützten Erzeugnisse unter Einhaltung der vertraglich gewährten Befugnisse, liegt ein *authorized sale* vor, der zur Erschöpfung der patentrechtlichen Befugnisse führt. Dieser *authorized sale* kann nicht zu einem späteren Zeitpunkt als ein ohne Zustimmung des Patentinhabers erfolgtes Inverkehrbringen qualifiziert werden, nur weil Abnehmer des Lizenznehmers die vom Patentinhaber vorgegeben Beschränkungen hinsichtlich der Verwendung des patentgeschützten Erzeugnisses missachten.[1123]

Ausgehend von dem ausschließlichen Recht des Patentinhabers, den Erstvertrieb patentgeschützter Erzeugnisse zu steuern, ist die Erschöpfungslehre als wesentliche Grenze des gewährten Patentrechts zu qualifizieren. Demgemäß tritt die Erschöpfung der patentrechtlichen Befugnisse kraft Gesetzes mit der Ausübung eben dieser Befugnisse, dem ersten Inverkehrbringen patentgeschützter Waren, ein.[1124] Der Eintritt der Erschöpfung folgt daher nicht aus der Erteilung einer Lizenz im Zuge der Veräußerung patentgeschützter Waren.

b. Der U.S. Supreme Court bestätigt die *conditional sale doctrine* nicht

Die Ablehnung der *conditional sale doctrine* wird durch die *Quanta* Entscheidung des U.S. Supreme Court bestätigt, obgleich sich der U.S. Supreme Court nicht explizit mit der gegenläufigen Auffassung des Federal Circuit auseinandergesetzt hat[1125]. Der U.S. Supreme Court wiederholt an verschiedenen Stellen in den Entscheidungsgründen, dass ein *authorized sale* die Erschöpfung der Patentrechte bewirke. Ferner stützt er seine Entscheidung auf die in der *Univis* Entscheidung entwickelten Grundsätze zur Reichweite der Erschöpfungslehre. Damit bringt der U.S. Supreme Court klar zum Ausdruck, dass diese Grundsätze unabhängig davon gelten, ob die streitgegenständlichen Veräußerungsbeschränkungen andere Gesetze verletzen.

1122 *Hungar, IDEA* 2008, 517, 537 f., Fn. 108.

1123 *Hungar, IDEA* 2008, 517, 541.

1124 Brief for the United States as Amicus Curiae supporting petitioners, Quanta, 128 S. Ct. 2109 (No. 06–937)., abrufbar unter: http://www.americanbar.org/content/dam/aba/publishing/preview/publiced_preview_briefs_pdfs_07_08_06_937_PetitionerAmCuUSA.authcheckdam.pdf, zuletzt abgerufen am 27. 01. 2016.

1125 *Chiapetta,* Santa Clara L. Rev. 2011, 1087, 1132 f.; *Rinehart,* Harv. J. L. & Tech. 2009, 483, 502.

Besonders deutlich betont der U.S. Supreme Court seine Position in der folgenden Zusammenfassung:

> »*The authorized sale of an article that substantially embodies a patent exhausts the patent holder's rights and prevents the patent holder from invoking patent law to control postsale use of the article.*«[1126]

Diese Formulierung legt es nahe, die Erschöpfungslehre als eine unabdingbare Beschränkung des Patentrechts zu qualifizieren.[1127] Die vom Federal Circuit für den Eintritt der Erschöpfung herangezogene Prüfung, ob der Patentinhaber mit der Veräußerungsbeschränkung die Grenzen des gewährten Monopolrechts in wettbewerbswidriger Weise überschreitet, ist damit hinfällig.[1128]

Schließlich steht die vom Federal Circuit herangezogene Auslegung des Begriffs *conditional sale*, nicht mit der vom U.S. Supreme Court entwickelten Erschöpfungslehre im Einklang.[1129] Die Voraussetzung eines *unconditional sales* stellte der U.S. Supreme Court erstmalig im 19. Jahrhundert auf. In dieser Zeit stand hinter dem Begriff des *conditional sales* jedoch eine Vereinbarung, nach der der Übergang der Rechte an dem veräußerten Artikel von der Erfüllung einer Bedingung abhängig war.[1130]

c. Abkehr des Federal Circuit von seiner *conditional sale doctrine*

In einer jüngst vom Federal Circuit erlassenen Entscheidung stand erneut die Erschöpfungslehre im Mittelpunkt. Die Klägerin, Inhaberin verschiedener Patente, die ein Kaffeefiltergerät und entsprechende Kaffeefilterpads schützen, sah ihre Rechte auf die Vorrichtung und das Verfahren zum Brühen von Kaffee mittels der Kaffeefilterpads verletzt. Die Beklagte stellte Kaffeefilterpads her, die in den klägerischen Kaffeemaschinen eingesetzt werden konnten. Zwar waren in diesem Verfahren weder Veräußerungs- noch Lizenzbeschränkungen Gegenstand der streitigen Auseinandersetzung. Die vom Federal Circuit

---

1126 *Quanta Computer Inc., v. LG Electronics, Inc.*, 128 S. Ct. 2109, 2121 (2008).

1127 *Chiapetta,* Santa Clara L. Rev. 2011, 1087, 1114.

1128 *Hungar,* IDEA 2008, 517, S. 532.

1129 Brief for the United States as Amicus Curiae supporting petitioners, Quanta, 128 S. Ct. 2109 (No. 06–937), abrufbar unter: http://www.americanbar.org/content/dam/aba/publishing/preview/publiced_preview_briefs_pdfs_07_08_06_937_PetitionerAmCuUSA.authcheckdam.pdf, zuletzt abgerufen am 29. 01. 2016.

1130 *Harkness v. Russell,* 118 U.S. 663, 666 (1886).

herangezogenen Erwägungen deuten gleichwohl auf eine Abkehr der von ihm entwickelten *conditional sale doctrine* hin.

Unter Bezugnahme auf die *Quanta* Entscheidung des U.S. Supreme Court betont der Federal Circuit, dass – entsprechend der seit langem anerkannten Erschöpfungslehre – die erste autorisierte Veräußerung eines geschützten Erzeugnisses die auf dieses Erzeugnis gerichteten Patentrechte verbrauche.[1131] Der Erschöpfungslehre läge dabei der Gedanke zu Grunde, dass der Patentinhaber die Verwendung der geschützten Erzeugnisse nicht weiter kontrollieren könne, weil er mit der Veräußerung eine angemessene Gegenleistung für das geschützte Erzeugnis erhalten habe.[1132] Lediglich kurz erwähnt der Federal Circuit, dass die Erschöpfung der patentrechtlichen Befugnisse aufgrund der unbedingten Veräußerung der geschützten Vorrichtung eintrete. Bei der weiteren Begründung der Erschöpfungslehre referenziert er auf die Präzedenzfälle des U.S. Supreme Court und nicht auf seine in der Entscheidung *Mallinckrodt* entwickelten Grundsätze.[1133] Ferner führt der Federal Circuit, unter Verweis auf die *Adams* Entscheidung des U.S. Supreme Court aus, dass die Klägerin in unzulässiger Weise, unter Berufung auf ihre patentrechtliche Befugnisse, versucht, Veräußerungsbeschränkungen in Bezug auf die geschützten Erzeugnisse durchzusetzen.

Schließlich betont der Federal Circuit, dass die Wirkung der Erschöpfungslehre darin bestehe, die Reichweite des Patentrechts eindeutig festzulegen und letztlich zu begrenzen. Dem Patentinhaber mehrfach eine Gegenleistung zuzusprechen, würde diesem Prinzip und dem Gesetz entgegenstehen.[1134] Damit wendet sich der Federal Circuit jedoch von seiner *conditional sale doctrine* ab, die dem Patentinhaber die Kontrolle und Streuung seiner Vergütung auf die verschiedenen Vertriebsstufen ermöglichen würde.

Einer Abkehr von der *conditional sale doctrine* steht die bereits im Jahr 2010 ergangene Entscheidung des Federal Circuit in Sachen *Princo Corporation v. International Trade Commission* nicht entgegen. Zwar zog das Gericht hier erneut die in der *Mallinckrodt* Entscheidung entwickelten Grundsätze heran.[1135] Streitpunkt der Entscheidung waren jedoch Lizenzbeschränkungen, die die Herstellung patentgeschützter Erzeugnisse der Erfüllung bestimmter

---

1131 *Keurig, Inc. v. Sturm Foods, Inc.*,732 F.3d, 1370, 1373 (Fed.Cir. 2013).

1132 *Keurig, Inc. v. Sturm Foods, Inc.*,732 F.3d, 1370, 1373 (Fed.Cir. 2013).

1133 *Keurig, Inc. v. Sturm Foods, Inc.*,732 F.3d, 1370, 1374 (Fed.Cir. 2013).

1134 *Keurig, Inc. v. Sturm Foods, Inc.*,732 F.3d, 1370, 1375 (Fed.Cir. 2013).

1135 *Princo Corporation v. International Trade Commission*, 616 F.3d 1318, 1327 (Fed.Cir. 2010).

Standards unterstellten.[1136] Der Entscheidung kann daher keine Aussage zu den hier relevanten Veräußerungsbeschränkungen entnommen werden.

d. Interessenausgleich

Eine Ablehnung der vom Federal Circuit entwickelten *conditional sale doctrine* bringt auch die widerstreitenden Interessen in einen angemessenen Ausgleich.

Auf der einen Seite steht das öffentliche Interesse an der Förderung technischer Entwicklungen. Verfolgt wird dieses Interesse durch die Gewährung eines zeitlich begrenzten Monopolrechts. Auf der anderen Seite steht das Bestreben nach freiem Wettbewerb, Rechtsicherheit und nicht zuletzt die freie Verwendung des privaten Eigentums.[1137] Eine Erweiterung der Rechtposition der Monopolrechtsinhaber würde regelmäßig zu einer Beeinträchtigung des freien Wettbewerbs und der Verwendung geschützter Erzeugnisse führen. Die widerstreitenden Interessen werden dadurch ausgeglichen, dass die dem Patentinhaber aus dem Monopolrecht zustehenden Befugnisse dann enden, wenn er ein geschütztes Erzeugnis in Verkehr gebracht hat. Durch dieses Inverkehrbringen hat er die ihm vom Gesetzgeber eingeräumten Ausschließlichkeitsrechte ausgeübt. Der Fokus liegt dann auf dem Recht des Erwerbers, das von ihm erworbene Eigentum frei von Beschränkungen verwenden zu dürfen.[1138]

Zugleich erhält der Patentinhaber mit der durch die Veräußerung erzielten Gegenleistung eine Belohnung für die Bereicherung des Stands der Technik.

Aus dieser Prämisse der Erschöpfungslehre ziehen Befürworter der *conditional sale doctrine* die unzutreffende Schlussfolgerung, es müsse dem Patentinhaber möglich sein, diese Gegenleistung auf die einzelnen Vertriebsstufen mittels der Durchsetzung von Veräußerungsbeschränkungen aufzuteilen.[1139] Schließlich könnte der Patentinhaber die ihm vom Gesetzgeber eingeräumten Rechte

---

1136 *Lexmark International, In., v. INK Technologies Printer Suppliers, LLC, et al.*, 2014 U.S. Dist. LEXIS 41045, S. 6.

1137 *Gray, Geo. Mason* U. L. Rev. 1990, 803, 805.

1138 *Diacovo,* U. Miami Ent. & Sports L. Rev. 1994, 57, 66; *Costello,* 18 Tex. Intell. Prop. L.J. 237, 238, 264; *Stern,* Alb. L.J. Sci. & Tech. 1994, 1, 5.

1139 Brief of International Business Machines Corporation as Amicus Curia Brief in Support of Petitioners Quanta, 128 S. Ct. 2109 (No. 06–937) S. 10 abrufbar unter:http://www.americanbar.org/content/dam/aba/publishing/preview/publiced_preview_briefs_pdfs_07_08_06_937_PetitionerAmCuIBM.authcheckdam.pdf, zuletzt abgerufen am 27. 01. 2016; *Tong,* Hous. L. Rev. 2009, 1711, 1734.

nur in Teilen veräußern und sich somit bestimmte Rechte vorbehalten.[1140] Die Aufteilung der Zahlungspflichten gegenüber dem Patentinhaber sei schließlich wirtschaftlich vorteilhaft, indem sie eine bessere Verbreitung geschützter Technologie erlaube.[1141] Auch sei sie Ausfluss marktüblicher Verhandlungen.[1142] Nicht zuletzt könne so das wirtschaftliche Risiko der Beteiligten gestreut werden.[1143] Der Erwerber müsse darüber hinaus nur für die von ihm tatsächlich benötigte Art der Verwendung zahlen.[1144] Es sei ihm daher möglich, günstigere Preise auszuhandeln.

Ein System, welches dem Patentinhaber erlaubt, das Patenrecht zu nutzen, um auf den verschiedenen Vertriebsstufen Gebühren für die Nutzung und Verwertung seiner Erfindung zu generieren, bürgt eine erhebliche Unwirtschaftlichkeit und führt zu einer Aushöhlung des weiteren Wettbewerbs.[1145] Dem Patentinhaber wäre es so möglich, den weiteren Warenfluss zu kontrollieren. Die Kontrolle des gesamten Produktions- und Warenflusses überdehnt die hinter dem Patentsystem stehende *ratio,* den stetigen Fortschritt durch Entlohnung der Erfinder zu fördern.[1146]

Darüber hinaus ist es unbillig, die verschiedenen Akteure des weiteren Warenflusses in der Ungewissheit zu belassen, ob die Verwendung des erworbenen und geschützten Erzeugnisses eine Patentverletzungsklage nach sich ziehen könnte. [1147] Der weitere Wettbewerb und Fortschritt könnte durch diese Ungewissheit gelähmt werden.[1148] Diese Nachteile für den Wettbewerb können nicht dadurch ausgeglichen werden, dass für die beschränkte Verwendung des geschützten Erzeugnisses möglicherweise ein günstigerer Anschaffungspreis ausgehandelt werden kann.[1149] Dieser Vorteil kann ohnehin nur realisiert

---

1140 *Tong,* Hous. L. Rev. 2009, 1711, 1728; *Gray, Geo. Mason U.* L. Rev. 1990, 803, 819.

1141 *Austin,* Cardozo L. Rev. (June) 2008, 2947, 2975 f.

1142 *Tong,* Hous. L. Rev. 2009, 1711, 1728.

1143 *Werner,* J. Tech. L. & Pol'y 2010, 275, 287; *Winston,* George Mason Law Review 2006, 93, 109.

1144 *Thorp,* Santa Clara L. Rev. 2010, 1017, 136.

1145 Brief for the United States as Amicus Curiae supporting petitioners, Quanta, 128 S. Ct. 2109 (No. 06–937) S. 16 f., abrufbar unter: http://www.americanbar.org/content/dam/aba/publishing/preview/publiced_preview_briefs_pdfs_07_08_06_937_PetitionerAmCuUSA.authcheckdam.pdf, zuletzt abgerufen am 27. 01. 2016.

1146 *Osborne,* J. Marshall Rev. Intell. Prop. L. [i] 2007, [i]-295, 293.

1147 *Birdwell,* J. Pat. Off. Soc'y 1978, 203, 216; *Costello,* 18 Tex. Intell. Prop. L.J. 237, 238, 264.

1148 *Leija,* Phoenix L. Rev. 2009, 163, 187.

1149 Brief of International Business Machines Corporation as Amicus Curia BRIEF in Support of Petitioners Quanta, 128 S. Ct. 2109 (No. 06–937) S. 10 abrufbar unter:http://www.americanbar.

werden, wenn die sich gegenüberstehenden Verhandlungspartner eine gleich gute Verhandlungsbasis haben. Derjenige, der auf die Verwendung geschützter Technologie wirtschaftlich angewiesen ist, wird regelmäßig gerade in einer schwächeren Position sein.

Es steht daher im Einklang mit dem öffentlichen Interesse, wenn die dem Patentinhaber gesetzlich gewährten Ausschließlichkeitsbefugnisse – in Form der Veräußerung geschützter Erzeugnisse – enden.[1150]

e. Parallele zum Urheber- und Markenrecht

Im Marken- und Urheberrecht fußt die Erschöpfungslehre auf der Überlegung, dass der jeweilige Rechteinhaber nur einmal eine Gegenleistung für das Inverkehrbringen geschützter Erzeugnisse erhalten soll.[1151] Im Marken- und Urheberrecht ist unbestritten, dass Veräußerungsbeschränkungen, bezogen auf die Verwendung erworbener geschützter Erzeugnisse, nicht die Erschöpfung der aus dem jeweiligen Schutzrecht abgeleiteten Rechte hindern. Nur in besonders gelagerten Ausnahmefällen haben sich der Gesetzgeber bzw. die Rechtsprechung für eine Erweiterung der gesetzlich gewährten Ausschließlichkeitsrechte entschieden. Vergleichbare Gesichtspunkte fehlen im Patentrecht. In jedem Fall ist der Eintritt der Erschöpfung der Disposition der Parteien entzogen. Nichts anderes kann daher für die Beurteilung der patentrechtlichen Erschöpfungslehre gelten.[1152]

f. Fazit

Die patentrechtliche Erschöpfungslehre ist folglich eine unabdingbare Begrenzung der Ausschließlichkeitsrechte des Patentinhabers. Aufgrund der Erschöpfungslehre ist es einem Patentinhaber nicht möglich, Veräußerungsbeschrän-

---

org/content/dam/aba/publishing/preview/publiced_preview_briefs_pdfs_07_08_06_937_PetitionerAmCuIBM.authcheckdam.pdf, zuletzt abgerufen am 27. 01. 2016; *Austin*, Cardozo L. Rev. (June) 2008, 2947, 2975 f.

1150 Brief for the United States as Amicus Curiae supporting petitioners, Quanta, 128 S. Ct. 2109 (No. 06–937) S. 16 f., abrufbar unter: http://www.americanbar.org/content/dam/aba/publishing/preview/publiced_preview_briefs_pdfs_07_08_06_937_PetitionerAmCuUSA.authcheckdam.pdf, zuletzt abgerufen am 27. 01. 2016.

1151 *Barnes*, Santa Clara Computer & High Tech. L. J. 2010, 457, 462.

1152 *Zain*, Alb. L.J. Sci. & Tech. 2010, 67, 110.

kungen im Wege der Patentverletzungsklage durchzusetzen. Zum einen hat der Patentinhaber mit der Veräußerung eine entsprechende Gegenleistung erhalten. Zum anderen darf der freie Warenverkehr mit beweglichen Sachen nicht unverhältnismäßig erschwert werden.[1153]

5. Ergebnis

Die Qualifizierung der Erschöpfungslehre als unabdingbare Begrenzung des Patentrechts bewirkt, dass die erste Veräußerung durch den Patentinhaber oder seinen rechtmäßigen Lizenznehmer zum Verbrauch der patentrechtlichen Befugnisse führt. Dem Ersterwerber können weder vom Patentinhaber selbst noch vom Lizenznehmer Beschränkungen zur weiteren Verwendung der geschützten Erzeugnisse auferlegt werden. Der Patentinhaber kann sich Teile seiner Befugnisse nicht über die erste Veräußerung hinaus seiner geschützten Erzeugnisse durch die Vorgabe von Bedingungen und Verwendungsbeschränkungen bewahren.

Lediglich seinem Lizenznehmer kann er vorgeben, in welcher Form die geschützten Erzeugnisse erstmalig in Verkehr gebracht werden dürfen. Handelt der Lizenznehmer innerhalb dieser Befugnisse, erschöpfen die Patentrechte. Der Abnehmer kann die Erzeugnisse frei jedweder Beschränkung verwenden. Verstöße gegen die mit dem Lizenznehmer getroffenen Absprachen durch den Abnehmer stellen keine Patentverletzung dar. Die Patentrechte sind zu diesem Zeitpunkt bereits verbraucht und können nicht wieder aufleben.

1153 So bereits *Gibbons,* Colum. L. Rev. 1966, 423, 459.

C. Die einzelnen Lizenzbeschränkungen

Grundsätzlich gilt im US-amerikanischen Recht, dass der Lizenznehmer die lizenzierte Technologie auf alle Benutzungsarten verwenden darf, wenn der Vertrag die Lizenz nicht ausdrücklich beschränkt.[1154] Lizenzbeschränkungen spielen daher bei Vertragsverhandlungen eine wichtige Rolle. Es ist gemeinhin anerkannt, dass die dem Pateninhaber gemäß 35 U. S. C. § 261 gewährten Rechte getrennt voneinander lizenziert werden können.[1155] Ebenso können grundsätzlich zeitliche, territoriale oder Vorgaben zur Art und Weise der Nutzung Gegenstand von Lizenzbeschränkungen sein, die im Wege der Patentverletzungsklage durchgesetzt werden können.[1156] Aufgrund des weiten Verständnisses zulässiger Lizenzbeschränkungen findet sich in der US-amerikanischen Rechtslehre keine mit der deutschen Rechtslage vergleichbare Diskussion zur Typisierung von Lizenzbeschränkungen. Gleichwohl hatten sich die US-amerikanischen Gerichte und das rechtswissenschaftliche Schrifttum mit ähnlichen Fragen wie die deutsche Rechtslehre auseinanderzusetzen. Im Folgenden werden daher die bereits oben (Fünftes Kapitel C) angesprochenen Lizenzbeschränkungen nach den US-amerikanischen Maßstäben untersucht.

I. Persönliche Lizenzbeschränkungen

In der US-amerikanischen Rechtslehre ist anerkannt, dass Lizenzen persönlich beschränkt werden können. Fehlt diese ausdrückliche Beschränkung, ist hingegen davon auszugehen, dass der Lizenznehmer berechtigt ist, Dritte im Rahmen des Verwertungsprozesses der geschützten und lizenzierten Erzeugnisse einzubeziehen.[1157] Die Einschaltung Dritter im Rahmen der Ausübung der jeweils

---

1154 *Lichtenstein,* Die Patentlizenz nach amerikanischem Recht, 1965, S. 43.

1155 *Milgrim,* Milgrim on licensing, 2002, § 2.33; *Heaton-Peninsular Button Fastener Co. v. Eureka Speciality* Co., 77 F 288, 291.

1156 *Birdwell,* J. Pat. Off. Soc'y 1978, 203, S. 214.

1157 *Carey v. United States,* 326 F.2d 975, 979 (1964): »*Such a license is not restricted to production by the licensee personally or use by him personally or sales by him personally. It permits him to employ others to assist him in the production, and in the use and in the sale of the invention. Nor need he take any personal part in the production. A licensee having the right to produce, use and sell might* gewährten Rechte – Herstellung, Vertrieb, Verwendung – ist grundsätzlich mit umfasst.[1158] Nicht verwechselt werden darf dies mit der Erteilung von Unterlizenzen. Die Einbeziehung von Dritten ist nur dann von der erteilten Lizenz umfasst, wenn es sich um eine Fertigung für Rechnung des Lizenznehmers und unter dessen Verantwortung handelt.[1159]

Grundsätzlich obliegt es den Vertragsparteien, den Kreis der zur Nutzung der geschützten Technologie Berechtigten festzulegen. Die Nutzungsberechtigung kann nur auf einen Betrieb, einen Betriebsteil sowie auf bestimmte Tochtergesellschaften beschränkt oder auf den gesamten Konzern erstreckt werden.[1160] Welchen Personenkreis die erteilte Lizenz umfasst, ist den Absprachen der Vertragsparteien zu entnehmen.[1161]

II. Zeitliche Lizenzbeschränkungen

Innerhalb der Schutzfrist des Patents kann nach US-amerikanischer Rechtsauffassung der Patentinhaber die Lizenz auf jeden beliebigen Zeitraum begrenzen. Die Vereinbarung von Lizenzgebühren über die Patentlaufzeit hinaus ist dagegen unwirksam.[1162]

Nutzt der Lizenznehmer die lizenzierte Technologie nach Beendigung des Lizenzvertrags, jedoch vor Ablauf der Schutzfrist des Patents, verletzt er die Ausschließlichkeitsrechte des Patentinhabers.[1163] Ohne eine zeitliche Begrenzung der Lizenz ist der Lizenznehmer jedoch bis zum Ablauf der Schutzfrist

be interested only in using the article or in selling it; in order to use it or sell it, the article must be produced; to have it produced, his license permits him to engage others to do all the work connected with the production of the article for him.«

1158 *Hatfield, Computer L. Rev. & Tech. J. 2000, 1, 28.*

1159 *Lichtenstein,* Die Patentlizenz nach amerikanischem Recht, 1965, S. 45f.; *Hatfield,* Computer L. Rev. & Tech. J. 2000, 1, 29 m.w.N. zur Rechtsprechung.

1160 *Bernau,* Die Voraussetzungen und Umfang der Haftung des Patentlizenznehmers nach deutschem und US-amerikanischem Recht, 1999, 107.

1161 Keine Erstreckung der Lizenz auf ein Tochterunternehmen bzw. auf ein Unternehmen an dem der Lizenznehmer Hauptanteilseigner war: *De Forest Radio Tel. & Tel. Co. v. Radio Corporation of America,* 3 F.2d 847, 1925 (D. Del. 1925).

1162 *Brulotte et. Al. v. Thys Co.,+*

1163 *Cold Metal Process Co. v. United Engineering & Foundry Co.,* 107 F.2d 27 (U.S. App.1939) *»...in the absence of anything to the contrary, the license is implicitly coextensive in time and territory with the patent.«*

des Patents bei mehreren bis Ablauf des letzten Patents[1164] zur Nutzung der geschützten Technologie berechtigt.[1165]

III. Räumliche Lizenzbeschränkungen

Räumliche Lizenzbeschränkungen gestattet bereits ausdrücklich der Patent Act. Gemäß 35 U. S. C. § 261 können Lizenzen für jeden Teil der Vereinigten Staaten erteilt werden.[1166] Das Lizenzgebiet kann auf einen oder mehrere Staaten oder auf eine bestimmte Fabrikationsstätte begrenzt werden.[1167]

Anders als im deutschen Recht wird die territoriale Beschränkung der Lizenz für alle Schutzrechte gleichermaßen anerkannt.[1168] Eine mit dem deutschen Recht vergleichbare Abstufung für Lizenzen an urheberrechtlich geschützten Werken findet sich in der US-amerikanischen Rechtsauffassung nicht.

Eine territoriale Beschränkung der Lizenz wird jedoch dann als unzulässig angesehen, wenn Zweck dieser Lizenzbeschränkung die Aufteilung der Märkte zwischen Wettbewerbern ist.[1169] Sind Lizenznehmer und Lizenzgeber im selben Produktmarkt tätig und teilen sie im Rahmen einer gegenseitigen Lizenzierung (sogenannter Kreuzlizenzvertrag) bestimmte geografische Gebiete untereinander auf, kann diese Vereinbarung gegen kartellrechtliche Bestimmungen verstoßen.[1170] Umfasst die Lizenz unpatentiertes Know-how oder Produkte, müssen territoriale Begrenzungen ebenfalls anhand der *rule of reason* geprüft werden.[1171]

Trotz der grundsätzlichen Zulässigkeit territorialer Lizenzbeschränkungen können die besonderen Umstände des Einzelfalls dazu führen, dass eine territoriale Lizenzbeschränkung wettbewerbswidrig wirkt und daher unzulässig ist.

1164 *Brulotte et. Al. v. Thys Co.*, 379 U.S. 29, 30, 13 L. Ed. 2d 99, 85 S. Ct. 176 (1964).

1165 *General Talking Pictures v. Western Electric Co. et al.*; 305 U.S. 124, 180. (1938).

1166 *Milgrim, Milgrim on licensing, 2002, § 2.33; Dufresne,* Berkeley Tech. L.J. 2009, 11, S. 17.

1167 *Milgrim,* Milgrim on licensing, 2002, § 2.33 m. w. N. zur Rechtsprechung.

1168 U.S. Department of Justice and the Federal Trade Commission, Antitrust Guidelines for the Licensing of Intellectual Property, April 6, 1995 abrufbar unter http://www.justice.gov/atr/public/guide-lines/0558.htm#back1, zuletzt abgerufen am 29. 01. 2016, führen im Zusammenhang mit der territorial beschränkt erteilten Lizenz an einem Computerprogramm aus: »*...the result of the antitrust analysis would be the same whether the technology was protected by patent, copyright, or trade secret.*«

1169 *Gotts/Fogt, JR.,* AIPLA Q. J. 1994, 1, 11.

1170 *Gotts/Fogt, JR.,* AIPLA Q. J. 1994, 1, 11.

1171 *Gotts/Fogt, J*R., AIPLA Q. J. 1994, 1, 11.

IV. Mengenmäßige Lizenzbeschränkungen

Die Möglichkeit des Patentinhabers, die Verwendung der lizenzierten Technologie auf eine bestimmte Menge zu begrenzen, ist von der US-amerikanischen Rechtsprechung nie ernsthaft in Frage gestellt worden.[1172] Es wird davon ausgegangen, dass es Teil der dem Patentinhaber zustehenden Ausschließlichkeitsrechte sei, den Umfang der Verwendung seiner Erfindung vorzugeben.[1173] Wenn er die Nutzung der patentierten Erfindung in vollem Umfang untersagen kann, muss er im Umkehrschluss deren Verwendung beschränkt auf eine bestimmte Höchstmenge erlauben können. Überschreitet der Lizenznehmer die vorgegebene Höchstmenge, begeht er eine Patentverletzung.

Diskussionen zu der Vorgabe von Mindestmengen hinsichtlich der Herstellung geschützter Erzeugnisse lassen sich weder dem Schrifttum noch der Rechtsprechung entnehmen. In der Praxis wird dies kaum relevant sein. Die wirtschaftlichen Erwartungen des Patentinhabers werden regelmäßig durch die Zahlung von Mindestlizenzgebühren oder der Vereinbarung von Vertragsstrafen abgesichert.

Ferner wird die Vereinbarung einer Mindestmenge an herzustellenden geschützten Produkten kaum patentrechtlich relevant sein. Verkauft der Lizenznehmer über den vertraglich vereinbarten Zeitraum von ihm hergestellte Produkte, sind sie zum Zeitpunkt der Veräußerung bereits rechtmäßig in den Verkehr gebracht worden. Erst wenn sich zum vertraglich vereinbarten Stichtag herausstellt, dass der Lizenznehmer die Mindestvorgabe nicht erfüllen konnte, würde der vom Patentinhaber erteilte Verzicht in Bezug auf die Geltendmachung seiner Ausschließlichkeitsrechte wegfallen. Die zu diesem Zeitpunkt bereits rechtmäßig veräußerten Produkte werden jedoch rückwirkend nicht zu patentverletzenden Erzeugnissen.

1172 *Chisum*, Chisum on patents, 1997, § 19.04 [3] [i]; *United States v. E.I. du Pont de Nemours & Co.*, 118 F. Supp. 41, 226 (D. Del. 1953).

1173 *Schlicher*, J. Pat. & Trademark Off. Soc'y 2008, 758, 773; *Wicks*, U.N.H. L. Rev. 2010, 157, 162; *Chisum*, Chisum on patents, 1997, § 19.04 [3] [i]; *Handler/Blechman*, *Int'l L.* 1980, 403, 421, *Q-Tips, Inc. v. Johnson & Johnson* 109 F. Supp. 657 (D.N.J. 1951).

V. Herstellungslizenz (»*right to make*«)

Eine sogenannte Herstellungslizenz (»*license to make*«) berechtigt den Lizenznehmer, den Gegenstand entsprechend der Beschreibung in der Patentschrift herzustellen.[1174] Das Recht, das hergestellte Erzeugnis zu nutzen und zu verkaufen, ist nicht per se in der Erteilung einer Herstellungslizenz enthalten. Herstellungslizenzen sind daher häufig an eine weitere Nutzungsart gekoppelt. Umfasst die erteilte Herstellungslizenz keine weiteren Nutzungsarten und ist eine reine Herstellungslizenz für eine wirtschaftliche Auswertung der lizenzierten Technologie unzureichend, wird regelmäßig davon ausgegangen, dass der Lizenznehmer aufgrund einer *implied license* auch hinsichtlich der weiteren Nutzungsarten zur Verwendung der geschützten Technologie berechtigt ist.[1175]

1. *No right to combine*

In hochtechnologischen Branchen, in denen sich Patentansprüche häufig nicht nur auf ein Endprodukt richten, sondern zusätzlich auf einzelne Komponenten, haben sich in den USA Lizenzstrategien etabliert, die abhängig von der jeweiligen Vertriebsstufe separate Lizenzen vorsehen.[1176] Beispielsweise werden bestimmten Lizenznehmern nur Nutzungsrechte an den auf die Komponenten gerichteten Patentansprüche gewährt, die zur Herstellung und zum Verkauf der Komponenten berechtigen. Das Recht, die Komponenten zu der geschützten Gesamtvorrichtung zusammenzubauen, wird häufig ausdrücklich ausgeschlossen, um die Rechte einem weiteren Fabrikanten einzuräumen. Diese Lizenzstrategie geht jedoch nur auf, wenn die Veräußerung der geschützten Komponenten nicht zugleich die Erschöpfung der auf die Gesamtvorrichtung

1174 *Bernau,* Die Voraussetzungen und Umfang der Haftung des Patentlizenznehmers nach deutschem und US-amerikanischem Recht, 1999, S. 103.

1175 *Schramm,* Clev.-Marshall L. Rev. 1960, 65, 71; *Sadtler,* J. Pat. Off. Soc'y 1933, 258, 259; *Victory Bottle Capping Machine Co. v. O. & J. Machine Co.,* 1 Cir., 280 F. 753; *Zenith Elecs. Corp. v. PDI Commun. Sys., Inc.,* 522 F.3d 1348, 1360–1362, (Fed. Cir. 2008).

1176 Brief of Interdigital Communications, LLC and Tessera, Inc. as Amicus Curiae in Support of Respondent Quanta, 128 S. Ct. 2109 (No. 06–937) S. 3; abrufbar unter: http://www.americanbar.org/content/dam/aba/publishing/preview/publiced_preview_briefs_pdfs_07_08_06_937_RespondentAmCuInterdigitalComm.authcheckdam.pdf, zuletzt abgerufen am 29. 01. 2016.

gerichteten Patentansprüche bewirkt. In verschiedenen Verfahren hatten sich die US-amerikanischen Gerichte mit eben dieser Frage auseinanderzusetzen.[1177]

a. Inanspruchnahme des Wertes jeder einzelnen Erfindung

Zentrales Argument in der Auseinandersetzung hinsichtlich der Erschöpfung der auf die Gesamtvorrichtung gerichteten Patentansprüche ist die Annahme, dass der Patentinhaber den Wert jeder seiner Erfindungen beanspruchen können muss. Den vollen Wert seiner Erfindungen könne der Patentinhaber nur realisieren, wenn er Lizenzgebühren für jede der verschiedenen Vertriebsstufen verlangen kann.[1178]

Dadurch profitiere der Patentinhaber nicht mehrfach aus ein und demselben Patent im Verlauf der Vertriebskette. Vielmehr beruhen die auf den unterschiedlichen Vertriebsstufen erhobenen Lizenzgebühren auf voneinander verschiedenen Patentansprüchen, die entweder Gegenstand eines oder mehrerer Patente sein können.[1179] Nur eine auf die unterschiedlichen Vertriebsstufen ausgerichtete Lizenzstrategie stelle eine Amortisierung der von den Patentinhabern geleisteten Entwicklungskosten sicher und gewährleiste zukünftige Investitionen.

Zudem müsse es den Vertragsparteien möglich sein, Vertragsbedingungen auszuhandeln, die den Bedürfnissen ihres Unternehmens entsprechen.[1180]

1177 *Cyrix Corp. v. Intel Corp.*, 846 F. Supp. 522 (E.D. Tex. 1994), bestätigt durch 42 F.3d 1411 (Fed.Cir. 1994); *Quanta Computer Inc., v. LG Electronics Inc.*, 128 S. Ct. 2109 (2008).

1178 Brief of Interdigital Communications, LLC and Tessera, Inc. as Amicus Curiae in Support of Respondent Quanta, 128 S. Ct. 2109 (No. 06–937) S. 7; abrufbar unter: http://www.americanbar.org/content/dam/aba/publishing/preview/publiced_preview_briefs_pdfs_07_08_06_937_RespondentAmCuInterdigitalComm.authcheckdam.pdf, zuletzt abgerufen am 29.01.2016.

1179 Brief of Interdigital Communications, LLC and Tessera, Inc. as Amicus Curiae in Support of Respondent Quanta, 128 S. Ct. 2109 (No. 06–937) S. 6, 9; abrufbar unter: http://www.americanbar.org/content/dam/aba/publishing/preview/publiced_preview_briefs_pdfs_07_08_06_937_RespondentAmCuInterdigitalComm.authcheckdam.pdf, zuletzt abgerufen am 29.01.2016.

1180 Brief of Interdigital Communications, LLC and Tessera, Inc. as Amicus Curiae in Support of Respondent Quanta, 128 S. Ct. 2109 (No. 06–937) S. 7; abrufbar unter: http://www.americanbar.org/content/dam/aba/publishing/preview/publiced_preview_briefs_pdfs_07_08_06_937_RespondentAmCuInterdigitalComm.authcheckdam.pdf, zuletzt abgerufen am 29.01.2016.

b. Das »*essential feature*« Konzept des U.S. Supreme Court

Der U.S. Supreme Court löst die Frage, ob der Patentinhaber jeweils eine Entlohnung für die veräußerte Komponente und deren späteren Einbau in die ebenfalls geschützte Gesamtvorrichtung verlangen kann, mit dem *essential feature* Konzept. Dieses Konzept etablierte der U.S. Supreme Court in einem wegweisenden Fall zur patentrechtlichen Erschöpfungslehre im 20. Jahrhundert[1181] und entwickelt es jüngst weiter[1182]. Nach dem essential feature Konzept führt die Veräußerung einer geschützten Komponente zur Erschöpfung der auf die Gesamtvorrichtung gerichteten Patentansprüche, wenn bereits in der Komponente die wesentlichen Merkmale *(»essential feature«)* der patentierten Gesamtvorrichtung verkörpert sind. Als zweite Voraussetzung verlangt der U.S. Supreme Court, dass der veräußerten Komponente keine andere Verwendung zukommt, als zu der geschützten Gesamtvorrichtung weiter verarbeitet zu werden. Voraussetzungen, die das Gericht in der Univis Entscheidung[1183] aufstellte und bejahte.

Der U.S. Supreme Court sah in den von *Univis* veräußerten Linsenrohlingen bereits alle wesentlichen Merkmale der ebenfalls geschützten und an die Bedürfnisse der Endkunden angepassten Brillengläser verwirklicht. Eine andere (nicht-patentverletzende) Funktion als die Weiterverarbeitung komme den Rohlingen ebenfalls nicht zu.[1184] Daher verzichte der Patentinhaber mit der Veräußerung der Linsenrohlinge zugleich auf seine aus der geschützten Gesamtvorrichtung resultierenden patentrechtlichen Ansprüche. Für ausschlaggebend wurde in der *Univis* Entscheidung zunächst gehalten, dass sowohl die Herstellung der Linsenrohlinge als auch die Weiterverarbeitung der Linsenrohlinge zu Endprodukten Gegenstand separater, jedoch in einem Patent formulierter Patentansprüche waren.[1185]

In der jüngst ergangenen *Quanta Entscheidung*[1186] wendete der U.S. Supreme Court die entwickelten Grundsätze auf in verschiedenen Patenten geschützte

1181 *United States v. Univis Lens Company,* 316 U.S. 249, 252 (1942).

1182 *Quanta Computer, Inc. v. LG Elecronics.,* 128 S. Ct. 2109, 2123 (2008).

1183 Siehe zum Sachverhalt Sechstes B.II.1.b.aa.

1184 *United States v. Univis Lens Company,* 316 U.S. 249, 250 (1942).

1185 *Hatfield,* Computer L. Rev. & Tech. J. 2000, 1, S.9; Brief of Respondent LG Electronics, 128 S. Ct. 2109 (No. 06–937 S. 14 abrufbar unter: http://www.americanbar.org/content/dam/aba/publishing/preview/publiced_preview_briefs_pdfs_07_08_06_937_Respondent.authcheckdam.pdf., zuletzt abgerufen am 29. 01. 2016.

1186 Siehe zum Sachverhalt Sechstes Kapitel B.II.2.a.

Erfindungen an. Zwar erkannte das Gericht grundsätzlich an, dass sich die Erschöpfung nicht auf verschiedene Patente auswirke. Wenn jedoch eine Vorrichtung, die Gegenstand des Patents A ist, zugleich die wesentlichen Elemente der von Patent B geschützten Erfindung verkörpere, verhindere allein die Beziehung von Patent A zu Patent B nicht den Eintritt der Erschöpfung.[1187] Ob die auf die Komponente und die Gesamtvorrichtung gerichteten Patentansprüche Gegenstand eines oder mehrerer Patente sind, ist folglich ohne Belang.

Es kommt allein darauf an, dass das veräußerte unvollständige Produkt bereits die wesentlichen Merkmale der geschützten Gesamtvorrichtung beinhaltet.[1188] Ein unvollständiges Produkt verkörpert die wesentlichen Elemente des auf die Gesamtvorrichtung gerichteten Patentanspruchs, wenn die für die Ausführung der geschützten technischen Lehre erforderlichen Schritte lediglich die Anwendung üblicher Prozesse oder die Hinzufügung von Standardteilen erfordern.[1189] In dem Verfahren *Quanta Computer, Inc. v. LG Electronics, Inc.* sah der U.S. Supreme Court diese Voraussetzungen als gegeben an. Die von *Intel* an *Quanta v*eräußerten Chipsets und Mikroprozessoren verkörperten bereits die in den verschiedenen Patenten der *LG Electronics* geschützten technischen Lehren, nämlich die Zugriffskontrolle zu Haupt- und Zwischenspeicher. Die Ausführung der technischen Lehren sei zwar logischerweise erst möglich, wenn diese Produkte mit weiteren Komponenten in einem Computersystem verbaut sind. Hierbei handle es sich aber um die Hinzufügung von Standardteilen, die keinerlei erfinderisches Zutun verlange. Die veräußerten Produkte haben zudem keine andere Verwendung als in Computersystemen mit weiteren Komponenten verbaut und in Betrieb genommen zu werden.[1190]

Schließlich betonte der U.S. Supreme Court, dass es für den Eintritt der Erschöpfung irrelevant sei, ob im Rahmen der weiteren Verarbeitung der unvollständigen Produkte etwas entfernt wird – wie in der *Univis Entscheidung* – oder Komponenten hinzugefügt werden. Es kommt allein darauf an, ob der zur vollständigen Benutzung der geschützten Erfindung erforderliche Schritt »gewöhnlich und nicht erfinderisch« ist.[1191]

Gewöhnlich und nicht erfinderisch ist der letzte zur Gesamtvorrichtung führende Schritt, wenn der erfinderische Kern der Gesamtvorrichtung sich

1187 *Quanta Computer, Inc. v. LG Elecronics.*, 128 S. Ct. 2109, 2120 (2008): »*The sale of a device practices patent A while substantially embodying patent B, its relationship to patent A does not prevent exhaustion of patent B.*«

1188 *Quanta Computer, Inc. v. LG Elecronics.*, 128 S. Ct. 2109, 2121 (2008).

1189 *Quanta Computer, Inc. v. LG Elecronics.*, 128 S. Ct. 2109, 2120 (2008).

1190 *Quanta Computer, Inc. v. LG Elecronics.*, 128 S. Ct. 2109, 2120 (2008).

1191 *Quanta Computer, Inc. v. LG Elecronics.*, 128 S. Ct. 2109, 2120 (2008).

nicht von dem erfinderischen Kern der Komponente bzw. des unvollständigen Produktes unterscheidet. Der U.S. Supreme Court vergleicht somit jeweils die in den Patentansprüchen offenbarte Erfindung und vollzieht damit eine mit der *prior art* vergleichbare Analyse.[1192] Ist der erfinderische Kern der geschützten Komponente und Gesamtvorrichtung identisch, hat der Patentinhaber – entsprechend den Ausführungen des U.S. Supreme Courts – die ihm für diese Erfindung zustehende Entlohnung bereits mit der Veräußerung der Komponente bzw. des unvollständigen Produktes realisiert. Eine darüber hinausgehende Vergütung steht ihm nicht zu. Vielmehr erschöpfen sich bereits mit der Veräußerung der Komponente auch die patentrechtlichen Ansprüche hinsichtlich der Gesamtvorrichtung.

Unterscheiden sich die Patentansprüche von Komponente und Gesamtvorrichtung in ihrem erfinderischen Kern, steht dem Patentinhaber für die Verwendung der Gesamtvorrichtung ebenfalls eine Vergütung zu.[1193]

c. Ergebnis

Nach US-amerikanischer Rechtsauffassung berechtigt die Veräußerung einer geschützten Komponente nicht in jedem Fall zur Herstellung der die Komponente umfassenden Gesamtvorrichtung. Die erworbenen Komponenten können nur dann ohne Zustimmung des Patentinhabers und ggf. Zahlung einer weiteren Lizenzgebühr zu der Gesamtvorrichtung zusammengefügt werden, wenn durch die Veräußerung der Komponente die Patentansprüche an der Gesamtvorrichtung erschöpft sind. Der Eintritt der Erschöpfung ist anhand eines zweistufigen Tests zu ermitteln: (1) Die erworbene Komponente muss die wesentlichen (erfinderischen) Merkmale der Gesamtvorrichtung verkörpern und (2) die einzige vernünftige Verwendung der Komponente liegt in der Ausführung der Patentansprüche.

Nur wenn diese Voraussetzungen nicht vorliegen, die Erschöpfung mithin nicht eintritt, kann der Patentinhaber eine *no right to combine* Klausel im Wege einer Patentverletzungsklage durchsetzen.

1192 *Dufresne,* Berkeley Tech. L.J. 2009, 11, 32; *Werner,* J. Tech. L. & Pol'y 2010, 275, 286; *van Vliet,* 11 Minn. J.L. Sci. & Tech. 2010, 453, 471; *Osborne,* J. Marshall Rev. Intell. Prop. L. [i] 2007, [i]-295, 268; *Osborne,* Santa Clara Computer & High Tech. L.J. 2003, 643, 653.; *Wicks,* U.N.H. L. Rev. 2010, 157, 176; *Schlicher,* J. Pat. & Trademark Off. Soc'y 2008, 758, 764; *Cyrix Corp. v. Intel Corp.,* 846 F. Supp. 522, 534 (E.D. Tex 1994), bestätigt durch 42 F.3d 1411 (Fed. Cir. 1994).

1193 *Osborne,* Santa Clara Computer & High Tech. L.J. 2003, 643, 671.

Liegen die Voraussetzungen des vom U.S. Supreme Court entwickelten *essential feature* Konzepts vor, bleiben dem Patentinhaber nur Ansprüche gegen seinen Lizenznehmer aufgrund einer Vertragsverletzung.

2. Qualität der Herstellung

Weder in der US-amerikanischen Rechtsprechung noch Rechtslehre findet sich eine ausdrückliche Diskussion zur Wirkung von Lizenzbeschränkungen, die dem Lizenznehmer die Einhaltung bestimmter Qualitätsstandards auferlegen.

Der Federal Circuit hat die Durchsetzung von Lizenzbeschränkungen im Wege der Patentverletzung als zulässig eingestuft, wenn die Lizenzbeschränkung durch Bedenken hinsichtlich der Sicherheit und Qualität der Produkte gerechtfertigt sei.[1194] Der Patentinhaber könne schließlich die Verwendung seiner geschützten Technologie unter jede Bedingung stellen, solange diese Gegenstand der patentrechtlichen Ausschließlichkeitsrechte ist.[1195] Nach Auffassung des Federal Circuit ist dies bei Lizenzbeschränkungen der Fall, die der Produktsicherheit und -qualität dienen.

Ebenfalls als eine zulässige und im Wege der Patentverletzungsklage durchsetzbare Lizenzbeschränkung wurde die Vorgabe des Patentinhabers eingestuft, die geschützten Erzeugnisse nicht in einem anderen als vom Patentinhaber gewählten Design herzustellen. Das angerufene Gericht sah diese Beschränkung der Verwendung der geschützten Erfindung als vom Schutzumfang der patentrechtlichen Ausschließlichkeitsrechte umfasst an. Diese Art der Lizenzbeschränkung sei angemessen, da sie dazu diene, die entsprechend der geschützten technischen Lehre hergestellten Erzeugnisse voneinander zu unterscheiden.[1196]

Nach der US-amerikanischen Rechtsauffassung sind somit bestimmte Produkteigenschaften als vom Schutzumfang des patentrechtlichen Ausschließlichkeitsrechts mitumfasst anzusehen. Folglich sind Lizenzbeschränkungen, die eine bestimmte Produktqualität gewährleisten, grundsätzlich zulässig und hindern (bei Verstoß) den Eintritt der Erschöpfung. Ein Verstoß des Lizenznehmers gegen eine solche Lizenzbeschränkung stellt eine Patentverletzung dar.

Soll die Produktqualität der patentgeschützten Erzeugnisse hingegen durch den Bezug bestimmter Materialien oder Rohstoffe vom Patentinhaber sicher-

---

1194 *Patterson,* Fla. St. U. L. Rev 2012, 105, 157, Fn. 249 mit Verweis auf *Mallinckrodt, Inc. v. Medipart, Inc.,* 976 F.2d 700, 702 (Fed. Cir. 1992).

1195 *Mallinckrodt, Inc. v. Medipart, Inc.,* 976 F.2d 700, 708 (Fed. Cir. 1992).

1196 *Bela Seating Co., Inc. v. Poloron Prods., Inc.,* 297 F. Supp. 489, 504 (N.D.Ill.1968), bestätigt durch 438 F2d 733 (7th Cir. 1971), Revision abgelehnt, 403 U.S. 922 (1971).

gestellt werden, handelt es sich um die Vereinbarung einer Bezugspflicht, deren Zulässigkeit anderen Maßstäben folgt.[1197]

VI. Gebrauchslizenz (»*right to use*«)

Der Kauf eines geschützten Erzeugnisses berechtigt auch nach US-amerikanischer Rechtsauffassung zur bestimmungsgemäßen Verwendung des geschützten Artikels. Das Nutzungsrecht umfasst dabei das Recht, den geschützten Gegenstand durch Reparatur- und Instandsetzungsmaßnahmen in einem gebrauchsfähigen Zustand zu halten.[1198]

Das Gebrauchsrecht wurde zum Teil aus einer implizit erteilten Lizenz hergeleitet und daher zum Gegenstand von Beschränkungen gemacht.[1199] Aufgrund der vorzugswürdigen Einordnung der Erschöpfungslehre als Beschränkung der patentrechtlichen Befugnisse leitet sich das Gebrauchsrecht geschützter Erzeugnisse aus der Erschöpfung der patentrechtlichen Befugnisse im Zuge deren Veräußerung ab. Die Auferlegung von Beschränkungen im Rahmen von Veräußerungsgeschäften kann den Eintritt der Erschöpfung nicht hindern.[1200] Einer weiteren Zustimmung seitens des Patentinhabers zur Nutzung des erworbenen und geschützten Gegenstandes bedarf es daher grundsätzlich nicht.

Die Notwendigkeit der Erteilung einer Gebrauchslizenz wird jedoch bei der Veräußerung einer Vorrichtung diskutiert, die für die Durchführung eines patentgeschützten Verfahrens geeignet und bestimmt ist. Fraglich ist in diesem Zusammenhang, ob die Veräußerung der Vorrichtung die Erschöpfung der Verfahrensansprüche bewirkt.

1197 Vgl. zur Zulässigkeit von Bezugspflichten Sechstes Kapitel C.X.

1198 *Chisum,* Chisum on patents, 1997, § 16.03.

1199 *Chemical Separation Technology, Inc. v. United States*, 71 Fed. Cl. 135 (U.S. Ct. Fed. Cl. 2006: »*The ordinary rule, of course, is that, absent an express limitation, the sale of patented item carries with it an implied license to use that item in any fashion the purchaser deems fit.*« mit Verweis auf: *De Forest Radio Tel. & Tel. Co. v. United States*, 273 U.S. 236, 241 (1927); *Wang Lab. v. Mitsubishi Elecs. Am.*, 103 F.3d 1571, 1580 (Fed. Cir.), cert. denied, 522 U.S. 818 (1997).

1200 Siehe hierzu Sechstes Kapitel B.II.4.

1. Die Verknüpfung der Erschöpfung mit einem körperlichen Gegenstand

Sowohl der Federal Circuit[1201] als auch Gerichte der ersten Instanz[1202] haben die Anwendung des Erschöpfungsgrundsatzes auf Verfahrensansprüche abgelehnt, ohne diese Annahme weiter zu begründen.[1203]

Die Ablehnung der Anwendung des Erschöpfungsgrundsatzes auf Verfahrensansprüche lässt sich auf die Diskussion der Erschöpfungslehre vorwiegend im Zusammenhang mit körperlichen Gegenständen zurückführen. Verfahrensansprüche, die häufig unabhängig von einem körperlichen Gegenstand eine bestimmte Arbeitsweise zum Gegenstand haben, scheinen daher ungeeignet für die Anwendung der Erschöpfungslehre.[1204] Ferner wird angeführt, dass der einzige wirtschaftliche Nutzen eines Verfahrensanspruchs dessen Verwendung sei. Das Recht, das geschützte Verfahren zu verwenden folge daher nicht aus dem Grundsatz der Erschöpfung, sondern ist den vertraglichen Absprachen der an der Transaktion Beteiligten zu entnehmen.[1205]

2. Ausschluss der Erschöpfung für Verfahrensansprüche unvereinbar mit der Rechtsprechung des U.S. Supreme Court

Die uneingeschränkte Ablehnung einer Anwendung des Erschöpfungsgrundsatzes auf Verfahrensansprüche ist mit der Rechtsprechung des U.S. Supreme Court unvereinbar. Vielmehr lässt sich bereits jüngeren Entscheidungen des U.S. Supreme Courts entnehmen, dass er eine Erschöpfung von Verfahrensansprüchen nicht für ausgeschlossen hält.

1201 *Bandag, Inc. v. Al Bolser's Tire Stores, Inc.*, 750 F. 2d 903 (Fed. Cir. 1984); *Glass Equip. Dev., Inc. v. Besten, Inc.*, 174 F.3d 1337, 1341 n.1 (Fed. Cir. 1999); *LG Elecs, Inc. v. Bizom Elecs., Inc.*, 453 F.3d 1364, 1370 (Fed. Cir. 2006).

1202 *LG Elecs., Inc. v. Asustek Computer, Inc.*, 248 F. Supp. 2d 912, 918 (N.D. Cal. 2003).

1203 *Dufresne*, Berkeley Tech. L.J. 2009, *11, 28; Osborne*, Santa Clara Computer & High Tech. L.J. 2003, 643, 679.

1204 *Costello*, 18 Tex. Intell. Prop. L.J. 237, 238, 251; *Hatfield*, Computer L. Rev. & Tech. J. 2000, 1, 6; Brief of Respondent, LG Electronics, 128 S. Ct. 2109 (No. 06–937) S. 51 abrufbar unter: http://www.americanbar.org/content/dam/aba/publishing/preview/publiced_preview_briefs_pdfs_07_08_06_937_Respondent.authcheckdam.pdf, zuletzt abgerufen am 29. 01. 2016.

1205 Brief of Respondent, LG Electronics, 128 S. Ct. 2109 (No. 06–937) S. 51 abrufbar unter: http://www.americanbar.org/content/dam/aba/publishing/preview/publiced_preview_briefs_pdfs_07_08_06_937_Respondent.authcheckdam.pdf, zuletzt abgerufen am 29. 01. 2016.

Beispielsweise hat der U.S. Supreme Court angenommen, dass die Veräußerung eines patentgeschützten Kraftstoffes nicht nur zu Erschöpfung dieses Patents führt, sondern auch hinsichtlich des geschützten Verfahrens zur Verwendung des Kraftstoffes in einem Verbrennungsmotor.[1206]

Ebenso hat der U.S. Supreme Court in seiner *Univis Entscheidung*[1207] die Erschöpfung aller aus den Patenten hervorgehenden Ansprüche durch die Veräußerung eines Linsenrohlings angenommen, wobei eines dieser Patente ein Verfahren zum Gegenstand hatte.[1208]

Mit aller Deutlichkeit führte der U.S. Supreme Court die Anwendung der Erschöpfungslehre auf Verfahrenspatente in seiner *Quanta Entscheidung* aus. Der U.S. Supreme Court bestätigt, dass patentgeschützte Verfahren nicht auf die gleiche Art und Weise Gegenstand des Handelsverkehrs sein können, wie körperliche Gegenstände, dennoch können geschützte Verfahren in einem Erzeugnis verkörpert sein. Es bedarf für die Anwendung der Erschöpfungslehre daher keiner Unterscheidung zwischen geschützter Vorrichtung und Verfahren.

Ein Verfahrenspatent nicht dem Anwendungsbereich der Erschöpfung zu unterstellen, würde zu einer Aushöhlung des Erschöpfungsgrundsatzes führen. Patentinhaber könnten schlicht dazu übergehen, ihre Erfindungen in Verfahrensansprüche zu kleiden, anstatt sie als Vorrichtung schützen zu lassen.[1209] Verfahrens- und Vorrichtungsansprüche können dabei so nah beieinander liegen, dass eine eindeutige Zuordnung nicht immer gelingt. Die Formulierung von Patentansprüchen soll jedoch keinen Einfluss auf die Kontrollmöglichkeiten des Patentinhabers hinsichtlich des Warenflusses der geschützten Erzeugnisse haben.

Eine andere Beurteilung würde dazu führen, dass der Erwerber einer Vorrichtung, die zur Durchführung eines patentgeschützten Verfahrens bestimmt ist, trotz des rechtmäßigen Erwerbsvorgangs eine Patentverletzungsklage fürchten

---

1206 *Ethyl Gasoline Corp. v. United States,* 309 U.S. 436, 446, 457 (1940).

1207 *United States v. Univis Lens Co.*, 316 U.S. 241, 250 f. (1942) vgl. zum Sachverhalt Sechstes Kapitel B.II.1.b.aa.

1208 *Osborne,* Santa Clara Computer & High Tech. L.J. 2003, 643, 681.

1209 *Quanta Computer, Inc. v. LG Elecronics.*, 128 S. Ct. 2109, 2117 (2008); Brief for the United States as Amicus Curiae supporting petitioners, Quanta, 128 S. Ct. 2109 (No. 06–937) S. 26, abrufbar unter: http://www.americanbar.org/content/dam/aba/publishing/preview/publiced_preview_briefs_pdfs_07_08_06_937_PetitionerAmCuUSA.authcheckdam.pdf; zuletzt abgerufen am 28. 12. 2014, Brief for Dell Inc. et all as Amicus Curiae in Support of Petitioners, Quanta, 128 S. Ct. 2109 (No. 06–937) S. 25, abrufbar unter: http://www.americanbar.org/content/dam/aba/publishing/preview/publiced_preview_briefs_pdfs_07_08_06_937_PetitionerAmCuDellHewlettPackardCiscoEbay.authcheckdam.pdf, zuletzt abgerufen am 29. 01. 2016.

müsste, sobald er die Vorrichtung zur Ausübung des geschützten Verfahrens einsetzt. Nach Auffassung des U.S. Supreme Courts sei dieses Ergebnis mit dem patentrechtlichen Erschöpfungsgrundsatz unvereinbar.[1210]

Anwendung findet die Erschöpfungslehre auf Verfahrenspatente, wenn die veräußerte Vorrichtung einzig dazu bestimmt ist, das geschützte Verfahren auszuführen und bereits alle wesentlichen Merkmale der patentgeschützten Erfindung verkörpert. Das vom U.S. Supreme Court entwickelte *»essential feature«* Konzept[1211] ist mithin auch bei der Beurteilung der Erschöpfung von Verfahrensansprüchen heranzuziehen.[1212]

3. Ergebnis

Die Erteilung einer Gebrauchslizenz an einem geschützten Verfahren kommt nur dann in Betracht, wenn die veräußerte Vorrichtung nicht bereits alle Merkmale der Erfindung verkörpert oder noch in anderer, nicht patentverletzender Art und Weise, verwendet werden kann. Ist dies nicht der Fall, führt die Veräußerung der Vorrichtung zur Erschöpfung der Verfahrensansprüche. Der Patentinhaber kann Dritten die Ausführung des Verfahrens durch Verwendung der erworbenen Vorrichtung nicht im Wege einer Patentverletzungsklage untersagen.

VII. Vertriebslizenz (*»right to sell«*)

Das Vertriebsrecht, das heißt, das Recht die geschützten Erzeugnisse zu veräußern, kann der Patentinhaber grundsätzlich zum Gegenstand einer separaten Lizenz machen.[1213] Eine reine Vertriebslizenz ist indes für den Lizenznehmer häufig wertlos. Regelmäßig wird in der Vertragspraxis die Vertriebslizenz daher an eine Herstellungslizenz gekoppelt. Im Rahmen dieser Kopplung ist es dem Patentinhaber jedoch möglich, seinem Lizenznehmer vorzugeben, auf welche Art und Weise die geschützten Erzeugnisse erstmalig in den Verkehr gebracht

---

1210 *Quanta Computer, Inc. v. LG Elecronics.*, 128 S. Ct. 2109, 2117 (2008); nunmehr auch der Federal Circuit vgl. *Keurig, Inc. v. Sturm Foods,* Inc.,732 F.3d, 1370 (Fed.Cir. 2013).

1211 Vgl. hierzu Sechstes Kapitel C.V.1.b.

1212 *Dufresne,* Berkeley Tech. L.J. 2009, 11, 32.

1213 *Bernau,* Die Voraussetzungen und Umfang der Haftung des Patentlizenznehmers nach deutschem und US-amerikanischem Recht, 1999, S. 104; *Lichtenstein,* Die Patentlizenz nach amerikanischem Recht, 1965, S. 46.

werden. Der Patentinhaber kann daher seinem Lizenznehmer vorgeben, an welche Kundengruppen er die geschützten Erzeugnisse in Verkehr bringt.[1214]

Stellt der Lizenznehmer die geschützten Erzeugnisse nicht selbst her, sondern bezieht sie vom Patentinhaber oder einer dritten Quelle, ist kein Raum für die Erteilung einer reinen Vertriebslizenz.[1215] Bei der Vorgabe weiterer Vertriebsbedingungen, beispielsweise in Form von Kundenkreisen, würde es sich um Veräußerungsbeschränkungen handeln. Solche *post sale restrictions* entfalten keine patentrechtliche Wirkung.[1216] Bereits der erste Erwerbsvorgang, auch wenn es sich um die Veräußerung der Erzeugnisse vom Patentinhaber selber an seinen Lizenznehmer bzw. Vertriebspartner handelt, ist nämlich der Anknüpfungspunkt für die Anwendung der Erschöpfungslehre.

Mit der ersten rechtmäßigen Veräußerung geschützter Erzeugnisse verbrauchen sich die patentrechtlichen Befugnisse. Der Patentinhaber kann daher nach der ersten rechtmäßigen Veräußerung der geschützten Erzeugnisse deren weitere Verwendung nicht mehr kontrollieren.[1217] Folglich ist es ihm nicht möglich, seinem Lizenznehmer selbst dann, wenn es sich um einen Vertriebspartner handelt, vorzugeben, an welchen Kundenkreis er die Erzeugnisse weiterveräußert. Eine reine Vertriebslizenz im patentrechtlichem Sinn ist daher nur in Fällen denkbar, in denen der Lizenznehmer die Ware Dritten anbietet, ohne den Sachbesitz und das Eigentum an den Erzeugnissen zu erlangen, oder die Ware aus dem Ausland importieren möchte.

VIII. *Field of use*

Häufig werden *field of use* Beschränkungen nicht nur im Zusammenhang mit Lizenzbeschränkungen, sondern auch in Bezug auf *post sale restrictions*[1218] diskutiert. Beide Sachverhalte sind jedoch voneinander zu trennen. Während *post sale restrictions* darauf abzielen, dem Erwerber geschützter Erzeugnisse aufzuerlegen, in welcher Art und Weise er die Erzeugnisse nach Erwerb verwenden darf, legen *field of use* Beschränkungen den Umfang der dem Lizenznehmer zustehenden Befugnisse fest. *Post sale restrictions* liegen außerhalb der dem Patentinhaber zustehenden Ausschließlichkeitsrechte und können daher nicht im Wege einer

1214 *General Talking Pictures Corp. v. Western Electric Co.*, 305 U.S. 124 (1938).

1215 *Lichtenstein,* Die Patentlizenz nach amerikanischem Recht, 1965, S. 46.

1216 Vgl. Sechstes Kapitel B.II.4.

1217 Vgl. Sechstes Kapitel B.II.4.f.

1218 *Patterson,* Wm. & Mary L. Rev. 2007, 157, 164, 176 ff.

Patentverletzungsklage durchgesetzt werden.[1219] Die Zulässigkeit von *field of use* Beschränkungen hängt dagegen davon ab, ob die Beschränkung noch Teil des dem Patentinhabers zustehenden Monopolrechts ist.

1. Die Zulässigkeit von *field of use* Beschränkungen

Die Zulässigkeit von *field of use* Beschränkungen wird regelmäßig auf die *General Talking Pictures* Entscheidung des U.S. Supreme Courts zurückgeführt.[1220] Gegenstand der Entscheidung war eine der *Western Electric Co.* eingeräumte Lizenz zur Herstellung und zum Verkauf von patentierten Röhren und Verstärkern, die sowohl für den privaten als auch gewerblichen Bereich einsetzbar waren. *General Talking Pictures* räumte der *Western Electric Co.* nur das Recht ein, die Röhren und Verstärker für die Verwendung in privaten Radiogeräten herzustellen und zu verkaufen.[1221] Entgegen der lizenzvertraglichen Absprachen veräußerte *Western Electric Co.* die hergestellten Röhren und Verstärker an ein Unternehmen, welches beabsichtigte, die erworbenen Röhren und Verstärker für den kommerziellen Bereich zu verwenden. Der U.S. Supreme Court gab der Patentverletzungsklage von *General Talking Pictures* statt und entschied, dass die Lizenzbeschränkung mit dem Schutzbereich des in Form des Patents gewährten Ausschließlichkeitsrechts vereinbar sei.[1222] Aufgrund der Überschreitung der Lizenzbeschränkung waren die patentrechtlichen Befugnisse von *General Talking Pictures* nicht erschöpft und die Verkäufe nicht autorisiert.

Obgleich diese Entscheidung als Grundlage für die Anerkennung von *field of use* Beschränkungen herangezogen wird, hatte der U.S Supreme Court bereits in vorangegangenen Entscheidungen diesen Standpunkt eingenommen.[1223]

1219 Vgl. Sechstes Kapitel B.II.

1220 *Jackson/Jackson,* Pat. Trademark & Copy. J. Res. & Ed. 1968, 657, 685; *Milgrim,* Milgrim on licensing, 2002, § 2.32*; Wicks,* U. N. H. L. Rev. 2010, 157, 173; *Patterson,* Wm. & Mary L. Rev. 2007, 157, 164; *Szczepanski, APLA Q. J. 1981, 309, 314; Chisum,* Chisum on patents, 1997, § 19.04 [3] [i].

1221 *General Talking Pictures Corp. v. Western Electric Co.,* 305 U.S. 124, 124 (1938).

1222 *General Talking Pictures Corp. v. Western Electric Co.,* 305 U.S. 124, 127 (1938): »*... when an invention is capable of use in different fields, a licensor of the invention may lawfully restrict the license to manufacture and sale of the patented invention for use in only one or some of several distinct fields in which it is useful.*«

1223 *Rubber Co. v. Goodyear,* 76 U.S. (9 Wall.) 788 (1869); *Mitchell v. Hawley,* 83 U.S. (16 Wall.) 544 (1872).

Die grundsätzliche Anerkennung von *field of use B*eschränkungen im Rahmen der Lizenzgewährung durch den U.S. Supreme Court wurde in den 1970er vom United States Justice Department in verschiedenen von ihm angestrengten Verfahren in Frage gestellt. Beispielsweise hielt das United States Justice Department die Vorgabe, ein Medikament nicht in großen Mengen zu vertreiben, für *per se* unwirksam.[1224] Für die grundsätzliche Unzulässigkeit von Verwendungsbeschränkungen wurde ferner in dem Verfahren gegen die *Studiengesellschaft Kohle* plädiert.[1225] Schließlich veröffentlichte die Regierung eine Liste mit Lizenzbeschränkungen, die sie für unzulässig hielt (The nine No-No's).[1226]

Mit den im Jahr 1995 veröffentlichten *Antitrust Guidelines for the Licensing of Intellectual Property* erkannte das United States Justice Department schließlich die grundsätzliche Zulässigkeit von *field of use* Beschränkungen an.[1227]

Damit erkannte das United States Justice Department an, dass *field of use* Beschränkungen grundsätzlich geeignet sind, den Wettbewerb zu fördern.[1228]

Field of use Beschränkungen erlauben die Verbreitung geschützter Technologien in vielen Anwendungsgebieten. Während der Patentinhaber sicherstellen kann, in seinem Tätigkeitsbereich Monopolist zu bleiben.[1229] Der Patentinhaber kann ferner in den verschiedenen Anwendungsgebieten Lizenzgebühren in Abhängigkeit des jeweiligen Marktwertes seiner Erfindung festsetzen.[1230] Der Lizenznehmer hingegen hat die Möglichkeit, eine auf seine Bedürfnisse angepasste, meist günstigere Lizenz an der geschützten Technologie erlangen zu können. Erhält er dagegen eine ausschließliche Lizenz, gewährleistet ihm dies eine Monopolstellung innerhalb des lizenzierten Anwendungsbereichs der Technologie.[1231]

1224 *United States v. Ciba-Geigy Corporation,* 508 F. Supp. 1118 (D.C. N.J. 1976).

1225 *United States v. Studiengesellschaft Kohle* 670 F.2d 1122 (D.C. Cir. 1981).

1226 *Meyers, Nw. J. Int'l L. & Bus.* 1991, 364, 382; *Gilbert/Shapiro,* Brookings Papers on Economics: Microeconomics 1997, 283, 284.

1227 U.S. Dep't of Justice & Fed. Trade Comm'n Antitrust Guidelines for the Licensing of Intellectual Property (Apr. 6, 1995), abrufbar unter: http://www.usdoj.gov/atr/public/guidelines/0558.htm, zuletzt abgerufen am 29.01.2016.

1228 U.S. Dep't of Justice & Fed. Trade Comm'n Antitrust Guidelines for the Licensing of Intellectual Property (Apr. 6, 1995), § 2.3; abrufbar unter: http://www.usdoj.gov/atr/public/guidelines/0558.htm, zuletzt abgerufen am 29.01.2016.

1229 *Hagelin,* Technology innovation law and practice, 2012, 377.

1230 *Meyers,* Nw. J. Int'l L. & Bus. 1991, 364, 368.

1231 *Hagelin,* Technology innovation law and practice, 2012, 378.

Es ist nunmehr allgemein anerkannt, dass *field of use* Beschränkungen zulässige sind[1232] und ein Verstoß des Lizenznehmers den Patentinhaber berechtigt, hiergegen mit den ihm durch das Patentrecht bereitgestellten Mitteln vorzugehen.

Die Zulässigkeit von *field of use B*eschränkungen wird nur dann abgelehnt, wenn sie zu Preisbindungen führen, Märkte oder Kundengruppen aufteilen, die Produktionsleistung begrenzen, die Einführung neuer Konkurrenztechnologie verbieten oder den Verkauf anderer konkurrierender Produkte untersagen.[1233]

2. Der Begriff der *field of use* Beschränkung

Der Begriff der *field of use* Beschränkungen wird zum Teil verwendet, ohne die in Rede stehende Lizenzbeschränkung näher zu betrachten. Beispielsweise wird auch im Rahmen von zeitlichen, räumlichen oder territorialen Begrenzungen des Nutzungsrechts von einer *field of use* Beschränkung gesprochen.[1234] Eine *field of use* Beschränkung ist jedoch enger zu verstehen und umfasst nur solche Beschränkungen, die die Nutzung der lizenzierten Technologie auf ein bestimmtes Anwendungsgebiet oder für ein bestimmtes Produkt begrenzen.[1235] Eine Verwendung der lizenzierten Technologie außerhalb des lizenzierten Anwen-

---

1232 *Szczepanski,* APLA Q. J. 1981, 309, 314; *National Lockwasher Co. v. George K. Garrett Co.,* 137 F. 2d 255 (3d Cir. 1943); *Zajicek v. Koolvent Awning Corp. of America16.* 283 F. 2d 127 (9th Cir. 1960); *McCullough v. Kammerer Corp.* 166 F. 2d 759 (9th Cir. 1948).

1233 *Hagelin,* Technology innovation law and practice, *2012, 378.*

1234 *United States v. Studiengesellschaft Kohle* 670 F.2d 1122 (D.C. Cir. 1981): *»Judicial approval has been given to a wide-range of licensing options that a patentee may utilize in excluding others from «making, using or selling« the subject of his patent claim. He may issue a license for a limited period of time, Pursche v. Atlas Scraper and Engineering Co.,* 300 F.2d 467 (9th Cir. 1961), cert. denied, 371 U.S. 911, 957, 9 L. Ed. 2d 170, 83 S. Ct. 251 (1963); *he may grant a license with territorial limitations, Gayler v. Wilder,* 51 U.S. (10 How.) 477, 13 L. Ed. 504 (1850); *he may grant a license to make and use but not to sell the subject of his patent, Mitchell v. Hawley,* 83 U.S. (16 Wall.) 544, 21 L. Ed. 322 (1872); *or to exercise only one of his rights to make use and sell his invention, Adams v. Burke,* 84 U.S. (17 Wall.) 453, 456, 21 L. Ed. 700 (1873); *E. W. Bliss Co. v. United States,* 253 U.S. 187, 64 L. Ed. 852, 40 S. Ct. 455 (1920). *In short, the patentee may divide and parcel out certain portions of his patent monopoly. Such licensing restrictions have come to be known as «field-of-use« licenses.«*

1235 Meyers, Nw. J. Int'l L. & Bus. 1991, 364, 366; *Hagelin,* Technology innovation law and practice, 2012, 377; *Gotts/Fogt,* JR., AIPLA Q. J. 1994, 1, 10; *Chisum,* Chisum on patents, 1997, § 19.04 [3] [i]; *Turner Glass Corporation v. Hartford-Empire Co.,* 173 F.2d 49, 53 (U.S. App 1949); *Vulcan MFG. Co. v. Maytag Co.,* 73 F.2d 136; (U.S. App 1934).

dungsgebietes stellt eine Patentverletzung dar. Sie ist nicht von der Zustimmung des Patentinhabers umfasst.

Im Rahmen der Vertragsgestaltung wird der Umfang der Lizenz positiv auf ein bestimmtes Anwendungsgebiet festgelegt.[1236] Um dem Nachdruck zu verleihen, folgt meist eine beispielhafte Auflistung von Anwendungsgebieten, die von der Lizenz nicht umfasst sein sollen. Regelmäßig handelte es sich bei den explizit ausgenommenen Anwendungsgebieten um die Bereiche, in denen der Lizenzgeber selber tätig ist. Von einer vollständigen Auflistung der ausgenommenen Anwendungsgebiete wird jedoch abgesehen.

Ein häufig erwähntes Beispiel ist die Beschränkung der an einem pharmazeutischem Wirkstoff eingeräumt Lizenz auf den Bereich der Veterinärmedizin, während die Anwendung für die Humanmedizin explizit ausgeschlossen wird. Im pharmazeutischen Bereich wird zudem die Anwendung eines patentierten Wirkstoffes regelmäßig auf eine bestimmte Therapie beschränkt, wie beispielsweise der Einsatz des Wirkstoffs in der Krebstherapie oder der Behandlung von Diabetes.[1237]

Im Vergleich zu anderen Lizenzbeschränkungen sind *field of use* Beschränkungen verhältnismäßig selten Gegenstand gerichtlicher Auseinandersetzung in den USA gewesen. Sie sind jedoch nunmehr als gemeinhin anerkannt einzustufen.[1238]

3. Ergebnis

Field of use Beschränkungen, die dem Lizenznehmer die Verwendung der lizenzierten Technologie nur für ein bestimmtes Anwendungsgebiet oder eine bestimmte Ausführungsform von Produkten erlauben, sind in der US-amerikanischen Rechtsprechung und Rechtslehre anerkannt und zulässig. Verstößt der Lizenznehmer gegen eine *field of use* Beschränkung, verletzt er die Ausschließlichkeitsrechte des Patentinhabers.

1236 *Meyers,* Nw. J. Int'l L. & Bus. 1991, 364, 366.

1237 *Wicks,* U.N.H. L. Rev. 2010, 157, 163.

1238 Vgl. nur *Princo Corporation v. International Trade Commission,* 616 F.3d 1318, 1328 (Fed. Cir. 2010).

IX. Lizenz für Forschung

Nach US-amerikanischem Recht ist dem Patentinhaber ebenso wie im deutschen Recht vorbehalten, seine Erfindung für wissenschaftliche Zwecke zu verwenden. Unter bestimmten Umständen kann er allerdings eine experimentelle oder nicht gewerbsmäßige Verwendung seiner Erfindung nicht untersagen.[1239]

Ausgehend von einer Gerichtsentscheidung, die sehr knapp das Forschungsprivileg konstruierte,[1240] erließ der Kongress 1984 den Hatch-Waxman Act und normierte das Forschungsprivileg. Dieses Forschungsprivileg bietet Dritten einen sogenannten *safe harbour* für Verwendungen der geschützten Erfindung, die andernfalls eine Patentverletzung darstellen würden. Gemäß 35 U.S.C § 271(e)(1) umfasst die *safe harbour* Ausnahme Handlungen,

> *»solely for uses reasonably related to the development and submission of information under a Federal law which regulates the manufacture, use, or sale of drugs or veterinary biological products.«*

Der Wortlaut des US-amerikanischen Versuchsprivilegs ist eng mit dem Zweck einer arzneimittelrechtlichen Zulassung verbunden.[1241] Auf diesen Tatbestand kann und hat sich daher vor allem die pharmazeutische Industrie berufen. Die Auslegung des als etwas unglücklich empfunden Wortlauts hat zu Irritation bei den Instanzgerichten geführt.[1242]

Klärung brachte eine Entscheidung des U.S. Supreme Courts im Jahr 2005, die die Reichweite des Versuchsprivilegs vorgab.[1243] Demnach umfasst die Ausnahme des 35 U. S. C. § 271(e)(1) alle Handlungen, die einen vernünftigen Bezug zu Informationen haben, die für die Einreichung bei der Food and Drug Administration (»FDA«) relevant sind, einschließlich klinischer Studien zu patentgeschützten Wirkstoffen.[1244] Ein solcher vernünftiger Bezug liegt dann vor, wenn ein Pharmazeut eine vernünftige Grundlage für die Überzeugung hat,

---

1239 *Chisum,* Chisum on patents, 1997, § 16.03.

1240 *Roche Products, Inc. v. Bolar Pharmaceutical Co., Inc.,* 733 F.2d 858, 861 (Fed. Cir. 1984), Revision abgelehnt, 469 U.S. 856 (1984).

1241 *Hufnagel,* PharmR 2006, 209, 210.

1242 *Chisum,* Chisum on patents, 1997, § 16.03 [1] [d] [iii].

1243 *Merck KGaA v. Integra Lifesciences I, Ltd.,* 545 U.S. 193 (2005).

1244 *Merck KGaA v. Integra Lifesciences I, Ltd.,* 545 U.S. 193, 202 (2005).

dass ein geschützter Wirkstoff durch einen bestimmten biologischen Prozess einen bestimmten physiologischen Effekt erzeugt.[1245]

Der Anwendungsbereich des 35 U. S. C. § 271(e)(1) greift ferner ein, wenn die getesteten Wirkstoffe Gegenstand eines Antrages bei der FDA sein könnten und die Tests durchgeführt werden, um die relevanten Informationen für die Antragsstellung zu generieren.[1246] Stellt sich später heraus, dass weder die in den Experimenten verwendeten patentgeschützten Wirkstoffe noch die gewonnenen Informationen im Rahmen der Antragsstellung verwendet werden, führt dies nicht zur Unanwendbarkeit von 35 U. S. C. § 271(e)(1).[1247]

Grundlagenforschung ohne die Absicht, ein Medikament zu entwickeln oder die Überzeugung, dass der untersuchte Wirkstoff einen gewissen physiologischen Effekt erzielt, schützt das Versuchsprivileg hingegen nicht.[1248]

Die explizite gesetzliche Normierung des Versuchsprivilegs sowie das Ringen der Pharmaindustrie um die Reichweite des Versuchsprivilegs zeigen, dass Forschung und Entwicklung mit patentgeschützten Erzeugnissen und Verfahren ein zentraler Bestandteil der patentrechtlichen Befugnisse sind. Diese Befugnisse kann der Patentinhaber einem Dritten in der Form der Lizenzerteilung ausdrücklich gewähren.

Die Zulässigkeit einer Lizenzbeschränkung für den Bereich der Forschung ist in der US-amerikanischen Rechtsprechung, soweit ersichtlich, nicht ausdrücklich diskutiert worden.[1249] Eine Beschränkung der Lizenz für den Bereich Forschung überschreitet weder den physischen noch zeitlichen Schutzumfang des Patents in wettbewerbsschädigender Art und Weise, sondern ist Ausfluss des verfassungsrechtlich gewährten Monopolrechts.

Die Beschränkung der Lizenz auf den Bereich der Forschung ist daher zulässig. Ein Verstoß stellt eine Patentverletzung dar.

1245 *Merck KGaA v. Integra Lifesciences I, Ltd.*, 545 U.S. 193, 207 (2005).

1246 *Merck KGaA v. Integra Lifesciences I, Ltd.*, 545 U.S. 193, 206 (2005).

1247 *Merck KGaA v. Integra Lifesciences I, Ltd.*, 545 U.S. 193, 206 (2005).

1248 *Merck KGaA v. Integra Lifesciences I, Ltd.*, 545 U.S. 193, 205 f. (2005).

1249 In der Entscheidung *AsymmetRx, Inc. v. Biocare Medical* hatte sich der Federal Circuit mit der Frage auseinanderzusetzen, ob die von *Harvard* an *Biocare Medical, LLC* erteilte Lizenz auf den Bereich Forschung beschränkt war. Im Ergebnis verneinte der Fedearl Circuit diese Frage, ohne jedoch die Zulässigkeit einer solchen Beschränkung in Frage zu stellen, *AsymmetRx, Inc. v. Biocare Medical, LLC*, 578 F. Supp. 2d 333, 234 (Fed. Cir. 2009).

X. Bezugspflichten (»*Tying Agreements*«)

Ein *Tying Agreement* oder die Vereinbarung einer sogenannten Bezugspflicht bzw. eine Kopplung liegt dann vor, wenn die Verwendung – wie beispielsweise die Herstellung und Veräußerung – des patentierten Produktes (das bindende Produkt) unter die Bedingung gestellt wird, ein bestimmtes zweites nichtpatentiertes Produkt oder Materialien (gebundenes Produkt) zu erwerben.[1250]

Die Beurteilung der Zulässigkeit von Bezugspflichten in Patentlizenzverträgen hat sich dem Wandel wirtschaftspolitischer Paradigmen angepasst.

1. Die anfängliche Zulässigkeit von Bezugspflichten

Die ersten Entscheidungen US-amerikanischer Gerichte[1251] nahmen eine positive Haltung hinsichtlich der Vereinbarung von Bezugspflichten in Patentlizenzverträgen ein. Nach Auffassung des U.S. Supreme Court war es legitim, wenn der Patentinhaber die Nutzung patentgeschützter Vorrichtung von dem Bezug weiterer Produkte und Materialien abhängig machte, etwa weil der Bezug der Qualität der patentgeschützten Produkte diente.[1252]

In der *Button-Fastener* Entscheidung aus dem Jahr 1896 führte der 6th Circuit beispielsweise aus, dass die Erschöpfung bzw. *first sale rule* nicht eine Lizenzbeschränkung untergrabe, die dem Erwerber der geschützten Vorrichtung den Bezug von unpatentierten weiteren Produkten unmittelbar vom Patentinhaber auferlege.[1253] Das Gericht führte aus, dass die Erschöpfung patentrechtlicher Befugnisse nur dann eintreten könne, wenn die Vorrichtung unbedingt veräußert wurde. Schließlich könne der Patentinhaber seine geschützte Vorrichtung selbst ebenfalls nur mit von ihm stammendem Zubehör und Materialien verwenden. Daher könne er diese Beschränkung seinem Lizenznehmer auferlegen. Die einzige Grenze, die der 6th Circuit sah, war die Schaffung eines Monopols in Bezug auf ein unpatentiertes (gebundenes) Produkt. Im zur Entscheidung stehenden Fall traf dieser Umstand nicht zu.[1254]

1250 *Hayden,* J. Marshall Rev. Intell. Prop. L. [i] 2005, 94, 95.

1251 *Heaton-Peninsular Button-Fastener Co. v. Eureka Specialty Co.* 77 F. 288 (6th Cir. 1896); *Henry v. A.B. Dick Co.,* 224 U.S. 1 (1912).

1252 *Hayden,* J. Marshall Rev. Intell. Prop. L. [i] 2005, 94, 101.

1253 *Hovenkamp,* N.Y.U. Ann. Surv. Am. L. 2010, 487, 499.

1254 *Heaton-Peninsular Button-Fastener Co. v. Eureka Specialty Co.* 77 F. 288 (6th Cir. 1896).

2. Bezugspflichten als *patent misuse*

Die anfängliche Befürwortung von Bezugspflichten revidierte der U.S. Supreme Court in der Entscheidung *Motion Picture Patents Co. v. Universal Film Manufacturing Co.* mit der Begründung, dass die dem Patentinhaber gewährten Ausschließlichkeitsrechte sich nur auf die geschützte Vorrichtung beziehen.[1255] Diese Ausschließlichkeitsrechte befähigen den Patentinhaber nicht, einem Dritten die Verwendung von Materialien im Zusammenhang mit der Nutzung der geschützten Vorrichtung vorzugeben.[1256] In vielen darauf folgenden Entscheidungen hat der U.S. Supreme Court diese ablehnende Haltung gegenüber der Vereinbarung von Bezugspflichten in Patentlizenzverträgen aufrechterhalten.[1257] Er stützt diese Haltung auf die Annahme, dass der Patentinhaber mit der Auferlegung von Bezugspflichten die ihm durch das Patentrecht eingeräumten Privilegien überschreite. Der U.S. Supreme Court stützt damit die Unzulässigkeit von Bezugspflichten auf die *patent misuse* Doktrin.[1258]

3. Bezugspflichten und das *per se* Verbot

In der *International Salt* Entscheidung begründete der U.S. Supreme Court die Unzulässigkeit von Bezugspflichten dagegen mit dem *per se* Verbot[1259] und verknüpfte damit Patent- und Wettbewerbsrecht.[1260] Ein Patent gewähre kein Recht, die Verwendung oder den Handel von unpatentierten Produkten zu beschränken.

1255 *Motion Picture Patents C. v. Universal Film Manufacturing Co.*, 243 U.S. 502 (1917).

1256 *Motion Picture Patents C. v. Universal Film Manufacturing Co.*, 243 U.S. 502, 518 (1917).

1257 Vgl. etwa *United States v. Singer Mfg.* Co., 374 U.S. 174, 196–97 (1963); *Int'l Salt Co. v. United States, 332* U.S. 392, 397 (1947)*; Mercoid Corp., Inc. v. Minneapolis-Honeywell Regulator Co.,* 320 U.S. 680, 684 (1944); *Leitch Mfg. Co. v. Barber Co.,* 302 U.S. 458 (1938).

1258 Ebenso stützt der Federal Circuit die Frage der Zulässigkeit von Bezugspflichten auf die *patent misuse Doktrin vgl. Monsanto Co. v. McFarling,* 363 F.3d 1336, 1341 f. *(Fed. Cir., 2004) »Tying can constitute patent misuse: A patent licensor who conditions the license on a patent licensee's purchase of an unpatented material for use in the invention may, under certain conditions, be impermissibly extending the scope of the subject matter encompassed by the patent grant. See Carbice Corp. of Am. v. Am. Patents Dev. Corp.,* 283 U.S. 27, 30–31, 75 L. Ed. 819, 51 S. Ct. 334, 1931 Dec. Comm'r Pat. 727 (1931); *Senza-Gel Corp. v. Seiffhart,* 803 F.2d 661, 665 (Fed. Cir. 1986).«

1259 *International Salt v. United States,* 332 U.S. 392, 395, 397 (1947).

1260 *Mota, Suffolk* U. L. Rev. 2006, 57, 61.

Aus diesem zunächst letzten vom U.S. Supreme Court entschiedenen Fall zur Zulässigkeit von Bezugspflichten in einem patentrechtlichen Kontext wird die Annahme entlehnt, dass aus einem Patent die Vermutung für das Vorliegen einer gewissen Marktmacht folge.[1261] Bestärkt hat der U.S. Supreme Court diese Auffassung durch ein *obiter dictum* zu Bezugspflichten in einem urheberrechtlichen Kontext. Das Gericht führte aus, dass bei patentgeschützten Produkten eine gewisse Vermutung bestehe, dass der Patentinhaber eine marktbeherrschende Stellung innehat.[1262] Es ist dann Sache des Patentinhabers, diese Vermutung zu wiederlegen.[1263]

4. Bezugspflichten im 21. Jahrhundert

In einer im Jahr 2005 ergangenen Entscheidung berief sich der Federal Circuit sowohl auf die *International Salt* als auch auf die *Loew's* Entscheidung des U.S. Supreme Courts. Aus diesen Entscheidungen folgerte er in Bezug auf die Beurteilung eines Tying Agreements, dass aus dem Patentschutz hinsichtlich eines bindenden Produkts die widerlegbare Vermutung für das Vorliegen von Marktmacht folge.[1264] Die Entscheidungen des U.S. Supreme Courts haben unmittelbar den Grundsatz etabliert, dass Bezugspflichten in einem patentrechtlichen oder urheberrechtlichen Kontext, anders als sonstige Tying Agreements, keine positive Darlegung einer marktbeherrschenden Stellung benötigen. Der U.S. Supreme Court habe in folgenden Entscheidungen diese Rechtsprechung stets bestätigt.[1265]

Hintergrund der Entscheidung war die Vermarktung patentgeschützter Druckersysteme durch die *Illinois Tool Works, Inc.* Sowohl der Druckerkopf als auch der Tintenbehälter des Druckersystems waren patentgeschützt. *Illinois Tool Works, Inc.* vereinbarte mit ihren Kunden, dass die Tintenbehälter ausschließlich mit von *Illinois Tool Works, Inc.* stammender Tinte befüllt werden dürfen. *Independent Ink, Inc.* bot Tinte an, die für den Einsatz in den Druckersystemen der *Illinois Tool Works, Inc.* geeignet war. *Independent Ink, Inc.* griff die Vertragspraxis

1261 *Hayden, J. Marshall Rev. Intell.* Prop. L. [i] 2005, 94, 103.

1262 *United States v. Loew's Inc.*, 371 U.S. 38, 45 (1962).

1263 Gleichwohl stützten die Gerichte der unteren Instanzen weiterhin die Beurteilung von Bezugspflichten auf die *patent misuse* Doktrin. Vgl. nur *Monsanto Co. v. McFarling*, 363 F.3d 1336, 1341 f. (Fed. Cir. 2004) Fn. 1146.

1264 *Illinois Tool Works, Inc. v. Independent Ink, Inc.*, 396 F.3d 1342, 1344 (Fed. Cir. 2005).

1265 *Illinois Tool Works, Inc. v. Independent Ink, Inc.*, 396 F.3d 1342, 1348 f. (Fed. Cir. 2005).

von *Illinois Tool Works, Inc.* mit der Begründung an, es handle sich um eine unzulässige Bezugspflicht.[1266]

Der U.S. Supreme Court nahm diesen Fall indes zum Anlass, seine bisherige Rechtsprechung aufzuheben.[1267] Das Gericht führte aus, dass ein Patent nicht zwingend zu einer marktbeherrschenden Stellung führe.[1268] Eine Ansicht die bis dato bereits in der rechtswissenschaftlichen Literatur wiederholt dargelegt wurde.[1269]

Es obliegt, so der U.S. Supreme Court, demjenigen, der sich auf den Einwand der Wettbewerbswidrigkeit beruft, nachzuweisen, dass der Patentinhaber tatsächlich eine marktbeherrschende Stellung im Markt des patentierten und bindenden Produkts innehat.[1270] Das Gericht legte dar, dass sich die Rechtsprechung des U.S. Supreme Courts im Verlauf der Zeit von einer strikten Missbilligung von Bezugspflichten zu einer liberaleren Haltung entwickelt habe.[1271]

Anstatt von einer Vermutung hinsichtlich des Bestehens einer marktbeherrschenden Stellung auszugehen, verlangt der U.S. Supreme Court eine entsprechende Darlegung. Der Ursprung der Vermutungsregel lag zudem in der *patent misuse* Doktrin und nicht im Kartellrecht.[1272]

Der Gesetzgeber hat hingegen das *per se* Verbot in der Vorschrift zum *patent misuse* bereits im Jahr 1988 davon abhängig gemacht, dass der Patentinhaber eine marktbeherrschende Stellung im relevanten Markt des patentierten und bindenden Produkts tatsächlich besitzt.[1273]

Die Rechtsprechung hatte hinsichtlich der Tying Agreements hingegen an der Vermutungsregel festgehalten und angenommen, dass Bezugspflichten keinen legitimen Zweck verfolgen können. Von diesem *per se* Verbot wendet sich der U.S. Supreme Court nunmehr ausdrücklich ab und fordert den Nachweis einer marktbeherrschenden Stellung im relevanten Markt.[1274]

Die Vereinbarung einer Bezugspflicht in dem Sinne, dass der Erwerb oder die Nutzung patentgeschützter Erzeugnisse an die Bedingung der Verwendung

1266 *Beyerlein,* Mitt. 2006, 197, 197.

1267 *Beyerlein,* Mitt. 2006, 197, 198, *Mota,* Suffolk U. L. Rev. 2006, 57, 65; *Patterson,* IIC 2006, 573, 580.

1268 *Illinois Tool Works, Inc. v. Independent Ink, Inc,* 126 S.Ct. 1281, 1292 (2006).

1269 Vlg. Nur *Hayden,* J. Marshall Rev. Intell. Prop. L. [i] 2005, 94, S. 98 m. w. N. und S. 115 sowie *Burchfiel,* Harv. J. L. & Tech. 1991, 1, S. 57.

1270 *Illinois Tool Works, Inc. v. Independent Ink, Inc,* 126 S.Ct. 1281, 1293 (2006).

1271 *Illinois Tool Works, Inc. v. Independent Ink, Inc,* 126 S.Ct. 1281, 1286 (2006).

1272 *Illinois Tool Works, Inc. v. Independent Ink, Inc,* 126 S.Ct. 1281, 1288 (2006).

1273 35 U. S. C. § 271(d)(5).

1274 *Illinois Tool Works, Inc. v. Independent Ink, Inc,* 126 S.Ct. 1281, 1284. (2006).

nichtgeschützter Produkte gekoppelt wird, ist nicht mehr zwingend rechtswidrig. Nach der US-amerikanischen Rechtsprechung ist sowohl unter dem Gesichtspunkt des *patent misuse* als auch dem des Wettbewerbsrechts erforderlich, dass der Patentinhaber eine marktbeherrschende Stellung im relevanten Markt innehat.

5. Bezugspflichten und die Erschöpfung patentrechtlicher Befugnisse

Die Rechtsprechung des U.S. Supreme Court hat sich im Hinblick auf die Zulässigkeit von Bezugspflichten wieder geöffnet. Die Veräußerung einer patentgeschützten Vorrichtung oder deren spätere Verwendung von dem Bezug weiterer vom Patentinhaber stammender Produkte abhängig zu machen, ist nicht mehr zwingend rechtswidrig. Fraglich ist jedoch, ob eine solche nicht gegen wettbewerbsrechtliche Grundsätze verstoßende Vereinbarung auch im Wege einer Patentverletzungsklage durchgesetzt werden kann, oder ob der Patentinhaber bei einem Verstoß gegen die Bezugspflicht auf Ansprüche wegen Vertragsverletzung beschränkt ist. Ausgehend von den dargelegten Grundsätzen der Erschöpfung ist für die Beantwortung dieser Frage maßgeblich, auf welchen Zeitpunkt die vereinbarte Bezugspflicht abzielt.

Stellt der Patentinhaber die Erteilung einer Herstellungslizenz unter die Bedingung, dass der Lizenznehmer bestimmte für die Herstellung der geschützten Erzeugnisse notwendigen Materialen ebenfalls von ihm bezieht, handelt es sich um eine Lizenzbeschränkung. Diese Lizenzbeschränkung kann im Wege einer Patentverletzungsklage durchgesetzt werden. Die patentrechtlichen Befugnisse des Patentinhaber sind, da es an dem für die Erschöpfungslehre notwendigen Akt des Inverkehrbringens fehlt, nicht verbraucht.

Richtet sich die vereinbarte Bezugspflicht dagegen auf die spätere Verwendung einer erworbenen Vorrichtung, indem beispielsweise die für die Ausführung des patentgeschützten Verfahrens erforderlichen Rohstoffe nur von bestimmten Quellen bezogen werden dürfen, handelt es sich nicht um eine mittels einer Patentverletzungsklage durchsetzbare Beschränkung. Der U.S. Supreme Court hat in der *Quanta* Entscheidung der *conditional sale doctrine e*ine Absage erteilt. Damit kann – entgegen den in der *Button-Fastener* Entscheidung herangezogenen Grundsätze – die Verwendung veräußerter patentgeschützter Erzeugnisse nicht unter patentrechtlich wirkende Bedingungen gestellt werden. Gleiches gilt für die Verwendung patentgeschützter Verfahren. Bereits die Veräußerung einer Vorrichtung, die allein dafür bestimmt ist, das patentgeschützte Verfahren auszuführen, bewirkt die Erschöpfung der auf das Verfahren gerichteten Patentansprüche. Eine Aushebelung dieses Grundsatzes durch vertragliche Absprache ist ausgeschlossen.

6. Ergebnis

Die Vereinbarung von Bezugspflichten in Lizenzverträgen ist zulässig, wenn der Patentinhaber im relevanten Markt keine marktbeherrschende Stellung innehat. Ein Verstoß gegen die vereinbarte Bezugspflicht kann nur im Wege der Patentverletzungsklage durchgesetzt werden, wenn die Bezugspflicht auf einen Zeitpunkt vor der ersten Veräußerung des geschützten Erzeugnisses durch den Patentinhaber oder mit seiner Zustimmung abstellt. Dies ist beispielsweise der Fall, wenn mit der Bezugspflicht bestimmte Vorgaben zur Qualität der herzustellenden geschützten Erzeugnisse verbunden sind. Andernfalls kommen aufgrund des Verstoßes gegen die vereinbarte Bezugspflicht lediglich Ansprüche wegen Vertragsverletzung in Betracht.

Siebentes Kapitel: Zusammenfassung in Thesen

- Während das deutsche Patentgesetz dem Patentinhaber ein positives Benutzungsrecht an seiner Erfindung vermittelt, beschränkt sich die Wirkung des Patents nach US-amerikanischer Rechtsauffassung auf ein Verbietungsrecht.
- Spiegelbildlich zur Qualifizierung der patentrechtlichen Befugnisse vermittelt die Lizenz dem Lizenznehmer nach deutscher Rechtsauffassung ein positives Benutzungsrecht. Eine Lizenz ist folglich die Erlaubnis, die technische Lehre in einer gesetzlich dem Patentinhaber vorbehaltenen Weise zu benutzen. Nach US-amerikanischer Rechtsauffassung handelt es sich hingegen bei einer Lizenz um den Verzicht des Patentinhabers auf die Geltendmachung seiner patentrechtlichen Befugnisse.
- Die Rechtsnatur von Lizenz und Lizenzvertrag wird im deutschen Recht nach wie vor äußerst kontrovers diskutiert. Der Lizenz ist im deutschen wie im US-amerikanischem Recht, unabhängig davon ob es sich um eine ausschließliche oder einfache Lizenz handelt, lediglich schuldrechtliche Wirkung beizumessen. *De lege ferenda* wäre eine Klarstellung durch den deutschen Gesetzgeber wünschenswert. In beiden Rechtsordnungen findet sich zudem die Feststellung, dass der Lizenzvertrag ein Vertrag *sui generies* ist. Die Beurteilung des lizenzvertraglichen Pflichtenprogramms ist durch Einzelfallentscheidungen, die den Lösungsansätzen anderer Vertragstypen entlehnt sind, geprägt. Hinreichende Rechtssicherheit erlangen die Vertragsparteien durch eine explizite Regelung des vertraglichen Pflichtenprogramms.
- Die Erschöpfungslehre ist in beiden Rechtsordnungen als immanente Schranke des Patentrechts zu qualifizieren. Nicht geeignet ist hingegen die Theorie der impliziten Lizenz, um die Erschöpfungslehre zu erklären. Die Qualifizierung der Erschöpfungslehre als implizite Lizenz trägt den Verkehrsinteressen nicht hinreichend Rechnung. Tatbestandliche Voraussetzung für den Eintritt der Erschöpfungslehre ist in beiden Rechtsordnungen die Zustimmung des Patentinhabers, die regelmäßig in Form der Lizenz erteilt wird.
- Die Qualifizierung der Rechtsnatur der Erschöpfung als immanente Schranke des Patentrechts hat zur Folge, dass das erste objektiv nicht patentverletzende Inverkehrbringen geschützter Erzeugnisse zur Erschöpfung der dem Patentinhaber zustehenden Ausschließlichkeitsrechte führt.

Die objektive Anknüpfung der Erschöpfung an den Akt des Inverkehrbringens bewirkt, dass die Erschöpfung umfassend eintritt und, mit Ausnahme des Herstellungsrechts, alle Benutzungsarten umfasst, vorausgesetzt, dass das erste Inverkehrbringen vom Willen (der Lizenz) des Patentinhabers getragen ist.

- Sowohl nach deutscher als auch nach US-amerikanischer Rechtsauffassung können Lizenzen den unterschiedlichsten Beschränkungen unterworfen sein und den Eintritt der Erschöpfung hindern. Allerdings ist nicht jede vertragliche Bestimmung bzw. Abrede geeignet, bei einem Verstoß nicht nur eine Vertragsverletzung, sondern zugleich eine Verletzung des jeweiligen Schutzrechts zu begründen.
- Nach deutscher Rechtsauffassung liegen Lizenzbeschränkungen, die bei einem Verstoß eine Patentverletzung darstellen, dann vor, wenn sich die vertragliche Regelung auf die Einräumung der Lizenz – das positive Benutzungsrecht – bezieht. Gleichwohl ist nicht jede Lizenzbeschränkung geeignet, die Wirkung der Erschöpfung auszuschließen. Nur wenn sich die Lizenzbeschränkung auf eine wirtschaftlich und technisch eigenständige Verwertungsmöglichkeit bezieht, die eine hinreichende Grundlage im Umfang des Schutzrechts hat, kann diese Lizenzbeschränkung erschöpfungshindernd wirken. Es handelt sich dann um eine schutzrechtsbezogene Lizenzbeschränkung.
- Nach US-amerikanischer Rechtsauffassung bildet die *patent misuse* Doktrin die Grenze zulässiger, patentrechtlich wirkender Lizenzbeschränkungen. Demnach ist eine Lizenzbeschränkung dann unzulässig, wenn sie in wettbewerbsschädigender Art und Weise den physischen und zeitlichen Schutzumfang des Patents überschreitet.
- Ausgehend von dem ersten Inverkehrbringen als Grenze der Verbietungsrechte des Patentinhabers ist es für den Eintritt der Erschöpfung jedoch unerheblich, ob der Patentinhaber selbst oder sein Lizenznehmer – im Rahmen seiner Nutzungsberechtigung – die geschützten Erzeugnisse erstmalig in Verkehr bringt. Im letzteren Fall übt der Patentinhaber lediglich die ihm zustehenden Befugnisse durch den Lizenznehmer aus, so dass die Erschöpfung bei einem rechtmäßigem Inverkehrbringen durch den Lizenznehmer eintritt.
- Abzugrenzen sind Lizenzbeschränkungen von Beschränkungen des Veräußerungsgeschäftes. Lizenzbeschränkungen beziehen sich auf die Rechtsbegründung der Nutzungsbefugnisse. Eine Einschränkung der Erschöpfung in der Weise, dass der Patentinhaber nach dem (von seiner Zustimmung umfassten) ersten Inverkehrbringen durch den Lizenznehmer auf den wei teren Absatz Einfluss nehmen kann, können Lizenzbeschränkungen nicht

begründen. Bei derartigen vertraglichen Absprachen handelt es sich um Veräußerungsbeschränkungen, die der *ratio* der Erschöpfungslehre entgegenstehen. Nutzt erst der Abnehmer des Lizenznehmers die erworbenen Erzeugnisse in einer Weise, die dem Lizenznehmer ursprünglich nicht gestattet war, kann der Patentinhaber hiergegen nicht seine ihm durch das Patent gewährten Ausschließlichkeitsrechte durchsetzen.

- Verstößt der Lizenznehmer gegen eine (schutzrechtsbezogene) Lizenzbeschränkung, tritt die Wirkung der Erschöpfung nicht ein. Der Patentinhaber kann seine Befugnisse nicht nur gegenüber seinem rechtswidrigen Lizenznehmer, sondern auch gegenüber dessen Abnehmern durchsetzen.
- Ausgehend von diesen jeweiligen Prüfungsmaßstäben ergibt sich hinsichtlich der patentrechtlichen Durchsetzung von ausgewählten Lizenzbeschränkungen folgendes:

Lizenzbeschränkung	*Deutschland*	*USA*
Persönliche	*Ja*	*Ja*
Zeitliche	*Ja*	*Ja*
Mengenmäßige	*Ja, sofern Höchstmengenbegrenzung*	*Ja, sofern Höchstmengenbegrenzung*
Keine Nutzung eines patentgeschützten Verfahrens bei Erwerb der Vorrichtung	*Ja*	*Nein, es sei denn die veräußerte Vorrichtung verkörpert nicht bereits alle Merkmale der Erfindung oder kann noch in anderer, nicht patentverletzender Art und Weise verwendet werden.*

No right to combine	*Ja*	*Nein, es sei denn die erworbene Komponente verkörpert nicht die wesentlichen (erfinderischen) Merkmale der Gesamtvorrichtung und kann sinnvoll in nicht-patent-verletzender Weise genutzt werden.*
Qualitätsstandards	*Nein*	*Ja*
Vertrieb	*Nein, es sei denn die Vertriebslizenz ist an eine Herstellungslizenz gekoppelt oder betrifft den Import geschützter Erzeugnisse.*	*Nein, es sei denn die Vertriebslizenz ist an eine Herstellungslizenz gekoppelt oder betrifft den Import geschützter Erzeugnisse.*
Field of use	*Ja*	*Ja*
Forschung und Lehre	*Ja*	*Ja*
Bezugspflichten	*Ja, wenn sich die Bezugspflicht auf ein Mittel bezieht, dass funktional mit dem Erfindungsgedanken zusammenwirkt und dabei gerade zur Verwirklichung des Erfindungsgedankens beiträgt.*	*Ja, es sei denn der Patentinhaber hat eine marktbeherrschende Stellung im relevanten Markt inne.*

Achtes Kapitel: Annex zur Entscheidung des U.S. Supreme Court in Sachen Lexmark International, Inc. v. Impression Products, Inc. vom 30.05.2017

Nach Einreichung der Dissertation haben der Federal Circuit[1275] und der U.S. Supreme Court[1276] in dem Verfahren *Lexmark International, Inc. v. Impression Products, Inc.* Entscheidungen erlassen, die sich erneut mit grundlegenden Fragen der Erschöpfungslehre auseinandersetzten. Der U.S. Supreme Court nutzte in diesem Verfahren die Gelegenheit, sich mit der vom Federal Circuit entwickelten *conditional sale doctrine* und den umwstrittenen *single-use/no-resale* Beschränkungen auseinanderzusetzen.[1277] Ferner nahm der U.S. Supreme Court zur Frage der internationalen Erschöpfung im Patentrecht Stellung.[1278] Diese Entscheidungen werden nachfolgend unter Anknüpfung der bisherigen Ausführungen der Dissertation dargestellt.

A. Sachverhalt

Lexmark,[1279] Hersteller von Laserdruckern und Tonerkartuschen, vertreibt diese Toner-kartuschen innerhalb der USA und weltweit. *Lexmark* ist Inhaberin von Patenten, die sowohl die Tonerkartuschen als Erzeugnis als auch deren Verwendung schützen. Bei der Veräußerung der Tonerkartuschen räumt *Lexmark* seinen Kunden zwei Optionen ein: *(i)* Erwerb der Tonerkartuschen zum vollen Preis oder *(ii)* Erwerb der Tonerkartuschen zu einem reduzierten Preis im Rahmen des *Lexmark »Return Program«*. Kunden, die sich für den Erwerb der Tonerkartuschen zu einem reduzierten Preis entschieden, mussten sich vertraglich verpflichten, die Tonerkartuschen nur einmal zu verwenden und die

---

1275 *Lexmark International, Inc. v. Impression Products, Inc.*, 816 F.3d 721 (Fed.Cir. 2016) *(en banc).*

1276 *Lexmark International, Inc. v. Impression Products, Inc.*, 581 U.S. 1523 (2017).

1277 Siehe auch Sechstes Kapitel B.

1278 Siehe auch Drittes Kapitel B.III.2.

1279 Siehe auch zu parallel geführten Verfahren Sechstes Kapitel B.II.2.d.aa.

leeren Tonerkartuschen ausschließlich an *Lexmark* zurückzugeben. *Impression* erwarb unter dem Return Program von *Lexmark* veräußerte Tonerkartuschen in den USA. Zudem importierte *Impression* im Ausland erworbene Tonerkartuschen in die USA. Die erworbenen Tonerkartuschen bereitete *Impression* auf und veräußerte sie erneut.[1280]

Lexmark verklagte Impression wegen der Verletzung ihrer Patente. *Lexmark* stützte die behauptete Verletzung auf zwei Gruppen der von Impression in Verkehr gebrachten Tonerkartuschen. Die eine Gruppe waren Tonerkartuschen, die unter dem *Return Program* innerhalb der USA veräußert und von *Impression* erworben, aufbereitet und von *Impression* in den USA wieder in Verkehr gebracht wurden. *Lexmark* argumentierte, dass aufgrund des ausdrücklichen Verbotes der Wiederaufbereitung der Tonerkartuschen *Impression* die *Lexmark* Patente verletze. Die zweite Gruppe waren Tonerkartuschen, die *Lexmark* im Ausland veräußert hatte. Dabei handelte es sich sowohl um Tonerkartuschen die unter dem Return Program veräußert wurden, als auch um Tonerkartuschen, die zu dem regulären Preis vertrieben wurden. *Impression* erwarb Tonerkartuschen beider Gruppen und importierte sie in die USA. *Lexmark* führte aus, dem Import der Tonerkartuschen in die USA zu keinem Zeitpunkt zugestimmt zu haben. Daher verletzte der Import die *Lexmark* Patente.[1281]

Impression verteidige sich gegen den Angriff von *Lexmark* letztlich nur mit einem Argument, der Erschöpfung der patentrechtlichen Befugnisse.[1282]

Der zunächst angerufene District Court wies die Klage *Lexmarks,* soweit es die in den USA durch *Lexmark* veräußerten Tonerkartuschen betraf, ab, gab ihr jedoch hinsichtlich der aus dem Ausland importierten Tonerkartuschen statt.[1283]

Die Streitparteien legten gegen diese Entscheidung jeweils Berufung ein. Nach der mündlichen Verhandlung vor einem dreiköpfigen Richtergremium

---

1280 Vgl. zum Sachverhalt die Ausführungen in den Entscheidungen *Lexmark International, Inc. v. Impression Products, Inc.*, 816 F.3d 721 (Fed.Cir. 2016) *(en banc)* und *Lexmark International, Inc. v. Impression Products, Inc.*, 581 U.S. 1523 (2017).

1281 Vgl. zu den Ausführungen der Streitpaarteien *Lexmark International, Inc. v. Impression Products, Inc.*, 816 F.3d 721 (Fed.Cir. 2016) (en banc) und *Lexmark International, Inc. v. Impression Products, Inc.*, 581 U.S. 1523 (2017).

1282 Wie zuvor.

1283 *Lexmark Int'l, Inc. v. Ink Techs. Printer Supplies, LLC,* 2014 WL 1276133 (S.D. Ohio Mar. 27, 2014).

entschied der Federal Circuit den Fall *en banc* zu höheren und forderte zur Einreichung von *Amicus Curiae* Stellungnahmen auf.[1284]

Die vorgetragenen Argumente und eingereichten *Amicus Curriae* adressierten im Wesentlichen zwei Fragen: (i) hat die Entscheidung in Sachen *Quanta*[1285] die vom Federal Circuit in *Mallinckrodt*[1286] aufgestellten Grundsätze überholt und hat (ii) die Entscheidung *Kirtsaeng*[1287] die Entscheidung *Jazz Photo*[1288] außer Kraft gesetzt hat.[1289]

B. Die Entscheidung des Federal Circuits

Der Federal Circuit gab der Klage von *Lexmark* vollumfänglich statt. Er sah sowohl aufgrund der Veräußerung der von unter dem Return Programm erstmalig in Verkehr gebrachten und wieder aufbereiteten Tonerkartuschen als auch in dem Import von im Ausland erworbenen Tonerkartuschen die Patentrechte von Lexmark verletzt.

I. *No-resale/single-use*-Beschränkungen

Im Hinblick auf die Frage, ob eine Verletzung einer *no-resale/single use* Beschränkung, also sogenannte *poste sale* Beschränkungen eine Patentverletzung darstellen, bestätigte der Federal Circuit die von ihm in der Entscheidung *Mallinckrodt* aufgestellten Grundsätze und wies zugleich Behauptungen zurück, die Entscheidung des U.S. Supreme Courts in Sachen *Quanta* hätte die von ihm

1284 Anordnung des Federal Circuit vom 14.04.2015 abrufbar unter: http://www.cafc. uscourts.gov/sites/default/files/opinions-orders/14–1617enbanc.pdf; zuletzt abgerufen am 30.03.2018; der von der US-amerikanischen Regierung eingereichte Amicus Curiae führte beispielsweise aus, die Entscheidung *Mallinckrodt* aus dem Jahr 1992 gäbe die Grundsätze der Erschöpfungslehre unzutreffend wieder und sei jedenfalls duch die Entscheidung *Quanta* des U.S. Supreme Courts aufgebogen worden vgl. *Lexmark International, Inc. v. Impression Products, Inc.*, 816 F.3d 721 (Fed. Cir. 2016) *(en banc)*.

1285 Siehe auch Sechstes Kapitel B.II.2.

1286 Siehe auch Sechstes Kapitel B.II.1.b.bb.

1287 Siehe auch Drittes Kapitel B.III.2.a.

1288 Siehe auch Drittes Kapitel B.III.2.

1289 *Duffy, John F./Hynes, Richard M.*, 103 Va. L. Rev. Online 1, 2.

aufgestellten Grundsätze zu *post sale* Beschränkungen aufgehoben.[1290] Seine Entscheidung stützte der Federal Circuit im Wesentlichen auf folgende Argumente: (1) dem Fehlen eines *authorized sale* und (2) der Unanwendbarkeit der U.S. Supreme Court Entscheidung in Sachen *Quanta.*

1. *Authorized sale*

Seine Ausführungen beginnt der Federal Circuit beginnt mit einer Differenzierung der Verletzungstatbestände im Patent Act und Copyright Act und weist darauf hin, dass im Patent Act eine Legaldefinition der Erschöpfungslehre fehle. Ausgehend vom Wortlaut des § 271 (a) Patent Act (»without authority«) bedürfe es der Erteilung einer Erlaubnis (»authority«) durch den Patentinhaber, damit die Nutzung patentgeschützter Erzeugnisse keine Patentverletzung darstelle.[1291] Unter Verweis auf die *Mallinckrodt Entscheidung* stellt der Federal Circuit klar, dass eine Veräußerung, die unter einer eindeutig formulierten post-sale oder resale Beschränkung stehe, dem Erwerber keine Befugnisse hinsichtlich der Verwendung des geschützten Erzeugnisses einräumen könne, die eben von dieser Beschränkung ausgeschlossen wurden. Voraussetzung sei lediglich, dass diese Beschränkung nicht gegen zwingendes Recht verstoße.[1292]

Ferner gäbe es weder einen überzeugenden Grund, noch eine entsprechende Entscheidung des U.S. Supreme Court, die es rechtfertigen dem Patentinhaber geringere Rechte einzuräumen, wenn er ein geschütztes Erzeugnis selbst veräußert anstatt durch einen Lizenznehmer.[1293]

2. Entscheidung Quanta nicht anwendbar

Die in vorangegangenen Entscheidungen vom Federal Circuit zu *post-sale* Beschränkungen aufgestellten Grundsätze habe die Entscheidung des U.S. Supreme Court in Sachen *Quanta vs. LG Electronics* nicht aufgehoben. Der Ent-

1290 *Lexmark International, Inc. v. Impression Products, Inc.*, 816 F.3d 721 (Fed.Cir. 2016) *(en banc).*

1291 *Lexmark International, Inc. v. Impression Products, Inc.*, 816 F.3d 721 (Fed.Cir. 2016) *(en banc).*

1292 *Lexmark International, Inc. v. Impression Products, Inc.*, 816 F.3d 721 (Fed.Cir. 2016) *(en banc).*

1293 *Lexmark International, Inc. v. Impression Products, Inc.*, 816 F.3d 721 (Fed.Cir. 2016) *(en banc).*

scheidung *Quanta* habe ein ganz anderer Sachverhalt zu Grunde gelegen. Gegenstand sei weder die Veräußerung eines geschützten Gegenstandes durch den Patentinhaber gewesen, noch habe der Lizenznehmer bei der Veräußerung der geschützten Erzeugnisse irgendwelchen Beschränkungen unterlegen.[1294] Vielmehr habe der U.S. Supreme Court entschieden, dass Verfahrensansprüche ebenfalls den Grundsätzen der Erschöpfungslehre unterstehen und in welchem Umfang das veräußerte Erzeugnis die geschützten technischen Lehren verkörpern muss, damit dessen Veräußerung zum Verbrauch der patentrechtlichen Befugnisse führt.[1295]

Darüber hinaus sei Gegenstand der Entscheidung *Quanta* nicht die Veräußerung patentgeschützter Erzeugnisse durch den Patentinhaber gewesen sondern durch einen Lizenznehmer, der unstreitig keinen Beschränkungen bei der Veräußerung der Erzeugnisse unterlag.[1296]

Schließlich habe sich der U.S. Supreme Court nicht mit der *Mallinckrodt* Entscheidung auseinandergesetzt, obwohl die in der Vorinstanz vom Federal Circuit erlassene Entscheidung maßgeblich auf die in der *Mallinckrodt* Entscheidung aufgestellten Grundsätze Bezug nahm und die Regierung in dem übersandten *Amicus Curiae* Brief ausdrücklich die Aufhebung dieser Grundsätze verlangte.[1297]

3. Zulässigkeit von Veräußerungsbeschränkungen

Schließlich setzt sich der Federal Circuit mit der Zulässigkeit von Veräußerungsbeschränkungen auseinander. Deren Zulässigkeit leitet der Federal Circuit zum einen aus dem Wortlaut des § 271(a) Patent Act und früheren Supreme Court Entscheidungen her.

Aus dem Wortlaut des § 271(a) Patent Act ergebe sich, dass die Veräußerung oder Verwendung eines patentgeschützten Erzeugnisses ohne Zustimmung des Patentinhabers eine Patentverletzung sei. Hierzu korrespondiere der Wortlaut der Erschöpfungslehre bei unbeschränkten Veräußerungen. Es sei daher ange-

1294 *Lexmark International, Inc. v. Impression Products, Inc.*, 816 F.3d 721 (Fed.Cir. 2016) *(en banc)*.

1295 *Lexmark International, Inc. v. Impression Products, Inc.*, 816 F.3d 721 (Fed.Cir. 2016) *(en banc)*, siehe auch Sechstes Kapitel B.II.2.

1296 *Lexmark International, Inc. v. Impression Products, Inc.*, 816 F.3d 721 (Fed.Cir. 2016) *(en banc)*, siehe auch Sechstes Kapitel B.II.2.

1297 *Lexmark International, Inc. v. Impression Products, Inc., 816 F.3d 721 (Fed.Cir. 2016) (en banc).*

messen, wenn die Gerichte in der Veräußerung patentgeschützter Erzeugnisse durch den Patentinhaber selbst oder durch einen Dritten mit der Zustimmung des Patentinhabers eine vermeintliche Gestattung der Verwendung und Weiterveräußerung der patentgeschützten Erzeugnisse sehen.[1298] Durch diese Herangehensweise werde die Notwendigkeit der Einordung der Erschöpfungslehre als *default rule* anerkannt, um in Fällen das Vorliegen einer entsprechenden Zustimmung feststellen zu können, in denen eine ausdrückliche Übertragung fehle.[1299] Anders verhalte es sich hingegen, wenn eine entsprechende Übertragung gerade nicht eingeräumt wird. Genau diese Fälle würden die in der Entscheidung *Mallinckrodt* entwickelten Grundsätze zu einem interessengerechten Ausgleich bringen. Behalte sich der Pateninhaber bei der Veräußerung patentgeschützter Erzeugnisse bestimmte Befugnisse ausdrücklich vor, dann könne ein *»authorized sale«* gerade nicht fingiert werden. Dabei könne es keinen Unterschied machen, ob der Patentinhaber die patentge-schützten Erzeugnisse selber veräußert oder durch einen bestimmten Beschränkungen unterliegenden Lizenznehmer.[1300]

Eine andere Einschätzung würden auch nicht frühere Entscheidungen des U.S. Supreme Court verlangen. Der vom U.S. Supreme Court aufgestellte Grundsatz, dass die (rechtmäßige) Veräußerung eines patentgeschützten Erzeugnisses zum Verbrauch der patentrechtlichen Befugnisse führe und daher *post-sale* Beschränkungen nicht im Wege einer Patentverletzungsklage durchgesetzt werden können, sei auf den hier zu entscheidenden Fall nicht anwendbar.[1301]

So habe der U.S. Supreme Court beispielsweise in der Entscheidung *General Electric*[1302] eingeräumt:

> *»It is well settled, as already said, that where a patentee makes the patented article, and sells it, he can exercise no future control over what the purchaser may wish to do with the article after his purchase. It has passed beyond the scope of the patentee's rights.«*[1303]

1298 *Lexmark International, Inc. v. Impression Products, Inc., 816 F.3d 721 (Fed.Cir. 2016) (en banc).*

1299 *Lexmark International, Inc. v. Impression Products, Inc.,* 816 F.3d 721 (Fed.Cir. 2016) *(en banc).*

1300 *Lexmark International, Inc. v. Impression Products, Inc.,* 816 F.3d 721 (Fed.Cir. 2016) *(en banc).*

1301 *Lexmark International, Inc. v. Impression Products, Inc.,* 816 F.3d 721 (Fed.Cir. 2016) *(en banc).*

1302 Siehe auch Sechstes Kapitel A.II.

1303 *Lexmark International, Inc. v. Impression Products, Inc.,* 816 F.3d 721 (Fed.Cir. 2016) *(en banc)* mit Verweis auf *United States v. General Elec. Co.,* 272 U.S. 476, 489 f. (1926).

Gegenstand dieses Verfahren sei jedoch der Vorwurf eines Kartellverstoßes gewesen, aufgrund der von den Beteiligten Parteien getroffenen Preisabsprachen.[1304] Der Federal Circuit führt weiter aus, dass der vom U.S. Supreme Court verwendete Begriff »settled« einschränkend ausgelegt werden müsse:

> *»We read that language to deem ›settled‹ only what was settled in the cited precedents a patentee's sales without restrictions exhaust patent rights in the item sold.«*[1305]

Daher seien die vom U.S. Supreme Court aufgestellten Grundsätze nur dann anwendbar, wenn entweder eine unbeschränkte Veräußerung vorliege oder die Beschränkungen Preisabsprachen bzw. Bezugspflichten zum Gegenstand haben.[1306]

Entsprechend eng seien schließlich auch die Ausführungen des U.S. Supreme Courts in der Entscheidung *United States v. Univis Lens Co.*[1307] auszulegen und auf den tatsächlich entschiedenen Sachverhalt zu begrenzen.

Auf der Grundlage dieser Überlegungen kommt der Federal Circuit zu folgendem Ergebnis:

> *»...we think that the best lesson to draw from the Supreme Court's precedents, as applied to the question before us, is that a patentee may preserve its patent rights by otherwise proper restrictions when it makes and sells patented articles itself and not only when it contracts out manufacturing and sales.«*[1308]

II. Internationale Erschöpfung

Der Federal Circuit sah auch durch den Import von im Ausland erworbener Tonerkartuschen die Patentrechte von *Lexmark* verletzt. Die Anwendung der Grundsätze der internationalen Erschöpfung lehnte der Federal Circuit ab.

1304 *Lexmark International, Inc. v. Impression Products, Inc.*, 816 F.3d 721 (Fed.Cir. 2016) *(en banc).*

1305 *Lexmark International, Inc. v. Impression Products, Inc.*, 816 F.3d 721 (Fed.Cir. 2016) *(en banc).*

1306 *Lexmark International, Inc. v. Impression Products, Inc.*, 816 F.3d 721 (Fed.Cir. 2016) *(en banc).*

1307 Siehe unter anderem Sechstes Kapitel B.II.1.a.aa.

1308 *Lexmark International, Inc. v. Impression Products, Inc.*, 816 F.3d 721 (Fed.Cir. 2016) *(en banc).*

Insbesondere würde die U.S. Supreme Court Entscheidung in *Kirtsaeng* nicht der in der Entscheidung *Jazz Photo*[1309] herangezogenen nationalen Erschöpfung entgegenstehen.

Aus verschiedenen Gründen hielt der Federal Circuit die in Sachen *Kirtsaeng*[1310] vom U.S. Supreme Court in einem urheberrechtlichen Kontext aufgestellten Grundsätze nicht auf das Patentrecht übertragbar. Der Copyright Act gewähre keine Ausschließlichkeitsrechte und beschränke in § 109(a) ausdrücklich die Urheberrechte.[1311] Ferner habe der U.S. Supreme Court seine Entscheidung auf die Auslegung des § 109(a) Copyright Act geschützt und davon ausgehend die Frage beantwortet, ob es für die Anwendung der Erschöpfung entscheidend sei, wo die urheberrechtlich geschützten Werke geschaffen wurden. Ein Bezug zum Patentrecht habe das Gericht dabei gerade nicht hergestellt. Daher müsse der vorliegende Fall unabhängig von den in Sachen *Kirtsaeng* aufgestellten Grundsätzen entschieden werden.[1312]

Der Federal Circuit führt weiter aus, dass der Zweck des Patentrechts erfüllt sei, wenn der Pateninhaber eine Belohnung für die Bereicherung des Stands der Technik erhalten habe. Diese Belohnung rechtfertige es, dass die dem Patentinhaber eingeräumten Verbietungsbefugnisse mit der Veräußerung der patentgeschützten Erzeugnisse verbraucht sind. Da die Gewährung dieser Belohnung auf den US-amerikanischen Markt beschränkt sei und nicht gewährleistet sei, dass der Patentinhaber im Ausland eine vergleichbare Belohnung erhalte, weil er beispielsweise keinen oder nur einen eingeschränkten Schutz im Ausland beantragt hat, können Veräußerungen im Ausland auch nicht zur Erschöpfung der gemäß dem Patent Act eingeräumten Befugnisse führen.[1313] Insoweit unterscheide sich der patentrechtliche Schutz vom Schutz urheberrechtlich geschützter Werke. Letzter entsteht mit der Schaffung des Werkes automatisch weltweit und bedürfe keines behördlichen Anerkennungsaktes wie die Erteilung eines Patentes.[1314]

1309 Siehe auch Drittes Kapitel B.III.2.

1310 Siehe auch Drittes Kapitel B.III.2.a.

1311 *Lexmark International, Inc. v. Impression Products, Inc.*, 816 F.3d 721 (Fed.Cir. 2016) (en banc).

1312 *Lexmark International, Inc. v. Impression Products, Inc.*, 816 F.3d 721 (Fed.Cir. 2016) (en banc).

1313 *Lexmark International, Inc. v. Impression Products, Inc.*, 816 F.3d 721 (Fed.Cir. 2016) (en banc).

1314 *Lexmark International, Inc. v. Impression Products, Inc.*, 816 F.3d 721 (Fed.Cir. 2016) (en banc).

C. Entscheidung des U.S. Supreme Courts

Der U.S Supreme Court hob die Entscheidung des Federal Circuits vollumfänglich auf.

Entgegen den Ausführungen in der im Jahr 2013 in Sachen *LG Electronics v. Quanta* ergangenen Entscheidung nahm der U.S. Supreme Court in diesem Verfahren ausdrücklich Stellung zu den vom Federal Circuit aufgeführten Argumenten und wies die vom Federal Circuit in der Entscheidung *Mallinckrodt* aufgestellten Grundsätze ausdrücklich zurück.

I. *No-resale/single-use*-Beschränkungen

Der U.S. Supreme Court kam zu dem Schluss, dass sich Lexmarks patentrechtliche Verbietungsbefugnisse mit dem Verkauf der Tonerkartuschen erschöpft haben. Die von *Lexmark* im Rahmen des Return Program mit seinen Kunden vereinbarten *single-use/no-resale* Beschränkungen berechtigen *Lexmark* nicht, patentrechtliche Verbietungsbefugnisse nach Veräußerung der Tonerkartuschen zurückzubehalten.[1315]

1. Die Erschöpfungslehre ist keine *default rule*

Nach der Auffassung des U.S. Supreme Courts beschränkt die Erschöpfungslehre die patentrechtlichen Verbietungsbefugnisse und tritt automatisch ein, wenn der Patentinhaber das patentgeschützte Erzeugnis veräußert. Mit der Veräußerung untersteht das geschützte Erzeugnis nicht mehr dem Monopolrecht des Patentinhabers.[1316] Zwar sei der Patentinhaber frei, einen Preis für diese Veräußerung zu verhandeln. Er könne jedoch nicht unter Berufung auf sein Patent die weitere Verwendung bzw. den weiteren Vertrieb des geschützten Erzeugnisses kontrollieren. Der U.S. Supreme Court stellte klar, dass der Zweck des Patentrechts – den wissenschaftlichen Fortschritt zu fördern – erfüllt

1315 *Lexmark International, Inc. v. Impression Products, Inc.*, 581 U.S. 1523 (2017).

1316 *Lexmark International, Inc. v. Impression Products, Inc.*, 581 U.S. 1523 (2017) mit Verweis auf *Quanta Computer Inc., v. LG Electronics, Inc.*, 553 U.S. 617, 621 (2008).

sei, wenn der Patentinhaber im Zuge der Erstveräußerung patentgeschützter Erzeugnisse eine Gegenleistung erhalten habe.[1317]

Unter Verweis auf die in einem urheberrechtlichen Kontext ergangene Entscheidung *Kirtsaeng v. John Wiley & Sons, Inc.* führte das Gericht weiter aus, dass die Erschöpfungslehre Ausfluss des *common law* Grundsatzes sei, den freien Warenverkehr zu schützen. Eine Ausdehnung der patentrechtlichen Befugnisse über die erste Veräußerung hinaus würde eben diesen freien Warenverkehr blockieren, ohne dass dem Patentinhaber dadurch ein nennenswerter Vorteil zufließe.[1318] Unter Verweis auf die Entscheidungen in Sachen *Boston Store of Chicago v. American Graphophone Co.* und *United States v. Univis Lens Co.*[1319] betonte der U.S. Supreme Court, dass die Veräußerung eines patentgeschützten Erzeugnisses unter ausdrücklichen Verwendungsbeschränkungen nicht dazu führen könne, dass der Patentinhaber irgendwelche patentrechtlichen Befugnisse zurückbehält. Zwar, so der U.S. Supreme Court, sei es zutreffend, dass diese Entscheidungen Vorgaben des Patentinhabers zum Wiederverkaufspreis betrafen, die nach dem anwendbaren Recht einen Verstoß gegen das Wettbewerbsrecht darstellten, Grund für die Undurchsetzbarkeit der Beschränkung im Wege einer Patentverletzungsklage war jedoch die Veräußerung der patentgeschützten Erzeugnisse.[1320]

Der U.S. Supreme Court führte weiter aus, dass der Federal Circuit in der Annahme fehl gehe, dass die Erschöpfungslehre im Lichte des patentrechtlichen Verletzungstatbestandes zu verstehen sei. Vielmehr handle es sich bei dem Erschöpfungsgrundsatz gerade nicht um eine *default rule,* sondern eine Beschränkung der patentrechtlichen Befugnisse. Veräußert der Patentinhaber ein geschütztes Erzeugnis, ist der Erwerber in dessen Nutzung unbeschränkt.[1321] Anders als der Federal Circuit geht der U.S. Supreme Court gerade nicht davon aus, dass sich der Patentinhaber einzelne Befugnisse bei der Veräußerung ausdrücklich vorbehalten kann.

2. Keine Veräußerungsbeschränkungen in Lizenzverträgen

Schließlich führte der U.S. Supreme Court aus, dass – entgegen der Annahme des Federal Circuit – der Patentinhaber *post sale B*eschränkungen auch nicht

---

1317 *Lexmark International, Inc. v. Impression Products, Inc.*, 581 U.S. 1523 (2017).

1318 *Lexmark International, Inc. v. Impression Products, Inc.*, 581 U.S. 1523 (2017).

1319 Siehe unter anderem Sechstes Kapitel B.II.1.a.aa.

1320 *Lexmark International, Inc. v. Impression Products, Inc.*, 581 U.S. 1523 (2017).

1321 *Lexmark International, Inc. v. Impression Products, Inc.*, 581 U.S. 1523 (2017).

im Wege einer Lizenzvereinbarung durchsetzen könne. Veräußert ein Lizenznehmer patentgeschützte Erzeugnisse entsprechend der ihm eingeräumten Befugnisse, tritt mit dieser Veräußerung die Erschöpfung der patentrechtlichen Befugnisse umfassend ein. Abnehmer des Lizenznehmers können die erworbenen Erzeugnisse frei jedweder Beschränkungen verwenden, ohne fürchten zu müssen, wegen der Verletzung von Patentrechten in Anspruch genommen zu werden.[1322] Veräußert der Lizenznehmer jedoch patentgeschützte Erzeugnisse unter Überschreitung der ihm vom Patentinhaber eingeräumten Befugnisse, handelt er ohne entsprechende Erlaubnis des Patentinhabers und verletzt damit dessen Rechte. Da sich Abnehmer des Lizenznehmers an dieser Patentverletzung beteiligen, kann der Patentinhaber auch gegen den Abnehmer seines Lizenznehmers vorgehen.[1323]

II. Internationale Erschöpfung

Der U.S. Supreme Court entschied, unter Verweis auf die Entscheidung in Sachen *Kirtsaeng v. John Wiley & Sons, Inc.*[1324], dass eine Veräußerung patentgeschützter Erzeugnisse außerhalb der USA zur Erschöpfung der patentrechtlichen Befugnisse führe.[1325] Zwar stützte der U.S. Supreme Court die in einem urheberrechtlichen Kontext ergangenen Entscheidung auf den Wortlaut des § 109 (a) Copyright Act, der weder einen geografischen Bezug aufweise, noch die internationale Erschöpfung ablehne. Entscheidend für die Annahme der internationalen Erschöpfung im Urheberrecht war jedoch die Tatsache, dass im *common law* Beschränkungen des Warenflusses beweglicher Sachen generell abgelehnt werden. Die patentrechtliche Erschöpfungslehre sei ebenfalls Ausfluss dieses Grundsatzes. Weder der Wortlaut des *Patent Act* noch dessen Historie zeigen, dass der Kongress beabsichtigte diesen Grundsatz auf Veräußerungen innerhalb der USA zu beschränken.[1326] Ferner betonte der U.S. Supreme Court, dass aufgrund der starken Ähnlichkeit zwischen dem patentrechtlichen und urheberrechtlichen Erschöpfungsgrundsatzes sowie des jeweils gleichen Zwecks, eine unterschiedliche Behandlung bei der Frage der internationalen

---

1322 *Lexmark International, Inc. v. Impression Products, Inc.*, 581 U.S. 1523 (2017).

1323 *Lexmark International, Inc. v. Impression Products, Inc.*, 581 U.S. 1523 (2017).

1324 Siehe auch Drittes Kapitel B.III.2.a.

1325 Siehe auch Drittes Kapitel B.III.2.b.

1326 *Lexmark International, Inc. v. Impression Products, Inc.*, 581 U.S. 1523 (2017).

Erschöpfung keinen Sinn mache, zumal zahlreiche Konsumgüter sowohl urheberrechtlichen als auch patentrechtlichen Schutz genießen.[1327]

Der U.S. Supreme Court verhalf damit der Argumentation von *Lexmark* nicht zum Erfolg. *Lexmark* war der Auffassung, dass der *Patent Act* dem Patentinhaber patentrechtliche Befugnisse nur innerhalb der USA einräume, weshalb eine Veräußerung in den USA auch nur in den USA die Erschöpfung der patentrechtlichen Befugnisse auslösen könne. Die Erschöpfung der patentrechtlichen Befugnisse sei auch nur deswegen gerechtfertigt, weil der Patentinhaber im Rahmen der Veräußerung der patentgeschützten Erzeugnisse eine Gegenleistung für die Überlassung der entsprechenden Rechte an diesem Erzeugnis erlange. Der Patent Act gewähre dem Patentinhaber dagegen keine Vierbietungsbefugnisse außerhalb der USA. Deshalb könne ein Patentinhaber außerhalb der USA patentgeschützte Erzeugnisse nicht zu dem gleichen Preis wie in den USA veräußern. Damit werde er jedoch der Möglichkeit beraubt, die unter dem US-amerikanischem Rechte garantierte Belohnung für die Offenbarung der technischen Lehren im Rahmen der Patenterteilung zu erlangen.[1328]

Der U.S. Supreme Court stellte jedoch klar, dass die patentrechtliche Erschöpfungslehre eine unabhängige Beschränkung der patentrechtlichen Befugnisse sei. Ob der Patentinhaber eine Gegenleistung für das Recht die Waren auf dem US-amerikanischem Markt zu vertreiben erhalten habe, spiele keine Rolle. Der Erwerber kauft ein patentgeschütztes Erzeugnis und keine Patentrechte. Die Erschöpfung wird durch die Entscheidung des Patentinhabers, das geschützte Erzeugnis gegen Zahlung des vereinbarten Kaufpreises in Verkehr zu bringen ausgelöst. Der U.S Supreme Court gesteht dabei zu, dass die internationale Erschöpfung es dem Patentinhaber unmöglich machen kann, im Ausland den gleichen Preis zu erzielen wie bei einer Veräußerung patentgeschützter Erzeugnisse innerhalb der USA. Ziel des Patent Act sei es jedoch nicht, dem Patentinhaber eine bestimmte Gegenleistung einzuräumen, sondern er soll lediglich sicherstellen, dass der Patentinhaber überhaupt eine Gegenleistung für die Bereicherung des Stand der Technik erhält.[1329]

Schließlich betont der U.S. Supreme Court, dass die vor 125 Jahren erlassene Entscheidung in Sachen *Boesch v. Graff* ebenfalls nicht herangezogen werden kann, um die Anwendung einer nationalen Erschöpfung zu begründen, wie bisweilen vom Federal Circuit argumentiert.[1330] *Boesch* erwarb von einem deutschen Händler Lampenölbrenner, die dieser jedoch nicht aufgrund einer

1327 *Lexmark International, Inc. v. Impression Products, Inc.*, 581 U.S. 1523 (2017).

1328 *Lexmark International, Inc. v. Impression Products, Inc.*, 581 U.S. 1523 (2017).

1329 *Lexmark International, Inc. v. Impression Products, Inc.*, 581 U.S. 1523 (2017).

1330 Siehe auch Drittes Kapitel B.III.2.

ausdrücklichen Erlaubnis des amerikanischen Patentinhabers herstellen durfte, sondern unter Berufung auf ein Vorbenutzungsrecht. Daher seien die patentgeschützten Lampenölbrenner gerade nicht mit Zustimmung des Patentinhabers veräußert wurden, so dass sich auch nicht die Rechte aus dem US-amerikanischen Patent erschöpfen konnten.[1331]

D. Zusammenfassung

Mit der Entscheidung Lexmark *International, Inc. v. Impression Products, Inc.* gibt der U.S. Supreme Court eine klare Antwort auf die durch seine Entscheidung in Sachen *Quanta Computer, Inc. v. LG Elecronics* entfachte Debatte zur *conditional sale doctrine* des Federal Circuit.

Der U.S. Supreme Court erteilt der Qualifizierung der Erschöpfungslehre als *default rule eine* unmissverständliche Absage[1332] und macht deutlich, dass die Erschöpfungslehre nach US-amerikanischer Rechtsauffassung eine unabdingbare Beschränkung des Patentrechts darstellt. *Post sale* Beschränkungen können daher nicht im Wege einer Patentverletzungsklage durchgesetzt werden.

Von diesen Veräußerungsbeschränkungen zu unterscheiden sind Lizenzbeschränkungen. Letztere regeln den Umfang der dem Lizenznehmer eingeräumten Befugnisse. Überschreitet der Lizenznehmer diese Befugnisse nutzt er die patentgeschützte Erfindung ohne Erlaubnis des Patentinhabers. Aus diesem Grund kann der Patentinhaber diese Nutzung unter Berufung der ihm aus dem Patent erwachsenden Ausschließlichkeitsrechte untersagen.[1333]

Mit ebenso klaren Worten erklärt der U.S. Supreme Court unter Berufung auf seine Entscheidung in Sachen *Kirtsaeng v. John Wiley & Sons, Inc.* das Prinzip der internationalen Erschöpfung auch im Patentrecht für anwendbar.[1334]

1331 *Lexmark International, Inc. v. Impression Products, Inc.*, 581 U.S. 1523 (2017).

1332 Vgl. Sechstes Kapitel B.II.4.

1333 Vgl. Sechstes Kapitel B.II.4.a.

1334 Vgl. Drittes Kapitel B.III.2.b.

Literaturverzeichnis

Adolphsen, Jens/Tabrizi, Mahdi Daneshzadeh, Zur Fortwirkung zurückgerufener Nutzungsrechte, GRUR 2011, 384–390.

Ahlberg, Hartwig, Die Erschöpfung und das freie Recht der Vermietung und des Verleihs von Vervielfältigungsstücken nach § 27 UrhG, GRUR 1985, 362–366.

Ahrens, Hans-Jürgen, Brauchen wir einen Allgemeinen Teil der Rechte des Geistigen Eigetums?, GRUR 2006, 617–624.

Anga, Diepiriye A., Intellectual Property Without Borders? The Effect of Copyright Exhaustion on Global Commerce, BYU Int'l L. & Mgmt. Rev. 2014, 53–70.

Arruda, Gustavo, Erschöpfungsgrundsatz und Lizenzvertrag, Hamburg, 2011.

Austin, Erin Julia Daida, Reconciling the Patent Exhaustion and Conditional Sale Doctrines in Light of Quanta Computer v. LG Electronics, Cardozo L. Rev. (June) 30, 2008, 2947–2982.

Baffy, Marta, Right of Publicity Licensing in a New Age: No Doubt v. Activision Publishing, Inc., Cardozo Art. & Ent. L.J. 28, 2010, 359–384.

Balz, Manfred, Eigentumsordnung und Technologiepolitik Tübingen, 1980.

Bamberger, Heinz Georg/Roth, Herbert, Kommentar zum Bürgerlichen Gesetzbuch, 2. Aufl., München, 2007.

Bamberger, Heinz Georg/Roth, Herbert, BGB, Stand: 1. 5. 2012, Edition: 23, München, 2012.

Barnes, David W., Free-Riders and Trademark Law's First Sale Rule, Santa Clara Computer & High Tech. L. J. 27, 2010, 457–498.

Barnett, Randy E., Sound of Silence: Default Rules and Contractual Consent, Va. L. Rev. (May) 78, 1992, 821–912.

Barsuglia, Guido, Parallelimporte und der Pharmamarkt: eine wohlfahrtsökonomische Analyse unter besonderer Berücksichtigung der Schweiz, 2007.

Bartenbach, Britta, Die Patentlizenz als negative Lizenz, Köln, Berlin, 2002.

Bartenbach, Britta, Negative Lizenz, Mitt. 2002, 503–521.

Bartenbach, Britta, Die Schuldrechtsreform und ihre Auswirkungen auf das Lizenzvertragsrecht, Mitt. 2003, 102–113.

Bartenbach, Kurt/Bartenbach, Anja, Patentlizenz- und Know-how-Vertrag, 7. Aufl., Köln, 2013.

Baur, Jürgen F./Stürner, Rolf, Sachenrecht, 18. Aufl., München, 2009.

Bayreuther, Frank, Rechtsprobleme im Zusammenhang mit dem Schutz von Vertriebsbindungssystemen nach Markenrecht, WRP 2000, 349–362.

Bechtold, Rainer/Siegert, Reinhard, EG-Kartellrecht, Kommentar; Art. 81 – 86 EG, EG-Kartell-VO 1/2003, Gruppenfreistellungsverordnungen, Vertikalvereinbarungen (2790/1999), Automobilvertrieb (1400/2002), Technologietransfer (772/2004), Spezialisierung (2658/2000), Forschung und Entwicklung (2659/2000) und Versicherungen (358/2003) sowie EG-FusionskontrollVO 139/2004, 2. Aufl., München, 2009.

Beier, Friedrich-Karl, Zur Zulässigkeit von Parallelimporten patentierter Erzeugnisse, GRUR Int. 1996, 1–9.

Beier, Friedrich-Karl/Bodewig, Theo, Die Auslegung von Lizenzverträgen nach US-amerikanischem Recht, in: Pedrazzini, Mario Michelangelo/Brem, Ernst, Festschrift zum fünfundsechzigsten Geburtstag von Mario M. Pedrazzini, Bern, 1990, S. 513–534.

Benkard, Georg, EPÜ, Europäisches Patentübereinkommen, 2. Aufl., München, 2012.

Benkard, Georg, Patentgesetz, Gebrauchsmustergesetz, Patentkostengesetz, Bd. 4, 11., neubearb. Aufl., München, 2015.

Berger, Christian, Die Erschöpfung des urheberrechtlichen Verbreitungsrechts, AcP 2001 (201), 411–450.

Berger, Christian, Der Lizenzsicherungsnießbrauch – Lizenzerhaltung in der Insolvenz des Lizenzgebers, GRUR 2004, 20–25.

Berger, Christian, Lizenzen in der Insolvenz des Lizenzgebers, GRUR 2013, 312–336.

Berger, Christian/Wündisch, Sebastian, Urhebervertragsrecht, Handbuch, 2. Aufl., Baden-Baden, 2015.

Bergermann, Michael, Festschrift für Peter Mes zum 65. Geburtstag, München, 2009.

Bernau, Katharina, Die Voraussetzungen und Umfang der Haftung des Patentlizenznehmers nach deutschem und US-amerikanischem Recht, Bd. 2580, Frankfurt am Main, New York, 1999.

Beyerlein, Thorsten, Aktuelles aus den USA – Patentschutz bei Kopplungsangeboten und unterstellte Marktmacht – Kehrtwende in der Rechtsprechung des US Supreme Courts in Illinois Tools Works, Inc. v. Independent Ink, Inc., Mitt. 2006, 197–198.

Birdwell, William A., Exhaustion of Rights and Patent Licensing Market Restrictions, J. Pat. Off. Soc'y 60, 1978, 203–229.

Bisk, Jennifer S., Software Licenses through the Bankruptcy Looking Glass: Drafting Individually Negotiated Software Licenses That Protect the Client's Interests in Bankruptcy, Fordham Intell. Prop. Media & Ent. L.J. 17, 2006, 611–650.

Blachian, Heinz, Die Lehre von der Erschöpfung des Verbreitungsrechts im Urheberrecht, 1964.

Black, Henry Campbell/Nolan, Joseph R., Black's law dictionary, Definitions of the terms and phrases of American and English jurisprudence, ancient and modern, 6. ed., 10. repr., St. Paul, Minn, 1990.

Block, Ulrich/Wandtke, Artur-Axel, Praxiskommentar zum Urheberrecht, 4., neu bearb. Aufl., München, 2014.

Blum, Arno, Grenzen der Patentausnutzung, Zusammenhang der Benutzungsarten und Beschränkung der Lizenz, GRUR 1932, 1–16.

Boddien, Thomas W./Fromm, Friedrich Karl/Nordemann, Axel, Urheberrecht, Kommentar zum Urheberrechtsgesetz, Verlagsgesetz, Urheberrechtswahrnehmungsgesetz, 11., überarb. und erg. Aufl., Stuttgart, 2014.

Bodewig, Theo, Umweltschutz und Patentrecht, Zum Schutz wiederverwertbarer Stoffe, GRUR 1992, 567–578.

Bodewig, Theo, Erschöpfung der gewerblichen Schutzrechte und des Urheberrechts in den USA, GRUR Int. 2000, 597–610.

Bodewig, Theo, Einige vergleichende Bemerkungen zum Schutz von Verfahrenserzeugnissen in den USA. und Deutschland, in: Einsele, Rolf W., 50 Jahre VPP, 1955 – 2005; Festschrift, Duisburg, 2005, S. 452–464.

Bodewig, Theo, Patent- und zollrechtliche Probleme beim Import von Verfahrenserzeugnissen in die USA, VPP-Rundbrief 2005, 1–6.

Bodewig, Theo, Exhaustion of intellectual property rights in the European Union, in: Takenaka, Toshiko, Intellectual Property in Common Law and Civil Law, Cheltenham, 2013, S. 401–419.

Bodewig, Theo, Einige Überlegungen zur Erschöpfung bei Zwangslizenzen an standardessentiellen Patenten, GRUR Int. 2015, 626–635.

Böhme, Wilhelm, Die patentrechtliche Lizenz, Greifswald, 1919.

Brandi-Dohrn, Matthias, Erschöpfung und Kartellrecht, GRUR 1980, 757–760.

Brandi-Dohrn, Matthias, Sukzessionsschutz bei der Veräußerung von Schutzrechten, GRUR 1983, 146–150.

Breuer, Isaac, Die rechtliche Natur der Patentlizenz, Berlin, 1912.

Brinkmann, Thomas, Die Vermietung von Videokassetten aus urheberrechtlicher Sicht, NJW 1983, 599–603.

Bühling, Jochen, Markenlizenz im Rechtsverkehr, GRUR 1998, 196–200.

Bühling, Jochen, Die Markenlizenz und ihre vertragliche Gestaltung, Univ., Diss., 1999, Köln, 1999.

Burchfiel, Kenneth J., Patent Misuse and Antitrust Reform: Blessed Be the Tie, Harv. J. L. & Tech. 4, 1991, 1–108.

Busche, Jan, Mittelbare Patentverletzung – zu den dogmatischen Grundlagen eines Rechtsinstituts, GRUR 2009, 236–240.

Busse, Rudolf/Keukenschrijver, Alfred, Patentgesetz, Unter Berücksichtigung des Europäischen Patentübereinkommens und des Patentzusammenarbeitsvertrags; mit Patentkostengesetz, Gebrauchsmustergesetz und Gesetz über den Schutz der Topographien von Halbleitererzeugnissen, Gesetz über Arbeitnehmererfindungen und Gesetz über internationale Patentübereinkommen; Kommentar, 7, vollst. überarb. und erw. Aufl., Stand der Bearb.: 1. August 2003, Berlin, 2013.

Calboli, Irene, Market Integration and (the Limits of) the First Sale Rule in North American and European Trademark Law, Santa Clara L. Rev. 51, 2011, 1241–1282.

Cartiglia, James R./Bergmar, Nina Maja, Cover Story: Beans & Books: Court says exhaustion doctrine apllies to imported textbooks, but not to genetically modified seeds, Tennessee Bar Journal 2013, 14–17.

Casey, Jason A., Rule of Reason after Leegin: Reconsidering the Use of Economic Analysis in the Antitrust Arena, Suffolk U. L. Rev. 42, 2008, 919–938.

Chiapetta, Vincent, Patent Exhaustion: What's It Good For, Santa Clara L. Rev. 51, 2011, 1087–1148.

Chisum, Donald S., Chisum on patents, A treatise on the law of patentability, validity and infringement, New York, 1997.

Costello, Kyle M., The state of the patent exhaustion doctrine, post – Quanta v. LG Electronics, 18 Tex. Intell. Prop. L.J. 237, 238–267.

Deleault, Nathan R., Reviving Monopoly-Type Patent Misuse as a Defense: Protecting Innovation in the Wake of Akamia v. Limelight, Vt. L. Rev. 38, 2013, 1073–1096.

Dengler, Christoph C./Gruson, Sebastian/Spielberger, Ronald, Insolvenzfestigkeit von Lizenzen? Forschungsstandort Deutschland – so wohl kaum!, NZI 2006, 677–685.

Diacovo, Nannette, Going Once, Going Twice, Sold: The First Sale Doctrine Defense in Right of Publicity Actions, U. Miami Ent. & Sports L. Rev. 12, 1994, 57–94.

Dieselhorst, Jochen, Zur Dringlichkeit und Insolvenzfestigkeit einfacher Lizenzen, Kritische Betrachtung auf Grundlage des BGH-Urteils »Reifen Progressiv«, CR 2010, 69–75.

Dietz, Adolf/Loewenheim, Ulrich/Nordemann, Wilhelm/Schricker, Gerhard/Vogel, Martin, Entwurf eines Gesetzes zur Stärkung der vertraglichen Stellung von Urhebern und ausübenden Künstlern (Stand: 22. Mai 2000), GRUR 2000, 765–778.

Dreier, Thomas/Schulze, Gernot, Urheberrechtsgesetz, Urheberrechtswahrnehmungsgesetz, Kunsturhebergesetz: Kommentar, 4. Aufl., München, 2013.

Drexl, Josef, Die neue Gruppenfreistellungsverordnung über Technologietransfer-Vereinbarungen im Spannungsfeld von Ökonomisierung und Rechtssicherheit, GRUR Int. 2004, 716–726.

Duffy, John F./Hynes, Richard M., Common Law vs. Statutory Bases of Patent Exhaustion, 103 Va. L. Rev. Online 1–17.

Dufresne, Andrew T., Exhaustion Doctrine Revived – Assessing the Scope and Possible Effects of the Supreme Court's Quanta Decision, The, Berkeley Tech. L.J. 24, 2009, 11–48.

Eidenmüller, Horst, Effizienz als Rechtsprinzip, Möglichkeiten und Grenzen der ökonomischen Analyse des Rechts, Bd. 90, Tübingen, 2015.

Effer-Uhe, Daniel Oliver, Die ökonomische Analyse des Rechts und ihre Verwendbarkeit im Rahmen der Rechtsanwendung, ZRph, 39–59.

Ekey, Friedrich L./Klippel, Diethelm/Bender, Achim, Markenrecht, MarkenG, GMV und Markenrecht ausgewählter ausländischer Staaten, 3., neu bearbeitete Auflage, Heidelberg, Neckar, 2015.

Emmerich, Volker, Keine internationale Erschöpfung des Patentrechts (»Karate-Urteil"), JuS 2000, 612–613.

Emmert, Reinhold, Die Stellung der Markenlizenz im deutschen Privatrecht Berlin, Würzburg, 2001.

Engels, Stephan, Die Rechtsnatur der Markenlizenz unter der Geltung des Markengesetzes 1995 Köln,

Ensthaler, J./Wege, P., Management geistigen Eigentums: Die unternehmerische Gestaltung des Technologieverwertungsrechts, 2013.

Erdmann, Willi, Das urheberrechtliche Vermiet- und Verleihrecht, in: Brandner, Hans Erich/Pfeiffer, Gerd, Festschrift für Hans Erich Brandner, zum 70. Geburtstag, Köln, 1996, S. 361–374.

Erman, Walter/Westermann, Harm Peter/Aderhold, Lutz, Bürgerliches Gesetzbuch, Handkommentar mit EGBGB, ErbbauVO, HausratsVO, LPartG, ProdHaftG, UKlaG, VAHRG und WEG, Bis 9. Aufl. u. d. T.: Handkommentar zum Bürgerlichen Gesetzbuch 1, Münster/Köln, 2004.

Fechner, Frank, Geistiges Eigentum und Verfassung, Schöpferische Leistungen unter dem Schutz des Grundgesetzes, Univ., Habil.-Schr.-Tübingen, 1996, Bd. 87, Tübingen, 1999.

Fehrenbacher, Oliver, Der Lizenzvertrag, JR 2001, 309–315.

Fezer, Karl-Heinz, Aspekte einer Rechtskritik an der economic analysis of law und am property rights approach, JZ 1986, 817–824.

Fezer, Karl-Heinz, Wettbewerbsrechtlicher und markenrechtlicher Bestandsschutz funktionsfähiger Distributionssysteme selektiven Vertriebs vor Außenseiterwettbewerb, Die Bedeutung der Rechtsprechung des EuGH für die Vertriebsbindungssysteme in den Mitgliedstaaten der EU, GRUR 1999, 99–107.

Fezer, Karl-Heinz, Lizenzrechte in der Insolvenz des Lizenzgebers – zur Insolvenzfestigkeit der Markenlizenz -, WRP 2004, 793–809.

Fezer, Karl-Heinz (Hrsg.), Markenrecht, 4. Aufl., München, 2009.

Fischer, Gero, Nicht ausschließliche Lizenzen an Immaterialgüterrechten in der Insolvenz des Lizenzgebers, WM 2013, 821–831.

Fitzner, Uwe/Lutz, Raimund/Bodewig, Theo, Patentrechtskommentar, PatG, GebrMG, IntPatÜG, PCT und EPÜ mit Nebenvorschriften, 4., völlig neu bearb. Aufl. des von Georg Klauer begr. Werkes, München, 2012.

Flynn, Sean M./Baker, Brook/Kaminski, Margot/Koo, Jimmy, U.S. Proposal for an Intellectual Property Chapter in the Trans-Pacific Partnership Agreement, Am. U. Int'l L. Rev. 28, 2012, 105–202.

Forkel, Hans, Gebundene Rechtsübertragungen, E. Beitr. zu den Verfügungsgeschäften über Patent-, Muster-, Urheber- und Persönlichkeitsrechte, Bd. 17, Köln, 1977.

Forkel, Hans, Zur dinglichen Wirkung einfacher Lizenzen, NJW 1983, 1764–1768.

Frentz, Wolfgang von/Masch, Christian, Lizenzverträge in der Insolvenz des Lizenzgebers nach den Entscheidungen Reifen Progressiv, Vorschaubilder, M2Trade und Take Five des Bundesgerichtshof – insolvensfester Fortbestand der Lizenzen, ZUM 2012, 886–888.

Friedl, Gunther/Ann, Christoph, Entgeltberechnung für FRAND-Lizenzen an standardessentiellen Patenten, GRUR 2014, 948–955.

Ganter, Hans Gerhard, Patentlizenzen in der Insolvenz des Lizenzgebers, NZI 2011, 833–844.

Gärditz, Klaus Ferdinand/Pahlow, Louis, Hochschulerfinderrecht, Ein Handbuch für Wissenschaft und Praxis, Berlin, Heidelberg, 2011.

Gibbons, Gerald R., Field Restrictions in Patent Transactions: Economic Discrimination and Restraint of Competition, Colum. L. Rev. 66, 1966, 423–483.

Gilbert, Richard/Shapiro, Carl, Antitrust Issues in the Licensing of Intellectual Property: The Nine No-No's Meet the Nineties., Brookings Papers on Economics: Microeconomics 1997, 283–336.

Gleiss, Alfred/Hirsch, Martin/Burkert, Thomas O. J., Kommentar zum EG-Kartellrecht, 4. Aufl., Heidelberg, 1993.

Godt, Christine, Eigentum an Information, Patentschutz und allgemeine Eigentumstheorie am Beispiel genetischer Information, Univ., Habil.-Schr.-Bremen, 2005, Bd. 9, Tübingen, 2007.

Götting, Horst-Peter, Urheberrechtliche und vertragsrechtliche Grundlagen, in: Schricker, Gerhard/Beier, Friedrich-Karl, Urhebervertragsrecht, Festgabe für Gerhard Schricker zum 60. Geburtstag, München, 1995, S. 53–75.

Götting, Horst-Peter, Der Begriff des Geistigen Eigentums, GRUR 2006, 353–358.

Götting, Horst-Peter/Hubmann, Heinrich, Gewerblicher Rechtsschutz, Patent-, Gebrauchsmuster-, Design- und Markenrecht; ein Studienbuch, 10., neu bearb. Aufl., München, 2014.

Gotts, Ilene Knable/Fogt, Howard W., JR., Clinton Administration Expresses More than Intellectual Curiosity in Antitrust Issues Raised by Intellectual Property Licensing, AIPLA Q. J. 22, 1994, 1–27.

Gottzmann, Sandra, Sukzessionsschutz im gewerblichen Rechtsschutz und Urheberrecht Köln, 2008.

Grabitz, Eberhard/Hilf, Meinhard/Grabitz-Hilf, Das Recht der Europäischen Union, Kommentar, München, 1994.

Graf, Walter, Erschöpfung des Patentrechts, GRUR 1973, 55–57.

Gray, Bruce D., Mallinckrodt Inc. v. Medipart Inc.: Express Limitations on the Use of a Patented Product after Sale, Geo. Mason U. L. Rev. 13, 1990, 803–826.

Groß, Michael, Der Lizenzvertrag, 11., aktualisierte und erw. Aufl., Frankfurt am Main, 2015.

Gruia, Dinu, Patent Law – Restrictions on Use of Purchased Patented Goods Subject to the Rule of Reason, Suffolk U. L. Rev. 27, 1993, 292–299.

Gursky, Karl-Heinz/Herrler, Sebastian, §§ 164–240, (allgemeiner Teil 5), Bd. 1. Buch, Par. 164–240, Ed. 2014Bd., Neubearb. 2014, Berlin, 2014.

Haberstumpf, Helmut, Handbuch des Urheberrechts, Neuwied [u. a.], 2000.

Hacker, Franz, Markenrecht, 3. Aufl., Köln, 2013.

Haedicke, Maximilian W./Timmann, Henrik/Bühler, Dirk (Hrsg.), Handbuch des Patentrechts, München, 2012.

Haedicke, Maximilian Wilhelm, Rechtskauf und Rechtsmängelhaftung, Forderungen Immaterialgüterrechte und sonstige Gegenstände als Kaufobjekte und das reformierte Schuldrecht, Zugl.: München, Univ., Habil.-Schr., 2001, Tübingen, 2003.

Haedicke, Maximilian Wilhelm, Die Gewährleistungshaftung bei Patentveräußerungs- und Patentlizenzverträgen und das neue Schuldrecht, GRUR 2004, 123–127.

Haedicke, Maximilian Wilhelm, Dingliche Wirkungen und Insolvenzfestigkeit von Patentlizenzen in der Lizenzkette, ZGE 2011, 377–402.

Haedicke, Maximilian Wilhelm, Der Schutz des Unterlizenznehmers bei Wegfall der Hauptlizenz, Mitt. 2012, 429–433.

Haemmerli, Alice, Why Doctrine Matters: Patent and Copyright Licensing and the Meaning of Ownership in Federal Context, Colum. J.L. & Art. 30, 2006, 1–48.

Hagelin, Ted, Technology Innovation Law and Practice, Cases and Materials, New Providence, NJ, 2012.

Halpern, Sheldon W./Seymore, Sean B./Port, Kenneth L., Fundamentals of United States intellectual property law, Copyright, patent, trademark, 4. Aufl., Alphen aan den Rijn, 2012.

Handler, Milton/Blechman, Michael D., American View of the common Market's Proposed Group Exemption for Patent Licenses, Int'l L. 14, 1980, 403–428.

Hatfield, Amber L., Patent Exhaustion, Implied Licenses, and Have-Made Rights: Gold Mines or Mine Fields, Computer L. Rev. & Tech. J. 2000, 2000, 1–60.

Hauck, Ronny, Die Verdinglichung obligatorischer Rechte am Beispiel einfacher immaterialgüterrechtlicher Lizenzen, AcP 211 (2011), 626–664.

Hauck, Ronny, Das Phänomen »Patent Privateering", WRP 2013, 1446–1454.

Hayden, Alison K., Patent Tying Agreements: Presumptively Illegal, J. Marshall Rev. Intell. Prop. L. [i] 5, 2005, 94–119.

Heath, Christopher, Bedeutet TRIPS wirklich eine Schlechterstellung von Entwicklungsländern?, GRUR Int. 1996, 1169–1185.

Hefermehl, Wolfgang, Warenzeichenrecht, Und Internationales Wettbewerbs- und Zeichenrecht; Warenzeichengesetz Pariser Verbandsübereinkunft Madrider Herkunftsabkommen Madrider Markenabkommen Nizzaer Klassifikationsabkommen zweiseitige Abkommen, 12., neubearb. Aufl. d. von Adolf Baumbach begr. Werkes, Stand vom 1. Jan. 1985, München, 1985.

Heidenhain, Annemarie/Reus, Katharina, Möglichkeiten der vertraglichen Bindung von Unterlizenzen an den Bestand der Hauptlizenz, Auflösende Bedingung und Sonderkündigungsrecht im Lichte dinglicher Drittwirkung, CR 2013, 273–278.

Heimberg, Dominik, Lizenzen und Lizenzverträge in der Insolvenz Jena, Bayreuth, 2011.

Heinemann, Andreas, Immaterialgüterschutz in der Wettbewerbsordnung: Eine grundlagenorientierte Untersuchung zum Kartellrecht des geistigen Eigentums, 2002.

Heinemann, Andreas, Standardessenzielle Patente in Normenorganisationen, Kartellrechtliche Vorgaben für die Einlösung von Lizenzierungsversprechen, GRUR 2015, 855–859.

Henn, Günter, Problematik und Systematik des internationalen Patent-Lizenzvertrages, München, 1967.

Henn, Günter, Patent- und Know-how-Lizenzvertrag, Ein Handbuch, 2. Aufl., Heidelberg, 1989.

Hermann, Christoph, TRIPS. Patentschutz für Medikamente und staatliche Gesundheitspolitik: Hinreichende Flexibilität?, EuZW 2002, 37–42.

Heydt, Ludwig, Parallelimporte und Warenzeichenrecht, GRUR 1969, 450–467.

Hicks, J. R., The foundations of welfare economics [Based on a paper read to the Economic Society of Stockholm, May 1939], The economic journal: the journal of the Royal Economic Society 49 (1939), 1939, 696–712.

Hilty, Reto M., Lizenzvertragsrecht, Systematisierung und Typisierung aus schutz- und schuldrechtlicher Sicht, unveränd. Nachdruck der ersten Aufl, Bern, 2002.

Hilty, Reto M./Slowinsk, Peter R., Standardessentielle Patente – Perspektiven außerhalb des Kartellrechts, GRUR Int. 2015, 781–792.

Hirte, Heribert/Knof, Béla, Wem gehört die Lizenz? – Plädoyer für eine Dekonstruktion des Haftungsrechts in der Insolvenz, JZ 2011, 889–901.

Hoerner, Robert J., Decline (and Fall) of the Patent Misuse Doctrine in the Federal Circuit, Antitrust L.J. 69, 2001, 669–686.

Holmes, William C., Antitrust Law Handbook, Eagan, 2014–2015.

Holzapfel, Henrik, Zu § 10 PatG als Rechtszuweisungsnorm, GRUR 2002, 193–198.

Holzapfel, Henrik, Das Versuchsprivileg im Patentrecht und der Schutz biotechnologischer Forschungswerkzeuge Baden-Baden, München, 2004.

Hoppe-Jänisch, Daniel, Die Entscheidung des BGH »MPEG-2-Viedeosignalcodierung«, Mitt. 2013, 51–57.

Hovenkamp, Herbert, Post-Sale Restraints and Competitive Harm: The First Sale Doctrine in Perspective, N.Y.U. Ann. Surv. Am. L. 66, 2010, 487–547.

Hubmann, Heinrich, Gewerblicher Rechtsschutz, 5. Aufl., München, 1988.

Hüffer, Uwe, Aktiengesetz, 10. Aufl., München, 2012.

Hufnagel, Frank-Erich, Ausweitung des Versuchsprivilegs in Europa und den USA. – Verschiebung der Grenzen zwischen Patentschutz und Versuchsfreiheit bei Arzneimitteln, PharmR 2006, 209–215.

Hungar, Thomas G., Observations Regarding the Supreme Court's Decision in Quanta Computer, Inc. v. LG Electronics, Inc., IDEA 49, 2008, 517–548.

Ingerl, Reinhard, Markengesetz, Gesetz über den Schutz von Marken und sonstigen Kennzeichen, 3. Aufl., München, 2010.

Ingerl, Reinhard/Rohnke, Christian, Markengesetz, Gesetz über den Schutz von Marken und sonstigen Kennzeichen, 2. Aufl., München, 2003.

Isay, Hermann, Patentgesetz und Gesetz betreffend den Schutz von Gebrauchsmustern, Systematisch erläutert, 1. Aufl., Berlin, 1903.

Isay, Rudolf, Mittelbare Erfindungsbenutzung, MuW 1910, 79–83.

Jackson, Joseph Gray/Jackson, Edward Lovett, Use Limitations in Patent Licenses, Pat. Trademark & Copy. J. Res. & Ed. 12, 1968, 657–672.

Jacobs, Rainer, Der neue urheberrechtliche Vermietbegriff, GRUR 1998, 246–251.

Jakobs, Horst Heinrich (Hrsg.), Festschrift für Werner Flume zum 70. Geburtstag, 12. Sept. 1978, 1978.

Jänich, Volker, Geistiges Eigentum, Eine Komplementärerscheinung zum Sacheigentum?, Bd. Bd. 66Bd., Tübingen, 2002.

Janis, Mark D., Tale of the Apocryphal Axe: Repair, Reconstruction, and the Implied License in Intellectual Property Law, Md. L. Rev. 58, 1999, 423–527.

Jehoram, Herman Cohen, International Exhaustion versus Importation Right: a Murky Area of Intellectual Property Law, GRUR Int. 1996, 280–284.

Jelinek, Laura, Lizenzen in der Insolvenz – nach deutschem und US-amerikanischem Recht Köln, Augsburg, 2013.

Jones, Phillip B.C, Violation of a Patent License Restriction: Breach of Contract or Patent Infringement, IDEA 33, 1992, 225–240.

Joos, Ulrich, Die Erschöpfungslehre im Urheberrecht, Eine Untersuchung zu Rechtsinhalt und Aufspaltbarkeit des Urheberrechts mit vergleichenden Hinweisen auf Warenzeichenrecht, Patentrecht und Sortenschutz, Bd. 26, München, 1991.

Kaldor, Nicholas, Welfare propositions of economics and interpersonal comparisons of utility, Economic Journal 1939, 549–552.

Kaltner, Jonathan, Anmerkung zu Supreme Court of the United States, Entsch. v. 19.3.2013 (Supap Kirtsaeng, DBA Bluechristine99 v. John Wiley & Sons, Inc.), GRUR Int. 2013, 680–683.

Katz, Ariel, First Sale Doctrine and the Economics of Post-Sale Restraints, The, BYU L. Rev. 2014, 484–535.

Kellenter, Wolfgang, Schutzrechtslizenzen in der Insolvenz des Lizenzgebers, in: Tilmann, Winfried/Keller, Erhard, Festschrift für Winfried Tilmann, zum 65. Geburtstag, Köln, Berlin, Bonn, München, 2003, S. 807–825.

Kellermann, Alfred, Der Einfluß des Gesetzes gegen Wettbewerbsbeschränkungen auf die Verwertung von gewerblichen Schutzrechten, GRUR 1959, 569–578.

Kemper, Kurtis A., Construction and Application of »First Sale Doctrine" in Copyright Law, 75 A. L. R. FED. 2D 387 2013, 1–40.

Kieff, F. Scott, Quanta v. LG Electronics: Frustrating Patent Deals by Taking Contracting Options off the Table, – Cato Sup. Ct. Rev 2007, 315–330.

Kirchhof, Hans-Peter, Münchener Kommentar zur Insolvenzordnung, 2. Aufl., München, 2008.

Klauer, Georg, Patentrechtskommentar, 3. Aufl., München, 1971.

Klawitter, Christian, Kein Schutz des einfachen Patent-Lizenznehmers bei Veräußerung des Patents durch den Patentinhaber, Bemerkungen zu BGH, MDR 1982, 642, MDR 1982, 895–896.

Kobak, James B., JR., Contracting around Exhaustion: Some Thoughts about the CAFC's Mallinckrodt Decision, J. Pat. & Trademark Off. Soc'y 75, 1993, 550–565.

Kohler, Josef, Deutsches Patentrecht systematisch bearbeitet unter vergleichender Berücksichtigung des französischen Patentrechts, Abtl. 1 Einleitung u. materielles Patentrecht. Abtl. 2 Formelles Patentrecht. Patentansprüche. Patentstrafrecht. Transistorisches Patentrecht. Zusätze u. Berichtigungen. Anhang. Register, Mannheim & Strassburg, 1878.

Kohler, Josef, Handbuch des deutschen Patentrechts in rechtsvergleichender Darstellung, Mannheim, 1900.

Kohler, Josef, Deutsches Patentrecht, Systemat. bearb. unter vergl. Berücks. d. franz. Patentrechts; 2 Abt. in e. Bd. Neudr. d. Ausg. Mannheim 1878, Aalen, 1984.

Koikkara, Sonia Elisabeth, Der Patentschutz und das Institut der Zwangslizenz in der Europäischen Union, 2010.

König, Reimar, Mittelbare Patentverletzung, Mitt. 2000, 10–25.

Koppe, Christina, Die urheberrechtliche Erschöpfung Frankfurt am Main, Marburg, 2004.

Koppensteiner, Hans-Georg, Urheber- und Erfinderrechte beim Parallelimport geschützter Waren, RIW/AWD 1971, 357–366.

Körner, Eberhard, Zur vertraglichen »Verdinglichung« einfacher Lizenzen, Mitt. 1983, 230–232.

Kowal-Wolk, Tatjana/Schuster, Reinhard, Patentverletzung in Reparatur-, Ersatzteil und Altteilgeschäft – Eine Bestandsaufnahme, in: Straus, Joseph/Beier, Friedrich-Karl, Aktuelle Herausforderungen des geistigen Eigentums, Festgabe von Freunden und Mitarbeitern für Friedrich-Karl Beier zum 70. Geburtstag, Köln, 1996,

Kraack, Christian von, TRIPs oder Patentschutz weltweit, Zwangslizenzen, Erschöpfung, Parallelimporte, Berlin, 2006.

Kraft, Alfons, Patentrechtliche Probleme im Zusammenhang mit der Lieferung von chemischen Wirkstoffen und daraus formulierten Spezialitäten, GRUR 1971, 373–381.

Kramer, Birgit, Patentschutz und Zugang zu Medikamenten, Köln, München, 2007.

Kraßer, Rudolf, Verpflichtung und Verfügung im Immaterialgüterrecht, GRUR Int. 1973, 230–238.

Kraßer, Rudolf, Die Wirkung der einfachen Patentlizenz, GRUR Int. 1983, 537–547.

Kraßer, Rudolf/Bernhardt, Wolfgang, Patentrecht, Ein Lehr- und Handbuch zum deutschen Patent- und Gebrauchsmusterrecht, europäischen und internationalen Patentrecht, 6. Aufl., München, 2009.

Kraßer, Rudolf/Schmid, Dieter, Der Lizenzvertrag über technische Schutzrechte aus der Sicht des deutschen Zivilrechts, GRUR Int. 1982, 324–341.

Krause, Rüdiger, Recht der Wirtschaft und der Arbeit in Europa, Gedächtnisschrift für Wolfgang Blomeyer, Insolvenz des Lizenzgebers – Dinglichkeit der Lizenz, Bd. 25, Berlin, 2004.

Krieger, Albrecht, Die Luxemburger Konferenz über das Gemeinschaftspatent, Bericht der deutschen Delegation, E. Die sogenannten Wirtschaftsklauseln, GRUR Int. 1976, 208–215.

Kühnen, Thomas, Handbuch der Patentverletzung, 7. Aufl., Köln, 2014.

Kuss, Michael, Der Lizenzvertrag im Recht der USA. Köln, München, 2005.

LaFuze, William/Chen, Justin/Burke, Lavonne, Conditional Sale Doctrine in a Post-Quanta World and its Implications on Modern Licensing Agreements, J. Marshall Rev. Intell. Prop. L. [i] 11, 2011, 296–317.

Lalonde, Anne Gilson/Gilson, Jerome, Gilson on Trademarks, New Providence, NJ, 2011.

Lamping, Matthias, Patentschutz und Marktmacht, Köln, 2010.

Lang, Thomas, Immaterialgüterrechtliche Lizenzierung und kartellrechtliche Verhaltenskontrolle, Frankfurt am Main, Marburg, 2009.

Lange, Paul, Marken- und Kennzeichenrecht, Handbuch zum deutschen und europäischen Recht, 2. Aufl., München, 2012.

Larenz, Karl/Canaris, Claus-Wilhelm, Methodenlehre der Rechtswissenschaft, 3 Aufl., Berlin, New York, 1995.

Leija, Javier M., Patent Exhaustion Doctrine: Patent Holders' Rights versus the Public's Interest in Using the Invention, The, Phoenix L. Rev. 2, 2009, 163–192.

Leistner, Matthias (Hrsg.), Europäische Perspektiven des geistigen Eigentums, Bd. 41, Tübingen, 2010.

Leßmann, Andreas, Erschöpfung von Patentrechten bei Konzernvertrieb, GRUR 2000, 741–750.

Leuschner, Lars, Verkehrsinteresse und Verfassungsrecht, Zur Bedeutung von Allgemeinwohlinteressen bei der verfassungsrechtlichen Rechtfertigung privatrechtlicher Regelungen am Beispiel der Rechtsscheinlehre, Bd. Bd. 316Bd., Berlin, 2005.

Lichtenstein, Erich, Der Lizenzvertrag im engeren Sinne, NJW 1965, 1839–1844.

Lichtenstein, Erich, Die Patentlizenz nach amerikanischem Recht, Bd. 13, Tübingen, 1965.

Lichtenstein, Erich, Zum Abwehranspruch des einfachen Lizenznehmers, GRUR 1965, 344–346.

Liebscher, Christoph/Aigner, Rosemarie, Handbuch der EU-Gruppenfreistellungs-verordnungen, 2. Aufl., München, Wien, 2012.

Lieder, Jan, Die Lehre vom unwirksamen Rechtsscheinträger, AcP 2010, 858–912.

Lindenmaier, Fritz, Wiederherstellung, Ausbesserung und Ersatz durch Sachpatent geschützter Gegenstände, GRUR 1939, 505.

Lindenmaier, Fritz, Über Erschöpfung des Patentrechts, Ausbesserung, Wiederherstellung und Ersatz in Verkehr gebrachter patentgeschützter Vorrichtungen und ihrer Teile, GRUR 1952, 294–299.

Litten, Rüdiger, »Inverkehrbringen« und »Erschöpfung« im neuen Markenrecht, Zur Frage, in welchem Umfang der Markeninhaber den Import und Re-Import »seiner« Waren in die EU verhindern kann, WRP 1997, 678–684.

Loewenheim, Ulrich, Nationale und internationale Erschöpfung von Schutzrechten im Wandel der Zeiten, GRUR Int. 1996, 307–316.

Loewenheim, Ulrich/Becker, Bernhard von, Handbuch des Urheberrechts, 2. Aufl., München, 2010.

Loewenheim, Ulrich/Dietz, Adolf/Schricker, Gerhard, Urheberrecht, Kommentar, 4. Aufl., München, 2010.

Lüdecke, Wolfgang, Welchen Einfluß hat die Veräußerung des Patents auf bestehende Lizenzverträge?, GRUR 1964, 470–476.

Lüdecke, Wolfgang/Fischer, Ernst, Lizenzverträge, Weinheim, 1957.

Luginbühl, Stefan, Das Patent mit einheitlicher Wirkung (Einheitspatent), GRUR Int. 2013, 305–309.

Mager, Heinrich, Einfache Lizenz bei Veräußerung des Schutzrechts, GRUR 1983, 51.

Mager, Knut, Zur Zulässigkeit von Parallelimporten patentgeschützter Waren, GRUR 1999, 637–644.

Mangini, Vito, Erfahrungen mit dem Begriff des Patentmißbrauchs in Nordamerika und Europa, GRUR Int. 1985, 787–805.

McGuire, Mary-Rose, Kumulation und Doppelschutz, Ursachen und Folgen des Schutzes einer Leistung durch mehrere Schutzrechte, GRUR 2011, 767–774.

McGuire, Mary-Rose, Die Lizenz, Eine Einordnung in die Systemzusammenhänge des BGB und des Zivilprozessrechts, Univ., Habil.-Osnabrück, 2010, Bd. 161, Tübingen, 2012.

McGuire, Mary-Rose, Lizenzen in der Insolvenz: ein neuer Anlauf zu einer überfälligen Reform, GRUR Int. 2012, 657–664.

McGuire, Mary-Rose, Die Patentlizenz im System des BGB, Mitt. 2013, 207–215.

Meibom, Wolfgang von/Meyer, Matthias F., Erschöpfung von Sach- und Verfahrenspatenten bei Teillieferungen – Die erweiterte Erschöpfungslehre -, in: Bergermann, Michael, Festschrift für Peter Mes zum 65. Geburtstag, München, 2009, S. 255–271.

Meier-Beck, Peter, Ersatzansprüche gegenüber dem mittelbaren Patentverletzer, GRUR 1993, 1–8.

Menell, Peter S., Bankruptcy Treatment of Intellectual Property Assets: An Economic Analysis, Berkeley Tech. L.J. 22, 2007, 733–824.

Mes, Peter, Patentgesetz, Gebrauchsmustergesetz, 4. Aufl., München, 2014.

Metzger, Axel, Erschöpfung des urheberrechtlichen Verbreitungsrechts bei vertikalen Vertriebsbindungen, GRUR 2001, 210–214.

Meyers, Thomas C., Field-of-Use Restrictions as Procompetitive Elements in Patent and Know-How Licensing Agreements in the United States and the European Communities, Nw. J. Int'l L. & Bus. 12, 1991, 364–389.

Mielke, Thomas, Vermietung von Videokassetten und Erschöpfung des Verbreitungsrechts, UFITA 1985 (101), 11–28.

Milgrim, Roger M., Milgrim on licensing, Albany, N.Y, 2002.

Mohri, Mineko, Maintenance, replacement and recycling – patentees' rights in the aftermarkets, Germany, the U.S. and Japan, München, 2010.

Möhring, Philipp/Nicolini, Käte, Urheberrechtsgesetz, 2. Aufl., München, 2000.

Mota, Sue Ann, Untwining of Patent Law and Antitrust: No Presumption of Market Power in Patent Tying Cases according to the Supreme Court in Illinois Tools Works v. Independent Ink, Suffolk U. L. Rev. 40, 2006, 57–66.

Mueller, Janice M., An introduction to patent law, New York, 2003.

Mulch, Joachim, Der Tatbestand der markenrechtlichen Erschöpfung Köln, Münster (Westfalen), 2001.

Müller-Henneberg, Hans/Bartholomeyczik, Hors, Gesetz gegen Wettbewerbsbeschränkungen und Europäisches Kartellrecht, 3. Aufl., Köln, 1978.

Nauta, Walther, Ausnahmen vom Erschöpfungsrundsatz im Markenrecht, GRUR Int. 2004, 994–1002.

Nimmer, Melville B./Nimmer, David, Analysis Chapters 1 – 6A; Vol. 1, Bd. / by Melville B. Nimmer; David Nimmer, New York, 2011.

Nimmer, Melville B./Nimmer, David, Analysis Chapters 7 – 8C; Vol. 2, Bd. / by Melville B. Nimmer; David Nimmer, New York, 2011.

Nirk, Rudolf, Die Einordnung der Gewährleistungsansprüche und Leistungsstörungen bei Verträgen über Patente in das Bürgerliche Gesetzbuch, GRUR 1970, 329–340.

Obergfell, E. I./Hauck, R./Heim, S./Zurth, P./Herbort, N. E., Lizenzvertragsrecht, 2016.

Ohly, Ansgar, »Volenti non fit iniuria« – die Einwilligung im Privatrecht, Zugl.: München, Univ., Habil.-Schr., 2001, Tübingen, 2002.

Ohly, Ansgar, Auf dem Weg zum Einheitspatent und zum Einheitlichen Patentgericht, Licht am Ende des Tunnel oder Tunnel am Ende des Lichts, ZGE 2012, 419–442.

Osborne, John W., Coherent View of Patent Exhaustion: A Standard Based on Patentable Distinctiveness, Santa Clara Computer & High Tech. L.J. 20, 2003, 643–694.

Osborne, John W., Justice Breyer's Bicycle and the Ignored Elephant of Patent Exhaustion: An Avoidable Collision in Quanta v. LGE, J. Marshall Rev. Intell. Prop. L. [i] 7, 2007, [i]-295.

Osterrieth, Christian, Patentrecht, Bd. 75, 5. Aufl., München, 2015.

Osterrieth, Christian/Köhler, Martin, Patentrecht, Festschrift für Thomas Reimann zum 65. Geburtstag, Kerntheorie bei der Erschöpfung von Patenten insbesondere von »standard-essentiellen« »Hightech«-Patenten?, Köln, 2009.

Pacón, Ana Maria, Was bringt TRIPS den Entwicklungsländern?, GRUR Int. 1995, 875–886.

Pahlow, Louis, Das einfache Nutzungsrecht als schuldrechtliche Lizenz, ZUM 2005, 865–874.

Pahlow, Louis, Lizenz und Lizenzvertrag im Recht des Geistigen Eigentums, Univ., Habil.-Schr.-Bayreuth, 2005, Bd. 5, Tübingen, 2006.

Pahlow, Louis, Lizenz und Lizenzvertrag in der Insolvenz, Von einer unbefriedigenden Rechtslage und einer verbesserungsbedürftigen Reform, WM 2008, 2041–2049.

Pahlow, Louis, Die einfache Patentlizenz nach der neueren Rechtsprechung des BGH, Mitt. 2012, 249–255.

Palandt, Otto/Bassenge, Peter, Bürgerliches Gesetzbuch, Mit Nebengesetzen, insbesondere mit Einführungsgesetz (Auszug) einschließlich Rom I-, Rom II- und Rom III-Verordnungen sowie Haager Unterhaltsprotokoll und EU-Erbrechtsverordnung, Allgemeines Gleichbehandlungsgesetz (Auszug), Wohn- und Betreuungsvertragsgesetz, BGB-Informationspflichten-Verordnung, Unterlassungsklagengesetz, Produkthaftungsgesetz, Erbbaurechtsgesetz, Wohnungseigentumsgesetz, Versorgungsausgleichsgesetz, Lebenspartnerschaftsgesetz, Gewaltschutzgesetz, Bd. 7, 75., neubearb. Aufl., München, 2016.

Pareto, Vilfredo, Manuel d'économie politique, Paris, 1909.

Patterson, Mark R., Market Power in Patent Tying Cases Before and After Illinois Tool v. Independent Ink, IIC 2006, 573–585.

Patterson, Mark R., Contractual Expansion of the Scope of Patent Infringement through Field-of-Use Licensing, Wm. & Mary L. Rev. 49, 2007, 157–228.

Patterson, Mark R., Must Licenses Be Contracts – Consent and Notice in Intellectual Property, Fla. St. U. L. Rev 40, 2012, 105–164.

Paul, John C./Freeman, Kia L./Gerstenblith, Bart A./Underwood, Jessica R., US patent exhaustion: yesterday, today and maybe tomorrow, J. Intell. Prop. L. & Prac. 2008, 461–469.

Pfaff, Dieter/Osterrieth, Christian/Axster, Oliver, Lizenzverträge, Formularkommentar, 3. Aufl., München, 2010.

Pickrahn, Günter, Die Bekämpfung von Parallelimporten nach dem neuen Markengesetz, GRUR 1996, 383–389.

Pietzcker, Eduard, Patentgesetz und Gebrauchsmusterschutzgesetz, Bd. 5,1, Berlin, 1929.

Plaß, Gunda, Die Rechtsstellung des Markenlizenznehmers nach § 30 III und IV MarkenG, GRUR 2002, 1029–1036.

Pleister, Christian/Wündisch, Sebastian, Lizenzen in der Insolvenz – eine uendliche Geschichte?, ZIP 2012, 1792–1797.

Pohlman, Jörg, Patentverletzung und Klageansprüche im amerikanischen Recht, Baden-Baden, 1999.

Porcelli, Frank, Bowman v. Monsanto and an Introduction to the Patent Exhaustion/First Sale Doctrine in the United States, GRUR Int. 2013, 27–33.

Powell, Thomas Reed, The Nature of a Patent Right, Columbia Law Review 17, 1917, 663–686.

Rauh, Georg Andreas, Die mittelbare Patentverletzung, Eine rechtsvergleichende Betrachtung, Köln, 2009.

Rauscher auf Weeg, Hans Hugo von/Davies, Gillian, Das Recht der Hersteller von Tonträgern – zum Urheber- und Leistungsschutzrecht in der Europäischen Gemeinschaft, München, 1983.

Rebmann, Kurt, Münchener Kommentar zum Bürgerlichen Gesetzbuch, 6. Aufl., München, 2012.

Rehbinder, Manfred, Urheberrecht, 16. Aufl., München, 2010.

Reimer, Dietrich, Der Erschöpfungsgrundsatz im Urheberrecht und gewerblichen Rechtsschutz unter Berücksichtigung der Rechtsprechung des Europäischen Gerichtshofs, GRUR Int. 1972, 221–234.

Reimer, Dietrich, Schranken der Rechtsübertragung im Urheberrecht, GRUR 1962, 619–635.

Reimer, Eduard/Nastelski, Karl, Patentgesetz und Gebrauchsmustergesetz, 3. Aufl., Köln, 1968.

Rinehart, Amelia Smith, Contracting Patents: A Modern Patent Exhausting Doctrine, Harv. J. L. & Tech. 23, 2009, 483–536.

Riziotis, Dimitrios, Patent Misuse als Schnittstelle zwischen Patentrecht und Kartellrecht – Eine rechtsvergleichende Darstellung, GRUR Int. 2004, 367–378.

Robinson, Glen O., Personal Property Servitudes, U. Chi. L. Rev. (Fall) 71, 2004, 1449–1524.

Rosenberger, Hans-Peter, Kaufverträge mit lizenztypischen Abreden in kartellrechtlicher Sicht, GRUR 1980, 150–157.

Rosner, Christian, Marken- und wettbewerbsrechtlicher Schutz selektiver Vertriebsbindungssysteme Frankfurt am Main, Köln, 2005.

Rothchild, John A., Exhausting Extraterritoriality, Santa Clara L. Rev. 51, 2011, 1187–1240.

Ruess, Peter/Slopek, David E.F, Discounter als »luxusfreie Zone«? – Vertriebsbeschränkungen für Premiummarken auf dem Prüfstand, Zugleich eine Anmerkung zu EuGH, Urt. v. 23.4.2009 (C-59/08), WRP 2009, 1021–1029.

Sack, Rolf, Schranke des Art. 85 Abs. 1 EGV bei Wettbewerbsbeschränkungen in Lizenzverträgen, RIW/AWD 1997, 449–455.

Sack, Rolf, Die Erschöpfung von gewerblichen Schutzrechten und Urheberrechten nach europäischem Recht, GRUR 1999, 193–215.

Sack, Rolf, Die Erschöpfung von gewerblichen Schutzrechten und Urheberrechten nach deutschem Recht, WRP 1999, 1088–1115.

Sack, Rolf, Zur Vereinbarkeit wettbewerbsbeschränkender Abreden in Lizenz- und Know-how-Verträgen mit europäischem und deutschem Kartellrecht, WRP 1999, 592–616.

Sack, Rolf, Der Erschöpfungsgrundsatz im deutschen Immaterialgüterrecht, GRUR Int. 2000, 610–616.

Sadtler, Robert E., Consideration of Patent Clauses in Sales Contracts, J. Pat. Off. Soc'y 15, 1933, 258–269.

Schack, Haimo, Urheber- und Urhebervertragsrecht, 7., neu bearb. Aufl., Tübingen, 2015.

Schäfer, Hans-Bernd/Ott, Claus, Lehrbuch der ökonomischen Analyse des Zivilrechts, 5. Aufl. 2012, Berlin, Heidelberg, 2012.

Schatz, Ulrich, Die Erschöpfung des Patentrechts im Recht der Mitgliedstaaten der Europäischen Wirtschaftsgemeinschaft und nach dem Vorentwurf eines Übereinkommens über ein europäisches Patent für den gemeinsamen Markt, GRUR Int. 1970, 207–215.

Scherenberg, Oliver, Lizenzverträge in der Insolvenz des Lizenzgebers unter besonderer Berücksichtigung des Wahlrechts des Insolvenzverwalters nach § 103 Abs. 1 InsO Berlin, Dresden, 2005.

Schlicher, John W., New Patent Exhaustion Doctrine of Quanta v. LG: What It Means for Patent Owners, Licensees, and Product Customers, J. Pat. & Trademark Off. Soc'y 90, 2008, 758–850.

Schramm, Frederic B., Licenses, Contracts and Assignments of Intellectual Property, Clev.-Marshall L. Rev. 9, 1960, 65–77.

Schricker, Gerhard, Anbieten als Verletzungstatbestand im Patent- und Urheberrecht, GRUR Int. 2004, 786–790.

Schricker, Gerhard/Beier, Friedrich-Karl, Urhebervertragsrecht, Festgabe für Gerhard Schricker zum 60. Geburtstag, München, 1995.

Schricker, Gerhard/Dietz, Adolf, Urheberrecht, 2., neubearbeitete Aufl., München, 1999.

Schricker, Wolfgang, Erschöpfung des Verfahrenspatents durch Veräußerung einer zur Ausübung des Verfahrens bestimmten Vorrichtung?, Bemerkungen zur Entscheidung des BGH vom 24. September 1979 – Fullplastverfahren, Mitt. 1980, 31–34.

Schulte, Rainer/Kühnen, Thomas, Patentgesetz mit Europäischem Patentübereinkommen, 8., vollst. überarb. und erw, Köln, München, 2008.

Schwarze, Jürgen (Hrsg.), Unverfälschter Wettbewerb für Arzneimittel im europäischen Binnenmarkt, Pharmazeutische Produkte im Widerstreit von freiem Warenverkehr und nationalen Preiskontrollen, Bd. 205, 1. Aufl., Baden-Baden, 1998.

Schwerdtner, Peter, Das patentrechtliche Nichtigkeitsurteil und seine zivilprozessualen und zivilrechtlichen Auswirkungen, GRUR 1968, 9–24.

Schweyer, Florian, Die rechtliche Bewertung des Reverse Engineering in Deutschland und den USA, Tübingen, Bayreuth, 2012.

Schwipps, Karsten/Götting, Horst-Peter, Grundlagen des Patentrechts, eine Einführung für Ingenieure, Natur- und Wirtschaftswissenschaftler, Stuttgart, Leipzig, Wiesbaden, 2004.

Seetzen, Uwe, Der Verzicht im Immaterialgüterrecht, dargestellt an Hand des Urheber- und Patentrechts unter Berücksichtigung des Bürgerlichen Rechts, Bd. 73, Göttingen, 1969.

Selmayr, Gerhard, Die Erschöpfungstheorie im Urheberrecht und die patentrechtliche Lehre vom Zusammenhang der Benutzungsarten, Diss. Erlangen 1961.

Server, Alfred C./Casey, William J., Contract-Based Post-Sale Restrictions on Patented Products following Quanta, Hastings L.J. 64, 2012, 561–642.

Shanks, Brett A., First Sale Doctrine and Unauthorized Imports: Feeding an out-of-Control Gray Market, Kirtsaeng v. John Wiley & Songs, Inc., 133 S. Ct. 1351 (2013), Washburn L.J. 53, 2013, 119–146.

Sosnitza, Olaf, Gedanken zur Rechtsnatur der ausschließlichen Lizenz, in: Schricker, Gerhard/Ohly, Ansgar, Perspektiven des geistigen Eigentums und des Wettbewerbsrechts, Festschrift für Gerhard Schricker zum 70. Geburtstag, München, 2005, S. 183–196.

Starck, Joachim, Marken und sonstige Kennzeichenrechte als verkehrsfähige Wirtschaftsgüter - Anmerkungen zum neuen Markenrecht, WRP 1994, 698–703.

Staudinger, J. von, Buch 1 Allgemeiner Teil §§ 164 – 240 (Allgemeiner Teil 5), Kommentar zum Bürgerlichen Gesetzbuch und Nebengesetzen, s.l, 2009.

Stern, Richard H., Post-Sale Patent Restrictions after Mallinckrodt – An Idea in Search of Definition, Alb. L.J. Sci. & Tech. 5, 1994, 1–54.

Straus, Joseph, Bedeutung des TRIPS für das Patentrecht, GRUR Int. 1996, 179–205.

Straus, Joseph/Katzenberger, Paul, Parallelimporte, Rechtsgrundlagen zur Erschöpfung im Patentrecht, https://www.ige.ch/fileadmin/user_upload/Juristische_Infos/d/j100a02d.pdf, zuletzt abgerufen am 05. 08. 2014.

Ströbele, Paul, Markengesetz, 11. Aufl., Köln, 2015.

Strohm, Hans Gottfried, Wettbewerbsbeschränkungen in Patentlizenzverträgen nach amerikanischem und deutschem Recht, Bd. 24, Köln, 1971.

Stumpf, Herbert/Groß, Michael, Der Lizenzvertrag, 8., neu bearb. und erw. Aufl, Frankfurt am Main, 2005.

Szczepanski, S. Z., Use Restrictions in License Agreements, APLA Q. J. 9, 1981, 309–317.

Teschemacher, Rudolf, Das Einheitspatent – zu Risikien und Nebenwirkungen fragen Sie Ihren Anwalt, Mitt. 2013, 153–161.

Tetzner, Heinrich, Die Erschöpfung des Patentrechts, NJW 1962, 2033–2039.

Tetzner, Heinrich, Das materielle Patentrecht der Bundesrepublik Deutschland, Darmstadt, 1972.

Thomas, John R., Into a Silver Age: U.S. Patent Law 1992–2012, Fordham Intell. Prop. Media & Ent. L.J. 2013, 525–552.

Thorp, Tyler, Testing the Limits of Patent Exhaustion's Authorized Sale Requirement using Current High-Tech Licensing Practices, Santa Clara L. Rev. 50, 2010, 1017–1042.

Tong, Jared, You Pay for What You Get: The Argument for Allowing Parties to Contract Around Patent Exhaustion, Hous. L. Rev. 46, 2009, 1711–1738.

Towfigh, Emanuel Vahid/Petersen, Niels, Ökonomische Methoden im Recht, Eine Einführung für Juristen, Tübingen, 2010.

Trips-Herbert, Lizenzen in der Insolvenz – die deutsche Insolvenzordnung als Bremsklotz, ZRP 2007, 225–228.

Ullmann, Eike, Lizenzen in der Insolvenz – zum Bedarf einer Neuregelung, Mitt. 2008, 49–55.

Ulmer, Eugen, Urheber- und Verlagsrecht; 3., neubearb. Aufl. (Enzyklopädie der Rechts- und Staatswissenschaft), Berlin, 1980.

Ungern-Sternberg, Joachim von, Erschöpfung des Verbreitungsrechts und Vermietung von Videokassetten, GRUR 1984, 262–267.

van Vliet, Emily, Quanta and Patent Exhaustion: The Implications of the Supreme Court's Decision in Quanta Computer, Inc. v. LG Electronics, Inc. One Year Later, 11 Minn. J.L. Sci. & Tech. 2010, 453–476.

Völp, Fromut, Weitergeltung der Lizenz bei Veräußerung des Schutzrechts, GRUR 1983, 45–51.

Wallner, Jürgen, Insolvenzfeste Nutzungsrechte und Lizenzen an Software, NZI 2002, 70–79.

Wandtke, Artur-Axel, Medienrecht, Praxishandbuch; [Einführung und Grundlagen, Schutzvoraussetzungen und Verwertung von Medienprodukten, Wettbewerbsrecht und Werberecht, Rundfunkrecht und Presserecht, Telekommunikation und Telemedien, Schutz der Persönlichkeit, Schutzrahmen von Medien], Berlin, 2008.

Wandtke, Artur-Axel/Dietz, Claire, Urheberrecht, Berlin, 2012.

Wasserman Rajec, Sarah R., Free Trade in Patented Goods: International Exhaustion for Patents, Berkeley Tech. L.J. 2014, 317–375.

Werner, Jonathan, Filling in the Gaps: The Limits of the Patent Exhaustion Doctrine in Light of the Supreme Court's Inability to Find Closure in Quanta, J. Tech. L. & Pol'y 15, 2010, 275–294.

Wicks, Kristal M., Exhausted or Unlicensed: Can Field-of-Use Restrictions in Biotech License Agreements Still Prevent Off-Label Use Promotion after Quanta Computer, U. N. H. L. Rev. 9, 2010, 157–180.

Wiedemann, Markus, Lizenzen und Lizenzverträge in der Insolvenz, Bd. 38, Köln, 2006.

Wimmer, Klaus, Neue Reformüberlegungen zur Insolvenzfestigkeit von Lizenzverträgen, ZIP 2012, 545–557.

Wimmer, Klaus/Ahrens, Martin, FK-InsO, Frankfurter Kommentar zur Insolvenzordnung; mit EulnsVO, InsVV und weiteren Nebengesetzen, 7. Aufl., Köln, 2013.

Winston, Elizabeth I., Why sell what you can license? Contracting around statutory protection of intellectual property, George Mason Law Review 2006, Vol. 14, 93–133.

Witz, Wolfgang, Patentlizenzen in der Insolvenz des Lizenzgebers – eine Bestandsaufnahme, in: Ullmann, Eike/Schilling, Tilman/Grosch, Marcus, Gewerbliche Schutzrechte und ihre Durchsetzung, Festschrift für Tilman Schilling zum 70. Geburtstag am 29. Juli 2007, Köln, Berlin, München, 2007, S. 393–413.

Wolf, Christoph, Exklusivitätsregelungen in F&E-Verträgen, Wettbewerb in Recht und Praxis, WRP 2013, 885–892.

Wolff, Christian, Zwangslizenzen im Immaterialgüterrecht, Bd. Bd. 10Bd., Göttingen, 2005.

Wündisch, Sebastian, Wettbewerbsverbote im Verlagsvertrag, Bd. 10, Berlin, 2002.

Wündisch, Sebastian/Hering, Sandra, Rücklizenzen bei FuE-Aufträgen: Das Nutzungsrecht für Forschung und Lehre, GRUR Int. 2009, 106–114.

Zain, Saami, Quanta Leap or Much Ado about Nothing – An Analysis on the Effect of Quanta vs. LG Electronics, Alb. L.J. Sci. & Tech. 20, 2010, 67–122.

Zecher, Jan Andreas, Zur Umgehung des Erschöpfungsgrundsatzes bei Computerprogrammen Baden-Baden, Freiburg, 2004.

Zenhäusern, Urs, Der internationale Lizenzvertrag Freiburg, Schweiz, Freiburg (Schweiz), 1991.

Zöttl, Johannes, Das neue EG-Kartellrecht für Technologietransferverträge, WRP 2005, 33–47.